LES GENRES DU DISCOURS

DU MEME AUTEUR

TZVETAN TODOROV

LES GENRES
DU DISCOURS

ÉDITIONS DU SEUIL
27, rue Jacob, Paris VIe

CE LIVRE
EST PUBLIÉ DANS LA COLLECTION
POÉTIQUE
DIRIGÉE PAR GÉRARD GENETTE
ET TZVETAN TODOROV

ISBN 2-02-005000-5

Note

Les textes qui suivent sont suffisamment explicites en eux-mêmes pour qu'il ne soit pas nécessaire de les introduire ici; de plus, le premier d'entre eux peut être lu comme un programme, que les autres cherchent à développer et illustrer. Ils sont groupés en quatre sections. La première est de caractère général et théorique : s'y trouvent définies ou discutées les notions de littérature, de discours, de genre. La suivante se compose d'études des deux plus grands « genres » littéraires, la fiction et la poésie, et le problème commun y est celui de la représentation à travers le langage. La troisième section rassemble des analyses de textes particuliers, analyses réunies aussi par une problématique commune au langage et au psychisme humains : elles partent du refus d'une certaine idée de l'intériorité, ou de l'opposition même entre dehors et dedans. Enfin la dernière est consacrée aux genres non littéraires, et les questions des niveaux de l'analyse, de la variété des formes verbales, y tiennent une place importante. Même si ces études sont animées d'un esprit commun, qui tire son origine de l'idée que la littérature est une exploration des puissances du langage (la plus intense qui soit), elles ont été écrites séparément, entre 1971 et 1977; d'où certaines reprises, ou au contraire certaines divergences, que je n'ai pas cherché à éliminer systématiquement, croyant que le processus de formation et d'énonciation d'une idée peut être (au moins) aussi instructif que son simple énoncé.

Un trait me frappe à la relecture de ces textes, qui suscitera peut-être la réticence de mon lecteur : c'est leur caractère, en quelque sorte, intermédiaire. Je ne m'intéresse pas à la pure spéculation, ni à la description des faits pour eux-mêmes : je ne me lasse pas de passer de l'une à l'autre. Le domaine tout entier de la théorie littéraire a ce statut intermédiaire, menacé par une réflexion toute générale, d'une part, et, de l'autre, par l'étude de textes concrets. La même ambiguïté se poursuit jusque dans le style de l'exposition. J'essaie d'éviter aussi bien un impressionnisme qui me paraît irresponsable, non parce qu'il est privé

de théorie mais parce qu'il ne veut pas le savoir, qu'un forma-
lisme terroriste, où tout l'effort de l'auteur s'épuise à découvrir une
notation plus précise pour une observation qui l'est souvent très peu.
Je voudrais que mon discours reste perméable, sans devenir informe pour
autant; mais, comme on sait, à vouloir gagner sur les deux tableaux,
on risque de perdre ici et là : destin peu enviable, auquel je ne saurais
pourtant renoncer.

La notion de littérature

Avant de plonger dans le gouffre du « qu'est-ce que » de la littérature, saisissons-nous d'une légère bouée de sauvetage : notre interrogation portera, en premier lieu, non sur l'être même de la littérature, mais sur le discours qui, comme le nôtre, tente d'en parler. Différence de parcours plutôt que d'objectif final; mais qui nous dira si le chemin suivi n'a pas plus d'intérêt que le point d'arrivée?

Il faut commencer par mettre en doute la légitimité de la notion de littérature : ce n'est pas parce que le mot existe ou parce qu'il se trouve à la base d'une institution universitaire que la chose va de soi.

On pourrait trouver à ce doute des raisons, d'abord tout empiriques. On n'a pas encore fait l'histoire complète de ce mot et de ses équivalents dans toutes les langues et à toutes les époques; mais un coup d'œil même superficiel sur la question révèle qu'il n'a pas été toujours présent. Dans les langues européennes, le mot « littérature », dans son sens actuel, est tout récent : il date à peine du XIXᵉ siècle. S'agirait-il donc d'un phénomène historique, et nullement « éternel »? D'autre part, de nombreuses langues (de l'Afrique, par exemple) ne connaissent pas de terme générique pour désigner toutes les productions littéraires; et nous n'en sommes plus à l'époque de Lévy-Bruhl, pour trouver l'explication dans la fameuse nature « primitive » de ces langues qui ignoreraient l'abstraction et donc aussi les mots qui désignent le genre plutôt que l'espèce. A ces premières constatations s'ajoute celle de l'éparpillement que connaît actuellement la littérature : qui oserait trancher aujourd'hui entre ce qui est littérature et ce qui ne l'est pas, face à la variété irréductible des écrits qu'on a tendance à lui rattacher, dans des perspectives infiniment différentes?

Cet argument n'est pas décisif : une notion peut avoir droit à l'existence sans qu'un mot précis du vocabulaire lui corresponde; mais il conduit à un premier doute sur le caractère « naturel » de la littérature. Cependant, un examen théorique du problème ne nous rassurera pas davantage. D'où nous vient la certitude qu'une entité comme la littérature existe bien? De l'expérience : nous étudions les œuvres littéraires à l'école, puis à l'université; nous trouvons ce type de livres dans des magasins spécialisés; nous sommes habitués à citer les auteurs « littéraires » dans la conversation courante. Une entité « littérature » fonctionne au niveau des relations intersubjectives et sociales, voilà ce qui semble incontestable. Soit. Mais qu'a-t-on prouvé par là? Que dans un système plus vaste, qui est telle société, telle culture, il existe un élément identifiable, auquel on se réfère par le mot littérature. A-t-on démontré par là que tous les produits particuliers qui assument cette fonction participent d'une nature commune, que nous avons également le droit d'identifier? Nullement.

Appelons « fonctionnelle » la première saisie de l'entité, celle qui l'identifie comme élément d'un système plus vaste, par ce que cette unité y « fait »; et « structurale », la seconde, où nous cherchons à voir si toutes les instances assumant une même fonction participent des mêmes propriétés. Les points de vue fonctionnel et structural doivent être rigoureusement distingués, même si l'on peut parfaitement passer de l'un à l'autre. Prenons, pour illustrer la distinction, un objet différent : la publicité assume certainement une fonction précise au sein de notre société; mais la question devient beaucoup plus difficile lorsque nous nous interrogeons sur son identité structurale : elle peut emprunter les média, visuel ou sonore (d'autres encore), elle peut avoir ou non une durée dans le temps, être continue ou discontinue, se servir de mécanismes aussi variés que l'incitation directe, la description, l'allusion, l'antiphrase, et ainsi de suite. A l'entité fonctionnelle incontestable (admettons-le pour l'instant) ne correspond pas forcément une entité structurale. Structure et fonction ne s'impliquent pas mutuellement de manière rigoureuse, bien que des affinités soient toujours observables entre elles. C'est là une différence de point de vue plutôt que d'objet : si l'on découvre que la littérature (ou la publicité) est une notion structurale, on aura à rendre compte de la fonction de ses éléments constitutifs; réciproquement, l'entité fonctionnelle « publicité » fait partie d'une structure qui est, disons, celle de la société. La structure est faite de fonctions, et les fonctions créent une structure; mais comme c'est le point de vue qui détermine l'objet de connaissance, la différence n'en est pas moins irréductible.

L'existence d'une entité fonctionnelle « littérature » n'implique donc nullement celle d'une entité structurale (bien qu'elle nous incite à chercher si ce n'est pas le cas). Or, les définitions fonctionnelles de la littérature (par ce que celle-ci fait, plutôt que par ce qu'elle est) sont très nombreuses. Il ne faut pas croire que cette voie conduise toujours à la sociologie : lorsqu'un métaphysicien comme Heidegger s'interroge sur l'essence de la poésie, il saisit également une notion fonctionnelle. Dire que « l'art est la mise en œuvre de la vérité », ou que « la poésie est la fondation de l'être par la parole », c'est formuler un souhait sur ce que l'un ou l'autre devraient être, sans se prononcer sur les mécanismes spécifiques qui les rendent aptes à cette tâche. Pour être fonction ontologique, elle n'en reste pas moins une fonction. D'ailleurs, Heidegger lui-même admet qu'à l'entité fonctionnelle ne correspond pas une entité structurale, puisqu'il nous dit par ailleurs que, dans sa recherche, « c'est du grand art seulement qu'il est question ». Nous ne disposons pas là d'un critère interne qui nous permette d'identifier toute œuvre d'art (ou de littérature), mais seulement d'une affirmation sur ce qu'une partie de l'art (la meilleure) devrait faire.

Il est donc possible que la littérature ne soit qu'une entité fonctionnelle. Mais je ne poursuivrai pas dans cette voie et admettrai, quitte à me voir déçu en fin de compte, qu'elle a aussi une identité structurale, et je chercherai à savoir laquelle. Bien d'autres optimistes m'ont d'ailleurs précédé, et je peux partir des réponses qu'ils ont suggérées. Sans entrer dans le détail historique, j'essayerai d'examiner les deux types les plus fréquents de solution qui ont été proposés.

Depuis l'Antiquité jusqu'au milieu du XVIIIᵉ siècle, pour parler sommairement, c'est la même définition qui est présente, implicitement ou explicitement, dans les écrits des théoriciens de l'art occidental. A la regarder de près, cette définition comporte deux éléments décalés : génériquement, l'art est une imitation, différente selon le matériau qu'on utilise; la littérature est imitation par le langage, tout comme la peinture est imitation par l'image. Spécifiquement, ce n'est pas n'importe quelle imitation, car on n'imite pas nécessairement les choses réelles mais les choses fictives, qui n'ont pas besoin d'avoir existé. La littérature est une *fiction* : voilà sa première définition structurale.

La formulation de cette définition ne s'est pas faite en un jour, et elle a revêtu des termes très variés. On peut supposer que c'est cette propriété de la littérature qui amène Aristote à constater que « la poésie raconte plutôt le général, l'histoire le particulier » (*Poétique*, 1451 *b;* cette remarque vise aussi autre chose, en même temps) : les phrases littéraires ne désignent pas des actions particulières, qui sont les seules à pouvoir se produire réellement. A une autre époque, on dira que la littérature est essentiellement mensongère, fausse; Frye a rappelé l'ambiguïté des termes « fable », « fiction », « mythe », qui s'appliquent aussi bien à la « littérature » qu'au « mensonge ». Mais cela n'est pas juste : ces phrases ne sont pas plus « fausses » qu'elles ne sont « vraies »; les premiers logiciens modernes (Frege, par exemple) ont déjà remarqué que le texte littéraire ne se soumet pas à l'épreuve de vérité, qu'il n'est ni vrai ni faux mais précisément : fictionnel. Ce qui est devenu un lieu commun aujourd'hui.

Une telle définition est-elle satisfaisante? On pourrait se demander si l'on n'est pas en train ici de substituer une conséquence de ce qu'est la littérature à sa définition. Rien n'empêche une histoire qui relate un événement réel d'être perçue comme littéraire; il ne faut rien changer dans sa composition, mais simplement se dire qu'on ne s'intéresse pas à sa vérité et qu'on la lit « comme » de la littérature. On peut imposer une lecture « littéraire » à n'importe quel texte : la question de la vérité ne se posera pas *parce que* le texte est *littéraire*.

Plutôt qu'une définition de la littérature, on nous livre ici, de manière indirecte, l'une de ses propriétés. Mais peut-on l'observer dans tout texte littéraire? Serait-ce un hasard que nous appliquions volontiers le mot de « fiction » à une partie de la littérature (romans, nouvelles, pièces de théâtre) mais que nous le fassions beaucoup plus difficilement, sinon jamais, pour une autre de ses parties, qui est la poésie? On aurait envie de dire que, tout comme la phrase romanesque n'est ni vraie ni fausse bien qu'elle décrive un événement, la phrase poétique n'est ni fictive ni non fictive : la question ne se pose pas dans la mesure même où la poésie ne raconte rien, ne désigne aucun événement, mais se contente, très souvent, de formuler une méditation, une impression. Le terme spécifique « fiction » ne s'applique pas à la poésie parce que le terme générique « imitation » doit perdre tout sens précis pour rester pertinent; la poésie n'évoque souvent aucune représentation extérieure, elle se suffit à elle-même. La question devient plus difficile encore lorsqu'on se tourne vers des genres qui, pour être souvent qualifiés de « mineurs », n'en sont pas moins présents dans toutes les « littératures » du monde : prières, exhortations, proverbes, devinettes, comptines (dont chacun pose, évidemment, des problèmes différents). Allons-nous affirmer qu'ils « imitent » aussi, ou les écarterons-nous de l'ensemble des faits dénoté par le terme « littérature »?

Si tout ce qui est habituellement considéré comme littéraire n'est pas forcément fictionnel, inversement, toute fiction n'est pas obligatoirement littérature. Prenons par exemple les « histoires de cas » de Freud : il ne serait pas pertinent de se demander si toutes les péripéties dans la vie du petit Hans ou de l'homme aux loups sont vraies ou non; elles partagent exactement le statut de la fiction : tout ce qu'on peut en dire est qu'elles servent bien ou mal la thèse de Freud. Prenons un exemple tout différent : inclura-t-on tous les mythes dans la littérature (alors qu'ils sont certainement fictionnels)?

Je ne suis pas le premier, bien entendu, à critiquer la notion d'imitation en littérature ou dans l'art. Tout au long du classicisme européen, on tente de l'amender pour la rendre utilisable. Car il devient nécessaire de donner à ce terme un sens très général pour qu'il convienne à toutes les activités énumérées; mais alors il s'applique aussi à bien d'autres choses, et demande pour complément une spécification : l'imitation doit être « artistique », ce qui revient à reprendre le terme à définir à l'intérieur même de la définition. Quelque part, au XVIIIe siècle, le renversement s'opère : plutôt que d'accommoder l'ancienne définition, on en propose une autre, entièrement indépendante. Rien n'est plus indicatif à cet égard que les titres de deux textes qui marquent les limites de deux périodes. En 1746, paraît un ouvrage d'esthétique qui résume le sens commun de l'époque : ce sont *les Beaux-Arts réduits à un même principe* de l'abbé Batteux; le principe en question est l'imitation de la belle nature. En 1785, un autre titre lui fait écho : c'est l'*Essai de réunion de tous les beaux-arts et sciences sous la notion d'accomplissement en soi* de Karl Philipp Moritz. Les beaux-arts sont de nouveau réunis, mais cette fois-ci au nom du beau, compris comme un « accomplissement en soi ».

C'est, en effet, dans la perspective du beau que se situera la deuxième grande définition de la littérature; « plaire » l'emporte ici sur « instruire ». Or, la notion de beau se cristallisera, vers la fin du XVIIIe siècle, en une affirmation du caractère intransitif, non instrumental, de l'œuvre. Après avoir été confondu avec l'utile, le beau se définit maintenant par sa nature non utilitaire. Moritz écrit : « Le beau véritable consiste en ce qu'une chose ne se signifie qu'elle-même, ne se désigne qu'elle-même, ne se contient qu'elle-même, qu'elle est un tout accompli en soi. » Mais l'art se définit par le beau : « Si une œuvre d'art avait pour seule raison d'être d'indiquer quelque chose qui lui est extérieur elle deviendrait par là même un accessoire; alors qu'il s'agit toujours, dans le cas du beau, qu'il soit lui-même le principal. » La peinture, ce sont des images que l'on perçoit pour elles-mêmes, et non en fonction d'une utilité autre; la musique, des sons dont la valeur est en eux-mêmes. La littérature, enfin, est du langage

17

non instrumental, dont la valeur est en lui-même; ou comme le dit Novalis, « une expression pour l'expression ». On trouvera un exposé détaillé de ce renversement dans la partie centrale de mes *Théories du symbole*.

Cette position sera défendue par les romantiques allemands, qui la transmettront aux symbolistes; elle dominera tous les mouvements symbolistes et postsymbolistes en Europe. Bien plus : elle deviendra la base des premières tentatives modernes pour créer une science de la littérature. Que ce soit dans le Formalisme russe ou dans le *New Criticism* américain, c'est toujours du même postulat que l'on part. La fonction poétique est celle qui met l'accent sur le « message » lui-même. Aujourd'hui encore, c'est la définition dominante, même si sa formulation varie.

A vrai dire, une telle définition de la littérature ne mérite pas d'être qualifiée de structurale; on nous dit ici ce que la poésie doit faire, non comment elle y parvient. Mais, très tôt, la visée fonctionnelle a été complétée par un point de vue structural : un aspect, plus que tous les autres, contribue à nous faire percevoir l'œuvre en elle-même, c'est son caractère systématique. Diderot définissait déjà ainsi le beau; par la suite, on remplacera le terme de « beau » par celui de « forme », qui, à son tour, sera évincé par « structure ». Les études formalistes de la littérature auront le mérite (et c'est par là qu'elles fondent une science, la poétique) d'être des études du système littéraire, du système de l'œuvre. La littérature est donc un *système*, langage systématique qui attire par là l'attention sur lui-même, qui devient autotélique; voici sa deuxième définition structurale.

Examinons à son tour cette hypothèse. Le langage littéraire est-il le seul à être systématique? La réponse est non, sans aucun doute ici. Ce n'est pas seulement dans les domaines habituellement comparés à celui de la littérature — ainsi la publicité — que l'on observe une organisation rigoureuse et, même, l'emploi de mécanismes identiques (rime, polysémie, etc.); mais aussi dans ceux qui en sont, en principe, les plus éloignés. Peut-on dire qu'un discours judiciaire, ou politique, n'est pas organisé, n'obéit pas à des règles strictes? Ce n'est pas un hasard, d'ailleurs, si, jusqu'à la Renaissance, et surtout dans l'Antiquité grecque et latine, à côté de la Poétique venait la Rhétorique (il faudrait même dire : la Poétique ne venait qu'à la suite de la Rhétorique), qui avait pour tâche de codifier les lois de discours autres que le discours littéraire. On pourrait aller plus loin et questionner la pertinence même d'une notion comme celle de « système de l'œuvre »,

18

en raison, précisément, de la grande facilité avec laquelle on peut toujours établir un tel « système ». La langue ne comporte qu'un nombre limité de phonèmes, et moins de traits distinctifs; les catégories grammaticales de chaque paradigme sont peu nombreuses : la répétition, loin d'être difficile, est inévitable. On sait que Saussure avait formulé une hypothèse sur la poésie latine, selon laquelle les poètes inscrivaient dans la trame du poème un nom propre; celui du destinataire ou celui de l'objet de la poésie. Son hypothèse aboutit à une impasse, non par manque de preuves, mais plutôt par leur surabondance : dans un poème raisonnablement long on peut trouver inscrit n'importe quel nom. D'ailleurs, pourquoi s'en tenir à la poésie : « Cette habitude était une seconde nature pour tous les Romains éduqués qui prenaient la plume pour dire le mot le plus insignifiant. » Et pourquoi les Romains seulement? Saussure ira jusqu'à découvrir le nom d'Eton dans un texte latin qui servait d'exercice aux étudiants de ce collège au XIXe siècle; malheureusement pour lui, l'auteur du texte était un *scholar* du King's College de Cambridge, au XVIIe siècle, et le texte ne fut adopté à Eton que cent ans plus tard!

A se trouver partout avec une telle facilité, le système n'est nulle part. Envisageons maintenant l'épreuve complémentaire : tout texte littéraire est-il systématique au point que nous puissions le qualifier d'autotélique, d'intransitif, d'opaque? On conçoit assez bien le sens de cette affirmation lorsqu'elle s'applique au poème, objet accompli en lui-même, comme aurait dit Moritz; mais le roman? Loin de nous l'idée qu'il n'est qu'une « tranche de vie » dépourvue de conventions — et donc de système; mais ce système ne rend pas le langage romanesque « opaque ». Bien au contraire, ce dernier sert (dans le roman européen classique, tout au moins) à représenter des objets, des événements, des actions, des personnages. On ne peut pas dire non plus que la finalité du roman réside non dans le langage mais dans le mécanisme romanesque : ce qui est « opaque », dans ce cas, est le monde représenté; mais une telle conception de l'opacité (de l'intransitivité, de l'autotélisme) ne s'applique-t-elle pas aussi bien à n'importe quelle conversation quotidienne?

A notre époque, plusieurs tentatives ont été faites pour amalgamer les deux définitions de la littérature. Mais comme aucune d'entre elles n'est, prise isolément, réellement satisfaisante, leur simple addition ne peut guère nous avancer; pour remédier à leur faiblesse, il faudrait que les deux soient *articulées*, au lieu d'être seulement ajoutées, encore moins confondues. C'est malheureusement ce qui se passe d'habitude. Prenons quelques exemples.

René Wellek traite de la « nature de la littérature », dans un chapitre du *Wellek et Warren*. Il remarque d'abord que « le moyen le plus simple de résoudre le problème est de préciser l'usage particulier que la littérature fait du langage », et il établit trois usages principaux : littéraire, courant et scientifique. Puis il oppose l'usage littéraire successivement aux deux autres. Par opposition au scientifique, il est « connotatif », c'est-à-dire riche en associations et ambigu; opaque (alors que dans l'usage scientifique le signe est « transparent, c'est-à-dire que, sans attirer l'attention sur lui-même, il nous oriente sans ambiguïté vers son référent »); plurifonctionnel : non seulement référentiel mais aussi expressif et pragmatique (conatif). Par opposition à l'usage quotidien, celui de la littérature est systématique (« le langage poétique organise et concentre les ressources du langage courant »), et autotélique, en ce qu'il ne trouve pas sa justification en dehors de lui.

Jusque-là, nous pouvons croire Wellek partisan de notre seconde définition de la littérature. L'accent mis sur une fonction quelconque (référentielle, expressive, pragmatique) nous mène loin de la littérature, où le texte vaut par lui-même (c'est ce qu'on appellera la fonction esthétique; c'était déjà la thèse de Jakobson et Mukařovsky dans les années trente). Les conséquences structurales de ces visées fonctionnelles sont : la tendance au système et la mise en valeur de toutes les ressources symboliques du signe.

Suit cependant une autre distinction, qui apparemment continue l'opposition entre usage courant et usage littéraire. « C'est sur le plan référentiel que la nature de la littérature apparaît le plus clairement », nous dit Wellek, car dans les œuvres les plus « littéraires », « on se réfère à un monde de fiction, d'imagination. Les assertions d'un roman, d'un poème ou d'une pièce de théâtre ne sont pas littéralement vraies; ce ne sont pas des propositions logiques ». Et c'est là, conclut-il, le « trait distinctif de la littérature » : c'est-à-dire la « fictionalité ».

En d'autres termes, nous sommes passés, sans même nous en apercevoir, de la deuxième à la première définition de la littérature. L'usage littéraire ne se définit plus par son caractère systématique (et partant autotélique), mais par la fiction, par des propositions qui ne sont ni vraies ni fausses. Est-ce à dire que l'un égale l'autre? Mais une telle affirmation mérite au moins qu'on la formule (sans parler de la démontrer). Nous ne sommes pas plus avancés lorsque Wellek conclut que tous ces termes (organisation systématique, prise de conscience du signe *et* fiction) sont nécessaires pour caractériser l'œuvre d'art; la question que nous nous posons est précisément : quelles sont les relations qui unissent ces termes?

Northrop Frye, de façon assez comparable, soulève le même problème dans le chapitre « Phases littérale et descriptive : le symbole comme motif et comme signe », de l'*Anatomie de la critique*. Lui aussi commence par établir une distinction entre usage littéraire et non littéraire du langage (qui réunit donc le « scientifique » et le « courant » de Wellek). L'opposition sous-jacente se trouve entre orientation externe (vers ce que les signes ne sont pas) et interne (vers les signes eux-mêmes, vers d'autres signes). Les oppositions entre centrifuge et centripète, entre phases descriptive et littérale, entre symboles-signes et symboles-motifs, sont coordonnées à la première distinction. C'est l'orientation interne qui caractérise l'usage littéraire. Remarquons en passant que Frye, pas plus que Wellek, n'affirme jamais la présence exclusive de cette orientation en littérature, mais seulement sa prédominance.

Là encore, nous retrouvons une version de notre seconde définition de la littérature; et, une fois de plus, nous glissons à la première avant de nous en être aperçus. Frye écrit : « Dans toutes les structures verbales littéraires l'orientation définitive de la signification est interne. En littérature, les exigences de la signification externe sont secondaires, car les œuvres littéraires ne prétendent pas décrire ou affirmer, et donc ne sont ni vraies ni fausses... En littérature, les questions de réalité ou de vérité sont subordonnées à l'objectif littéraire essentiel, qui est de produire une structure verbale trouvant sa justification en elle-même; et la valeur désignative des symboles est inférieure à leur importance en tant que structure de motifs reliés. » Dans cette dernière phrase, ce n'est plus la transparence qui s'oppose à l'opacité, mais la non-fictionalité (l'appartenance au système vrai-faux).

Le tourniquet qui a permis ce passage est le mot « interne ». Il figure dans les deux oppositions, une fois comme synonyme d'« opaque », et l'autre, de « fictionnel ». L'usage littéraire du langage est « interne », et en ce qu'on met l'accent sur les signes eux-mêmes et en ce que la réalité évoquée par ceux-ci est fictive. Mais peut-être qu'au-delà de la simple polysémie (et donc de la confusion élémentaire) existe une implication mutuelle entre les deux sens du mot « interne » : que toute « fiction » soit « opaque », et toute « opacité », « fictive ». C'est ce que semble suggérer Frye lorsqu'il affirme, à la page suivante, que si un livre d'histoire obéissait au principe de symétrie (système, donc autotélisme), il entrerait par là même dans le domaine de la littérature, partant de la fiction. Essayons de voir jusqu'à quel point cette double implication est réelle; ce qui nous éclairera peut-être sur la nature de la relation entre nos deux définitions de la littérature.

Supposons que le livre d'histoire obéisse au principe de symétrie (et donc relève de la littérature, selon notre deuxième définition); devient-il par là même fictionnel (et donc littéraire selon la première définition)? Non. Ce sera peut-être un mauvais livre d'histoire qui, pour sauvegarder les symétries, est prêt à faire une entorse à la vérité; mais le passage s'est accompli entre « vrai » et « faux », non entre « vrai-faux » d'un côté, et « fictionnel » de l'autre. De même, un discours politique peut être hautement systématique; il ne devient pas fictionnel pour autant. Y a-t-il une différence radicale dans la « systématicité » du texte entre un récit de voyage réel et un récit de voyage imaginaire (alors que l'un est fictionnel, l'autre non)? La visée du système, l'attention portée à l'organisation interne n'impliquent pas que le texte soit fictionnel. L'un des parcours au moins de l'implication est impraticable.

Qu'en est-il de l'autre? La fictionalité entraîne-t-elle nécessairement la visée du contexte? Tout dépend du sens que nous donnons à cette dernière expression. Si nous l'entendons au sens restreint de récurrence, ou d'orientation syntagmatique (par opposition à paradigmatique), comme le laissent supposer certaines remarques de Frye, il est certain qu'il existe des textes fictionnels dépourvus de cette propriété : le récit peut être gouverné par la seule logique de la succession et de la causalité (même si de tels exemples sont rares). Si nous l'entendons au sens large de « présence d'une organisation quelconque », alors tous les textes fictionnels possèdent cette « orientation interne »; mais on aurait du mal à trouver un texte qui ne la possède pas. La seconde implication n'est donc pas rigoureuse non plus, et nous n'avons pas le droit de postuler que les deux sens du mot « interne » n'en font en fait qu'un. Une fois de plus, les deux oppositions (et les deux définitions) ont été télescopées sans être articulées.

Tout ce que nous pouvons retenir est que les deux définitions permettent de rendre compte de bon nombre d'œuvres qualifiées habituellement de littéraires, mais non de toutes; et qu'elles se trouvent en rapport d'affinité mutuelle, mais non d'implication. Nous restons dans l'imprécision et le vague.

Peut-être l'échec relatif de mon investigation s'explique-t-il par la nature même de la question que je me suis posée. Je me suis constamment demandé : qu'est-ce qui distingue la littérature de ce qui n'est pas littérature? quelle est la différence entre usage littéraire et usage non littéraire du langage? Or en m'interrogeant ainsi sur la notion de littérature, je posais comme acquise l'existence d'une autre notion cohérente, celle de « non-littérature ». Ne faut-il pas commencer par questionner déjà celle-ci?

Qu'on nous parle d'écriture descriptive (Frye), d'usage courant (Wellek), de langage quotidien, pratique ou normal, on postule toujours une unité qui paraît des plus problématiques dès que nous l'interrogeons à son tour. Il semble évident que cette entité — incluant aussi bien la conversation courante que la plaisanterie, le langage rituel de l'administration et du droit que celui du journaliste et du politicien, les écrits scientifiques que les ouvrages philosophiques ou religieux — n'en est pas une. Nous ne savons pas exactement combien il y a de types de discours, mais nous tomberons facilement d'accord pour dire qu'il y en a plus d'un.

Il faut introduire ici une notion générique, par rapport à celle de littérature : c'est celle de *discours*. C'est le pendant structural du concept fonctionnel d'« usage » (du langage). Pourquoi est-elle nécessaire? Parce que la langue produit, à partir du vocabulaire et des règles de grammaire, des phrases. Or les phrases ne sont que le point de départ du fonctionnement discursif : ces phrases seront articulées entre elles et énoncées dans un certain contexte socio-culturel; elles se transformeront en énoncés, et la langue, en discours. De plus, le discours n'est pas un mais multiple, tant dans ses fonctions que dans ses formes : chacun sait qu'il ne faut pas envoyer une lettre personnelle à la place d'un rapport officiel, et que les deux ne s'écrivent pas de la même façon. N'importe quelle propriété verbale, facultative au niveau de la langue, peut être rendue obligatoire dans le discours; le choix opéré par une société parmi toutes les codifications possibles du discours détermine ce qu'on appellera son *système de genres*.

Les genres littéraires, en effet, ne sont rien d'autre qu'un tel choix parmi les possibles du discours, rendu conventionnel par une société. Par exemple, le sonnet est un type de discours qui se caractérise par des contraintes supplémentaires sur son mètre et ses rimes. Mais il n'y a aucune raison de limiter cette notion de genre à la seule littérature : en dehors d'elle, la situation n'est pas différente. Le discours scientifique exclut, en principe, la référence aux première et deuxième personnes du verbe, ainsi que l'emploi de temps autres que le présent. Les mots d'esprit comportent des règles sémantiques absentes dans les autres discours, alors que leur constitution métrique, non codée au niveau du discours, sera fixée au cours de l'énonciation particulière. Certaines règles discursives ont ceci de paradoxal qu'elles consistent à lever une règle de la langue; ainsi, comme l'ont montré Samuel Levin et Jean Cohen, certaines règles grammaticales ou sémantiques sont supprimées dans la poésie moderne. Mais dans la perspective de la constitution d'un discours, il s'agit toujours de règles en plus, non en moins; la preuve en est que dans de tels énoncés poétiques « déviants » nous reconstituons facilement la règle linguistique enfreinte : elle n'a pas été supprimée mais plutôt contredite par une nouvelle règle. Les genres du discours, on le voit, tiennent tout autant de la matière linguistique que de l'idéologie historiquement circonscrite de la société.

Si nous admettons l'existence de discours (au pluriel), notre question sur la spécificité littéraire devrait être ainsi reformulée : y a-t-il des règles qui soient propres à toutes les instances de la littérature (identifiées intuitivement), et seulement à elles? Mais, posée sous cette forme, la question ne peut recevoir, me semble-t-il, qu'une réponse négative. J'ai déjà rappelé de nombreux exemples qui témoignent de ce que les propriétés « littéraires » se trouvent aussi en dehors de la littérature (du jeu de mots et de la comptine à la méditation philosophique, en passant par le reportage journalistique ou le récit de voyage); ainsi que l'impossibilité dans laquelle nous nous trouvons de découvrir un dénominateur commun à toutes les productions « littéraires » (à moins que ce ne soit : l'utilisation du langage).

Les choses changent radicalement si nous nous tournons, non plus vers la « littérature », mais vers ses subdivisions. Nous n'avons aucun mal à préciser les règles de certains types de discours (c'est ce qu'ont fait depuis toujours les *Arts poétiques*, confondant il est vrai le descriptif et le prescriptif); ailleurs la formulation est plus difficile, mais notre « compétence discursive » nous fait toujours sentir l'existence de telles règles. Nous avons vu d'ailleurs que la première définition de la littérature s'appliquait particulièrement bien à la prose narrative, alors que la seconde s'appliquait bien à la poésie; on n'aurait peut-être pas tort de chercher l'origine de deux définitions aussi indépendantes dans l'existence de ces deux « genres » si différents: c'est que la littérature qu'on a surtout considérée n'est pas la même dans un cas et dans l'autre. La première définition part du récit (Aristote parle d'épopée et de tragédie, non de poésie), la seconde de la poésie (ainsi, les analyses de poèmes par Jakobson) : on a caractérisé ainsi deux grands genres littéraires, croyant chaque fois qu'on avait affaire à la littérature tout entière.

De manière tout à fait analogue, on peut identifier les règles des discours jugés habituellement comme « non littéraires ». Je proposerai alors l'hypothèse suivante : si l'on opte pour un point de vue structural, chaque type de discours qualifié habituellement de littéraire a des « parents » non littéraires qui lui sont plus proches que tout autre type de discours « littéraire ». Par exemple, une certaine poésie lyrique et la prière obéissent à plus de règles communes que cette même poésie et le roman historique du type *Guerre et Paix*. Ainsi l'opposition entre littérature et non-littérature cède la place à une typologie des discours. Et je rejoins dans mes conclusions concernant la « notion de littérature » les derniers des classiques et les premiers romantiques. Condillac écrivait, dans *De l'art d'écrire* : « Plus les langues qui méritent d'être étudiées se sont multipliées, plus il est difficile de dire ce qu'on entend par poésie, parce que chaque peuple s'en est fait une idée différente. (...) Le naturel propre à la poésie et à chaque espèce de poème est un naturel de convention [!] qui varie trop pour pouvoir être défini. (...) En vain tenterait-on de découvrir l'essence du style poétique : il n'en a point. » Et Friedrich Schlegel, dans les Fragments de l'*Athenaeum :* « Une définition de la poésie peut seulement déterminer ce que celle-ci doit être, non ce qu'elle a été ou est en réalité; sinon elle s'énoncerait sous sa forme la plus brève : est poésie ce qu'on a appelé ainsi n'importe quand, n'importe où. »

Le résultat de ce parcours peut paraître négatif : il consiste à nier la légitimité d'une notion structurale de « littérature », à contester l'existence d'un « discours littéraire » homogène. Que la notion fonctionnelle soit légitime ou non, la notion structurale ne l'est pas. Mais le résultat n'est négatif qu'en apparence, car à la place de la seule littérature apparaissent maintenant de nombreux types de discours qui méritent au même titre notre attention. Si le choix de notre objet de connaissance n'est pas dicté par de pures raisons idéologiques (qu'il faudrait alors expliciter), nous n'avons plus le droit de nous occuper des seules sous-espèces littéraires, même si notre lieu de travail s'appelle « département de littérature » (française, anglaise ou russe). Pour citer encore une fois Frye, maintenant sans réserve : « Notre univers littéraire s'est développé en un univers verbal » *(Anatomie de la critique)* ou, plus longuement : « Tout professeur de littérature devrait se rendre compte de ce que l'expérience littéraire n'est que le bout visible de l'iceberg verbal : au-dessous se trouve le domaine subliminal des réactions rhétoriques que suscitent la publicité, les présupposés sociaux et la conversation quotidienne; ces réactions restent inaccessibles à la littérature comme telle, celle-ci serait-elle du niveau le plus populaire, comme dans le film, à la télévision ou dans les bandes dessinées. Or le professeur de littérature aura affaire à l'expérience verbale totale de l'étudiant, y compris ses neuf dixièmes sous-littéraires » *(The Secular Scripture)*.

Un champ d'études cohérent, pour l'instant découpé impitoyablement entre sémanticiens et littéraires, socio- et ethno-linguistes, philosophes du langage et psychologues, demande donc impérieusement à être reconnu, où la poétique cédera sa place à la théorie du discours et à l'analyse de ses genres. C'est dans cette perspective qu'ont été écrites les pages qui suivent.

Poïétique et poétique selon Lessing

Dans le livre I de sa *Rhétorique*, Aristote formule une distinction dont il devait ignorer qu'elle fût promise à un tel avenir : pour étudier un discours, disait-il, on doit isoler trois facteurs : « celui qui parle, le sujet sur lequel on parle, celui à qui il parle » (1358 *ab*), ou encore : le caractère de l'orateur, le discours même, les dispositions de l'auditeur (1356 *a*) [1]. Codifiée aujourd'hui par la théorie de la communication, cette tripartition (dont l'un des éléments se subdivise aussitôt en deux, le discours même et son sujet) fonctionne jusque dans le domaine de l'esthétique, en permettant de classer les différentes conceptions de l'œuvre d'art [2], ou même les différents types d'études qui prennent l'art comme objet : d'où la distinction que fait apparaître René Passeron entre une *poïétique*, dont l'objet est l'« instauration », la création des œuvres, une *esthétique* au sens étroit, qui s'occupe des œuvres « sous l'angle de leur réception », et, entre les deux, des *sciences de l'art* (telles que la poétique, la musicologie, etc.) qui traitent des « structures spécifiques de l'œuvre [3] ».

C'est à l'examen d'une des frontières ainsi tracées que je voudrais consacrer les pages qui suivent, celle entre poïétique et sciences de l'art, en restreignant d'ailleurs par deux fois encore cet objet : synchroniquement d'abord, en me limitant à la seule littérature (d'où la proximité troublante de *poïétique* et *poétique*); du point de vue diachronique ensuite, en choisissant un moment particulier de l'histoire de l'esthétique, que je crois du reste privilégié : celui que constitue l'œuvre théorique de Lessing.

Je partirai donc de cette question : quelle idée se fait Lessing de la

1. Cf. Roland Barthes, « L'ancienne rhétorique », *Communications*, 16, 1970, p. 179.
2. Ainsi chez M. H. Abrams, *The Mirror and the Lamp*, New York, 1953, p. 3-29, qui garde les quatre éléments distincts et identifie, en conséquence, les théories expressive, pragmatique, formelle et mimétique.
3. R. Passeron, « La poïétique », in *Recherches poïétiques*, t. I, Paris, 1975.

poïétique? Ou, de manière un peu plus détaillée : à supposer qu'on admette un certain déterminisme dans le surgissement d'une œuvre d'art (et c'est bien le cas de Lessing), de quoi ce déterminisme est-il fait? Quelles sont les forces, les contraintes qui conditionnent la présence (ou l'absence) de tel ou tel élément artistique dans l'œuvre, le choix dont elle est l'aboutissement?

Commençons par les mauvaises réponses, écartées par Lessing. L'œuvre n'est pas ce qu'elle est en raison d'un réel dont elle serait la transposition; autrement dit, il ne s'agit pas d'un déterminisme d'imitation. L'attitude de Lessing à l'égard du principe d'imitation, alors tout-puissant, est complexe. Il ne se décide qu'exceptionnellement à le rejeter en bloc, et, la plupart du temps, en particulier dans des affirmations générales, il le répète comme une évidence qui ne se discute pas (« cette imitation qui est l'essence de l'art du poète » : *L*, VII, 1964, p. 78; « ce qui est une imitation de la nature ne peut pas être un défaut » : *DH*, LXIX, p. 321-322) [1]. Mais c'est un tout autre esprit qui anime ses analyses particulières, et l'affirmation implicite qu'elles contiennent résonne tout au long de son œuvre.

Rappelons d'abord l'exemple qui sert de point de départ au *Laocoon* : comment expliquer que le personnage principal du célèbre groupe sculptural, bien que souffrant atrocement, ouvre à peine la bouche? Winckelmann l'explique par le caractère noble des Grecs, autrement dit par le principe d'imitation. « Quelle que soit la passion qu'expriment les œuvres d'art des Grecs, elles trahissent une âme grande et paisible » (*L*, I, 1964, p. 53). Lessing fait remarquer que, dans des œuvres littéraires peignant pourtant les mêmes Grecs que caractérisent la noble simplicité et la grandeur tranquille (ainsi dans le *Philoctète* de Sophocle), les personnages se permettent de gémir, de crier et de se plaindre autant que n'importe quels autres humains. Il est pourtant vrai que la bouche de Laocoon sculpté est à peine contractée. Comment l'expliquer? C'est que les lois de la sculpture

---

1. J'ai adopté pour les œuvres de Lessing le système de références suivant : pour la *Dramaturgie de Hambourg* (abréviation : *DH*) : le numéro de section en chiffres romains, la page de la traduction française de 1869 en chiffres arabes; pour le *Laocoon* (abréviation : *L*) : le numéro de chapitre en chiffres romains, le numéro de la page, précédé de l'année de publication de la traduction française (1877 ou 1964), en chiffres arabes; pour toutes les autres œuvres : l'édition des *Gesammelte Werke* (abréviation : *GW*) de Aufbau-Verlag, 1968, avec, en chiffres romains, le numéro de volume, en chiffres arabes celui de la page; pour la correspondance : l'édition de Robert Petsch, *Lessings Briefwechsel mit Mendelssohn und Nicolai über das Trauerspiel*, Darmstadt, Wissenschaftliche Buchgesellschaft, 1967 (1re édition 1910; abréviation : *Briefwechsel*). Je modifie parfois les traductions existantes.

imposent de figurer la douleur d'une manière tout autre que celles de la poésie. La sculpture comme la peinture ne peuvent représenter qu'un seul moment d'une action; il faut donc choisir le moment le plus fécond; « or, cela seul est fécond qui laisse un champ libre à l'imagination » (*L*, III, 1964, p. 68); il ne faut donc pas choisir le moment du paroxysme mais celui qui le précède ou le suit. De même, « puisque cet unique instant acquiert par l'art une durée immuable, il ne doit pas exprimer ce qui ne se conçoit que comme transitoire » *(ibid.)*. Ainsi s'expliquent d'autres choix faits par des peintres antiques (les tableaux d'Ajax, de Médée). Et Lessing conclut : « En examinant les motifs indiqués pour expliquer la modération que l'auteur du Laocoon a apportée dans la douleur physique, je trouve qu'ils sont tous tirés de la nature même *(von der eigenen Beschaffenheit)* de l'art, de ses limites nécessaires et de ses exigences *(Bedürfnissen)* » (*L*, IV, 1876, p. 27). Les motifs ou les raisons de la présence de tel élément dans l'œuvre ne se situent pas en dehors de l'art, dans la réalité grecque qui serait imitée, mais dans le principe constitutif de chaque art, dans les contraintes imposées à l'œuvre par sa propre forme.

Dans ses *Traités sur la fable*, Lessing rappelle une exigence que le critique suisse Bodmer avait formulée à l'égard des auteurs de fables : qu'ils observent le comportement des animaux à la campagne et en particulier lors de la chasse, pour y découvrir des caractéristiques semblables à celles des hommes. Et il réplique : « Le professeur peut s'épargner la peine d'aller avec son élève à la chasse s'il sait pratiquer une sorte de chasse à l'égard des anciennes fables » (*GW*, IV, p. 84). Il vaut mieux connaître les lois du genre dans lequel on écrit que de s'adonner à l'observation des êtres dont on parle.

Dans la *Dramaturgie de Hambourg*, Lessing s'interroge sur les rapports qu'entretient la fiction littéraire avec la vérité historique. Si l'œuvre était déterminée par ce qu'elle représente (imite), la plus grande vérité historique donnerait l'œuvre la plus parfaite. Lessing inverse la relation : si les faits historiques peuvent, éventuellement, servir la fiction, ce n'est que dans la mesure où ils se conforment à certaines exigences qui sont précisément celles de l'art (et ici Lessing cite avec approbation l'avis d'Aristote selon lequel ce n'est pas le vrai mais le vraisemblable qui convient à la poésie). « Si le poète a besoin de faits historiques, ce n'est pas simplement parce qu'ils sont arrivés, mais c'est parce qu'il en inventerait difficilement d'autres qui convinssent mieux à son objectif *(Zwecke)* du moment (...). Quelle est la première qualité qui nous fait paraître un récit historique digne de foi? N'est-ce pas sa vraisemblance intrinsèque *(innere Wahrschein-*

lichkeit)? » (XIX, p. 94-95). Le discours historique lui-même est déterminé, non seulement par les faits qu'il relate, mais aussi par les lois qui lui sont propres; cela est encore plus vrai pour la poésie. Ce qui amènera Lessing à conclure : « Il me semble toujours que c'est une bien moindre faute de ne pas conserver à ces personnages les caractères qu'ils ont dans l'histoire, que de pécher dans les caractères librement choisis, soit du côté de la vraisemblance intrinsèque, soit du côté de l'enseignement qui doit en ressortir » (XXXIV, p. 166). C'est la vraisemblance intrinsèque et non la vérité extrinsèque qui modèle l'œuvre particulière.

Ce n'est pas l'objet imité, le référent, qui est le facteur déterminant de l'œuvre; il faut donc l'écarter de la poïétique. Une autre réponse vient alors facilement à l'esprit, naguère comme aujourd'hui : ce facteur, c'est l'auteur, l'auteur qui décide de rendre les personnages souriants ou tristes, qui leur transmet ses idées ou ses obsessions, qui choisit chaque mot, chaque lettre de son texte... Le refus de Lessing sera ici moins direct mais plus ferme encore. Quelle que soit l'œuvre qu'il analyse, il ne s'intéresse jamais à la personnalité de l'auteur, comme si celui-ci n'était pas, non plus, un facteur déterminant de l'œuvre. Il écrivait déjà dans les *Lettres sur la littérature moderne :* « Que nous regarde la vie privée d'un écrivain? Je dédaigne de tirer de là le commentaire de ses ouvrages » (*GW*, IV, p. 103); et il s'en explique plus longuement dans la *Dramaturgie de Hambourg*, où il prend à partie la curiosité du public (et des critiques) pour la personnalité de l'auteur : « Comment donc s'imagine-t-on qu'un poète est fait? Autrement qu'un autre homme? (...) Et quelle faible impression a dû faire la pièce si, sur l'heure même, elle n'inspire d'autre désir que celui de comparer la figure du maître avec son ouvrage? Un vrai chef-d'œuvre, ce me semble, s'empare de nous de telle sorte que nous perdons de vue l'auteur, et que nous considérons son ouvrage moins comme le travail d'un individu que comme le produit de la nature impersonnelle. (...) Ainsi, au fond, un homme de génie devrait se trouver bien peu flatté du désir que lui témoigne le public de connaître sa personne. D'ailleurs, quel avantage cela lui donne-t-il sur une marmotte que le petit peuple n'est pas moins curieux d'avoir vue? Il n'en est pas moins vrai que la vanité des poètes français paraît s'en être fort bien accommodée » (XXXVI, p. 179-180).

Lessing ajoute cet argument paradoxal qui rappelle la parabole de Henry James dans *La maison natale :* « Je soupçonne que la beauté extraordinaire du poème d'Homère est la vraie raison qui explique pourquoi nous savons si peu de chose de sa personne et de sa vie.

Devant un vaste fleuve aux eaux mugissantes, nous demeurons étonnés, sans songer à sa faible source cachée dans les montagnes. Ainsi nous ne voulons pas savoir, nous aimons à oublier qu'Homère, le maître d'école de Smyrne, Homère, le mendiant aveugle, est le même dont les ouvrages nous charment à ce point. Il nous transporte parmi les dieux et les héros : or, il faudrait qu'on s'ennuyât bien dans leur société pour y faire des questions sur l'huissier par qui l'on a été introduit » *(ibid.)*.

La véritable œuvre d'art n'a pas d'auteur : on ignore tout de la vie d'Homère *parce que* ses poèmes nous satisfont tant. Ce n'est pas l'individu qui écrit mais un esprit impersonnel. Ainsi se trouve rejeté, après le facteur réaliste, celui de la psychologie individuelle : ce n'est ni le référent, ni l'auteur qui font de l'œuvre ce qu'elle est.

Ajoutons, avant de passer à la conception positive de Lessing, avant de chercher ce qu'*est* la poïétique — puisqu'on a établi ce qu'elle n'était pas —, qu'il ne faut pas comprendre cette attitude de Lessing comme une version quelconque de la théorie de « l'art pour l'art ». Lessing refuse la détermination externe mais n'en exige pas moins de l'art une finalité qui le transcende. Dans le *Laocoon* il réclame que le nom d'œuvre d'art ne soit accordé qu'aux œuvres qui ne se soumettent à aucune exigence externe (notamment religieuse) : « Je voudrais qu'on n'appliquât le nom d'œuvres d'art qu'à celles où l'artiste a pu se montrer véritablement tel, c'est-à-dire où la beauté fut son seul et unique but » (IX, 1964, p. 93) [1]. Mais cela ne veut pas dire que la production de l'œuvre est une fin en soi (ce qui sera la thèse de Moritz et de Novalis) : Lessing appartient à un siècle où les impératifs moraux priment tout; sa théorie, en partie au moins, est, dans la terminologie d'Abrams, « pragmatique », c'est-à-dire orientée vers le lecteur, d'où des mises en garde très nettes comme : « Inventer et imiter en vue d'un certain dessein *(Absicht)* est ce qui distingue l'homme de génie des petits artistes, qui inventent pour inventer et imitent pour imiter : ils se contentent du petit plaisir attaché à l'usage de leurs moyens; ils font de ces moyens tout leur dessein » (*DH*, XXXIV, p. 169). La non-contradiction de ces deux énoncés définit avec précision la position historique de Lessing (après un certain « classicisme » et avant le « romantisme », comme on dit dans les manuels) : la beauté est le seul but de l'artiste mais l'art ne doit pas être autotélique pour autant.

1. Lessing emploie la formule « *Kunst um ihrer selbst Willen* », ce qui est peut-être à l'origine des expressions « l'art pour l'art », « *art for art's sake* », etc.

Face à cette mauvaise version de la poïétique, qui cherche les causes de l'œuvre en dehors de l'art — appelons-la l'*exogenèse* —, Lessing va défendre avec brio une nouvelle conception, qui est en même temps sa principale contribution à l'esthétique, et qui est celle de l'*endogenèse* des œuvres. La présence ou l'absence d'un élément dans le texte est déterminée par les lois de l'art qu'on pratique.

Cette affirmation générale se spécifie et se diversifie à de multiples niveaux. Premièrement, les lois de la poésie sont différentes des lois des autres arts, de la peinture en particulier, parce que le matériau de l'une est le langage, celui de l'autre, l'image (ou, dans le cas de la musique, le son, etc.). Le matériau impose ses contraintes aux œuvres : telle est la grande thèse du *Laocoon*, trop connue pour qu'on l'expose ici dans le détail [1]. On a vu déjà comment elle permet d'expliquer les cris dans *Philoctète*, d'une part, la légère contraction de la bouche de Laocoon lui-même, de l'autre. Mais l'exemple le plus frappant de son application est l'analyse des descriptions homériques. Le matériau linguistique, linéaire dans l'esprit de Lessing, rend la description littéraire — c'est-à-dire la suspension du temps — indésirable. Or les descriptions d'Homère sont parfaites. Comment est-ce possible? C'est qu'Homère, sensible à la contrainte du matériau, ne décrit jamais les objets en eux-mêmes, mais toujours un processus, aussi temporel que celui du langage : celui de la fabrication ou de l'utilisation de l'objet. « Si, par exemple, Homère veut nous montrer le char de Junon, il faut qu'Hébé le construise pièce par pièce sous nos yeux. » « Homère veut-il nous montrer le costume d'Agamemnon? Il faut alors que le roi revête devant nos yeux, pièce par pièce, la fine tunique, le grand manteau, les beaux brodequins, le glaive. » De même pour le sceptre d'Agamemnon, pour le bouclier d'Achille, ou pour l'arc de Pandare. « Ainsi les diverses parties de l'objet, que nous voyons juxtaposées dans la nature, se succèdent tout aussi naturellement dans ses tableaux et accompagnent, si l'on peut dire, d'un pas égal le cours du récit. Par exemple, quand il veut nous peindre l'arc de Pandare, un arc de corne, de telle et telle longueur, bien poli et garni de feuilles d'or aux deux extrémités, que fait-il? Nous énumère-t-il sèchement, un à un, tous ces détails? Nullement, ce serait cataloguer cet arc, le présenter comme modèle, mais non le dépeindre. Il commence par la chasse du bouquetin qui a fourni la corne; Pandare l'avait épié dans les rochers et l'avait abattu; les cornes étaient d'une grandeur extraordinaire, d'où son idée de

---

1. Cf. *Théories du symbole*, Paris, 1977, chap. v.

faire un arc; on les façonne, l'artiste les ajuste, les polit, les garnit; et nous voyons ainsi se créer chez le poète ce que nous ne pouvons voir que fini chez le peintre » (XVI, 1964, p. 111-116).

Mais il ne suffit pas de dire, pour expliquer la production de l'œuvre littéraire, que le poète a le langage comme matériau. A la suite de ce premier choix fondamental (langage plutôt qu'image) en viennent d'autres, plus spécifiques mais non moins importants. Il y a tout d'abord celui entre écriture assertive et fiction; ou, dans les termes de Lessing, entre métaphysique et poésie. C'est à la distinction entre ces deux types de discours qu'est consacré le texte qui inaugure ce qu'on pourrait appeler ses « recherches poïétiques » : *Pope un métaphysicien!* (1755), écrit en collaboration avec Moses Mendelssohn. Lessing y démontre l'inanité qu'il y a à traiter un poète (Pope en l'occurrence) comme s'il était un philosophe (la comparaison porte sur Leibniz). Les écrits de l'un et de l'autre obéissent à des règles différentes, qui découlent de l'option initiale pour un type de discours plutôt que pour un autre. « Que doit faire le métaphysicien avant tout? Il doit expliquer le sens des mots qu'il veut employer; il ne doit jamais les utiliser dans une acception autre que celle qu'il vient d'expliquer; il ne doit jamais leur substituer d'autres mots qui ne leur seraient équivalents qu'en apparence. De tout cela que doit observer le poète? Rien. L'euphonie lui est déjà une raison suffisante pour choisir une expression plutôt qu'une autre et l'alternance des synonymes est pour lui une beauté » (*GW*, VII, p. 233). La nature de l'œuvre est, une fois de plus, conforme aux lois propres à son espèce; endogenèse plutôt qu'exogenèse.

La fiction n'est pas, elle non plus, un tout indivisible. Lessing consacrera trois livres importants à l'étude de ses sous-espèces, à savoir les *Traités sur la fable*, la *Dramaturgie de Hambourg* et les *Remarques éparses sur l'épigramme*, ainsi que de nombreuses pages disséminées dans d'autres écrits. Il ne faut pas juger la valeur de son hypothèse générale sur le déterminisme de la forme à partir des résultats particuliers auxquels il aboutit : l'hypothèse peut rester valable, même si les observations particulières sur lesquelles repose chacune de ses applications se révèlent inexactes; notre conception du langage et de ses propriétés a pu évoluer depuis l'époque de Lessing (on ne considère pas, comme le remarquait d'ailleurs Herder à l'époque, que la linéarité du langage soit une de ses caractéristiques constitutives), cela ne nous empêchera pas, aujourd'hui encore, de déduire les propriétés de la littérature de celles du langage. Mais les descriptions des sous-espèces littéraires que Lessing nous a laissées ne valent

33

pas seulement en tant qu'illustration de son hypothèse; elles restent, sur de nombreux points, les meilleures analyses de telle ou telle catégorie littéraire. Pour cette raison, elles méritent qu'on les rappelle brièvement ici.

Dans ses analyses, Lessing procède par oppositions binaires : il ne définit un genre qu'en l'opposant à un autre; et il ne se soucie pas d'unifier dans un tableau d'ensemble toutes les catégories ainsi mises à jour. C'est donc à nos risques et périls seulement que nous pouvons dresser ce plan général. A la base du système je mettrais l'opposition entre le *narratif* et le *symbolique* (même si ces termes n'apparaissent jamais dans ce contexte chez Lessing). Comment interpréter cette opposition? Lessing s'y emploie à plusieurs reprises. Dans le premier de ses *Traités sur la fable*, il la rapproche de celle du particulier et du général : dans le genre narratif (exemple : la fable) on décrit des cas particuliers; dans le genre symbolique (exemple : la parabole) on parle en général de cas possibles. Donc l'opposition est entre ce qui *est* réellement arrivé (le narratif) et ce qui *peut* arriver (le symbolique). Le temps passé comme le sujet individuel sont des moyens linguistiques qui servent un même but : attester la réalité de l'action. « Le *cas singulier* qui constitue la fable doit être représenté comme étant réel *(wirklich)*. Si je m'en tenais à la seule possibilité, on n'aurait eu qu'un *exemple*, qu'une *parabole* » (*GW*, IV, p. 39). « La réalité *(Wirklichkeit)* n'appartiendrait qu'au singulier, à l'individuel; et on ne peut penser une réalité sans individualité » (*ibid.*, p. 40). « Le commentateur introduit la parabole par un " comme si "; et il raconte les fables comme quelque chose qui s'est réellement produit » (*ibid.*, p. 43). Le narratif s'oppose au symbolique comme le réel au virtuel, comme le singulier au général.

Au même niveau de généralité (et aboutissant, probablement, à la même répartition des œuvres) se situe une seconde interprétation de l'opposition initiale : elle devient celle entre *action* (exemple : la fable) et *image* (exemple : l'emblème). « Tantale assoiffé au milieu des eaux est une image, et une image qui me montre la possibilité de manquer du nécessaire alors que le superflu abonde. Mais cette image est-elle pour autant une fable? » Non, et la raison en est qu'ici manque l'action. Qu'est-ce qu'une action? « J'appelle action une suite de changements *(Veränderungen)*, qui font ensemble un tout. — L'unité du tout repose sur l'accord des parties en vue d'un but final » (*ibid.*, p. 24). Le but final de la fable est la sentence morale. Cette opposition, on le voit, préfigure celle du *Laocoon* entre récit et description.

34

A l'intérieur du genre narratif on opposera la fable à la tragédie et à l'épopée; mais cette nouvelle opposition n'est pas sans rappeler la précédente : la fable est, dans une certaine mesure, un genre hybride, qui participe des deux versants à la fois. « L'action de l'épopée et du drame doit posséder, en dehors du dessein *(Absicht)* que l'auteur lui attache, un dessein intérieur, qui lui appartient en propre. L'action de la fable n'a pas besoin de ce dessein intérieur, elle est suffisamment accomplie lorsque le poète a atteint, grâce à elle, son dessein à lui » *(ibid.,* p. 35). L'auteur de fables peut abandonner ses personnages dès qu'ils ont servi à illustrer sa sentence; alors que le dramaturge doit poursuivre leur logique propre, s'il veut que l'action soit véritablement accomplie et non seulement interrompue. Les personnages du théâtre ou de l'épopée existent en quelque sorte en eux-mêmes; ils trouvent leur raison d'être dans leur logique interne. Ceux de la fable, au contraire, n'existent qu'en fonction d'une intention qui leur est extérieure. La littéralité du texte épique ou dramatique s'oppose au rôle transitif, soumis, de l'action dans la fable.

La même distinction se trouve reprise dans la *Dramaturgie de Hambourg,* où Lessing s'interroge sur les différences entre deux œuvres : un conte moral de Marmontel, repris sous forme de drame par Favart. Comme on peut s'y attendre, selon Lessing ces différences ne découlent ni de la dissemblance des deux auteurs, ni des circonstances représentées ici et là, mais uniquement des contraintes de la forme. « L'auteur de la fable, écrit Lessing, peut interrompre l'action où il lui plaît, dès qu'il a touché son but *(Ziel);* il ne s'inquiète pas de l'intérêt que nous prenions au sort des personnages qui lui ont servi pour cette action. (...) Le drame, au contraire, ne prétend nullement donner une leçon déterminée, qui découle de la fable de la pièce; il a pour objet les passions allumées et entretenues par le cours des événements et par les péripéties de sa fable, ou le plaisir que nous procure une peinture vraie et vivante des mœurs et des caractères. »

Voilà qui explique l'attitude différente des deux auteurs : « Donc, s'il est vrai que Marmontel ait voulu nous enseigner par son récit que l'amour ne subit pas la contrainte, qu'on doit l'obtenir par des soins et de la complaisance, et non par la majesté et par la force, il avait raison de terminer comme il l'a fait. (...) Mais lorsque Favart voulut transposer ce conte sur la scène, il ne tarda pas à sentir que la forme dramatique *(die dramatische Form)* faisait évanouir, pour la plus grande partie, la démonstration de la maxime morale; et que, lors même que cette démonstration pourrait être entièrement conservée, la satisfaction qu'on en éprouverait ne saurait être ni assez grande ni assez vive pour tenir lieu d'un autre plaisir, qui est plus essentiel au genre dramatique. (...) Mais comme il ne pouvait changer ces caractères dès le début sans se priver d'un grand nombre de jeux de scène qu'il jugeait tout à fait accommodés au goût de son parterre, il ne lui restait plus qu'à faire ce qu'il a fait » (XXXV, p. 173-175). Favart ne pouvait agir que comme il a agi; et ce, sous la pression inexorable de la « forme » (ici, dramatique). A travers cette triple opposition — du général et du particulier, de l'image et du récit, de l'allégorique et du littéral —, Lessing semble cerner une même catégorie qui décide du tout premier choix que doit opérer celui qui s'engage dans le champ de la littérature.

En poursuivant l'exploration de la carte des genres, on arrive à des subdivisions plus familières : tragédie et comédie, poésie épique et poésie lyrique. C'est dans les lettres qu'il adresse en 1756-1757 à Mendelssohn et à Nicolaï que Lessing s'attarde particulièrement sur ces distinctions. Voici par exemple une discussion sur la différence entre tragédie et poésie héroïque *(Heldengedichte)*. « Pourquoi brouiller les espèces de poésie sans nécessité et laisser empiéter le domaine de l'une sur celui de l'autre? Tout comme, dans la poésie héroïque, l'admiration est la chose principale, et toutes les autres passions, la pitié en particulier, lui sont soumises — de même, dans la tragédie, c'est la pitié qui est la chose principale, et toute autre passion, l'admiration en particulier, lui est soumise, c'est-à-dire ne sert à rien d'autre qu'à aider à susciter la pitié. Le poète héroïque laisse son héros malheureux pour mettre en lumière sa perfection. L'écrivain tragique met en lumière la perfection de son héros pour rendre son malheur d'autant plus pénible » *(Briefwechsel, p. 80)*.

Parvenu à ce point, on pourrait se demander dans quelle mesure ce déterminisme de la forme, professé par Lessing, est autre chose que l'exigence traditionnelle d'une soumission aux règles des genres classiques. On pourrait croire, à première vue, que Lessing est lui-même fidèle en cela à la tradition, lorsqu'il affirme par exemple : « Un poète peut avoir beaucoup fait, et cependant avoir perdu son temps. Il ne suffit pas que son ouvrage produise un effet sur nous : il faut encore que ce soit l'effet qui lui convient, en raison du genre auquel il appartient » *(DH, LXXIX, p. 371)*. Mais il ne faut pas en rester à l'effet superficiel de ces phrases; car tout dépend, ici, du sens que prend le mot « genre »; c'est même dans ce contexte que la conception de Lessing apparaît dans toute sa spécificité.

Sans le dire de manière explicite, Lessing modifie radicalement le sens de cette notion (et, plus généralement, de celle de « forme ») [1]. Plutôt que de concevoir le genre comme un ensemble de règles extérieures auxquelles les œuvres doivent se conformer, Lessing cherche à montrer les rapports structurels des éléments constitutifs du genre entre eux; d'où l'opposition entre genres internes et externes, ou logiques et normatifs, ou encore, dans ses propres termes, entre les propriétés essentielles *(wesentliche Eigenschaften)* du genre et ses propriétés accidentelles *(zufällige)*, « que l'usage a rendues nécessaires » *(DH*, LXXVII, p. 357); c'est aussi la différence, dans l'activité du critique, entre décrire et prescrire. L'unité de temps est un caractère accidentel du drame, inventé par les théoriciens du classicisme et qui ne trouve aucune justification dans la logique même du genre; en revanche, l'existence d'une dimension temporelle (par opposition à la spatialité de l'image) est un trait essentiel de tout récit. Ou bien : Batteux donne une longue liste des ornements appropriés à la fable. « Mais tous ces ornements entrent en conflit avec l'être véritable *(wirklichen Wesen)* de la fable » *(GW*, IV, p. 74), ils ne sont pas essentiellement nécessaires mais seulement habituels. Et qu'en est-il de la présence d'animaux dans les fables, est-ce là une de leurs « propriétés essentielles » (p. 46)? Ce qui est essentiel ne sont pas les animaux eux-mêmes, mais la fonction qu'ils assument de manière appropriée : à savoir de constituer une typologie de caractères notoires et constants. Les véritables règles ne sont pas l'affaire d'un législateur mais découlent de l'essence du genre; c'est pourquoi elles ne se constituent pas en une simple liste mais forment un système où tout se tient. Une règle en implique une autre : par exemple, puisqu'il ne faut qu'une morale par fable, la brièveté s'impose. On parcourt le chemin qui va des caractéristiques de surface aux propriétés profondes et, de là, à l'essence même du genre.

1. Comme l'a remarqué Joseph Frank dans son étude fondamentale « La forme spatiale dans la littérature moderne » (trad. fr. dans *Poétique*, 10, 1972, p. 244-266; l'original anglais date de 1945). Il écrit notamment : « Des critiques divers s'en sont pris à l'un ou l'autre de ces jugements (de Lessing) et ont estimé que cela leur permettait de battre en brèche ses positions : mais cette attitude laisse supposer qu'ils n'ont pas compris l'importance du *Laocoon* dans l'histoire de la théorie esthétique. On peut fort bien se contenter d'utiliser les intuitions de Lessing comme instruments d'analyse, sans chercher à déterminer la valeur d'œuvres individuelles selon les normes qu'il a prescrites : c'est même à cette unique condition que la signification profonde du *Laocoon* peut être perçue. Ce n'étaient pas des normes nouvelles que proposait Lessing, mais une nouvelle manière d'envisager la forme esthétique » *(op. cit.*, p. 246). C'est en cela que Lessing est le véritable fondateur de l'esthétique moderne.

Ou inversement : « A partir de mon principe fondamental, écrit Lessing, découlent de manière facile et heureuse non seulement les règles bien connues mais aussi une foule de nouvelles règles » (*Briefwechsel*, p. 55). De même, dans la *Dramaturgie*, il ramène la définition aristotélicienne de la tragédie à ce qu'elle comporte d'essentiel, et conclut : « De ces deux idées on déduit parfaitement toutes les règles du genre, et même la forme qui lui convient, qui est la forme dramatique » (LXXVII, p. 357-358). Seul E. A. Poe professera un déterminisme interne aussi absolu [1].

Comment découvrir ces essences? Le cas est relativement simple au niveau le plus général, celui de la littérature par opposition aux autres arts : ici c'est le matériau — c'est-à-dire le langage — qui détermine les choix fondamentaux. Mais comment justifier les subdivisions de la littérature? Une voie possible aurait été : par les subdivisions du langage; mais Lessing ne l'empruntera pas, il ne la mentionne que pour la rejeter : « Il serait regrettable que ces deux genres (épopée et tragédie) ne présentent aucune différence plus essentielle que celle de la durée, ou de l'interruption du dialogue par le récit du poète, ou de la division en actes et livres » (*Briefwechsel*, p. 89-90). Une autre voie, beaucoup plus traditionnelle, eût été : procéder par induction, à partir des œuvres des classiques grecs et latins; mais c'est ici précisément que Lessing se sépare de la doctrine du « classicisme ». Non qu'il n'érige les œuvres d'Homère et de Sophocle en exemple continuel : il le fait très volontiers; mais il ne peut pas s'en contenter : cela aurait impliqué que la perception est la base de toute connaissance. Lessing, au contraire, exigera toujours que l'on procède en plusieurs étapes : d'abord une observation exacte, à partir de là, la découverte d'une règle abstraite, enfin, présentation du fait initialement observé comme une instance parmi d'autres de la catégorie universelle qu'il vient d'établir. C'est à cause de ce refus de s'en tenir aux modèles légués du passé que Lessing se désolidarise des critiques antérieurs : « Tous acceptent la forme dramatique, dans la tragédie, comme une tradition : elle est ainsi parce qu'elle a été ainsi autrefois; et on la laisse telle qu'elle est parce qu'on la trouve bonne comme cela » (*DH*, LXXVII, p. 358). L'originalité de Lessing est de remonter des règles empiriques à un principe

1. « Il est dans mon dessein de démontrer qu'aucun point de sa composition n'est dû au hasard ou à l'intuition — que l'œuvre avançait vers son accomplissement, pas à pas, avec la précision et la consécution rigide d'un problème mathématique » *(Philosophie de la composition)*.

abstrait, et seules les règles qu'on peut en *déduire* sont à retenir [1].

La grande différence entre un Boileau et Lessing est que pour le premier le système des genres est posé une fois pour toutes, alors que pour le second c'est un système ouvert. Le déterminisme absolu que proclame Lessing a quelque chose de paradoxal : il repose sur des bases toutes relatives, relativistes même. Il y a quelque chose de dérisoire à être aussi exigeant et logique dans le détail alors que le choix premier et décisif est, après tout, arbitraire : un choix en vaut un autre [2]. On l'a vu un peu plus tôt dans la comparaison entre épopée (poésie héroïque) et tragédie : l'une érige l'admiration au sommet des passions, l'autre la pitié; aucune n'est pour autant meilleure que l'autre, et ce premier choix n'est déterminé par rien. Cependant, aussitôt qu'on a fait ce premier pas, tout est joué, à la liberté totale succède soudain, comme par enchantement, une nécessité absolue. La prédominance de la pitié détermine le choix de l'intrigue, celle-ci préjuge de la nature des caractères, qui à leur tour exigent tel vocabulaire plutôt que tel autre. Autre exemple : que penser du soufflet sur scène? « S'il y a un genre de drame d'où je voudrais plutôt voir bannir les soufflets, ce serait la comédie. Car ici quelles peuvent en être les conséquences? Tragiques? Mais alors elles sont au-dessus de la sphère de la comédie. Ridicules? Alors elles sont au-dessous et n'appartiennent qu'à la farce » (*DH*, LVI, p. 269). En soi le soufflet n'est ni bon ni mauvais; simplement, il implique une série de corrélations, qu'il ne faut pas ignorer; en conséquence (et comme dans l'œuvre tout se tient), bon pour la tragédie et la farce, il n'a pas de place dans la comédie. La logique interne des genres est absolue, implacable, mais le choix d'un genre plutôt qu'un autre est entièrement libre. Les traits essentiels ne sont pas intrinsèquement différents des traits accidentels, ils n'ont sur ceux-ci que l'avantage d'être choisis les premiers : la différence entre les deux est de *position*, à l'intérieur d'une stratégie. Il n'y a pas de mauvaises

1. Dilthey notait déjà : « Ce n'est qu'après avoir trouvé les lois par induction, qu'il donne, exactement comme le recommandent les plus grands exemples en sciences naturelles, une théorie explicative globale, à partir de laquelle se déduisent les procédés des arts particuliers; et c'est à la fin seulement qu'il montre l'accord entre cette théorie et toute une série de procédés d'Homère que l'on n'avait jamais encore pris en considération » (*Das Erlebnis und die Dichtung*, Stuttgart-Göttingen, 1957, p. 34; l'étude date de 1867).

2. Une formule de Novalis condense bien ce paradoxe : « Il suffit au poète du libre choix arbitraire du premier instant, après quoi il n'a plus qu'à développer jusqu'à leur résolution les virtualités contenues dans ce germe » (*Œuvres complètes*, Paris, 1975, t. II, fragment III. 227).

39

substances mais des mauvaises relations : quel que soit le point de départ, on peut rester cohérent avec soi-même; et c'est en cela que consiste le genre : c'est la logique des relations mutuelles entre éléments constitutifs de l'œuvre.

Le système des genres n'est pas clos; en conséquence, il n'est pas nécessairement préexistant à l'œuvre : le genre peut naître en même temps que le dessein de celle-ci. Celui qui crée avec succès des genres nouveaux est un homme de génie; le génie n'est rien d'autre qu'un *génothète*. C'est ainsi que Lessing interprète cette notion, essentielle pour l'esthétique du XVIIIe siècle [1]. « Que veut-on finalement dans le mélange des genres? Qu'on les sépare aussi exactement que possible dans les traités dogmatiques, à la bonne heure; mais quand un homme de génie, dans des desseins plus hauts, en fait entrer plusieurs dans un seul et même ouvrage, il faut oublier le livre dogmatique et voir seulement si l'auteur a réalisé son dessein. Que m'importe qu'une pièce d'Euripide ne soit ni tout récit ni tout drame? Nommez-la un être hybride; il suffit que cet hybride me plaise et m'instruise plus que les productions régulières de vos auteurs corrects, tels que Racine et autres » (*DH*, XLVIII, p. 236). La cohérence interne, et non la conformité à une règle externe, est ce qui assure le succès de l'œuvre. Il n'y a donc aucune contradiction entre le génie et les règles, si l'on considère celles-ci comme inhérentes à la forme artistique choisie. « Les critiques ajoutent (...) : " les règles étouffent le génie! " Comme si le génie se laissait étouffer par quelque chose! Et encore par quelque chose qui vient de lui, comme ils l'avouent eux-mêmes! (...) Le génie (...) porte en soi le contrôle de toutes les règles » (*ibid.*, XCVI, p. 435). La cohérence interne est la seule exigence à l'égard du génie — comme de l'art. « Je voudrais du moins, si ses personnages n'appartiennent pas à notre monde réel, qu'ils pussent appartenir à un autre monde, à un monde où les phénomènes seraient enchaînés dans un autre ordre qu'en celui-ci, mais n'y seraient pas moins étroitement enchaînés *(eben so genau verbunden);* (...) car tel est le monde particulier de l'homme de génie qui, pour imiter le Génie suprême (...) en petit, déplace les parties du monde présent, les change, les rapetisse, les grandit pour s'en faire à lui-même un tout, auquel il attache ses propres desseins » (*ibid.*, XXXIV, p. 167). Le génie n'imite pas le monde que Dieu a créé mais Dieu qui crée des mondes cohérents; la logique de Lessing n'est pas théo-logique. Telle est

---

1. Pour les autres aspects de cette notion chez Lessing et sa place dans le contexte historique, on consultera P. Grappin, *La Théorie du génie dans le préclassicisme allemand*, Paris, 1952, en part. chap. IV.

en condensé sa position sur le problème de la forme (et donc de l'endogenèse) : peu importe quel est le monde (le genre) choisi, il suffit que les phénomènes y soient « étroitement enchaînés »...

Une fois les règles identifiées et formulées, comment vérifier leur justesse? En les faisant fonctionner, en les appliquant successivement et en confrontant le résultat final avec notre image intuitive du genre en question. C'est en particulier dans ses *Traités sur la fable* que Lessing procède de cette manière : « On trouve dans Aristote : " Élire un magistrat par le sort, c'est comme si le propriétaire d'un vaisseau, ayant besoin d'un pilote, tirait au sort lequel de ses matelots le serait, au lieu de choisir avec soin le plus habile d'entre eux pour remplir cette place. " Voilà deux cas particuliers qui appartiennent à une même vérité morale générale. L'un est celui que l'occasion présente dans le moment même; l'autre est celui qui est inventé. Ce dernier est-il une Fable? Personne ne le regardera comme tel. — Mais s'il y avait dans Aristote : " Vous voulez nommer vos magistrats par le sort, je crains qu'il ne vous arrive comme à ce propriétaire de vaisseau qui, manquant de pilote ", etc., ceci promet une Fable; mais pour quelle raison? Quelle différence y a-t-il entre ce morceau et le précédent? Que l'on y fasse attention, on n'en trouvera pas d'autre que celle-ci : Dans le premier cas on introduit le propriétaire du vaisseau en disant : *C'est comme si* (un propriétaire, etc.). Ce propriétaire n'y est que dans l'état de possibilité; au lieu que dans le second il existe réellement, c'est un tel, propriétaire de vaisseau » (*GW*, IV, p. 38-39). Pour éprouver la vérité de sa règle, Lessing lui fait produire une instance particulière qu'il teste par notre intuition; c'est alors seulement que la règle est confirmée ou infirmée.

Autre règle : la nécessité qu'il y a de représenter des animaux. « Que dans la fable du Loup et de l'Agneau, on mette Néron au lieu du Loup, et Britannicus au lieu de l'Agneau, elle aura perdu dès lors ce qui en fait une Fable aux yeux de tout le genre humain. Si au lieu du Loup et de l'Agneau on mettait le Géant et le Nain, elle y perdrait beaucoup moins, car le Nain et le Géant sont des individus dont la dénomination seule fait assez connaître le caractère. Mais qu'on transforme *(verwandle)* plutôt cette fable en la suivante qui se passe entre des hommes... » (*ibid.*, p. 51). Suit une autre version de la fable [1].

1. On trouvera d'autres instances de cette attitude « générative » chez Lessing citées dans P. Szondi, « Tableau et coup de théâtre », *Poétique*, 9, 1972, p. 11-13, et dans K. Stierle, « L'Histoire comme Exemple, l'Exemple comme Histoire », *Poétique*, 10, 1972, p. 180-181; mais elles y sont commentées d'un autre point de vue.

On voit qu'il ne s'agit pas ici de donner simplement un exemple; ou, si l'on préfère, que le statut même de l'exemple est profondément modifié. L'indice de la règle explicite, nous le savons aujourd'hui par la grammaire générative, est de pouvoir engendrer des énoncés conformes à l'image intuitive que nous avons de chaque genre. La règle sert à *produire* le texte (ou à *transformer* un texte en un autre). Chemin faisant, Lessing a inventé un mode d'analyse qui se trouve aujourd'hui à la base des sciences humaines; dans les termes de Dilthey, « c'est le premier grand exemple d'un mode de recherche analytique dans le domaine des phénomènes de l'esprit [1] ».

Partis de la question de l'origine des œuvres, nous sommes imperceptiblement passés à celle de leur structure : la description rigoureuse des œuvres égale leur production. En effet : deux équations séparées possèdent un terme commun : connaître les œuvres, c'est en connaître les causes formelles, et en même temps : ce sont les causes formelles qui produisent les œuvres. En appliquant la loi logique de la transitivité on obtient : connaître les œuvres, c'est savoir les produire. Car il n'y a pas d'abîme, selon Lessing, entre l'activité de connaissance et l'activité d'invention. « Pourquoi les inventeurs et les têtes indépendantes manquent-ils aussi fortement dans tous les arts et sciences? La meilleure réponse à cette question est une autre question : Pourquoi ne sommes-nous pas mieux éduqués? » (*ibid.*, p. 81). C'est d'ailleurs bien dans le sens d'une production que se terminent les *Traités sur la fable*. Lessing voir une « utilité particulière » des fables dans l'enseignement : en les connaissant, on apprendra à les inventer; ayant appris ce qu'est l'invention dans un domaine, on pourra l'étendre à tous les autres. Et il suggère des procédés concrets qui permettront aux élèves d'inventer des fables ou de transformer une fable en une autre. Car, il ne faut pas l'oublier, le déterminisme formel que prêche Lessing s'arrête au niveau générique; à l'intérieur de chaque genre de nombreuses variations sont possibles (et d'ailleurs en partie réalisées) [2]. Examinant chaque fable dans la perspective de son genre, on découvre qu'elle n'est qu'une des innombrables fables qui peuvent être produites à partir de la même formule abstraite. Préfigurant l'attitude d'un Valéry ou d'un Queneau, Lessing découvre la *littérature potentielle :* à partir d'une seule œuvre, en en variant les éléments

1. *Op. cit.*, p. 33.
2. « Remarquez bien que je ne parle pas de l'issue (de la tragédie), parce que je laisse au poète de décider s'il va couronner la vertu par une issue heureuse ou s'il va la rendre encore plus intéressante par une issue malheureuse », écrit Lessing (*Briefwechsel*, p. 55).

42

dans le cadre fixé par les règles du genre, on peut obtenir des milliers, des millions d'autres œuvres... On pourra « soit interrompre l'histoire plus tôt, soit la prolonger davantage, soit en changer telle ou telle circonstance, de sorte qu'on y reconnaisse une morale différente » (*ibid.*, p. 84). Et Lessing de nous donner des exemples de cette machine combinatoire, puisés dans son propre recueil de fables! « La célèbre fable du lion et de l'âne commence ainsi : Un lion et un âne avaient des affaires communes et allaient à la chasse ensemble. — Ici le professeur s'arrête. L'âne en compagnie du lion? Comme il devait être fier de cette société! *(Que l'on voie la huitième fable de mon deuxième livre.)* Le lion en compagnie de l'âne? Et ne devait-il avoir honte d'une telle société? *(Que l'on voie la septième.)* Ainsi sont nées deux fables, par le petit détour que l'on fait subir à l'histoire dans l'ancienne fable; détour qui mène également à un but, mais but différent de celui que s'était posé Ésope » *(ibid.).* Grâce à la connaissance de l'endogenèse, une fable en produit d'autres.

« A la véritable critique appartient la capacité de produire ce qui doit être critiqué », écrivait Novalis. Lessing serait alors le premier véritable critique : la connaissance se confond chez lui avec la capacité de production, la poétique avec la poïétique. La limite ne peut plus être tracée entre l'étude de la création et l'étude de l'œuvre : la poétique, c'est la poïétique. Plus précisément : la meilleure forme de poétique (et, en fait, la seule qui soit dans le vrai) est une poïétique de l'endogenèse. On connaît véritablement l'œuvre lorsqu'on est capable, à partir de cette connaissance, de la reproduire, de produire d'autres œuvres du même genre. L'attitude scientifique coïncide ici avec l'attitude créatrice; les deux sens du verbe « engendrer », technique et poétique, se fondent en un.

Il n'y a donc pas lieu de distinguer la poétique de la poïétique de l'endogenèse. En revanche, l'opposition entre endogenèse et exogenèse, ou plus exactement entre la genèse abstraite des formes et la genèse concrète et factuelle de l'œuvre individuelle, cette opposition mérite de venir au centre de notre attention. L'erreur commune était de considérer les œuvres comme le produit de la pure exogenèse; dans un mouvement de réaction contre la tradition, Lessing élimine entièrement les facteurs externes de la genèse : la déformation n'est pas moins grande. Connaître les uns et les autres, saisir le mouvement même de leur articulation : tel peut être l'objectif de la poïétique (de la poétique) aujourd'hui.

L'origine des genres

Persister à s'occuper des genres peut paraître de nos jours un passe-temps oiseux sinon anachronique. Chacun sait qu'il en existait, ballades, odes et sonnets, tragédies et comédies, du bon temps des classiques; mais aujourd'hui? Même les genres du XIXᵉ siècle, qui ne sont pourtant plus tout à fait des genres à nos yeux, poésie, roman, semblent se désagréger, tout au moins dans la littérature « qui compte ». Comme l'écrivait Maurice Blanchot d'un écrivain qui est justement moderne, Hermann Broch, « il a subi, comme bien d'autres écrivains de notre temps, cette pression impétueuse de la littérature qui ne souffre plus la distinction des genres et veut briser les limites ».

Ce serait même un signe de modernité authentique chez un écrivain, qu'il n'obéisse plus à la séparation des genres. Cette idée, dont on peut suivre les transformations depuis la crise romantique du début du XIXᵉ siècle (bien que les Romantiques allemands eux-mêmes aient été de grands bâtisseurs de systèmes génériques), a trouvé de nos jours un de ses plus brillants porte-parole en la personne de Maurice Blanchot. Plus fortement que quiconque, Blanchot a dit ce que d'autres n'osaient penser ou ne savaient formuler : il n'y a aujourd'hui aucun intermédiaire entre l'œuvre particulière et singulière, et la littérature entière, genre ultime; il n'y en a pas, car l'évolution de la littérature moderne consiste précisément à faire de chaque œuvre une interrogation sur l'être même de la littérature. Relisons cette page particulièrement éloquente : « Seul importe le livre, tel qu'il est, loin des genres, en dehors des rubriques, prose, poésie, roman, témoignage, sous lesquelles il refuse de se ranger et auxquelles il dénie le pouvoir de lui fixer sa place et de déterminer sa forme. Un livre n'appartient plus à un genre, tout livre relève de la seule littérature, comme si celle-ci détenait par avance, dans leur généralité, les secrets et les formules qui permettent seuls de donner à ce qui s'écrit réalité de livre. Tout se passerait donc comme si, les genres s'étant dissipés, la littérature s'affirmait seule, brillait seule dans la clarté mystérieuse qu'elle propage et que chaque création littéraire lui renvoie en la multipliant, — comme s'il y avait donc une "essence" de la littérature » (*le Livre à venir*, Paris, 1959, p. 136, 243-244). Et encore : « Le fait que les formes, les genres, n'ont plus de signification véritable, qu'il serait par exemple absurde de se demander si *Finnegans Wake* appartient ou non à la prose et à un art qui s'appellerait romanesque, indique ce travail profond de la littérature qui cherche à s'affirmer dans son essence, en ruinant les distinctions et les limites » (*l'Espace littéraire*, Paris, 1955, p. 229; cf. aussi *l'Entretien infini*, Paris, 1969, p. VI).

Les phrases de Blanchot semblent avoir pour elles la force de l'évidence. Un seul point de cette argumentation pourrait inquiéter : c'est le privilège accordé à notre *maintenant*. On sait que chaque interprétation de l'histoire se fait à partir du moment présent, tout comme celle de l'espace se construit à partir d'*ici*, et celle d'autrui à partir de *je*. Néanmoins, lorsqu'à la constellation du je-ici-maintenant est attribuée une place aussi exceptionnelle — point d'aboutissement de l'histoire entière —, on peut se demander si l'illusion égocentrique n'y est pas pour quelque chose (leurre complémentaire, en somme, de celui que Paulhan nommait « illusion de l'explorateur »).

A lire d'ailleurs les écrits mêmes de Blanchot où s'affirme cette disparition des genres, on y voit à l'œuvre des catégories dont la ressemblance avec les distinctions génériques est difficile à nier. Ainsi un chapitre du *Livre à venir* est consacré au journal intime; un autre, à la parole prophétique. En parlant du même Broch (« qui ne souffre plus la distinction des genres »), Blanchot nous dit qu'il « se confie à tous les modes d'expression — narratifs, lyriques et discursifs » (p. 141). Plus important, ce livre tout entier repose sur la distinction entre deux, non pas genres peut-être, mais modes, fondamentaux, le récit et le roman, celui-là se caractérisant par la recherche obstinée de son propre lieu d'origine — que gomme et cache celui-ci. Ce ne sont donc pas « les » genres qui ont disparu, mais les-genres-du-passé, et ils ont été remplacés par d'autres. On ne parle plus de poésie et de prose, de témoignage et de fiction, mais du roman et du récit, du narratif et du discursif, du dialogue et du journal.

Que l'œuvre « désobéisse » à son genre ne rend pas celui-ci inexistant; on est tenté de dire : au contraire. Et ce pour une double raison. D'abord parce que la transgression, pour exister comme telle, a besoin d'une loi — qui sera précisément transgressée. On pourrait aller plus loin : la norme ne devient visible — ne vit — que grâce à ses transgressions. C'est d'ailleurs bien ce qu'écrit Blanchot lui-même : « S'il est vrai que Joyce brise la forme romanesque en la rendant aberrante, il fait aussi pressentir qu'elle ne vit peut-être que de ses altérations. Elle se développerait, non pas en engendrant des monstres, œuvres informes, sans loi et sans rigueur, mais en provoquant uniquement des exceptions à elle-même, qui forment loi et en même temps la suppriment. (...) Il faut penser que, chaque fois, dans ces œuvres exceptionnelles où une limite est atteinte, c'est l'exception seule qui nous révèle cette "loi" dont elle constitue aussi l'insolite et nécessaire déviation. Tout se passerait donc comme si, dans la littérature romanesque, et peut-être dans toute littérature, nous ne pouvions jamais reconnaître la règle que par l'exception qui l'abolit : la règle ou plus précisément le centre dont l'œuvre certaine est l'affirmation incertaine, la manifestation déjà destructrice, la présence momentanée et bientôt négative » (*Le Livre à venir*, p. 133-134).

Mais il y a plus. Non seulement que, pour être une exception, l'œuvre présuppose nécessairement une règle; mais aussi qu'à peine reconnue dans son statut exceptionnel, cette œuvre devient à son tour, grâce au succès de librairie et à l'attention des critiques, une règle. Les poèmes en prose pouvaient paraître une exception du temps d'Aloysius Bertrand et de Baudelaire; mais qui oserait encore aujourd'hui écrire un poème en alexandrins, aux vers rimés — à moins que ce ne soit une nouvelle transgression d'une nouvelle norme? Les exceptionnels jeux de mots de Joyce ne sont-ils pas devenus la règle d'une certaine littérature moderne? Le roman, aussi « nouveau » soit-il, ne continue-t-il pas à exercer sa pression sur les œuvres qui s'écrivent?

Pour revenir aux Romantiques allemands, et à Friedrich Schlegel en particulier, on trouve dans ses écrits, à côté de certaines affirmations crocéennes (« chaque poème, un genre pour soi »), des phrases qui vont dans le sens opposé et qui établissent une équation entre la poésie et ses genres. La poésie partage avec les autres arts la représentation, l'expression, l'action sur le récepteur. Elle a en commun avec le discours quotidien ou savant l'usage du langage. Seuls les genres lui sont exclusivement propres. « La théorie des espèces poétiques serait la doctrine d'art spécifique à la poésie. » « Les espèces de poésie sont proprement la poésie même » *(Conversation sur la poésie)*. La poésie c'est les genres, la poétique, la théorie des genres [1].

---

1. On trouve une affirmation semblable chez Henry James qui participe, en tant que théoricien, de la postérité romantique : « Les "genres" sont la vie même

A plaider la légitimité d'une étude des genres, voici qu'on trouve, chemin faisant, une réponse à la question posée implicitement par le titre : l'origine des genres. D'où viennent les genres? Eh bien, tout simplement, d'autres genres. Un nouveau genre est toujours la transformation d'un ou de plusieurs genres anciens : par inversion, par déplacement, par combinaison. Un « texte » d'aujourd'hui (cela aussi est un genre, dans un de ses sens) doit autant à la « poésie » qu'au « roman » du XIXᵉ siècle, tout comme la « comédie larmoyante » combinait des traits de la comédie et de la tragédie du siècle précédent. Il n'y a jamais eu de littérature sans genres, c'est un système en continuelle transformation, et la question des origines ne peut quitter, historiquement, le terrain des genres mêmes : dans le temps, il n'y a pas d'« avant » aux genres. Saussure ne disait-il pas : « Le problème de l'origine du langage n'est pas un autre problème que celui de ses transformations. » Et, déjà, Humboldt : « Nous n'appelons une langue *originelle* que parce que nous ignorons les états antérieurs de ses éléments constitutifs. »

La question d'origine que je voudrais poser, cependant, n'est pas de nature historique, mais systématique; l'une et l'autre me paraissent aussi légitimes, aussi nécessaires. Ce n'est pas : qu'est-ce qui a précédé les genres dans le temps? mais : qu'est-ce qui préside à la naissance d'un genre, à tout instant? Plus exactement, existe-t-il, dans le langage (puisqu'il s'agit ici des genres du discours), des formes qui, tout en annonçant les genres, ne le sont pas encore? Et si oui, comment se produit le passage des uns aux autres? Mais pour tâcher de répondre à ces questions, il faut d'abord se demander : qu'est-ce, au fond, qu'un genre?

II

A première vue, la réponse paraît aller de soi : les genres sont des classes de textes. Mais une telle définition dissimule mal, derrière la pluralité des termes mis en jeu, son caractère tautologique : les genres

de la littérature; les reconnaître entièrement, aller jusqu'au bout dans le sens propre à chacun, s'enfoncer profondément dans leur consistance — produit vérité et force » (Préface à *The Awkward Age*, Londres, 1975, p. 18).

sont des classes, le littéraire est le textuel. Plutôt que d'en multiplier les appellations, il faudra donc s'interroger sur le contenu de ces concepts.

Et d'abord sur celui de texte ou, pour proposer encore un synonyme, de discours. C'est, nous dira-t-on, une suite de phrases. Et c'est là que commence un premier malentendu.

On oublie trop souvent une vérité élémentaire de toute activité de connaissance, à savoir que le point de vue choisi par l'observateur redécoupe et redéfinit son objet. Ainsi du langage : on oublie que le point de vue du linguiste dessine, au sein de la matière langagière, un objet qui lui est propre; objet qui ne sera plus le même si on change de point de vue, même si la matière reste la même.

La phrase est une entité de langue, et de linguiste. La phrase est une combinaison de mots possible, elle n'est pas une énonciation concrète. La même phrase peut être énoncée dans des circonstances différentes; elle ne changera pas d'identité pour le linguiste même si, du fait de cette différence dans les circonstances, elle change de sens.

Un discours n'est pas fait de phrases, mais de phrases énoncées, ou, plus brièvement, d'énoncés. Or l'interprétation de l'énoncé est déterminée, d'une part, par la phrase qu'on énonce; et, d'autre part, par son énonciation même. Cette énonciation inclut un locuteur qui énonce, un allocutaire à qui on s'adresse, un temps et un lieu, un discours qui précède et qui suit; en bref, un contexte d'énonciation. En d'autres termes encore, un discours est toujours et nécessairement un acte de parole [1].

Tournons-nous maintenant vers l'autre terme de l'expression « classe de textes » : *classe*. Il ne fait problème que par sa facilité : on peut toujours trouver une propriété commune à deux textes, et donc les réunir en une classe. A-t-on intérêt à appeler le résultat d'une telle réunion « genre »? Je pense qu'on resterait en accord avec l'usage courant du mot et qu'en même temps on disposerait d'une notion commode et opérante si l'on convenait d'appeler genres les seules

---

1. Cette manière de poser les problèmes n'est nullement originale (la différence entre phrase et énoncé remonte au moins à celle entre signification grammaticale et signification historique, que faisait au début du XIXᵉ siècle F. A. Wolf); je ne fais que rappeler des évidences, même si elles sont parfois ignorées. Pour des exposés plus complets utilisant une terminologie actuelle, on peut consulter les écrits de Austin, Strawson, Searle, ou les présentations que je faisais de cette problématique dans *l'Énonciation* (= *Langages*, 17, 1970) et, en collaboration avec Oswald Ducrot, dans notre *Dictionnaire encyclopédique des sciences du langage*, 1972. Voir aussi, plus récemment, Dan Sperber, « Rudiments de rhétorique cognitive », *Poétique*, 23, 1975.

classes de textes qui ont été perçues comme telles au cours de l'histoire [1]. Les témoignages de cette perception se trouvent avant tout dans le discours sur les genres (discours métadiscursif), et, de façon sporadique et indirecte, dans les textes eux-mêmes.

L'existence *historique* des genres est signalée par le discours sur les genres; cela ne veut pas dire, cependant, que les genres soient des notions métadiscursives seulement, et non plus discursives. Pour prendre un exemple, nous attestons l'existence historique du genre « tragédie » en France au XVIIe siècle grâce au discours sur la tragédie (qui commence par l'existence de ce mot même); mais cela ne signifie pas que les tragédies elles-mêmes n'ont pas de traits communs et qu'il ne serait donc pas possible d'en donner une description autre qu'historique. Comme chacun sait, toute classe d'objets peut être convertie, par un passage de l'extension à la compréhension, en une série de propriétés. L'étude des genres, qui a comme point de départ les témoignages sur l'existence des genres, doit avoir comme objectif dernier précisément l'établissement de ces propriétés [2].

Les genres sont donc des unités qu'on peut décrire de deux points de vue différents, celui de l'observation empirique et celui de l'analyse abstraite. Dans une société, on institutionnalise la récurrence de certaines propriétés discursives, et les textes individuels sont produits et perçus par rapport à la norme que constitue cette codification. Un genre, littéraire ou non, n'est rien d'autre que cette codification de propriétés discursives.

Une telle définition demande à son tour à être explicitée pour les deux termes qui la composent : celui de propriété discursive, et celui de codification.

---

1. Cette affirmation a son corollaire, qui est l'importance diminuée que j'accorde maintenant à la notion de genre théorique, ou type. Je ne renonce nullement à la nécessité d'analyser les genres en catégories abstraites; mais l'étude des types possibles me paraît aujourd'hui une reformulation de la théorie générale du discours (ou de la poétique générale), celle-ci contient intégralement celle-là. Les genres historiques sont des genres théoriques; mais dans la mesure où la réciproque n'est pas nécessairement vraie, la notion séparée de genre théorique me semble perdre de son intérêt. A moins que ce ne soit dans le cadre d'une stratégie heuristique, comme dans les exemples étudiés par Christine Brooke-Rose.

2. Je suis en somme plus optimiste que les auteurs de deux études récentes, qui m'ont par ailleurs amené à préciser mes vues (Dan Ben-Amos, « Catégories analytiques et genres populaires », *Poétique*, 19, 1974, p. 265-286 et Philippe Lejeune, *Le Pacte autobiographique*, 1975, p. 311-341, « Autobiographie et histoire littéraire »). Lejeune et Ben-Amos sont prêts à voir un abîme infranchissable entre l'abstrait et le concret, entre les genres tels qu'ils ont historiquement existé et l'analyse catégorielle à laquelle on peut les soumettre aujourd'hui.

« Propriété discursive » est une expression que j'entends dans un sens inclusif. Chacun sait que, même si l'on ne s'en tient qu'aux seuls genres *littéraires*, n'importe quel aspect du discours peut être rendu obligatoire. La chanson s'oppose au poème par des traits phonétiques ; le sonnet est différent de la ballade dans sa phonologie ; la tragédie s'oppose à la comédie par des éléments thématiques ; le récit à suspense diffère du roman policier classique par l'agencement de son intrigue ; enfin l'autobiographie se distingue du roman en ce que l'auteur prétend raconter des faits et non construire des fictions. On pourrait se servir, pour regrouper ces différentes espèces de propriétés (mais ce classement est sans beaucoup d'importance pour mon propos), de la terminologie du sémioticien Charles Morris, en l'adaptant à notre propos : ces propriétés relèvent soit de l'aspect sémantique du texte, soit de son aspect syntaxique (la relation des parties entre elles), soit du pragmatique (relation entre usagers), soit enfin du verbal (terme absent chez Morris, qui pourrait nous servir à englober tout ce qui touche à la matérialité même des signes).

La différence d'un acte de parole à un autre, donc aussi d'un genre à un autre genre, peut se situer à n'importe lequel de ces niveaux du discours.

Par le passé, on a pu chercher à distinguer, voire à opposer, les formes « naturelles » de la poésie (par exemple, le lyrique, l'épique, le dramatique) et ses formes conventionnelles, tels le sonnet, la ballade ou l'ode. Il faut essayer de voir sur quel plan une telle affirmation garde un sens. Ou bien le lyrique, l'épique, etc., sont des catégories universelles, donc du discours (ce qui n'exclurait pas qu'elles soient complexes, par exemple à la fois sémantiques, pragmatiques, verbales) ; mais alors elles appartiennent à la poétique générale, et non (spécifiquement) à la théorie des genres : elles caractérisent les possibles *du* discours, et non les réels *des* discours. Ou bien c'est à des phénomènes historiques qu'on pense en employant de tels termes ; ainsi l'épopée est ce qu'incarne *l'Iliade* d'Homère. Dans ce cas, il s'agit bien de genres mais, sur le plan discursif, ceux-ci ne sont pas qualitativement différents d'un genre comme le sonnet — fondé, lui aussi, sur des contraintes thématiques, verbales, etc. Tout ce qu'on peut dire c'est que certaines propriétés discursives sont plus intéressantes que d'autres : je suis personnellement bien plus intrigué par les contraintes qui portent sur l'aspect pragmatique des textes que sur leur structure phonologique.

C'est parce que les genres existent comme une institution qu'ils fonctionnent comme des « horizons d'attente » pour les lecteurs, des

« modèles d'écriture » pour les auteurs. Ce sont en effet là les deux versants de l'existence historique des genres (ou, si l'on préfère, de ce discours métadiscursif qui prend les genres pour objet). D'une part, les auteurs écrivent en fonction du (ce qui ne veut pas dire : en accord avec le) système générique existant, ce dont ils peuvent témoigner dans le texte comme en dehors de lui, ou même, en quelque sorte, entre les deux : sur la couverture du livre; ce témoignage n'est évidemment pas le seul moyen de prouver l'existence des modèles d'écriture. D'autre part, les lecteurs lisent en fonction du système générique, qu'ils connaissent par la critique, l'école, le système de diffusion du livre ou simplement par ouï-dire; il n'est cependant pas nécessaire qu'ils soient conscients de ce système.

Par le biais de l'institutionnalisation, les genres communiquent avec la société où ils ont cours. C'est par cet aspect aussi qu'ils intéresseront le plus l'ethnologue ou l'historien. En effet, le premier retiendra d'un système des genres avant tout les catégories qui le différencient de celui des peuples voisins; ces catégories seront à mettre en corrélation avec les autres éléments de la même culture. De même pour l'historien : chaque époque a son propre système de genres, qui est en rapport avec l'idéologie dominante, etc. Comme n'importe quelle institution, les genres mettent en évidence les traits constitutifs de la société à laquelle ils appartiennent.

La nécessité de l'institutionnalisation permet de répondre à une autre question qu'on est tenté de se poser : en admettant même que tous les genres proviennent d'actes de parole, comment s'expliquer que tous les actes de parole ne produisent pas des genres littéraires? La réponse est : une société choisit et codifie les actes qui correspondent au plus près à son idéologie; c'est pourquoi l'existence de certains genres dans une société, leur absence dans une autre, sont révélatrices de cette idéologie et nous permettent de l'établir avec une plus ou moins grande certitude. Ce n'est pas un hasard si l'épopée est possible à une époque, le roman à une autre, le héros individuel de celui-ci s'opposant au héros collectif de celle-là : chacun de ces choix dépend du cadre idéologique au sein duquel il s'opère.

On pourrait préciser encore la place de la notion de genre par deux distinctions symétriques. Puisque le genre est la codification historiquement attestée de propriétés discursives, il est facile de concevoir l'absence de chacune des deux composantes de cette définition : la réalité historique et la réalité discursive. Dans le premier cas on aurait affaire à ces catégories de la poétique générale que, selon les niveaux du texte, on appelle : modes, registres, styles, ou même formes, manières, etc. Le « style noble » ou la « narration à la première personne » sont bien des réalités discursives; mais on ne peut les fixer à un seul moment du temps : ils sont toujours possibles. Réciproquement, dans le second cas, il s'agirait de notions qui appartiennent à l'histoire littéraire entendue au sens large, telles que courant, école, mouvement ou, dans un autre sens du mot, « style ». Il est certain que le mouvement littéraire du symbolisme a existé historiquement; mais cela ne prouve pas que les œuvres des auteurs qui s'en réclamaient aient en commun des propriétés discursives (autres que banales); l'unité peut bien s'être faite autour d'amitiés, de manifestations communes, etc. Admettons que ce soit le cas; nous aurions là un exemple de phénomène historique qui n'a pas de réalité discursive précise — ce qui ne le rend pas inapproprié à l'étude mais le distingue des genres et, à plus forte raison, des modes, etc. Le genre est le lieu de rencontre de la poétique générale et de l'histoire littéraire événementielle; il est à ce titre un objet privilégié, ce qui pourrait bien lui valoir l'honneur de devenir le personnage principal des études littéraires.

Tel est le cadre global d'une étude des genres [1]. Nos descriptions actuelles des genres sont peut-être insuffisantes; cela ne prouve pas l'impossibilité d'une théorie des genres, et les propositions qui précèdent se voudraient les préliminaires à une telle théorie. Je voudrais à ce propos rappeler un autre fragment de Friedrich Schlegel, où il cherche à formuler une opinion équilibrée sur la question et se demande si l'impression négative qui se dégage lorsqu'on prend connaissance des distinctions génériques n'est pas due simplement à l'imperfection des systèmes proposés par le passé. « La poésie doit-elle être tout simplement subdivisée? ou doit-elle rester une et indi-

---

1. L'idée que les genres sont à mettre en rapport avec les actes de parole se trouve formulée chez K. Stierle, « L'Histoire comme Exemple, l'Exemple comme Histoire », *Poétique*, 10, 1972, p. 176-188; Ph. Lejeune, *Le Pacte autobiographique*, 1975, p. 17-49 (« Le pacte autobiographique »); E. Bruss, « L'autobiographie considérée comme acte littéraire », *Poétique*, 17, 1974, p. 14-26. Les genres sont examinés d'un point de vue ethnologique dans l'étude de P. Smith « Des genres et des hommes », *Poétique*, 19, 1975, p. 294-312; et historique, dans « Autobiographie et histoire littéraire », de Ph. Lejeune, chapitre de conclusion du livre précité (où on trouvera d'autres références sur le même sujet). — Dans une étude récente, je lis cette liste de genres propres à la littérature arabe, liste qui révèle clairement leurs rapports avec les actes de parole : « Nous avons la demande d'accomplissement — d'une promesse par exemple —, le reproche, la menace, la satire, l'excuse... » (A. Kilito, « Le genre "séance" : une introduction », *Studia Islamica*, 43, 1976, p. 27).

vise? ou alterner entre séparation et union? La plupart des images du système universel poétique sont encore aussi grossières et infantiles que celle que les anciens, avant Copernic, se faisaient du système astronomique. Les subdivisions habituelles de la poésie ne sont qu'une construction morte pour un horizon limité. Ce qu'on sait faire ou ce qui a quelque valeur, c'est la terre immobile au centre. Mais dans l'univers de la poésie même rien n'est au repos, tout devient et se transforme et se meut harmonieusement; et les comètes elles aussi ont des lois de mouvement immuables. Mais avant qu'on ne puisse calculer le cours de ces astres, déterminer d'avance leur retour, le véritable système universel de la poésie n'est pas encore découvert » (*Athenaeum*, 434). Les comètes, elles aussi, obéissent à des lois immuables... Les anciens systèmes ne savaient décrire que le résultat mort; il faut apprendre à présenter les genres comme des principes de production dynamiques, sous peine de ne jamais saisir le véritable système de la poésie. Peut-être le moment est-il venu de mettre en œuvre le programme de Friedrich Schlegel.

On se doit maintenant de revenir à la question initiale, concernant l'origine systématique des genres. Elle a déjà reçu, en un sens, sa réponse, puisque, on l'a dit, les genres proviennent, comme n'importe quel acte de parole, de la codification de propriétés discursives. Il faudrait donc reformuler ainsi notre question : y a-t-il une quelconque différence entre les genres (littéraires) et les autres actes de parole? Prier est un acte de parole; la prière est un genre (qui peut être littéraire ou non) : la différence est minime. Mais, pour prendre un autre exemple : raconter est un acte de parole, et le roman, un genre où certainement se raconte quelque chose; cependant la distance est grande. Enfin, troisième cas : le sonnet est bien un genre littéraire mais il n'est pas d'activité verbale « sonneter »; il existe donc des genres qui ne dérivent pas d'un acte de parole plus simple.

Trois possibilités peuvent être envisagées, en somme : ou le genre, tel le sonnet, codifie des propriétés discursives comme le ferait n'importe quel autre acte de parole; ou le genre coïncide avec un acte de parole qui a aussi une existence non littéraire, ainsi la prière; ou enfin il dérive d'un acte de parole moyennant un certain nombre de transformations ou d'amplifications : ce serait le cas du roman, à partir de l'action de raconter. Seul ce troisième cas présente en fait une situation nouvelle : dans les deux premiers, le genre n'est en rien différent des autres actes. Ici, en revanche, on ne part pas directement de propriétés discursives mais d'autres actes de parole déjà constitués; on va d'un acte simple à un acte complexe. C'est le seul aussi qui mérite un traitement à part des autres actions verbales. Notre question sur l'origine des genres devient donc : quelles sont les transformations que subissent certains actes de parole pour produire certains genres littéraires?

III

Je tâcherai d'y répondre en examinant quelques cas concrets. Ce choix de procédure implique déjà que, pas plus que le genre n'est en lui-même ni un fait purement discursif ni purement historique, la question de l'origine systématique des genres ne saurait se maintenir dans la pure abstraction. Même si l'ordre de l'exposé nous conduit, pour des raisons de clarté, du simple au complexe, l'ordre de la découverte, lui, suit le chemin inverse : partant des genres observés, on tente d'en trouver le germe discursif.

Mon premier exemple sera pris dans une culture différente de la nôtre : celle des Lubas, habitants du Zaïre; je le choisis à cause de sa relative simplicité[1]. « Inviter » est un acte de parole des plus communs. On pourrait restreindre le nombre de formules utilisées et obtenir ainsi une invitation rituelle, comme cela se pratique chez nous dans certains cas solennels. Mais chez les Lubas il existe aussi un genre littéraire mineur, dérivé de l'invitation, et qui se pratique même en dehors de son contexte d'origine. Dans un exemple, « je » invite son beau-frère à entrer dans la maison. Cette formule explicite n'apparaît cependant que dans les derniers vers de l'invitation (29-33; il s'agit d'un texte rythmé). Les vingt-huit vers précédents contiennent un récit, dans lequel c'est « je » qui se rend chez son beau-frère, et c'est celui-ci qui l'invite. Voici le début de ce récit :

> Je partis chez mon beau-frère,
> Mon beau-frère dit : bonjour,
> Et moi de dire : bonjour toi aussi.
> Quelques instants après, lui :
> 5 Entre dans la maison, etc.

1. Je dois toutes les informations concernant les genres littéraires des Lubas et leur contexte verbal à l'amabilité de Mme Clémentine Faïk-Nzuji.

Le récit ne s'arrête pas là; il nous conduit à un nouvel épisode, où « je » demande que quelqu'un accompagne son repas; l'épisode se répète deux fois :

> Je dis : mon beau-frère,
> 10   Appelle tes enfants,
> Qu'ils mangent avec moi cette pâte.
> Beau-frère dit : tiens!
> Les enfants ont déjà mangé,
> Ils sont déjà allés se coucher.
> 15   Je dis : tiens,
> Tu es donc ainsi, beau-frère!
> Appelle ton gros chien.
> Beau-frère dit : tiens!
> Le chien a déjà mangé,
> 20   Il est déjà allé se coucher, etc.

Suit une transition formée par quelques proverbes, et à la fin on arrive à l'invitation directe, adressée cette fois-ci par « je » à son beau-frère.

Sans même entrer dans le détail, on peut constater qu'entre l'acte verbal d'invitation et le genre littéraire « invitation » dont le texte qui précède est un exemple, prennent place plusieurs transformations :

1. une *inversion* des rôles de destinateur et destinataire : « je » invite le beau-frère, le beau-frère invite « je »;

2. une *narrativisation*, ou plus exactement l'enchâssement de l'acte verbal d'inviter dans celui de raconter; nous obtenons, à la place d'une invitation, le récit d'une invitation;

3. une *spécification* : non seulement on est invité, mais aussi à manger une pâte; non seulement on accepte l'invitation, mais on souhaite être accompagné;

4. une *répétition* de la même situation narrative mais qui comporte

5. une *variation* dans les acteurs qui assument le même rôle : une fois les enfants, une autre le chien.

Cette énumération n'est bien sûr pas exhaustive, mais elle peut nous donner déjà une idée de la nature des transformations que subit l'acte de parole. Elles se divisent en deux groupes qu'on pourrait appeler *a)* internes, dans lesquelles la dérivation se fait à l'intérieur même de l'acte de parole initial; c'est le cas des transformations 1 et 3 à 5; et *b)* externes, où le premier acte de parole se combine avec un second, selon telle ou telle relation hiérarchique; c'est le cas de la transformation 2, où « inviter » est enchâssé dans « raconter ».

Prenons maintenant un second exemple, toujours dans la même culture luba. On partira d'un acte de parole plus essentiel encore qui est : nommer, attribuer un nom. Chez nous, la signification des anthroponymes est la plupart du temps oubliée; les noms propres signifient par évocation d'un contexte ou par association, non grâce au sens des morphèmes qui les composent. Ce cas est possible chez les Lubas; mais à côté de ces noms dépourvus de sens, on en rencontre d'autres, dont le sens est tout à fait actuel et dont l'attribution est d'ailleurs motivée par ce sens. Par exemple (je ne marque pas les tons) :

> *Lonji* signifie « Férocité »
> *Mukunza* signifie « Clair de peau »
> *Ngenyi* signifie « Intelligence »

En dehors de ces noms en quelque sorte officiels, l'individu peut aussi recevoir des surnoms, plus ou moins stables, dont la fonction peut être l'éloge, ou simplement l'identification par des traits caractéristiques de l'individu, telle par exemple sa profession. L'élaboration de ces surnoms les rapproche déjà des formes littéraires. Voici quelques exemples d'une des formes de ces surnoms, les *makumbu*, ou noms d'éloge :

> *Cipanda wa nshindumeenu*, poutre contre laquelle on s'appuie
> *Dileji dya kwikisha munnuya*, ombre sous laquelle on se réfugie
> *Kasunyi kaciinyi nkelende*, hache qui ne craint pas les épines

On voit que les surnoms peuvent être considérés comme une expansion des noms. Dans un cas comme dans l'autre, on décrit les êtres tels qu'ils sont ou tels qu'ils doivent être. Du point de vue syntaxique, on passe du nom isolé (substantif ou adjectif substantivé) au syntagme composé d'un nom plus une relative qui le qualifie. Sémantiquement, on glisse des mots pris au sens littéral aux métaphores. Ces surnoms, tout comme les noms mêmes, peuvent aussi faire allusion à des proverbes ou dictons courants.

Enfin il existe chez les Lubas un genre littéraire bien établi — et bien étudié [1] — qu'on appelle le *kasala*. Ce sont des chants de dimensions variables (qui peuvent dépasser les huit cents vers), qui « évoquent les différentes personnes et événements d'un clan, exaltent par

1. Cf. P. Mufuta Kabemba, *Le chant Kasala des Lubas*, Paris, 1968; C. Faïk-Nzuji, *Kasala, chant héroïque luba*, Lubumbashi, 1974. Pour des faits analogues au Rwanda, cf. P. Smith, article cité, notamment p. 297-298.

de grandes louanges ses membres défunts et/ou vivants et déclament leurs hauts faits et gestes » (Nzuji, *op. cit.*, p. 21). Il s'agit donc de nouveau d'un mélange de caractéristiques et d'éloges : on indique d'une part la généalogie des personnages, les situant les uns par rapport aux autres; de l'autre, on leur attribue des qualités remarquables; ces attributions incluent souvent des surnoms, comme ceux qu'on vient d'observer. De plus, le barde interpelle les personnages et les somme de se comporter de façon admirable. Chacun de ces procédés est répété de nombreuses fois. On le voit, tous les traits caractéristiques du *kasala* étaient contenus en puissance dans le nom propre, et plus encore dans cette forme intermédiaire que représentait le surnom.

Revenons maintenant sur le terrain plus familier des genres de la littérature occidentale, pour chercher à savoir si on peut y observer des transormations semblables à celles qui caractérisent les genres lubas.

Je prendrai comme premier exemple le genre que j'ai eu à décrire moi-même dans *Introduction à la littérature fantastique*. Si ma description est correcte, ce genre se caractérise par l'hésitation qu'est invité à éprouver le lecteur, quant à l'explication naturelle ou surnaturelle des événements évoqués. Plus exactement, le monde qu'on décrit est bien le nôtre, avec ses lois naturelles (nous ne sommes pas dans le merveilleux), mais au sein de cet univers se produit un événement pour lequel on a du mal à trouver une explication naturelle. Ce que code le genre est donc une propriété pragmatique de la situation discursive : l'attitude du lecteur, telle qu'elle est prescrite par le livre (et que le lecteur individuel peut adopter ou non). Ce rôle du lecteur, la plupart du temps, ne reste pas implicite mais se trouve représenté dans le texte même, sous les traits d'un personnage témoin; l'identification de l'un à l'autre est facilitée par l'attribution à ce personnage de la fonction de narrateur : l'emploi du pronom de la première personne « je » permet au lecteur de s'identifier au narrateur, et donc aussi à ce personnage témoin qui hésite quant à l'explication à donner aux événements survenus.

Laissons de côté, pour simplifier, cette triple identification entre lecteur implicite, narrateur et personnage témoin; admettons qu'il s'agit d'une attitude du narrateur représenté. Une phrase que l'on trouve dans un des romans fantastiques les plus représentatifs, le *Manuscrit trouvé à Saragosse* de Potocki, résume emblématiquement cette situation : « J'en vins presque à croire que des démons avaient, pour me tromper, animé des corps de pendus. » On voit l'ambiguïté de la situation : l'événement surnaturel est désigné par la proposition subordonnée; la principale exprime l'adhésion du narrateur, mais une adhésion modulée par l'approximation. Cette proposition principale implique donc l'invraisemblance intrinsèque de ce qui suit, et constitue par là même le cadre « naturel » et « raisonnable » dans lequel le narrateur veut se maintenir (et, bien sûr, *nous* maintenir).

L'acte de parole que l'on trouve à la base du fantastique est donc, même en simplifiant un peu la situation, un acte complexe. On pourrait réécrire sa formule ainsi : « Je » (pronom dont on a expliqué la fonction) + verbe d'attitude (tel que « croire », « penser », etc.) + modalisation de ce verbe dans le sens de l'incertitude (modalisation qui suit deux voies principales : le temps du verbe, qui sera le passé, en permettant ainsi l'instauration d'une distance entre narrateur et personnage; les adverbes de manière comme « presque », « peut-être », « sans doute », etc.) + proposition subordonnée décrivant un événement surnaturel.

Sous cette forme abstraite et réduite, l'acte de parole « fantastique » peut bien sûr se trouver en dehors de la littérature : ce sera celui d'une personne rapportant un événement sortant du cadre des explications naturelles, lorsque cette personne ne veut pas pour autant renoncer à ce cadre même, et nous fait donc part de son incertitude (situation peut-être rare de nos jours, mais en tous les cas parfaitement réelle). L'identité du genre est entièrement déterminée par celle de l'acte de parole; ce qui ne veut pas dire cependant que les deux sont identiques. Ce noyau s'enrichit d'une série d'amplifications, au sens rhétorique : 1) une narrativisation : il faut créer une situation où le narrateur finira par formuler notre phrase emblème, ou l'un de ses synonymes; 2) une gradation, ou tout au moins une irréversibilité dans l'apparition du surnaturel; 3) une prolifération thématique : certains thèmes, tels les perversions sexuelles ou les états proches de la folie, seront préférés aux autres; 4) une représentation verbale qui exploitera par exemple l'incertitude qu'on peut avoir à choisir entre le sens littéral et le sens figuré d'une expression; thèmes et procédés que j'ai cherché à décrire dans mon livre.

Il n'y a donc, du point de vue de l'origine, aucune différence de nature entre le genre fantastique et ceux qu'on rencontrait dans la littérature orale luba, même s'il subsiste des différences de degré, c'est-à-dire de complexité. L'acte verbal exprimant l'hésitation « fantastique » est moins commun que celui qui consiste à nommer ou à inviter; ce n'est pas moins un acte verbal comme les autres. Les transformations qu'il subit pour devenir genre littéraire sont peut-être plus nombreuses et plus variées que celles avec lesquelles nous familiarisait la littérature luba; elles restent, elles aussi, de même nature.

L'autobiographie est un autre genre propre à notre société que l'on a décrit avec suffisamment de précision pour qu'on puisse l'interroger dans notre perspective actuelle [1]. Pour dire les choses simplement, l'autobiographie se définit par deux identités : celle de l'auteur avec le narrateur, et celle du narrateur avec le personnage principal. Cette deuxième identité est évidente : c'est celle que résume le préfixe « auto- », et qui permet de distinguer l'autobiographie de la biographie ou des mémoires. La première est plus subtile : elle sépare l'autobiographie (tout comme la biographie et les mémoires) du roman, celui-ci serait-il imprégné d'éléments puisés dans la vie de l'auteur. Cette identité sépare, en somme, tous les genres « référentiels » ou « historiques » de tous les genres « fictionnels » : la réalité du référent est clairement indiquée, puisqu'il s'agit de l'auteur même du livre, personne inscrite à l'état civil de sa ville natale.

On a donc affaire à un acte de parole qui codifie à la fois des propriétés sémantiques (c'est ce qu'implique l'identité narrateur-personnage, il faut parler de soi) et des propriétés pragmatiques (ceci par l'identité auteur-narrateur, on prétend dire la vérité et non une fiction). Sous cette forme, cet acte de parole est extrêmement répandu en dehors de la littérature : on le pratique chaque fois qu'on *se raconte*. Il est curieux de remarquer que les études de Lejeune et de Bruss sur lesquelles je m'appuie ici, sous couvert d'une description du genre, ont en fait établi l'identité de l'acte de parole qui n'en est que le noyau. Ce glissement d'objet est révélateur : l'identité du genre lui vient de l'acte de parole qui est à sa base, se raconter; ce qui n'empêche pas que, pour devenir un genre littéraire, ce contrat initial doit subir de nombreuses transformations (je laisse aux spécialistes du genre le soin de les établir).

Qu'en serait-il de genres plus complexes encore, tel le roman? Je n'ose pas me lancer dans la formulation de la série de transformations qui président à sa naissance; mais, faisant sans doute preuve d'optimisme, je dirai que, ici encore, le processus ne me paraît pas être qualitativement différent. La difficulté de l'étude de l'« origine du roman » entendue en ce sens viendrait seulement de l'infini emboîtement des actes de parole les uns dans les autres. Tout en haut de la pyra-

---

1. Je pense en particulier aux études précitées de Philippe Lejeune, « Le pacte autobiographique », et d'Élisabeth Bruss, « L'autobiographie considérée comme acte littéraire ».

mide il y aurait le contrat fictionnel (donc la codification d'une propriété pragmatique), qui à son tour exigerait l'alternance d'éléments descriptifs et narratifs, c'est-à-dire décrivant des états immobilisés et des actions se déroulant dans le temps (à remarquer que ces deux actes de parole sont coordonnés entre eux, et non pas enchâssés, comme dans les cas précédents). S'y ajouteraient des contraintes concernant l'aspect verbal du texte (l'alternance du discours du narrateur et de celui des personnages) et son aspect sémantique (la vie personnelle de préférence aux grandes fresques d'époque), et ainsi de suite...

L'énumération rapide que je viens de faire n'est d'ailleurs en rien différente, si ce n'est justement par sa brièveté et son schématisme, des études qu'on a pu déjà consacrer à ce genre. Et pourtant non : il y manquait cette perspective — déplacement infime, illusion d'optique peut-être? — qui permet de voir qu'il n'y a pas un abîme entre la littérature et ce qui n'est pas elle, que les genres littéraires trouvent leur origine, tout simplement, dans le discours humain.

Les deux principes du récit

Puisqu'il va être question du récit, je commencerai par raconter une histoire.

Richard Minutolo est amoureux de Catella, la femme de Filippe. Mais celle-ci ne le paie pas de retour, malgré tous les efforts de Richard. Il apprend que Catella est extrêmement jalouse de son mari et décide de profiter de cette faiblesse. Il affiche alors publiquement son désintérêt pour Catella; la rencontrant un jour, il le lui confirme en personne et lui fait en même temps part des avances que Filippe aurait adressées à sa propre femme. Catella est furieuse et veut tout savoir. Rien de plus facile, répond Richard, Filippe a donné rendez-vous à sa femme le lendemain, dans un établissement de bains des environs; Catella n'a qu'à y aller à sa place, et elle se persuadera par elle-même de la perfidie de son mari. C'est ce qu'elle fait; mais, à la place de son mari, elle trouve Richard, sans le reconnaître cependant, car la chambre du rendez-vous est plongée dans une obscurité totale. Catella se prête au désir de celui qu'elle croit être son mari; mais aussitôt après elle commence à l'injurier, en lui révélant qu'elle n'est pas la femme de Richard mais Catella. C'est alors que Richard lui révèle qu'il n'est pas Filippe. Catella est désespérée mais Richard lui démontre que le scandale ne servirait personne et que, d'autre part, « les baisers de l'amant ont plus de saveur que les baisers du mari ».

Tout se termine donc bien, et Boccace ajoute que c'est par un « concert de louanges » que ce conte fut accueilli lors de sa première narration (*Décaméron*, III, 6).

Voici donc une suite de phrases que tout le monde s'accordera pour reconnaître comme un récit. Mais qu'est-ce qui *fait* le récit? Revenons au début de l'histoire. Boccace décrit d'abord Naples, lieu de l'action; ensuite il présente les trois protagonistes; après quoi il nous parle de l'amour que Richard éprouve pour Catella. Est-ce un récit? Je crois qu'encore une fois on s'accordera facilement pour répondre : non. Ce ne sont pas les dimensions du texte qui

63

emportent la décision; celui-ci n'occupe que deux paragraphes chez Boccace mais nous sentons bien que, serait-il cinq fois plus long, les choses ne seraient pas différentes. En revanche, lorsque Boccace dit : « Tel était son état d'âme quand... » (et en français on passe ici de l'imparfait au passé simple), le récit est enclenché. L'explication semble simple : nous assistons, au début, à la description d'un état; or le récit ne s'en contente pas, il exige le déroulement d'une action, c'est-à-dire le changement, la différence.

Tout changement constitue en effet un nouveau chaînon du récit. Richard apprend l'extrême jalousie de Catella — ce qui lui permet de concevoir son plan — à la suite de quoi il peut le mettre en application — Catella réagit de la manière voulue — le rendez-vous a lieu — Catella révèle sa véritable identité — Richard révèle la sienne — tous deux découvrent leur bonheur ensemble. Chacune des actions ainsi isolées suit la précédente et, la plupart du temps, entre avec elle dans un rapport de causalité. La jalousie de Catella est une *condition* du plan qui sera conçu; le plan a comme *conséquence* le rendez-vous; le blâme publique est *impliqué* par l'adultère, etc.

Description et récit présupposent tous deux la temporalité; mais temporalité de nature différente. La description initiale se situait bien dans le temps, mais ce temps était continu; alors que les changements, propres au récit, découpent le temps en unités discontinues; le temps-pure durée s'oppose au temps événementiel. La description toute seule ne suffit pas pour faire un récit, mais le récit, lui, n'exclut pas la description. Si l'on devait disposer d'un terme générique qui inclue à la fois récit et description (c'est-à-dire les textes qui ne contiennent que des descriptions), on pourrait se servir de celui, relativement peu usité en français, de *fiction*. L'avantage serait double : d'abord parce que fiction inclut récit *et* description; ensuite parce qu'il évoque l'usage transitif et référentiel qu'on fait des mots dans l'un et l'autre cas (et un Raymond Roussel qui fait naître le récit à partir de la distance qu'il y a entre deux sens d'un même mot ne nous en donne pas un contre-exemple), par opposition à l'usage intransitif, littéral, qui est fait du langage en poésie.

Cette manière de voir le récit comme l'enchaînement chronologique et parfois causal d'unités discontinues n'est pas nouvelle, bien sûr; on connaît bien aujourd'hui le travail de Propp sur le conte de fées russe, qui aboutit à une présentation semblable. Propp appelle *fonction* chacune des actions ainsi isolées, lorsque celle-ci est vue dans la perspective de son utilité pour l'ensemble du conte; et il postule qu'il n'existe que trente et une variétés de fonctions, pour tous les contes de fées russes. « Si nous lisons à la suite toutes les fonctions, nous voyons qu'une fonction découle de l'autre par une nécessité logique et artistique. Nous voyons qu'aucune fonction n'exclut l'autre. Elles appartiennent toutes au même pivot, et non à plusieurs pivots. » Les fonctions se suivent et ne se ressemblent pas.

Propp analyse ainsi intégralement un conte, intitulé *les Oies-cygnes;* rappelons ici cette analyse. C'est l'histoire d'une petite fille qui oublie de surveiller son frère, et les oies-cygnes enlèvent celui-ci. La petite fille part à sa recherche et, judicieusement conseillée par un hérisson, réussit à le trouver. Elle l'emmène, les oies se mettent à sa poursuite, mais, aidée par la rivière, le pommier et le poêle, elle parvient à réintégrer sa maison saine et sauve, avec son frère. Propp identifie dans ce récit vingt-sept éléments, dont dix-huit fonctions (les autres éléments sont des descriptions, des transitions, etc.), qui toutes font partie de la liste canonique des trente et une. Chacune de ces fonctions est située sur le même plan; chacune d'entre elles est absolument différente des autres; la seule relation qu'elles entretiennent est celle de la succession.

On peut s'interroger sur la justesse de cette analyse, plus exactement sur le point de savoir si Propp n'a pas confondu nécessité générique (et empirique) et nécessité théorique. Toutes les fonctions sont peut-être également nécessaires au conte de fées russe; mais le sont-elles pour les mêmes raisons? Procédons à une expérience. En relatant le conte russe, j'ai omis quelques-unes des fonctions initiales : par exemple, que les parents avaient interdit à la fille de s'éloigner de la maison; que celle-ci avait préféré aller jouer; etc. Le conte ne reste pas moins un récit, fondamentalement identique à lui-même. En revanche, si je n'avais pas dit qu'une fille et un garçon habitaient sagement dans leur maison; ou que les oies avaient enlevé le garçon; ou que la fille était partie à sa recherche, etc., le conte n'aurait plus existé, ou alors cela aurait été un autre conte. Par conséquent, toutes les fonctions ne sont pas nécessaires au récit de la même manière; nous devons introduire ici un ordre hiérarchique.

Analysant ainsi *les Oies-cygnes*, nous aboutirons au résultat suivant : ce conte comporte cinq éléments obligatoires. 1. La situation d'équilibre du début. 2. La dégradation de la situation par l'enlèvement du garçon. 3. L'état de déséquilibre constaté par la petite fille. 4. La recherche et la découverte du garçon. 5. Le rétablissement de l'équilibre initial, la réintégration de la maison paternelle. Aucune de ces cinq actions n'aurait pu être omise sans que le conte perde son identité. On peut bien sûr imaginer un conte qui omette les deux premiers éléments, et commence par une situation déjà déficiente; ou qui omette les deux derniers, en se terminant dans le malheur. Mais on sent bien que ce seraient là deux moitiés de cycle, alors que nous disposons ici du cycle complet. Des recherches théoriques ont montré — et des études empiriques l'ont confirmé — que ce cycle participe de la définition même du récit : on ne peut imaginer un récit qui n'en contienne au moins une partie.

Les autres actions isolées par Propp n'ont pas toutes le même statut. Certaines d'entre elles sont facultatives; elles sont ajoutées au schème fondamental. Par exemple l'absence de la petite fille au moment de l'enlèvement peut être motivée ou non. D'autres sont alternatives : l'une d'entre elles au moins doit apparaître dans le conte; il s'agit d'une concrétisation de l'action prescrite par le schème. Par exemple, la petite fille retrouve son frère, mais comment? grâce à l'intervention d'un auxiliaire. Elle aurait pu le retrouver grâce à la vitesse de ses jambes, ou à son pouvoir de divination, etc. On sait que Claude Bremond s'est posé comme tâche de dresser le catalogue des alternatives possibles dont dispose un récit, quel qu'il soit.

Mais si l'on hiérarchise de la sorte les actions élémentaires, on s'aperçoit qu'entre elles s'établissent de nouvelles relations : nous ne pouvons plus nous contenter de la consécution ou de la conséquence. Il est évident que le premier élément répète le cinquième (l'état d'équilibre); et que le troisième en est l'inversion. De plus, le deuxième et le quatrième sont symétriques et inverses : on enlève le petit garçon de chez lui ou on l'y ramène. Il n'est donc pas vrai que la seule relation entre les unités est celle de *succession;* nous pouvons dire que ces unités doivent se trouver aussi dans un rapport de *transformation.* Nous voici en face des deux principes du récit.

Un récit peut-il se passer du deuxième principe, celui des transformations? En discutant les problèmes de définition et de dénomination, il faut être conscient d'un certain arbitraire qui accompagne nécessairement ces gestes. Nous nous trouvons devant un continuum de faits et de relations; nous faisons ensuite passer une limite quelque part, en appelant tout ce qui est en deçà d'elle, récit, et non-récit tout ce qui est au-delà. Mais les mots de la langue, dont nous nous servons, révèlent des nuances différentes pour tel ou tel sujet parlant. J'ai opposé il y a un instant récit et description par les deux types de temporalité qu'ils manifestent; mais certains appelleraient « récit » un livre comme *Dans le labyrinthe* de Robbe-Grillet, qui pourtant suspend le temps narratif et pose comme simultanées les variations dans le comportement des personnages. De même pour la présence ou l'absence de rapports de transformation entre les actions individuelles. On peut construire artificiellement une narration qui en serait dépourvue; on pourrait même trouver, dans certaines chroniques, des exemples réels de la pure logique de succession. Mais on s'accordera facilement, je pense, sur ce que ni ces chroniques, ni le roman de Robbe-Grillet ne sont des représentants typiques du récit. Je dirai plus : mettre en lumière la différence entre récit et description, ou principe de succession et principe de transformation, nous permet de comprendre pourquoi nous percevons de tels récits comme étant, en un certain sens du terme, marginaux. Habituellement, même le récit le plus simple, le moins élaboré met simultanément en action les deux principes; témoin (anecdotique) ce titre français d'un western italien récent, *Je vais, je tire, je reviens* : derrière l'apparente pureté de la succession se dissimule un rapport de transformation, entre « aller » et « revenir »!

Quelle est la nature de ces transformations? Celle que nous avons observée jusqu'à maintenant consistait à changer un terme en son contraire ou son contradictoire; appelons-la, pour simplifier, la *négation*. Lévi-Strauss et Greimas ont beaucoup insisté sur cette transformation, en étudiant ses variétés particulières, jusqu'à laisser croire qu'elle était la seule possible. Il est vrai que cette transformation jouit d'un statut particulier; cela tient sans doute à la place singulière qu'occupe déjà la négation dans notre système de pensée. Le passage de A à non-A est en quelque sorte le paradigme de tout changement. Mais ce statut exceptionnel ne doit tout de même pas aller jusqu'à occulter l'existence d'autres transformations — et nous verrons qu'elles sont nombreuses. Dans le conte analysé par Propp, on peut remarquer par exemple une transformation de mode : c'est l'interdiction — c'est-à-dire, une obligation négative — imposée à la petite fille par ses parents, de quitter un instant son frère. Ou encore, une transformation d'intention : la petite fille décide de partir à la quête de son frère, ensuite elle part effectivement; de l'un à l'autre, le rapport est celui de l'intention à sa réalisation.

Si nous revenons maintenant à notre conte du *Décaméron*, nous pouvons y observer les mêmes rapports. Richard est malheureux au début, heureux à la fin : voici la négation. Il souhaite posséder Catella, puis la possède : voici la transformation de mode. Mais d'autres rapports semblent jouer ici un rôle plus important. Une seule et même action est présentée trois fois : il y a d'abord le projet de

Richard d'attirer Catella dans l'établissement de bains, ensuite vient la perception erronée de cette scène par Catella, qui croit y rencontrer son mari; enfin la véritable situation est révélée. Le rapport entre la première et la troisième proposition est celui du projet à sa réalisation; dans le rapport entre la deuxième et la troisième s'opposent la perception erronée d'un événement et sa perception juste. C'est cette tromperie qui constitue évidemment le ressort du récit boccacien. Une différence qualitative sépare le premier type de transformations du second. Il s'agissait, dans le premier cas, de la modification apportée à un prédicat de base : il était pris dans sa forme positive ou négative, modalisée ou non. Ici le prédicat initial se trouve accompagné d'un prédicat second, tel que « projeter » ou « apprendre », qui, paradoxalement, désigne une action autonome mais en même temps ne peut jamais apparaître tout seul : on projette toujours une *autre* action. On voit s'esquisser ici une opposition entre deux types d'organisation du récit : d'une part celui où se combinent la logique de la succession et les transformations du premier type; ce seront les récits en quelque sorte les plus simples, et je voudrais réserver à ce type d'organisation le nom de *mythologique*. D'autre part, le type de récit où la logique de succession est secondée par le deuxième genre de transformations, récits où l'importance de l'événement est moindre que celle de la perception que nous en avons, du degré de connaissance que nous en possédons : ce qui me fait proposer le nom de *gnoséologique* pour ce second type d'organisation narrative (on pourrait aussi l'appeler « épistémique »).

Il va de soi qu'une opposition de ce genre ne vise pas à aboutir à la distribution de tous les récits du monde en deux piles : ici les mythologiques, là, les gnoséologiques. Comme dans toute étude typologique, je cherche plutôt à mettre en évidence les catégories abstraites qui permettent de rendre compte des différences réelles entre tel récit et tel autre. Ce n'est d'ailleurs pas qu'un récit doive posséder exclusivement un type de transformations, et non l'autre. Revenant au conte *les Oies-cygnes*, on peut y observer également des traces d'organisation gnoséologique. Par exemple, l'enlèvement du frère s'est produit en l'absence de la petite fille; en principe celle-ci ignore qui en est responsable, et il y aurait ici place pour une recherche de connaissance. Mais le conte dit simplement : « La jeune fille devina qu'elles avaient emporté son petit frère », sans s'attarder sur ce processus. En revanche, le conte de Boccace repose entièrement sur l'ignorance suivie de reconnaissance. Voulant attacher tel récit particulier à tel type d'organisation narrative, on doit chercher la prédominance, qualitative ou quantitative, de certaines transformations, non leur présence exclusive.

Observons maintenant quelques autres exemples d'organisation gnoséologique. Une œuvre comme la *Quête du Graal* fait habituellement précéder les séquences relatant des événements matériels par d'autres, où le même événement est évoqué sous forme de prédiction. Ces transformations de supposition ont, dans ce texte, une particularité : elles se réalisent toujours et sont même perçues comme un impératif moral par les personnages. Ainsi le dénouement de l'intrigue est raconté dès les premières pages par la tante de Perceval : « Car nous savons bien, dans ce pays comme en d'autres lieux, qu'à la fin trois chevaliers auront, plus que tous les autres, la gloire de la Quête : deux seront vierges et le troisième chaste. Des deux vierges, l'un sera le chevalier que vous cherchez, et vous l'autre; le troisième sera Bohort de Gaunes. Ces trois-là achèveront la Quête. » Ou encore la sœur de Perceval qui prévoit où mourront son frère et Galaad : « Pour mon honneur, faites-moi enterrer au Palais Spirituel. Savez-vous pourquoi je vous le demande? Parce que Perceval y reposera et vous auprès de lui. » D'une manière générale, dans toute la seconde partie du livre, les actions à venir sont d'abord annoncées par la sœur de Perceval sous la même forme de prédictions impératives.

Ces suppositions, précédant l'événement, sont complétées par d'autres, dont on se souvient seulement au moment où l'événement a déjà eu lieu. Les hasards de son chemin amènent Galaad dans un monastère; l'aventure de l'écu s'engage; et au moment même où elle se termine, un chevalier céleste apparaît et déclare que tout a été prévu d'avance. « Voici donc ce que vous ferez, dit Josèphe. Là où sera enterré Nascien, placez l'écu. C'est là que viendra Galaad, cinq jours après avoir reçu l'ordre de la chevalerie. — Tout s'est accompli comme il l'avait annoncé, puisqu'au cinquième jour vous êtes arrivé dans cette abbaye où gît le corps de Nascien. » De même pour Gauvain; il reçoit un rude coup de l'épée de Galaad et se souvient aussitôt : « Voici avérée la parole que j'entendis le jour de la Pentecôte, à propos de l'épée à laquelle je portai la main. Il me fut annoncé qu'avant longtemps j'en recevrais un coup terrible, et c'est l'épée même dont vient de me frapper ce chevalier. La chose est bien advenue telle qu'elle me fut prédite. »

Mais plus encore que par cette transformation particulière de supposition qu'est l'« annonce », la *Quête du Graal* se caractérise par une autre transformation, de connaissance celle-ci, qui consiste en une réinterprétation des événements déjà survenus. En général, tous les gestes accomplis sur terre reçoivent, de la part des prud'hommes et des ermites, une interprétation dans l'ordre du céleste; souvent des révélations purement terrestres s'y ajoutent. Ainsi, lorsqu'on lit le début de la *Quête*, on croit tout comprendre : voici les nobles chevaliers qui décident de partir à la recherche du Graal, etc. Mais le récit nous fait connaître, peu à peu, un autre sens de ces mêmes scènes : ce Lancelot que nous croyions fort et parfait est un pécheur incorrigible, il vit dans l'adultère avec la reine Guenièvre. Messire Gauvain qui a fait, le premier, le vœu de partir à la quête, ne l'achèvera jamais, car son cœur est dur et il ne pense pas assez à Dieu. Les chevaliers que nous admirions au début sont des pécheurs invétérés qui seront punis : depuis des années ils ne se sont pas confessés. Les événements du début sont évoqués à nouveau, mais cette fois-ci nous sommes dans la vérité et non dans l'apparence trompeuse.

L'intérêt du lecteur ne vient pas ici de la question : que se passe-t-il après? qui nous renvoie à la logique de succession ou au récit mythologique. On sait bien, et depuis le début, ce qui se passera, qui atteindra le Graal, qui sera puni et pourquoi. L'intérêt naît d'une tout autre question qui renvoie, elle, à l'organisation gnoséologique, et qui est : qu'est-ce que le Graal? Ce récit raconte, comme tant d'autres, une quête; ce que l'on recherche, cependant, n'est pas un objet mais un sens : celui du mot Graal. Et puisque la question porte sur l'être plutôt que sur le faire, l'exploration de l'avenir pâlira devant celle du passé. Tout au long du récit, on s'interrogera sur la signification du Graal; le récit principal est un récit de connaissance; idéalement, il ne s'arrête jamais.

La recherche de connaissance domine aussi un autre type de récit qu'on aurait peut-être quelque scrupule à rapprocher de la *Quête du Saint Graal* : c'est le roman policier à mystère. On sait que celui-ci se constitue dans la relation problématique de deux histoires : l'histoire du crime, absente; et l'histoire de l'enquête, présente, dont la seule justification est de nous faire découvrir la première histoire. Un élément de celle-ci nous est rapporté en fait dès le début : un crime est accompli presque sous nos yeux; mais nous n'en avons pas connu les véritables agents ni les vrais mobiles. L'enquête consiste à revenir sans cesse sur les mêmes événements, à vérifier et à corriger les moindres détails, jusqu'à ce qu'à la fin éclate la vérité sur cette même histoire initiale; c'est un récit d'apprentissage. Mais, à la différence du *Graal*, la connaissance se caractérise ici parce qu'elle possède deux valeurs seulement : vrai ou faux. On sait ou on ne sait pas qui a tué ; alors que la quête du sens dans le *Graal* connaît une infinité de degrés intermédiaires, et même à la fin on ne peut être sûr qu'elle soit achevée.

Si nous prenons maintenant comme troisième exemple un conte de Henry James, nous verrons que la recherche gnoséologique peut prendre des formes encore différentes (*Cœur des ténèbres* de Conrad présente encore une variante différente, on le verra). Comme dans le roman policier, on recherche ici la vérité sur un événement matériel, non sur une entité abstraite ; mais, comme dans la *Quête du Graal*, à la fin du livre nous ne sommes pas certains de posséder *la* vérité : nous sommes plutôt passés d'une première ignorance à une ignorance moindre. *Dans la cage* raconte par exemple l'expérience d'une jeune fille télégraphiste dont toute l'attention est concentrée sur deux personnes qu'elle connaît à peine, le capitaine Everard et Lady Bradeen. Elle lit les télégrammes qu'envoient ces personnages, elle entend des morceaux de phrases ; mais, malgré son aptitude à imaginer les éléments absents, elle ne parvient pas à reconstituer le portrait fidèle des deux inconnus. D'ailleurs, la rencontre du capitaine en personne n'arrange pas davantage les choses : elle peut voir comment il est fait, physiquement, observer ses gestes, écouter sa voix, mais son « essence » reste tout aussi intangible, sinon plus, que lorsque les séparait la cage vitrée. Les sens ne retiennent que les apparences, la vérité est inaccessible.

La compréhension est rendue particulièrement difficile par le fait que la télégraphiste fait semblant d'en savoir beaucoup plus qu'elle ne sait, quand, dans certaines circonstances, elle peut interroger d'autres personnes intermédiaires. Ainsi, lorsqu'elle rencontre une amie, Mrs Jordan, celle-ci lui demande : « Comment, vous ne connaissez pas le scandale ? ... Elle (la télégraphiste) prit un instant position sur la remarque suivante : Oh ! il n'y a eu rien de public... »

James se refusera toujours à nommer directement la « vérité » ou l'« essence » ; celle-ci n'existe que sous la forme de multiples apparences. Ce parti pris affectera profondément l'organisation de ses œuvres et attirera son attention sur les techniques du « point de vue », sur ce qu'il appelle lui-même « *that magnificent and masterly indirectness* » : *Dans la cage* nous présente la perception de la télégraphiste, portant sur celle de Mrs Jordan, qui elle-même raconte ce qu'elle a tiré de son fiancé Mr Drake qui, à son tour, ne connaît que de loin le capitaine Everard et lady Bradeen !

Encore une fois, le processus de connaissance est *dominant* dans le conte de James, il n'y est pas présent à l'exclusion de tout autre.

Dans la cage se soumet aussi à l'organisation mythologique : l'équilibre premier de la télégraphiste est perturbé par la rencontre avec le capitaine; à la fin du récit, cependant, elle retournera à son projet initial, qui était d'épouser Mr Mudge. D'autre part, à côté des transformations de connaissance proprement dites, il en existe d'autres, qui possèdent les mêmes propriétés formelles sans porter sur le même processus (le terme de « gnoséologique » n'est plus approprié ici); ainsi en particulier de ce qu'on pourrait appeler la « subjectivation », la réaction ou la prise de position personnelle devant un événement. *La Recherche du temps perdu* développera cette dernière transformation jusqu'à l'hypertrophie : le moindre incident de la vie, tel le grain de sable autour duquel croît la perle, servira de prétexte à de longues descriptions sur la façon dont l'événement est vécu par tel ou tel personnage.

Il faut distinguer ici deux manières de juger les transformations : selon leur puissance *formatrice* ou selon leur puissance *évocatrice*. J'entends par puissance formatrice l'aptitude d'une transformation de former, à elle seule, une séquence narrative. On imagine difficilement (bien que cela ne soit pas impossible) un récit qui ne comporterait que des transformations de subjectivation, qui se réduirait, autrement dit, à la description d'un événement et des réactions qu'il suscite chez différents personnages. Même le roman de Proust comporte des éléments d'un récit mythologique : l'incapacité du narrateur d'écrire sera surmontée; le côté de Swann et le côté des Guermantes, d'abord disjoints, se réuniront par le mariage de Gilberte avec Saint-Loup. La négation est, de toute évidence, une transformation à grande puissance formatrice; mais le couple ignorance (ou erreur)-connaissance sert aussi très souvent à encadrer des récits. Les autres procédés du récit mythologique semblent moins aptes (dans notre culture tout au moins) à former des séquences à elles seules. Un récit qui ne comporterait que des transformations modales ressemblerait plutôt à un livre didactique et moral, où les séquences seraient du type : « X doit se comporter en bon chrétien — X se comporte en bon chrétien. » Un récit qui serait formé de transformations d'intention seulement s'apparenterait à certains passages de *Robinson Crusoe :* Robinson décide de se construire une maison — il se construit une maison; Robinson décide d'entourer son jardin — il entoure son jardin, etc.

Mais cette puissance formatrice (ou si l'on préfère syntaxique) de certaines transformations ne doit pas être confondue avec ce que nous apprécions particulièrement dans un récit, ou ce dont le sens est le plus riche, ou encore ce qui permet de distinguer avec précision un récit d'un autre. Je me souviens qu'une des scènes les plus passionnantes d'un récent film d'espionnage, *The Ipcress File*, consistait à nous montrer le héros principal en train de se préparer une omelette. Naturellement, l'importance narrative de cet épisode était nulle (il aurait pu tranquillement manger un sandwich au jambon); mais cette scène précieuse devenait comme l'emblème du film entier. C'est ce que j'appelle la puissance évocatrice d'une action; il me semble que ce sont surtout des transformations de manière qui caractérisent tel univers fictif par opposition à tel autre; mais à elles seules, elles ne sauraient que difficilement produire une séquence narrative autonome.

Maintenant que nous commençons à nous familiariser avec cette opposition entre principe de succession et principe de transformation (ainsi qu'avec les variantes de celui-ci), on pourrait se demander si elle ne se ramène pas, en fait, à celle que fait Jakobson entre métonymie et métaphore. Ce rapprochement est possible mais il ne me paraît pas nécessaire. Il est difficile d'assimiler toutes les transformations à des rapports de similitude, ainsi que d'ailleurs toute similitude à la métaphore. La succession ne gagne rien non plus à être nommée métonymie, ou contiguïté, d'autant que l'une est essentiellement temporelle, l'autre spatiale. Le rapprochement serait d'autant plus problématique que, selon Jakobson, « le principe de similarité gouverne la poésie » et que « la prose, au contraire, se meut essentiellement dans les rapports de contiguïté »; or de notre point de vue, succession et transformation sont également nécessaires au récit. S'il fallait opposer récit et poésie (ou épique et lyrique), on pourrait retenir, premièrement (et en accord en cela avec Jakobson) le caractère transitif ou intransitif du signe; deuxièmement, la nature de la temporalité représentée : discontinue ici, présent perpétuel là (ce qui ne veut pas dire atemporalité); troisièmement, la nature des noms qui occupent la place du sujet sémantique, ou *thème*, ici et là : le récit n'admet que des noms particuliers en position de sujet, la poésie admet aussi bien des noms particuliers et généraux. Le discours philosophique, lui, se caractériserait à la fois par l'exclusion des noms particuliers et par l'atemporalité; la poésie serait donc une forme intermédiaire entre discours narratif et discours philosophique.

Mais revenons au récit et demandons-nous plutôt si tous les rapports d'une action à l'autre se laissent distribuer entre le type mythologique et le type gnoséologique. Le conte analysé par Propp comportait un épisode sur lequel je ne me suis pas attardé. Partie à la recherche de son frère, la petite fille rencontrait quelques donateurs possibles. D'abord un poêle à qui elle demandait un renseignement et qui le lui promettait à condition de manger de son pain; mais la petite fille, insolente, refusait. Ensuite elle rencontrait un pommier et une rivière : « propositions analogues, même insolence dans les réponses ». Propp désigne ces trois épisodes par le terme de « triplement »; c'est là un procédé extrêmement fréquent dans le folklore.

Quel est le rapport exact de ces trois épisodes? On a vu que, dans les transformations, deux propositions se trouvaient rapprochées; la différence résidait dans une modification apportée au prédicat. Mais, à présent, dans les trois actions décrites par Propp, c'est précisément le prédicat qui reste identique : à chaque fois, l'un offre, l'autre refuse avec insolence. Ce qui change, ce sont les agents (les sujets) de chaque proposition, ou les circonstants. Plutôt que d'être des transformations l'une de l'autre, ces propositions apparaissent comme des *variations* sur une seule situation, ou comme des applications parallèles d'une même règle.

On pourrait alors concevoir un troisième type d'organisation du récit, non plus mythologique ou gnoséologique, mais, disons, *idéologique*, dans la mesure où c'est une règle abstraite, une idée qui produit les différentes péripéties. Le rapport des propositions entre elles n'est plus direct, on ne passe pas de la forme négative à la forme positive, ou de l'ignorance à la connaissance; les actions sont liées par l'intermédiaire d'une formule abstraite : celle de l'aide offerte et du refus insolent, dans le cas des *Oies-cygnes*. Souvent, pour trouver le rapport entre deux actions matériellement toutes distinctes, on doit le chercher dans une abstraction très poussée.

J'ai essayé, à propos de plusieurs textes, de décrire les règles logiques, les impératifs idéologiques qui régissent les événements de l'univers narratif (mais on pourrait le faire aussi pour chacun des récits évoqués précédemment). Ainsi pour les *Liaisons dangereuses* : toutes les actions des personnages peuvent être présentées comme le produit de quelques règles très simples et abstraites; ces règles, à leur tour, renvoient à l'idéologie organisatrice du livre.

De même pour *Adolphe* de Constant. Les règles qui régissent le comportement des personnages sont ici au nombre de deux, essentiellement. La première découle de la logique du désir telle qu'elle est affirmée par ce livre; on pourrait la formuler ainsi : on désire ce qu'on n'a pas, on fuit ce qu'on a. Par conséquent, les obstacles renforcent le désir, et toute aide l'affaiblit. Un premier coup sera porté à l'amour d'Adolphe lorsque Ellénore quittera le comte de P*** pour venir vivre auprès de lui. Un second, lorsqu'elle se dévoue pour le soigner, à la suite de la blessure qu'il a reçue. Chaque sacrifice d'Ellénore exaspère Adolphe : il lui laisse moins de choses encore à désirer. En revanche, lorsque le père d'Adolphe décide de provoquer la séparation du couple, l'effet est inverse et Adolphe l'énonce explicitement : « En croyant me séparer d'elle, vous pourriez bien m'y rattacher à jamais. » Le tragique de cette situation tient à ce que le désir, pour obéir à cette logique particulière, ne cesse pas pour autant d'être désir : c'est-à-dire de causer le malheur de celui qui ne sait pas le satisfaire.

La seconde loi de cet univers, morale également, sera ainsi formulée par Constant : « La grande question dans la vie, c'est la douleur que l'on cause, et la métaphysique la plus ingénieuse ne justifie pas l'homme qui a déchiré le cœur qui l'aimait. » On ne peut pas régler sa vie sur la recherche du bien, le bonheur de l'un étant toujours le malheur de l'autre. Mais on peut l'organiser à partir de l'exigence de faire le moins de mal possible : cette valeur négative sera la seule à avoir ici un statut absolu. Les commandements de cette loi l'emporteront sur ceux de la première, lorsque les deux sont en contradiction. C'est ce qui fera qu'Adolphe aura tant de mal à dire la « vérité » à Ellénore. « En parlant ainsi, je vis son visage couvert tout à coup de pleurs : je m'arrêtai, je revins sur mes pas, je désavouai, j'expliquai » (ch. 4). Au chapitre 6, Ellénore entend tout jusqu'au bout; elle tombe sans connaissance, et Adolphe ne peut que l'assurer de son amour. Au chapitre 8, il a un prétexte pour la quitter, mais n'en profitera pas : « Pouvais-je la punir des imprudences que je lui faisais commettre, et, froidement hypocrite, chercher un prétexte dans ces imprudences pour l'abandonner sans pitié? » La pitié prime sur le désir.

Ainsi, des actions isolées et indépendantes, accomplies souvent par des personnages différents, révèlent la même règle abstraite, la même organisation idéologique.

L'organisation idéologique semble posséder une faible puissance formatrice : il est rare d'observer un récit qui n'encadrerait pas les actions qui en sont le produit par un autre ordre — qui n'ajouterait à la première organisation une seconde. Car on peut illustrer une logique ou une idéologie à l'infini; et il n'y a pas de raison pour que telle illustration précède — ou suive — telle autre. Ainsi dans *les Liaisons dangereuses* les actions décrites se trouvent reprises à

l'intérieur d'un cadre qui relève, lui, de l'organisation mythologique : l'état exceptionnel que constitue le règne des « roués », Val-
mont et Merteuil, sera remplacé par un retour à la morale traditionnelle.

Le cas est un peu différent pour *Adolphe* et les *Notes d'un souterrain*, autre texte illustrant l'organisation idéologique, comme on le
verra en détail au cours d'un chapitre ultérieur. Un autre ordre
— qui n'est pas la simple absence des précédents — s'y instaure, et
il est fait de relations qu'on pourrait appeler « spatiales » : répétitions, antithèses et gradations. Ainsi dans *Adolphe*, la succession
des chapitres suit une ligne précise : portrait d'Adolphe au premier
chapitre; montée des sentiments dans les chapitres deux et trois;
leur lente dégradation du quatrième au dixième. Chaque nouvelle
manifestation des sentiments d'Adolphe doit être supérieure à la
précédente dans la partie ascendante, inférieure, dans l'autre. La
fin devient possible grâce à un événement qui semble avoir un statut
narratif exceptionnel, la mort. Dans les *Notes d'un souterrain*, la
succession des événements obéit à la fois à la gradation et à la loi
du contraste. La scène avec l'officier présente en raccourci les deux
rôles offerts au narrateur; ensuite il est humilié par Zverkov, humilie
à son tour Lisa; il est humilié de nouveau par son serviteur Apollon
et humilie de nouveau Lisa, plus gravement encore. Le récit s'interrompt grâce à l'annonce d'une idéologie différente, celle dont est
porteuse Lisa, et qui consiste à refuser la logique du maître et de
l'esclave et à aimer les autres pour eux-mêmes.

On le voit encore une fois : les récits individuels exemplifient plus
d'un type d'organisation narrative (en fait, n'importe lequel d'entre
eux aurait pu servir d'illustration à tous les principes organisateurs);
mais l'analyse de l'un de ces types est plus éclairante pour la compréhension de tel texte particulier.

On pourrait faire une observation analogue en changeant radicalement de niveau, et dire : une analyse narrative sera éclairante pour
l'étude de certains types de texte, et non pour d'autres. Car ce que
j'examine ici n'est pas le *texte*, avec ses variétés propres, mais le
récit, qui peut jouer un rôle important ou nul dans la structure d'un
texte, et qui d'autre part apparaît aussi bien dans des textes littéraires
que dans d'autres systèmes symboliques. C'est un fait qu'aujourd'hui
ce n'est plus la littérature qui apporte les récits dont toute société
semble avoir besoin pour vivre, mais le cinéma : les cinéastes nous
racontent des histoires alors que les écrivains font jouer les mots...
Les remarques typologiques que je viens de présenter se rapportent

donc en principe non seulement aux récits littéraires, comme l'étaient tous mes exemples, mais à toutes les espèces de récit; elles relèvent moins de la *poétique,* que d'une discipline qui me semble pleinement mériter le droit à l'existence et qui serait la *narratologie.*

Le discours psychotique

Mon hypothèse tire son origine d'un lieu commun de la psychiatrie, auquel j'essaierai de donner un sens précis. Depuis Bleuler jusqu'à Henri Ey, en passant par Freud, on dit que la psychose implique une dégradation dans l'image que l'individu se fait du monde extérieur [1]. Si la psychose en général est une perturbation dans le rapport entre le moi et la réalité extérieure, alors le discours psychotique sera un discours qui échoue dans son travail d'évocation de cette réalité, autrement dit dans son travail de référence.

Cet échec de la référence peut prendre plusieurs formes. D'abord, dans le cas le plus simple et pour nous marginal, le malade peut se réfugier dans le silence, dans le refus de parler — et, à plus forte raison, de se référer à quoi que ce soit.

Deuxièmement, le processus de référence peut s'accomplir normalement, mais le monde auquel on se réfère n'aura pas pour nous, les non-psychotiques, d'existence réelle, alors qu'aucun indice dans

---

1. E. Bleuler, *Dementia Praecox oder Gruppe der Schizophrenien*, Leipzig et Vienne, 1911 (résumé français par H. Ey, Paris, Cercle d'études psychiatriques, 1964) : « Une altération toute particulière et caractéristique de la schizophrénie est celle que subit la relation de la vie intérieure au monde extérieur. (...) Cette évasion de la réalité, et en même temps la prédominance relative ou absolue de la vie intérieure, c'est ce que nous appelons *autisme* (note : Le mot *autisme* dit essentiellement le côté positif de ce que Janet désigne négativement comme " perte du sens de la réalité ") » (p. 51, 53). S. Freud, « Névrose et psychose », in *Névrose, Psychose et Perversion*, Paris, 1973 : « La psychose [serait le résultat d'un conflit] dans les relations entre le moi et le monde extérieur. (...) Dans... la forme de psychose la plus extrême et la plus frappante, ou bien le monde extérieur n'est pas du tout perçu, ou bien sa perception reste complètement inopérante » (p. 283, 284). J. Delmond-Bébet, *Essai sur la schizophasie*, Paris, 1935 : « L'emploi du langage pour exprimer quelque chose... ne se retrouve plus dans un tel assemblage de mots. (...) Tout ceci... signifie la perte de l'activité représentative du langage » (p. 67). H. Ey, « Psychiatrie », I, *Encyclopédie médico-chirurgicale*, 1955 : « Les cliniciens se mettent facilement d'accord sur ce point que la pensée schizophrénique est... caractérisée surtout par l'altération du système de la réalité » (p. 7). Etc.

le discours même ne permet de déduire qu'il en va semblablement pour celui qui le profère. La référence se fait, mais à un monde imaginaire, ou plutôt, à un monde où la différence entre réel et imaginaire est effacée.

Troisièmement, un cas en quelque sorte intermédiaire est possible : le sujet parle mais on ne parvient pas, à partir de son discours, à construire quelque monde de référence que ce soit.

Dans le premier cas, c'est la parole elle-même qui est attaquée; dans le second, ce sont les choses dont on parle; dans le troisième, la capacité des mots de se référer aux choses, la possibilité de passer de l'un à l'autre. Ces trois cas correspondent en gros à trois espèces de psychoses reconnues par la nosographie actuelle : ce sont, dans l'ordre, la catatonie, la paranoïa et la schizophrénie.

On comprendra que, dans un exposé sur le discours psychotique, je n'aie rien à dire de la catatonie, qui est précisément refus du langage. La paranoïa ne pose guère de problème non plus, de ce point de vue. Le discours du paranoïaque est assez semblable, en tant que discours, à un discours dit normal; la seule différence importante réside dans le fait que les référents évoqués n'ont pas forcément pour nous d'existence réelle. Il aurait suffi, cependant, que ce discours soit présenté comme une fiction, ou comme une manière de dire autre chose, indirectement (par allusion, par trope, par plaisanterie), pour que disparaisse tout caractère pathologique. C'est précisément ce que le paranoïaque ne peut jamais faire : il ignore cette distinction-là.

Voici un exemple de discours paranoïaque, produit (par écrit) par Mme N., qui affirme qu'elle connaît le Christ sous son incarnation présente, laquelle est enfermée au même hôpital qu'elle :

> L'avant-dernière fois, alors que j'ai été rendre visite au Christ-Roi à la 11e division, interné sous le pseudonyme de M. X., et que deux personnes m'accompagnaient, il m'a seulement été donné la permission de le voir au travers du grillage. Son visage avait changé! Il ressemblait au prince Sihanouk! Pour moi, cela n'a rien d'étonnant. Les êtres immortels peuvent se transformer en n'importe quel autre être pour vous éprouver! (...) La dernière fois que j'ai voulu voir le Christ-Roi ou Dieu le père, un infirmier très curieusement m'a fait pénétrer très rapidement sans faire des difficultés à la cure 11. C'était sûrement un extra-terrestre pour des raisons que j'ai comprises après ma visite. Je me suis empressée de monter à la division 11 et, malgré toutes mes recherches et celles d'infirmiers, il n'était pas là! Bien sûr, parti en mission avec son corps visible et invisible.

Nous comprenons parfaitement ce que veut dire Mme N., nous pouvons évoquer, dans notre esprit, l'univers qu'elle décrit; mais nous ne croyons pas à l'existence des extra-terrestres, aux êtres immortels ou aux corps humains invisibles. Si ce texte se présentait comme un récit merveilleux, nous n'aurions jamais pensé à la paranoïa. Mais le récit merveilleux est accompagné d'indices qui nous font comprendre que son auteur ne « croit » pas aux événements évoqués. La différence n'est pas dans le discours même mais dans l'attitude que le locuteur prend à son égard : il le considère comme vrai ou fictif, à prendre à la lettre ou à interpréter en un sens indirect. Cette différence d'attitude peut se traduire dans le discours par l'apparition d'indices appropriés; soit lexicaux (ainsi le sous-titre « conte merveilleux » ou l'usage du conventionnel « il était une fois »), soit phonétiques (faits d'intonation et d'expressivité sonore), soit enfin non verbaux (gestes ou situations qui indiquent la qualité du discours qui suit ou précède). C'est de ces indices que le discours paranoïaque est dépourvu (ou alors lorsqu'ils apparaissent, ils sont incohérents).

Il existe une autre différence entre le discours paranoïaque et celui qui ne l'est pas; mais elle se situe à un niveau plus abstrait et sépare en fait les discours qu'on pourrait dire « sur-organisés » des autres. Rien dans le monde de Mme N. ne survient sans raison; et rien n'est dépourvu de sens; j'avais proposé précédemment, pour désigner ces phénomènes, les termes de « pan-déterminisme » et « pan-signification ». Ce trait est commun au discours paranoïaque et à tout discours systématique et interprétatif : donc celui du philosophe, du savant, du critique. Ces derniers, comme le paranoïaque, perçoivent tout ce que perçoit l'individu commun; mais aussi bien d'autres choses que celui-ci ne soupçonne pas. La différence entre les représentants de ces professions et le paranoïaque est, d'une part, quantitative : le désir de tout expliquer, de tout comprendre, connaît des degrés divers. D'autre part, elle est qualitative : est paranoïaque celui qui perd la possibilité de distinguer entre fiction et vérité (et donc de vérifier ses interprétations); celui, autrement dit, qui a perdu l'usage des indices qui servent à départager les deux.

Venons-en maintenant au discours schizophrénique, le plus intéressant du point de vue linguistique, car c'est en lui-même qu'il porte ses particularités. Je citerai un court énoncé dont l'auteur est M. C. :

> Bien entendu, le directeur a fait face à la préfecture, comme c'est son rôle, puisqu'il est directeur administratif, il me le dit, me flanque le bistouri dans la figure et la camisole dans les bras. Le directeur me le

fait prendre, j'ai fait prendre deux policiers, bien entendu, puisque les deux sont d'accord pour défigurer, l'interne m'insuffle l'anesthésie; maintenant que l'enquête est finie, il a défiguré, il est trop tard, maintenant il a défiguré, c'est lui la faute.

On voit combien est fort le contraste avec le discours paranoïaque cité auparavant : là on construisait facilement la référence; ici on ne sait pas de quoi est il question, on ne peut évoquer les faits que ces mots sont censés relater. Ce discours ne réfère plus; il reste à savoir : pourquoi? En quels faits linguistiques s'incarne cette impossibilité?

On a vu que le trouble paranoïaque se réduisait à l'absence d'indices de fiction (ou de sens indirect), et on sait que Bateson [1] a voulu trouver, dans cette perturbation du fonctionnement métalinguistique du langage, le trait caractéristique du discours psychotique. Mais ce qui était vrai dans le cas de la paranoïa cesse de l'être dans celui de la schizophrénie. Il est vrai que, ici encore, il existe des troubles qu'on peut inscrire dans le cadre du fonctionnement métalinguistique; mais ils sont déjà d'une nature différente : ils ne touchent pas aux étiquettes permettant de distinguer les modes du langage, mais aux éléments qui assurent la cohérence d'un discours. Cependant, cette cohérence peut être perturbée par des moyens autres que les éléments métalinguistiques défaillants. Et, de plus, ce trouble de la cohérence n'est pas une fin dernière : l'incohérence est l'une des raisons pour lesquelles la référence est devenue impossible. On pourrait schématiser ainsi la hiérarchie de ces catégories :

$$
\text{troubles de la référence}
\begin{cases}
\text{par incohérence}
\begin{cases}
\text{par disfonctionnement métalinguistique (1)} \\
\text{pour d'autres raisons (2)}
\end{cases} \\
\text{pour d'autres raisons (3)}
\end{cases}
$$

On se servira de cette répartition, aussi arbitraire soit-elle, pour passer en revue les procédés linguistiques qui rendent la référence impossible.

1. Commençons par les faits se rapportant au processus métalinguistique à l'œuvre dans le discours. Il ne s'agit pas, je le répète, de l'absence de termes qualifiant le statut du discours qui suit ou précède,

1. G. Bateson, *Steps to an Ecology of Mind*, New York, 1972, p. ex. p. 190, 191, 205, 261, etc.

mais d'un fonctionnement spécifique des éléments linguistiques qui, dans un discours, renvoient à d'autres segments de l'énoncé, en assurant ainsi la cohérence de l'ensemble. Le premier type de ces éléments est évidemment *l'anaphore*, sous toutes ses formes, et plus particulièrement pronominales : les anaphores abondent ici mais elles restent indéterminées; en se tenant aux lois habituelles du discours, il est impossible d'en identifier les référents (les antécédents). L'énoncé cité est caractéristique à cet égard. On parle au début du directeur; mais est-ce lui, ensuite, qui est évoqué par le « il »? On est surpris de lui voir attribuer le bistouri. Ensuite « me *le* fait prendre » : quoi? « Les deux » : est-ce bien les policiers? « Il a défiguré » : qui, le directeur, l'interne, ou l'un des policiers? Et qui est ce « lui » dont c'est la faute? Dans le reste du discours du même malade, on rencontre sans cesse des « en », « y », « ça », etc., dont il est impossible de retrouver les antécédents.

On voit que c'est un tout autre aspect du fonctionnement métalinguistique qui est touché ici, par opposition avec la paranoïa : les anaphores sont métalinguistiques dans la mesure où elles renvoient à d'autres parties du discours. Le cas est un peu semblable avec les *conjonctions* qui expriment les relations entre propositions. Deux propositions peuvent avoir entre elles des rapports de causalité, ou d'adversité, ou de succession temporelle, ou d'inclusion, etc.; ces rapports peuvent être nommés ou non, par des parties du discours appropriées, telles que « parce que », « mais », « ensuite », « par exemple », etc. Cette nomination, à son tour, peut être justifiée ou non; Spitzer, on le sait, voyait le trait caractéristique du style de Charles-Louis Philippe dans les « motivations pseudo-objectives », c'est-à-dire celles où les « parce que » ne correspondent à aucun rapport de causalité. C'est un phénomène du même genre que l'on observe dans les énoncés des schizophrènes. On en avait un exemple dans notre énoncé : « J'ai fait prendre deux policiers, *bien entendu*, *puisque* les deux sont d'accord pour défigurer. »

Il faut remarquer ici que ce rôle indiciel, joué par les conjonctions, peut également être assuré par les sèmes d'un autre mot, sèmes qui indiquent aussi le rapport entre propositions. Ainsi des verbes causatifs : dire que telle chose a *empêché* telle autre, c'est poser entre les deux un rapport de causalité — qui peut nous paraître justifié ou non.

Une troisième propriété de ces discours se laisse rattacher aux troubles du fonctionnement métalinguistique : c'est l'absence d'une hiérarchie perceptible parmi les segments qui composent le discours. Cette structure hiérarchique du discours se manifeste avant tout par ce qu'on pourrait appeler des *baliseurs*, qui décrivent le reste du discours, en explicitant ainsi les rapports de hiérarchie. Or ceux-ci sont absents du discours schizophrénique; même le simple rappel d'une partie précédente du discours y est exceptionnel.

2. Dans le discours non schizophrénique, ces aspects du fonctionnement métalinguistique servent à assurer la cohérence; les troubles qu'ils subissent en rendent l'établissement impossible. Ce manque de cohérence a été relevé depuis toujours comme l'un des traits caractéristiques de la parole chez les schizophrènes; ce qu'on sait moins bien c'est, une fois de plus, quels sont les moyens linguistiques qui assurent habituellement cette cohérence, et en quoi consiste leur altération. On a déjà vu le rôle que jouaient certains éléments métalinguistiques du discours; ils ne sont pas les seuls à être mis au service, de la cohérence.

Au niveau de la proposition, d'abord, pour atteindre à la cohérence, il faut que la proposition soit complète. Or les propositions *inachevées* fourmillent dans le discours schizophrénique. Une variante de cet inachèvement est la perturbation des rapports entre les membres de la proposition, par exemple du rapport de *transitivité* (on sait la relation qu'il y a entre transitivité et causalité). Ainsi M. C. emploie les verbes transitifs de manière absolue, comme dans l'énoncé cité (« pour défigurer », « il a défiguré ») ou avec un complément d'objet indirect.

Mais l'incohérence se révèle avant tout dans le rapport interpropositionnel. Ici encore, on peut distinguer plusieurs cas. Premièrement, on observe souvent une sorte d'*asyndète* sémantique, des propositions accolées l'une à l'autre sans qu'elles aient un rapport quelconque de contenu, ni de conjonctions indiquant leur hiérarchie. Le cas sera encore plus net lorsque la transition est observable mais qu'elle relève de ce que Wundt appelait les associations *extrinsèques*. Celles-ci sont de deux espèces principales : des métonymies de coïncidence, c'est-à-dire de temps et de lieu, et des associations à partir du signifiant. Le signifiant sert souvent de conducteur dans le discours; c'est ce que les psychiatres appellent l'« intoxication verbale » : un mot (ou une syllabe, ou une expression) revient plusieurs fois de suite, maintenant ou changeant son sens; c'est le cas des verbes « prendre » et « défigurer » dans notre exemple. Enfin, la cohérence interpropositionnelle est particulièrement faible lorsque des propositions qui se suivent forment des *contradictions*.

3. Pas plus que le disfonctionnement métalinguistique, l'incohérence n'est un fait dernier; elle produit à son tour un résultat, qui est

l'impossibilité de construire la référence. Cette relation de cause à effet ne vas pas de soi; pourtant, aussitôt formulée, elle apparaît à l'évidence. La référence est une construction mentale de l'allocutaire : entendant X. me parler de sa soirée d'hier, je suis capable de construire une représentation des faits évoqués. Tout segment linguistique n'est pas référentiel, aussi toute proposition ne contribue-t-elle pas dans la même mesure à cette construction. Si X. se contente d'énoncer des sentences générales, j'aurai de sa soirée une représentation beaucoup plus floue que s'il m'énumère les noms des présents et s'il décrit leurs actions. Mais avant d'en venir à cette variété référentielle des propositions, il faut relever une condition préliminaire : c'est que tous les segments d'un discours se réfèrent au même fait, et le décrivent de manière constante. Or l'inachèvement fait qu'on ne se réfère à rien, la discontinuité, qu'on se réfère à des faits différents, et la contradiction, qu'on ne s'y réfère pas de la même manière. La cohérence est donc une condition nécessaire à la référence.

Elle n'est pas suffisante pour autant; elle n'est même qu'un préliminaire. La référence est fixée par une série d'indices particuliers (les « shifters », les noms propres et les dates, les syntagmes nominaux dans certaines conditions); elle est nourrie par des prédicats, d'autant mieux que ceux-ci sont plus concrets, plus précis, mieux déterminés. Les prédicats forment la chair de la référence; les indices lui donnent son ossature. On peut donc s'attendre à des troubles, propres aux schizophrènes, et concernant chacun de ces deux aspects de la référence. C'est ce qui ne manque pas de se produire.

Un discours qui ne réfère pas, qui ne permet pas la construction de représentations est un discours qui ne trouve pas sa justification en dehors de lui-même, un discours qui n'est que du discours. Tous ceux qui se sont intéressés aux schizophrènes ont répété, à la suite de Bleuler : « Le patient a l'intention d'écrire, mais non d'écrire *quelque chose*. (...) De nombreux malades (...) parlent mais ne disent rien *(reden aber sagen nichts)*. » Écrire est pour le schizophrène un verbe intransitif, il parle sans dire. Ce qui est, à la fois, l'apothéose et la fin du langage.

Je voudrais, avant de terminer, évoquer une question souvent débattue, celle des rapports entre folie et littérature, entre discours psychotique et poétique. De nombreux ouvrages ont tenté d'établir des parallèles entre les deux (quand ce n'est pas, plus brutalement, de chercher à prouver que les poètes sont des fous, ou inversement). On dira par exemple qu'ici et là on trouve des métaphores, ici et là on privilégie le signifiant, ici et là le texte est obscur. Parfois on ajoute au groupe ainsi constitué les enfants, les sauvages et nos ancêtres les hominiens, pour former le bloc du « prélogique », du « paléologique » ou du « préœdipien ».

A mes yeux, présentée sous cette forme, la comparaison n'a aucun intérêt, dans la mesure où la « littérature » n'est pas un type de discours au sens où l'est la parole psychotique. La littérature est une institution dont le contenu varie avec les cultures et les époques, et on ne peut la comparer en bloc à aucun discours particulier.

Le rapprochement devient cependant possible si l'on manie, à la place de la littérature, l'*idée* qu'on s'en est faite à des époques différentes, ou même l'idée de ce qu'elle devrait être. Le refus du langage en tant qu'évocation du monde, ou, comme on dit en théorie esthétique, en tant qu'imitation, date, en gros, de l'époque romantique (de la seconde moitié du XVIIIe siècle); nous pourrions dire maintenant qu'à partir de ce moment l'idée de littérature commence à se « psychotiser ». K. Ph. Moritz exige pour la poésie le droit de devenir ce que Bleuler croit être le discours psychotique : un langage qui se suffit à lui-même, une parole pleine qui ne renvoie à rien qui lui soit extérieur; parler pour parler, comme disait Novalis dans *les Disciples à Saïs*. Aujourd'hui même, nous continuons à vivre dans cette idée romantique de la littérature; il ne faut pas s'étonner, donc, si de nouveaux rapprochements nous sont encore proposés.

Le parallèle entre conceptions littéraires et discours psychotique peut même être poussé plus loin. La réaction contre la représentation se fait au XIXe siècle à la manière des paranoïaques : l'universelle analogie, le monde des correspondances caractérisent les romantiques et les symbolistes, qui sont attirés en même temps par le surnaturel (assez semblable, après tout, à celui de Mme N.). De nos jours en revanche, la réaction est schizophrénique : ce n'est pas le monde habituellement représenté qu'on veut remplacer par un autre monde, c'est la représentation elle-même qui doit céder la place à la non-représentation. Et les procédés de la littérature qui approche le plus possible cet idéal ne sont guère différents de ceux qu'on vient de passer en revue.

Faut-il s'attendre à ce que le pas suivant soit la catatonie, c'est-à-dire une littérature du silence [1]?

---

1. Cet exposé est la version abrégée d'un travail dont je ne possède plus la version complète. Le Dr Lantéri-Laura a aimablement mis à ma disposition des transcriptions de discours psychotiques.

La lecture comme construction

On ne perçoit pas l'omniprésent. Rien de plus commun que l'expérience de la lecture, et rien de plus ignoré. Lire : cela va tellement de soi qu'il semble, à première vue, qu'il n'y ait rien à en dire.

Dans les études sur la littérature, on a parfois — rarement — envisagé le problème de la lecture, de deux points de vue très différents: l'un prend en compte les lecteurs, dans leur diversité historique ou sociale, collective ou individuelle; l'autre, l'image du lecteur, telle qu'elle se trouve représentée dans certains textes : le lecteur comme personnage, ou encore comme « narrataire ». Mais il reste un domaine inexploré, celui de la logique de la lecture, qui n'est pas représentée dans le texte et qui pourtant est antérieure à la différence individuelle.

Il existe plusieurs types de lecture. Je ne m'arrêterai ici que sur un seul d'entre eux, non le moindre : la lecture des textes de fiction classiques, plus exactement des textes dits représentatifs. C'est cette lecture, et elle seule, qui s'effectue comme une construction.

Bien que nous ayons cessé de considérer l'art et la littérature comme une imitation, nous avons du mal à nous débarrasser d'une manière de voir, inscrite jusque dans nos habitudes linguistiques, qui consiste à penser le roman en termes de représentation, de transposition d'une réalité — qui lui serait préexistante. Même si elle ne cherche à décrire que le processus de création, cette vision fait déjà problème; elle est franchement déformante si elle se rapporte au texte même. Ce qui existe, d'abord, c'est le texte, et rien que lui; ce n'est qu'en le soumettant à un type particulier de lecture que nous construisons, à partir de lui, un univers imaginaire. Le roman n'imite pas la réalité, il la crée : cette formule des préromantiques n'est pas une simple innovation terminologique; seule la perspective de construction nous permet de comprendre correctement le fonctionnement du texte dit représentatif.

La question de la lecture se rétrécit donc de la manière suivante : comment un texte nous conduit-il à la construction d'un univers imaginaire? Quels sont les aspects du texte qui déterminent la construction que nous produisons lors de la lecture, et de quelle façon?

Commençons par le plus simple.

LE DISCOURS RÉFÉRENTIEL

Seules les phrases référentielles permettent la construction; or toute phrase n'est pas forcément référentielle. C'est là un fait bien connu des linguistes et des logiciens; il ne sera pas nécessaire de s'y attarder longuement.

La compréhension est un processus différent de la construction. Prenons ces deux phrases d'*Adolphe* : « Je la sentais meilleure que moi; je me méprisais d'être indigne d'elle. C'est un affreux malheur que de n'être pas aimé quand on aime; mais c'en est un bien grand d'être aimé avec passion quand on n'aime plus. » La première de ces deux phrases est référentielle : elle évoque un événement (les sentiments d'Adolphe); la seconde ne l'est pas : c'est une sentence. La différence des deux est signalée par des indices grammaticaux : la sentence exige le présent, la troisième personne du verbe et elle ne comporte pas d'anaphores.

Une phrase est référentielle ou non; il n'y a pas de degré intermédiaire. Cependant, les mots qui la composent ne sont pas tous semblables à cet égard; le choix que l'auteur fera dans le lexique provoquera des résultats fort différents. Deux oppositions indépendantes semblent particulièrement pertinentes ici : celle du sensible et du non-sensible; et celle du particulier et du général. Par exemple, Adolphe se référera ainsi à son passé : « au milieu d'une vie très dissipée »; cette expression évoque des événements perceptibles, mais à un niveau extrêmement général; on imagine facilement des centaines de pages qui décriraient exactement le même fait. Alors que dans cette autre phrase : « Je trouvais dans mon père, non pas un censeur, mais un observateur froid et caustique, qui souriait d'abord de pitié, et qui finissait bientôt la conversation avec impatience », on voit une juxtaposition d'événements sensibles et non sensibles : le sourire, le silence sont des faits observables; la pitié et l'impatience sont des suppositions — sans doute justifiées — sur des sentiments auxquels on n'a aucun accès direct.

Habituellement, on trouve dans le même texte de fiction des échantillons de tous ces registres de la parole (mais on sait que leur répartition varie selon les époques, les écoles — ou encore en fonction de l'organisation globale du texte). Les phrases non référentielles ne sont pas retenues lors de la lecture comme construction (elles participent d'une autre lecture). Les phrases référentielles conduisent à des constructions de qualité différente, selon qu'elles sont plus ou moins générales, qu'elles évoquent des événements plus ou moins sensibles.

LES FILTRES NARRATIFS

Les qualités du discours, évoquées jusqu'ici, peuvent être identifiées hors de tout contexte : elles sont inhérentes aux phrases mêmes. Cependant, on lit des textes entiers, et non des phrases. On compare donc les phrases entre elles du point de vue de l'univers imaginaire qu'elles contribuent à construire; et on découvre qu'elles diffèrent à plusieurs égards, ou encore, selon plusieurs paramètres. L'accord semble s'être fait, en analyse narrative, pour retenir trois paramètres : le temps, la vision et le mode. Là encore, on est sur un terrain relativement connu (dont j'ai essayé d'établir un relevé dans ma *Poétique*); il faut simplement l'envisager maintenant du point de vue de la lecture.

Le mode : le style direct est le seul moyen d'éliminer toute différence entre le discours narratif et l'univers qu'il évoque : les mots sont identiques aux mots, la construction est directe et immédiate. Ce qui n'est pas le cas pour les événements non verbaux, ni pour le discours transposé. Une phrase d'*Adolphe* dit : « Notre hôte, qui avait causé avec un domestique napolitain, qui servait cet étranger sans savoir son nom, me dit qu'il ne voyageait point par curiosité, car il ne visitait ni les ruines, ni les sites, ni les monuments, ni les hommes. » Nous pouvons nous imaginer la conversation du narrateur avec l'hôte, bien qu'il ne soit pas probable que celui-ci ait employé, serait-ce en italien, une phrase identique à celle qui suit la formule « me dit que ». La construction de la conversation entre l'hôte et le domestique, également évoquée, est beaucoup moins déterminée; nous disposons donc d'une liberté plus grande si nous voulons la construire dans ses détails. Enfin les conversations et les autres activités communes du domestique et d'Adolphe sont entièrement indéterminées; seule une impression globale nous en est transmise.

La parole du narrateur peut également être considérée comme étant du style direct, bien que d'un degré supérieur; en particulier si (comme dans le cas d'*Adolphe*, par exemple) ce narrateur est représenté dans le texte. La sentence, exclue auparavant de la lecture comme construction, sera récupérée ici — non plus comme énoncé mais comme énonciation. Qu'Adolphe le narrateur ait formulé une telle maxime sur le malheur d'être aimé nous renseigne sur son caractère, et donc sur l'univers imaginaire auquel il participe.

Sur le plan temporel : le temps de l'univers imaginaire (le temps de l'histoire) est ordonné chronologiquement; or les phrases du texte n'obéissent pas, et ne peuvent pas obéir, à cet ordre; le lecteur procède donc, inconsciemment, à un travail de remise en ordre. De même, certaines phrases évoquent plusieurs événements distincts mais comparables (récit itératif); lors de la construction, nous rétablissons la pluralité.

La « vision » que nous avons des événements évoqués est évidemment déterminante pour le travail de construction. Par exemple, lors d'une vision valorisante, nous faisons la part a) de l'événement rapporté; b) de l'attitude de celui qui « voit » à l'égard de cet événement. Ou encore, nous savons distinguer l'information qu'une phrase nous apporte sur son objet de celle qui concerne son sujet; ainsi « l'éditeur » d'*Adolphe* peut ne penser qu'à la seconde, en commentant ainsi le récit que l'on vient de lire : « Je hais cette vanité qui s'occupe d'elle-même en racontant le mal qu'elle a fait, qui a la prétention de se faire plaindre en se décrivant, et qui, planant indestructible au milieu des ruines, s'analyse au lieu de se repentir. » L'éditeur construit donc le sujet du récit (Adolphe le narrateur), non son objet (Adolphe le personnage et Ellénore).

On se rend mal compte, habituellement, combien le texte fictionnel est répétitif ou, si l'on veut, redondant; on pourrait avancer sans crainte de se tromper que chaque événement de l'histoire est rapporté au moins deux fois. Ces répétitions sont modulées, la plupart du temps, par les filtres qu'on vient d'énumérer : une conversation sera une fois reproduite, une autre fois évoquée sommairement; un événement sera observé de plusieurs points de vue; il sera évoqué au futur, au présent et au passé. Tous ces paramètres peuvent de plus se combiner entre eux.

La répétition joue fortement dans le processus de construction : puisque de *plusieurs* récits on doit construire *un* événement. Les rapports entre les récits répétitifs varient de l'identité à la contradiction; et même l'identité matérielle n'amène pas nécessairement l'identité de sens (ce dont on trouvait un bon exemple dans le récent film de Coppola *la Conversation*). Tout aussi diverses sont les fonctions de ces répétitions : elles contribuent à établir les faits (dans l'enquête policière) ou à les dissoudre : ainsi dans *Adolphe*, le fait que le même personnage, à des moments très rapprochés, peut avoir des visions contradictoires d'un même fait, nous amène à comprendre que les états psychiques n'existent pas en eux-mêmes, mais toujours par rapport à un interlocuteur, à un partenaire. Constant formulait ainsi lui-même la loi de cet univers : « L'objet qui nous échappe est nécessairement tout différent de celui qui nous poursuit. »

Pour pouvoir, donc, à la lecture d'un texte, construire un univers imaginaire, il faut d'abord que ce texte soit en lui-même référentiel; à ce moment, l'ayant lu, nous laissons « travailler » notre imagination, en filtrant l'information reçue grâce à des questions du genre : dans quelle mesure la description de cet univers est-elle fidèle (mode)? dans quel ordre les événements se sont-ils déroulés (temps)? dans quelle mesure faut-il tenir compte des déformations apportées par le « réflecteur » du récit (vision)? Mais par là, le travail de lecture ne fait que commencer.

SIGNIFICATION ET SYMBOLISATION

Comment connaissons-nous ce qui se produit lors de la lecture? Par introspection; et, si nous cherchons à confirmer une impression, nous avons recours aux récits que d'autres peuvent nous faire de leur lecture. Cependant, deux récits portant sur le même texte ne seront jamais identiques. Comment expliquer cette diversité? Par le fait que ces récits décrivent, non l'univers du livre lui-même, mais cet univers transformé, tel qu'il se trouve dans la psyché de chaque individu. On pourrait schématiser les stades de ce parcours de la manière suivante :

1. Récit de l'auteur   4. Récit du lecteur

2. Univers imaginaire → 3. Univers imaginaire
évoqué par l'auteur   construit par le lecteur

On pourrait se demander si la différence entre les stades 2 et 3, telle qu'elle apparaît dans ce schéma, existe réellement. Existe-t-il des constructions autres qu'individuelles? Il est facile de montrer que la réponse à cette question doit être positive. Il n'y a aucun doute, pour tout lecteur d'*Adolphe*, qu'Ellénore vit d'abord avec le comte de P***; qu'elle le quitte ensuite et vit avec Adolphe; qu'ils se séparent; qu'elle le rejoint à Paris; etc. Il n'y a, en revanche, aucun moyen d'établir avec la même certitude si Adolphe est faible ou simplement sincère.

La raison de cette dualité est que le texte évoque les faits selon deux modes, que j'ai proposé d'appeler : signification et symbolisation. Le voyage d'Ellénore à Paris est *signifié* par les mots du texte. La faiblesse (éventuelle) d'Adolphe est *symbolisée* par d'autres faits de l'univers imaginaire, qui, eux, sont signifiés par des mots. Par exemple, le fait qu'Adolphe ne sait pas défendre Ellénore dans ses discours est signifié; à son tour, ce fait symbolise son incapacité d'aimer. Les faits signifiés sont *compris :* il suffit pour cela qu'on connaisse la langue dans laquelle est écrit ce texte. Les faits symbolisés sont *interprétés;* et les interprétations varient d'un sujet à l'autre.

La relation entre les stades 2 et 3, indiqués plus haut, est donc une relation de symbolisation (alors que celle de 1 à 2, ou de 3 à 4 est de signification). Il ne s'agit d'ailleurs pas d'une relation unique, mais d'un ensemble hétérogène. Premièrement, on abrège : 4 est (presque) toujours plus court que 1, donc aussi 3 est plus pauvre que 2. Deuxièmement, on se trompe. Dans un cas comme dans l'autre, l'étude du passage du stade 2 au stade 3 nous mène à la psychologie projective : les transformations opérées nous renseignent sur le sujet de la lecture : pourquoi retient-il (ou même : ajoute-t-il) tels faits plutôt que tels autres? Mais il existe d'autres transformations qui nous informent sur le processus de lecture lui-même, et ce sont elles qui nous préoccuperont ici au premier chef.

Il m'est difficile de dire si l'état de choses que j'observe dans les exemples les plus divers de fiction est un fait universel ou s'il est conditionné historiquement et culturellement. Il reste que, dans tous les exemples, la symbolisation et l'interprétation (le passage du stade 2 au stade 3) impliquent l'existence d'un *déterminisme* des faits. Peut-être la lecture d'autres textes, par exemple des poèmes lyriques, exige-t-elle un travail de symbolisation qui repose sur d'autres présupposés (l'analogie universelle)? Je l'ignore; toujours est-il que, dans le texte de fiction, la symbolisation repose sur l'admission, implicite ou explicite, d'un principe de causalité. Donc les questions qu'on pose aux événements qui constituent l'image mentale du stade 2 sont de l'ordre de : quelle en est la cause? et : quel en est l'effet? Ce sont leurs réponses qu'on ajoutera à l'image mentale telle qu'on la trouve au stade 3.

Admettons que ce déterminisme est universel; ce qui ne l'est assurément pas, c'est la forme qu'il prendra dans tel ou tel cas. La forme la plus simple, mais peu répandue dans notre culture en tant que *norme* de lecture, consiste en la construction d'un autre fait de même nature. Un lecteur peut se dire : si Jean a tué Pierre (fait présent dans la fiction), c'est que Pierre couchait avec la femme de Jean (fait absent de la fiction). Ce raisonnement, typique de l'enquête judiciaire, n'est pas appliqué sérieusement au roman : on admet tacitement que l'auteur ne triche pas et qu'il nous a transmis (il a signifié) tous les événements pertinents pour la compréhension de l'histoire (le cas d'*Armance* est exceptionnel). De même pour les conséquences : il existe bien des livres qui prolongent d'autres livres, qui écrivent les conséquences de l'univers imaginaire représenté par le premier texte; mais le contenu du deuxième livre n'est pas considéré habituellement comme étant *inhérent* à l'univers du premier. Là encore, les pratiques de la lecture se séparent de celles de la vie quotidienne.

C'est selon une autre causalité que l'on procède habituellement lors d'une lecture-construction; les causes et les conséquences de l'événement sont à chercher dans une matière qui ne lui est pas homogène. Deux cas semblent être les plus fréquents (comme le remarquait aussi Aristote) : l'événement est perçu comme la conséquence (et/ou la cause) soit d'un trait de caractère, soit d'une loi impersonnelle. *Adolphe* contient de nombreux exemples de l'une et l'autre interprétation, intégrés dans le texte même. Voici comment Adolphe décrit son père : « Je ne me souviens pas, pendant mes dix-huit premières années, d'avoir eu jamais un entretien d'une heure avec lui... Je ne savais pas alors ce que c'était que la timidité... » La première phrase signifie un fait (l'absence de conversation prolongée). La seconde nous amène à considérer ce fait comme le symbolisant d'un trait de caractère, qui est la timidité : si le père agit ainsi, c'est qu'il est timide. Le trait de caractère est la cause de l'action. Et voici un exemple du deuxième cas : « Je me dis qu'il ne fallait rien précipiter, qu'Ellénore était trop peu préparée à l'aveu que je méditais, et qu'il valait mieux attendre encore. Presque toujours, pour vivre en repos avec nous-mêmes, nous travestissons en calculs et en systèmes nos impuissances ou nos faiblesses : cela satisfait cette portion de nous qui est, pour ainsi dire, spectatrice de l'autre. » Ici la première phrase décrit l'événement, et la seconde en donne la raison, qui est une loi universelle du comportement humain, non un trait de caractère individuel. Ajoutons que c'est ce deuxième type de causalité qui est dominant dans *Adolphe* : ce roman illustre des *lois* psychologiques, non des psychologies individuelles.

Après avoir construit les événements qui composent une histoire, nous nous livrons donc à un travail de réinterprétation, qui nous permet de construire, d'une part, les caractères, de l'autre, le système d'idées et de valeurs sous-jacent au texte. Cette réinterprétation n'est pas arbitraire; elle est contrôlée par deux séries de contraintes. La première est contenue dans le texte même : il suffit que l'auteur nous apprenne, pendant quelque temps, à interpréter les événements qu'il évoque. C'est le cas des extraits d'*Adolphe* que je viens de citer : après avoir établi quelques interprétations déterministes, Constant peut ne plus nommer la cause d'un événement; nous avons appris la leçon, et continuerons à interpréter comme il nous l'a enseigné. Une telle interprétation, présente dans le texte du livre, a donc une fonction double : d'une part nous apprendre la cause de ce fait particulier (fonction exégétique); de l'autre, nous initier au système d'interprétation qui sera celui de l'auteur tout au long de son texte (fonction méta-exégétique). — La seconde série de contraintes vient du contexte culturel : si nous lisons qu'un tel a découpé sa femme en petits morceaux, nous n'avons pas besoin d'indications dans le texte pour conclure que c'est là un être cruel. Ces contraintes culturelles, qui ne sont rien d'autre que les lieux communs d'une société (son vraisemblable), se modifient avec le temps, ce qui permet d'expliquer la différence d'interprétation donnée à certains textes du passé. Par exemple, l'amour extra-conjugal n'étant plus considéré comme la preuve d'une âme corrompue, nous avons parfois du mal à comprendre les condamnations portées sur tant d'héroïnes romanesques du passé.

Les caractères, les idées : des entités de ce genre sont symbolisées à travers les actions; mais elles peuvent également être signifiées. C'était précisément le cas dans les extraits d'*Adolphe* que j'ai cités : l'action symbolisait la timidité du père; mais ensuite Adolphe nous la signifiait, en disant : mon père était timide; de même pour la maxime générale. Les caractères et les idées peuvent donc être évoqués de deux manières : directement et indirectement. Les informations tirées de l'une et l'autre sources seront confrontées par le lecteur, lors de son travail de construction; elles peuvent concorder ou non. Le dosage relatif de ces deux espèces d'information a grandement varié, cela va de soi, au cours de l'histoire de la littérature : Hemingway n'écrit pas comme Constant.

Le caractère ainsi constitué doit être distingué du personnage : tout personnage n'est pas un caractère. Le personnage est un segment de l'univers spatio-temporel représenté, sans plus; il y a personnages dès qu'une forme linguistique référante (noms propres, certains syntagmes nominaux, pronoms personnels) apparaît dans le texte à propos d'un être anthropomorphe. En tant que tel, le personnage n'a pas de contenu : quelqu'un est identifié sans être décrit. On peut imaginer — et il existe — des textes où le personnage se limiterait à cela : être l'agent d'une série d'actions. Mais dès que surgit le déterminisme psychologique, le personnage se transforme en caractère : il agit ainsi *parce qu*'il est timide, faible, courageux, etc. Sans déterminisme (de cette espèce), il n'y a pas de caractère.

La construction du caractère est un compromis entre la différence et la répétition. D'une part, il faut assurer la continuité : le lecteur doit construire le *même* caractère. Cette continuité est déjà donnée par l'identité du nom, dont c'est la fonction principale. A partir de là, tous les mélanges sont possibles : toutes les actions peuvent illustrer le même trait de caractère, ou le personnage peut avoir un comportement contradictoire, ou il peut changer l'aspect circonstanciel de sa vie, ou il peut subir une modification profonde de caractère... Les exemples viennent trop facilement à l'esprit pour qu'il soit nécessaire de les rappeler; ici encore, les choix sont dictés par l'histoire des styles plutôt que par l'idiosyncrasie des auteurs.

Le caractère, donc, peut être un effet de la lecture; il existe une lecture psychologisante à laquelle on pourrait soumettre tout texte. Mais en réalité ce n'est pas un effet arbitraire; ce n'est pas un hasard si nous trouvons des caractères dans les romans du XVIIIe et du XIXe siècle, et si nous n'en trouvons pas dans les tragédies grecques ni dans le conte populaire. Le texte contient toujours en lui-même une notice sur son mode d'emploi.

LA CONSTRUCTION COMME THÈME

Une des difficultés de l'étude de la lecture vient de ce que son observation est malaisée : l'introspection est incertaine, l'enquête psycho-sociologique, fastidieuse. C'est donc avec quelque soulagement qu'on découvre le travail de construction représenté à l'intérieur des textes fictionnels eux-mêmes — où il est beaucoup plus commode de l'étudier.

Le texte fictionnel prend la construction comme thème simplement parce qu'il est impossible d'évoquer la vie humaine sans mentionner ce processus essentiel. Chaque personnage est obligé, à partir des informations qu'il reçoit, de construire les faits et les personnages qui l'entourent; il est en cela rigoureusement parallèle au lecteur qui construit l'univers imaginaire à partir de ses informations à lui (le texte, le vraisemblable); la lecture devient ainsi (inévitablement) l'un des thèmes du livre.

Cependant cette thématique peut être plus ou moins valorisée, plus ou moins exploitée. Dans *Adolphe*, par exemple, elle l'est de manière très partielle : seule l'indécidabilité éthique des actions est mise en évidence. Si l'on veut se servir des textes fictionnels comme d'un matériau pour l'étude de la construction, il faut choisir ceux où elle devient un des thèmes principaux. *Armance* de Stendhal est un tel exemple.

Toute l'intrigue de ce roman, en effet, est soumise à la recherche de connaissance (récit gnoséologique). Une construction erronée d'Octave sert de point de départ : il croit qu'Armance apprécie trop l'argent, à cause d'un certain comportement (interprétation allant de l'action au trait de caractère); ce malentendu est à peine dissipé qu'il est suivi d'un autre, symétrique et inverse : Armance croit maintenant qu'Octave apprécie trop l'argent. Ce chassé-croisé initial instaure la figure des constructions à venir. Armance construit ensuite correctement son sentiment pour Octave; mais celui-ci met dix chapitres avant de découvrir que ce qu'il éprouve pour Armance ne s'appelle pas *amitié* mais *amour*. Pendant cinq chapitres, Armance croit qu'Octave ne l'aime pas; Octave croit qu'Armance ne l'aime pas pendant les quinze chapitres centraux du livre; le même malentendu se répète vers la fin. La vie des personnages se passe à chercher la vérité, c'est-à-dire à construire les événements et les faits qui les entourent. Le dénouement tragique de la relation amoureuse n'est pas dû, comme on l'a souvent dit, à l'impuissance, mais à l'inconnaissance. Octave se suicide à cause d'une mauvaise construction : il croit qu'Armance ne l'aime plus. Comme le dit Stendhal dans une phrase emblématique : « Il manquait de pénétration et non pas de caractère. »

De ce résumé rapide ressort déjà que plusieurs aspects du processus de construction peuvent varier. On peut être l'agent ou le patient, l'émetteur ou le récepteur d'une information; on peut aussi être les deux. Octave est agent quand il dissimule ou révèle; patient quand il apprend ou se trompe. On peut construire un fait (du « premier degré ») ou la construction par quelqu'un d'autre de ce fait (au deuxième degré). Ainsi Armance renonce à son mariage avec Octave parce qu'elle imagine ce que les autres s'imagineraient dans ce cas. « Je passerais dans le monde pour une dame de compagnie qui a séduit le fils de la maison. J'entends d'ici ce que dirait Mme la duchesse d'Ancre

LES GENRES DU DISCOURS

et même les femmes les plus respectables, par exemple la marquise de Seyssins qui voit dans Octave un époux pour l'une de ses filles. » De même, Octave renonce au suicide en construisant les constructions possibles des autres. « Si je me tue, Armance sera compromise; toute la société recherchera curieusement pendant huit jours les plus petites circonstances de cette soirée; et chacun de ces messieurs qui étaient présents sera autorisé à faire un récit différent. »

Ce qu'on apprend surtout dans *Armance* c'est que la construction peut être réussie ou manquée; et si toutes les réussites se ressemblent (c'est la « vérité »), les défaillances varient, comme le font aussi leurs causes : les défauts de l'information transmise. Le cas le plus simple est celui de l'ignorance totale : jusqu'à un certain moment de l'intrigue, Octave dissimule l'existence même d'un secret le concernant (rôle actif), Armance ignore aussi cette existence même (rôle passif). Ensuite l'existence du secret peut être connue, mais sans aucune information supplémentaire; le récepteur peut alors réagir en imaginant la vérité (Armance suppose qu'Octave a assassiné quelqu'un). Un degré ultérieur est constitué par l'illusion : l'agent ne dissimule pas mais travestit; le patient n'ignore pas mais se trompe. C'est le cas le plus fréquent dans le livre : Armance camoufle son amour pour Octave en prétendant qu'elle épousera quelqu'un d'autre; Octave pense qu'Armance n'a que de l'amitié pour lui. On peut être à la fois l'agent et le patient du travestissement : ainsi Octave se cache à lui-même qu'il aime Armance. Enfin l'agent peut révéler la vérité, et le patient, l'apprendre.

L'ignorance, l'imagination, l'illusion, la vérité : le processus de connaissance passe par trois degrés au moins avant de conduire le personnage à une construction définitive. Les mêmes stades sont évidemment possibles dans le processus de lecture. Habituellement, la construction représentée dans le texte est isomorphe à celle qui prend ce texte même comme point de départ. Ce que les personnages ignorent, le lecteur l'ignore aussi; bien sûr, d'autres combinaisons sont également possibles. Dans le roman policier, c'est le Watson qui construit comme le lecteur; mais le Sherlock Holmes construit mieux : deux rôles également nécessaires.

LES AUTRES LECTURES

Les défaillances de la lecture-construction ne mettent nullement en cause son identité : on ne cesse pas de construire parce que l'information est insuffisante ou erronée. De telles défaillances, au contraire, ne font qu'intensifier le processus de construction. Il est cependant possible que la construction ne se produise plus, et que d'autres types de lecture viennent la relayer.

Les différences d'une lecture à l'autre ne sont pas forcément là où on s'attend à les trouver. Par exemple, il ne semble pas qu'il y ait un grand écart entre la construction à partir d'un texte littéraire et à partir d'un autre texte, référentiel mais non littéraire. Cette proximité était sous-entendue dans la proposition faite au cours du paragraphe précédent, à savoir que la construction des personnages (à partir de matériaux non littéraires) était analogue à celle du lecteur (à partir du texte du roman). On ne construit pas la « fiction » autrement de la « réalité ». L'historien qui, à partir de documents écrits, ou le juge qui, s'appuyant sur des témoignages oraux, reconstituent, l'un et l'autre, les « faits », ne procèdent pas différemment, dans le principe, du lecteur d'*Armance*; ce qui ne veut pas dire qu'il ne subsiste pas de différences de détail.

Une question plus difficile, et qui dépasse le cadre de cette étude, concerne le rapport entre la construction à partir d'informations verbales et celle qui se fait sur la base d'autres perceptions. Après avoir senti l'odeur du gigot, on construit un gigot; de même, à partir d'une audition, d'une vision, etc.; c'est ce que Piaget appelle la « construction du réel ». Les différences risquent d'être plus grandes ici.

Mais il n'est pas nécessaire d'aller aussi loin du roman pour trouver la matière qui nous contraint à un autre type de lecture. Il existe bien des textes littéraires qui ne nous conduisent à aucune construction, des textes non représentatifs. Plusieurs cas seraient même à distinguer ici. Le plus évident est celui d'une certaine poésie, dite habituellement lyrique, qui ne décrit pas d'événements, qui n'évoque rien qui lui soit extérieur. Le roman moderne, à son tour, nous oblige à une lecture différente : le texte est bien référentiel, mais la construction ne se fait pas, car elle est, en quelque sorte, indécidable. Cet effet est obtenu par le dérèglement d'un quelconque des mécanismes nécessaires à la construction, tels qu'on les a décrits aux paragraphes précédents. Pour ne prendre qu'un exemple : on a vu que l'identité du personnage reposait sur l'identité et l'inambiguïté de son appellation. Imaginons maintenant que, dans un texte, le même personnage soit évoqué successivement à l'aide de plusieurs noms, une fois « Jean », une fois « Pierre » ou une fois « l'homme aux cheveux noirs » et une fois « l'homme aux yeux bleus », sans que rien ne nous signale la coréférence des deux expressions; ou imaginons encore que « Jean » désigne non un mais trois ou quatre personnages; à chaque fois le résultat sera le même : la construction ne sera plus possible, car le texte sera représentativement indécidable. On voit la différence avec les défaillances de la construction, évoquées plus haut : on passe du méconnu à l'inconnaissable. Cette pratique littéraire moderne a sa contrepartie en dehors de la littérature : c'est le discours schizophrénique. Tout en préservant son intention représentative, celui-ci rend la construction impossible, par une série de procédés appropriés (répertoriés au chapitre précédent).

Il aura suffi pour l'instant d'avoir marqué la place de ces autres lectures à côté de la lecture comme construction. La reconnaissance de cette dernière variété est d'autant plus nécessaire que le lecteur individuel, loin de soupçonner les nuances théoriques qu'il exemplifie, lit le même texte de plusieurs manières à la fois, ou successivement. Son activité lui est si naturelle qu'elle reste imperceptible. Il faut donc apprendre à construire la lecture — que ce soit comme construction ou comme déconstruction.

Autour de la poésie

I. THÉORIES DE LA POÉSIE

Le discours de la poésie se caractérise en premier lieu, et de façon évidente, par sa nature versifiée. Mais le vers ne suffit pas à la définition de la poésie. Je pourrais, en conséquence, formuler ainsi la question que je voudrais débattre dans les pages qui suivent : étant donné que la poésie est un discours versifié, peut-on lui découvrir d'autres caractéristiques linguistiques, à d'autres niveaux? Plutôt que de proposer une réponse de mon propre cru, j'essaierai de situer ici les unes par rapport aux autres les réponses couramment données à cette question de nos jours.

Pour me faciliter ce travail de mise en place, je partirai, comme d'habitude, d'une image du texte qui en distingue les aspects verbal, sémantique, syntaxique et pragmatique. Les règles de versification sont un exemple typique du « verbal »; je laisse donc d'emblée de côté toutes les réponses qui se limitent à cet aspect-là, et je me tourne vers les autres.

Curieusement, aujourd'hui rares sont les études qui donnent une définition pragmatique de la poésie — ou pour parler un langage plus simple, qui la définissent par l'état d'esprit de l'auteur, qui a précédé son apparition, ou par celui du lecteur, qui l'a suivie. Le fait est curieux, car il témoigne d'une répugnance qui était totalement absente jadis, et continue de l'être, chez ceux qui s'enivrent de poésie plutôt que d'en faire un objet de dissertation. On connaît bien du reste les raisons de ce renoncement : sous sa forme commune et naïve, une telle réponse ne définit pas vraiment la poésie. Ce n'est pas parce qu'on a souffert un jour qu'on écrit automatiquement de la poésie; et d'ailleurs, c'est à partir du poème qu'on a conclu à l'état de son auteur; celui-ci est un effet du texte, non sa cause; la véritable question serait : quelles propriétés du texte nous amènent à cette

99

conclusion? De même pour les sentiments du lecteur : dire que le discours poétique est celui qui provoque l'émotion ne fait que retarder l'interrogation essentielle qui est : comment? Mais on pourrait imaginer des variantes rajeunies de la réponse pragmatique : par exemple, que la versification joue le rôle d'un signal introduisant à un contrat particulier entre émetteur et récepteur, un contrat qui précise que la lecture poétique doit suivre d'autres règles que celles appliquées pour d'autres actes de parole, etc. C'est la voie qu'a commencé d'explorer Jonathan Culler dans *Structuralist Poetics;* il reste sans doute encore beaucoup à faire.

La plupart des études actuelles se consacrent aux aspects sémantique et syntaxique. Prenons d'abord le premier. En opérant quelques regroupements et simplifications, on pourrait distinguer trois principales réponses concernant le sémantisme poétique, auxquelles je donnerai les noms d'ornementale, affective et symboliste.

La théorie *ornementale* de la poésie est celle du grand courant de la rhétorique classique, et je ne lui connais pas de défenseurs actuels; elle ne nous intéresserait d'ailleurs que de façon marginale, car elle consiste à refuser à la poésie toute spécificité sémantique. Deux expressions ont le même sens, mais l'une le formule de façon plus belle, plus ornée; c'est celle qui convient à la poésie. Les ornements poétiques servent le « plaire », ils ne contribuent guère à l'« instruire ». C'est donc en fait une théorie pragmatique, qui refuse explicitement la différence sémantique.

Selon la théorie *affective*, il y a une différence entre ce que désignent les mots en poésie et en dehors d'elle : ici ils ont un contenu intellectuel, notionnel, conceptuel, là émotif, affectif, ou « pathétique ». On trouve diverses versions de cette théorie chez Condillac (et avant déjà, à Port-Royal), chez I. A. Richards, chez les positivistes logiques, ou encore chez Jean Cohen. Comme l'avait déjà remarqué Philip Wheelwright, « le positivisme conduit naturellement à l'accent mis sur les effets émotifs du poème plutôt qu'à un examen de ce qu'il signifie, dans ses propres termes » : cette théorie va de pair avec un cadre philosophique rationaliste et positiviste. On prend en quelque sorte trop au sérieux la signification (conceptuelle) pour admettre que le poème en possède une; mais en même temps on ne veut pas dévaloriser ce dernier, on lui accordera donc un domaine spécifique, une partie de l'expérience qui n'est pas la même que celle du langage commun, où il retrouve la pertinence qui lui manquait ailleurs. La différence entre poésie et non-poésie est, en somme, dans le contenu même de ce qui est dit : là les sentiments, ici les idées.

Dans leur immense majorité, cependant, nos contemporains n'adhèrent ni à la théorie ornementale, ni à la théorie affective, mais à une troisième, dont l'origine est clairement romantique; une majorité si prédominante, qu'on a du mal à s'apercevoir qu'il ne s'agit, après tout, que d'une théorie parmi d'autres (et non de la vérité enfin révélée). Dans ce cas, la différence sémantique entre poésie et non-poésie n'est plus cherchée dans le contenu de la signification mais dans la manière de signifier : sans signifier autre chose, le poème signifie autrement. Une façon différente de dire la même chose serait : les mots sont (seulement) des signes dans le langage quotidien, alors qu'ils deviennent, en poésie, des symboles; d'où le nom de *symboliste* dont je me sers pour désigner ces théories.

Je rappellerai en quelques mots en quoi consiste la théorie romantique du symbole, notion dans laquelle culmine toute l'esthétique du romantisme (j'entends par « romantique » la doctrine du cercle d'Iéna, dont faisaient partie, avant tout, les frères Schlegel, Novalis et Schelling; mais on trouve les ingrédients de cette théorie jusque chez Kant, Gœthe ou Solger). On pourrait la résumer en cinq points (ou cinq oppositions entre symbole et « allégorie ») : 1) Le symbole montre le devenir du sens, non son être, la production, et non le produit achevé. 2) Le symbole est intransitif, il ne sert pas seulement à transmettre la signification mais doit être perçu en lui-même. 3) Le symbole est intrinsèquement cohérent, ce qui veut dire, pour un symbole isolé, qu'il est motivé (et non arbitraire). 4) Le symbole réalise la fusion des contraires, et plus particulièrement celle de l'abstrait et du concret, de l'idéel et du matériel, du général et du particulier. 5) Le symbole exprime l'indicible, c'est-à-dire ce que les signes non symboliques ne parviennent pas à transmettre; il est par conséquent intraduisible et son sens est pluriel — inépuisable.

Un exemple de l'influence romantique sur la réflexion contemporaine nous est fourni par la critique américaine, depuis une quarantaine d'années. Prenons le brillant essai de R. P. Blackmur : « Le langage comme geste » (repris dans son livre *Language as Gesture*). Le discours de la poésie se distingue parce que les mots y sont devenus des gestes, or « c'est par le pouvoir du geste découvert ou invoqué que le simple nom se transforme en symbole riche et complexe »; « les gestes sont les premiers pas vers la production des symboles ». Mais qu'est-ce qu'un geste verbal? « C'est ce qui arrive à une forme lorsqu'elle s'identifie à son sujet » : le geste égale la motivation. Et un symbole est « ce que nous utilisons pour exprimer de façon permanente un sens qui ne peut être exprimé de manière complète par des mots directs, ou des combinaisons de mots ». Les mots deviennent gestes lorsqu'ils produisent un sens nouveau lors de chaque apparition nouvelle. Pour obtenir ces effets sémantiques, on a recours à ce que la rhétorique appelait les figures : répétitions, oppositions, ou autres dispositions conventionnelles.

Dans un autre langage, Geoffrey Hartman participe, me semble-t-il, du même cadre conceptuel : il n'est jamais question d'autre chose que de signification, dans le poème; mais les mots ici signifient soit plus soit moins que dans le langage commun, ils ont une précision à la fois augmentée et réduite, ils sont en même temps plus redondants et plus ambigus; la figure exemplaire de la poésie consiste en une surprécision des extrêmes, une indétermination du milieu. D'autres ont abondamment exploré, de nos jours, les rapports de motivation entre signifiant et signifié.

La séduction des exemples analysés par Blackmur ou Hartman, la beauté de leurs analyses mêmes ne remplacent pas toujours l'argumentation logique (et non plus poétique) : est-ce le seul trait pertinent? L'est-il pour toute poésie? Je voudrais à ce propos rappeler un autre exposé sur la question, celui de Philip Wheelwright, qui, dans le chapitre « Les traits du langage expressif » de son livre *The Burning Fountain*, énumère jusqu'à *sept* vertus cardinales de ce qui, chez lui, déborde explicitement la poésie, pour inclure toute littérature, la mythologie, la religion, mais qui ne se manifeste pas moins dans la poésie de façon exemplaire; cette énumération, si elle avait été mieux connue, nous aurait peut-être épargné bien des discussions sur la différence entre le langage poétique — et l'autre (la première version de ce texte date de 1942). Ce sont : 1) La motivation, qui implique aussi l'intraductibilité poétique et la fusion entre signifiant et signifié. 2) L'inconstance du sens des mots, dans les différents contextes où on les emploie. 3) La pluralité de sens au sein même d'un seul contexte. 4) L'expression de l'ineffable, du vague, du brouillé. 5) La formation de configurations sémantiques nouvelles. 6) Le refus de la loi du tiers exclu. 7) Le refus de la loi de la non-contradiction.

Quelle que soit la justesse de ces oppositions, elles ne concernent pas seulement — ou même pas tellement — le discours versifié; on ne voit pas d'ailleurs en quoi le vers serait nécessaire pour que se produisent ces transformations dans la manière de signifier. A cet égard on saura gré à Youri Tynianov, auteur du *Problème de la langue du vers*. Comme les autres formalistes, Tynianov participe du courant d'idées romantique, et part de l'idée d'intransitivité. Mais il a, en dehors de cela, un double mérite : le premier de tous les auteurs qu'on vient de passer en revue, il essaie de déduire les caractéristiques sémantiques du discours poétique de ses caractéristiques « verbales » — c'est-à-dire de la versification. De plus, sans perdre pour autant sa sensibilité littéraire ou sa connaissance de l'histoire, il se propose de donner de ce phénomène langagier une description concrète et linguistique (et non poétique ou philosophique). On pourrait résumer ainsi son raisonnement : la clôture du vers donne le sentiment d'une nécessité de la construction verbale (c'est un thème valéryen) et a un effet de *resserrement*, à la suite duquel les mots renforcent leur signification contextuelle, syntaxique ou, comme dit Tynianov, *flottante*, au détriment du noyau lexical. En poésie, les mots entretiennent « un lien plus fort et plus étroit que dans le discours quotidien; entre les mots surgit une *corrélation positionnelle* ». Les mots, en poésie, s'allument de feux réciproques...

Mais il est temps de passer au dernier groupe de théories sur le discours de la poésie, que j'ai appelées « syntaxiques » et qui, toutes, situent la spécificité poétique dans la relation entre les parties du texte, et non plus entre ses niveaux (forme et contenu, signifiant et signifié, etc.). Sur le plan des idées générales, nous restons sur un terrain familier : c'est un autre formaliste, ami de Tynianov, Roman Jakobson, qui a influencé, semble-t-il, tous les auteurs travaillant dans cette perspective; Jakobson, à bien des égards, n'a fait que traduire dans une terminologie linguistique les idées d'August Wilhelm Schlegel et de Novalis. La raison de ce succès réside sans doute en partie dans la simplicité et l'élégance de l'hypothèse jakobsonienne. Comme Tynianov, il part du fait de la versification, mais en retient un autre aspect : non la clôture mais le principe de ressemblance, qui gouverne l'enchaînement des séquences phoniques (autrement dit la répétition). L'hypothèse consistera alors en une simple affirmation de cohérence et d'unité entre les différents plans du texte : les ressemblances métriques sont secondées par des ressemblances phoniques (paronomases, allitérations, paragrammes), grammaticales (le parallélisme) et sémantiques (la métaphore).

Dans un fragment que rappelle Tynianov dans son livre, Novalis affirmait déjà que la poésie se caractérise par la nature des associations (autres que causales) qui lient ses unités; et dans un autre fragment, il remplaçait la motivation « verticale » par une motivation « horizontale » : « La poésie élève chaque élément isolé par une connexion particulière avec le reste de l'ensemble. » A. W. Schlegel avait même établi, dans une page de la *Kunstlehre*, la transition qui, comme chez Jakobson, fait de la répétition dans la continuité le meilleur moyen

103

de rendre le langage intransitif et autonome (ce qu'il est censé être en poésie).

Je n'ai pas d'autre théorie syntaxique à proposer, je tiens seulement à marquer que l'hypothèse romantique, une fois de plus, n'est qu'une hypothèse parmi bien d'autres possibles. Il est assez frappant de constater à quel point la doctrine romantique domine la production actuelle des « poéticiens » (même si le point de départ romantique est oublié). Un autre signe de cette prédominance (à moins que ce ne soit le même) est le rôle joué par les poètes romantiques (au sens large) dans l'élaboration de notre image de la poésie : penser à la place occupée (en France) par le seul Baudelaire dans les analyses contemporaines de la poésie ! Or il ne s'agit, après tout, que d'une doctrine historiquement déterminée et limitée (comme le rappelait récemment Gérard Genette dans *Mimologiques*), et non (nécessairement) d'une évidence éternelle ou objective. Le « postulat de *la corrélation du plan de l'expression et du plan du contenu* qui définit la spécificité de la sémiotique poétique » (A. J. Greimas) se distingue d'autres postulats possibles par son origine romantique, non par sa supériorité scientifique. Revenons à l'hypothèse selon laquelle la seule ressemblance gouverne la poésie; cette hypothèse repose déjà sur une première idée, à savoir que les différents plans du poème se ressemblent dans leur organisation — il s'agit bien de ressemblance au carré, de l'analogie fondée sur de l'analogie — et c'est précisément son postulat implicite de cohérence, parti pris philosophique, qu'on devrait peut-être commencer par interroger. Et si le texte poétique n'était pas cohérent, harmonieux, unifié et répétitif? Et si la relation entre les parties était tout autre? non seulement une ressemblance imparfaite, pimentée de différences ou même de contrastes, mais tout simplement autre?

Restons-en, pour l'instant, à la question posée.

II. UN ROMAN POÉTIQUE

A trois reprises dans son roman *Heinrich von Ofterdingen*, Novalis oppose deux espèces d'hommes [1]. La première fois, c'est Heinrich qui le fait, au cours d'une conversation avec les marchands qui l'accompagnent dans son voyage; l'opposition concerne, plus exactement,

---

1. Je cite la traduction d'A. Guerne (Novalis, *Œuvres complètes*, Paris, 1975, t. I), en la modifiant parfois.

« deux voies pour atteindre à la connaissance de l'histoire humaine ». « L'une, difficile et sans fin, avec d'innombrables détours, qui est la voie de l'expérience; l'autre, un saut d'un seul coup, ou presque, qui est la voie de la contemplation intérieure. Celui qui chemine par la première voie en est réduit à déduire une chose des autres, dans une comptabilité qui n'en finit pas; mais pour l'autre, au contraire, il voit immédiatement et connaît aussitôt, par intuition, la nature de toutes les choses et de chaque circonstance, qu'il peut dès lors examiner dans la vivante diversité de leurs enchaînements, comparant l'une avec toutes les autres aussi facilement qu'on peut le faire des figures d'un tableau. »

La seconde fois, c'est l'auteur lui-même qui prend la parole; nous sommes au début du chapitre six. Voici le portrait de la première espèce d'hommes : « Les hommes d'action, ceux qui sont nés pour les affaires du monde, ne sauraient commencer trop tôt à étudier tout par eux-mêmes et à s'y mettre. (...) Il ne leur est pas loisible de se livrer aux réflexions silencieuses, de céder aux invitations de la pensée méditative. Leur esprit ne peut aucunement se replier sur soi et leur âme ne saurait être contemplative; il leur faut, au contraire, s'ouvrir incessamment au monde extérieur et mettre tout leur zèle, leur promptitude et leur efficace au service de l'intelligence. Héros, ils sont, ceux-là, autour de qui affluent et se pressent les événements qui n'attendent plus que d'être dirigés et accomplis. Ils ont, ces hommes-là, le pouvoir de transformer en faits historiques tous les caprices du hasard, et leur vie est une chaîne ininterrompue d'événements à la fois singuliers et complexes, frappants, resplendissants et mémorables. »

Et voici maintenant la description des seconds. « Il n'en va pas du tout de même avec ces êtres recueillis, tranquilles, inconnus pour qui le monde est intérieur, l'action contemplative, et la vie un secret et discret accroissement des forces du dedans. Nulle impatience ne les pousse vers l'extérieur. Posséder en silence leur suffit, et si la scène immense du monde extérieur ne leur inspire aucun désir de s'y produire eux-mêmes, c'est qu'ils en trouvent le spectacle suffisamment merveilleux et instructif pour passer leur loisir à le contempler. (...) Des événements trop importants ou trop divers ne feraient que troubler ces hommes. Une existence toute simple est leur lot, et il leur suffit bien des récits et des livres pour avoir connaissance de tout ce qui apparaît dans le monde et savoir tout ce qu'il contient. (...) C'est à chaque pas qu'ils font, en eux-mêmes, les découvertes les plus surprenantes sur l'essence et la signification de ce monde. Ceux-là sont les poètes... »

Enfin, la troisième fois, c'est Klingsohr qui évoque rapidement le même contraste et il se contente de marquer la parfaite symétrie entre les deux espèces d'hommes : les héros purs, dit-il, « sont la plus noble figure à l'opposé du poète, la contre-image et le pendant ». Lors d'une autre comparaison, Novalis remarque que si la poésie peut réveiller l'héroïsme, l'inverse n'est jamais vrai.

On pourrait schématiser ainsi cette opposition, pour la garder présente à la mémoire :

HÉROS	POÈTES
expérience	contemplation
action	réflexion
affaires du monde	essence et signification du monde
événements frappants et mémorables	existence toute simple
investissement de la personne même	intérêt pour le spectacle du monde
corps	âme
apprentissage étalé dans le temps	connaissance immédiate
passage d'une chose à l'autre par déduction	saisie intuitive de chaque chose prise isolément, puis leur comparaison
chaîne ininterrompue d'événements	accroissement des forces intérieures
maintien de la diversité et de la singularité	identité secrète des choses, du microcosme et du macrocosme

Or, son roman même, Novalis le pense comme appartenant à une série, qui se définit également par opposition à une autre. On le devine à travers quelques brèves remarques figurant dans les brouillons et plans de *Heinrich von Ofterdingen*. « Pas de transition proprement historique pour passer à la deuxième partie », écrit-il, et encore : « Agencement et cohérence poétique de *Heinrich*. » Une cohérence et une continuité poétiques, non historiques. Son ami Tieck est plus explicite dans la *Notice* où il rapporte la suite du roman, telle que la lui décrivait Novalis : « Il lui importait peu, en effet, de décrire tel ou tel épisode, de prendre la poésie [identifiée comme sujet général du livre] sous un aspect et de l'illustrer par des histoires et des personnages : il entendait, au contraire, ainsi qu'il l'indique d'ailleurs très nettement dans le dernier [en fait, l'avant-dernier] chapitre de la première par :ie, exprimer l'essence même de la poésie et mettre en lumière son propos le plus profond. (...) La nature, l'histoire, la guerre ou la vie ordinaire avec toutes ses banalités se transforment et se tournent en poésie... » Un genre historique, ou narratif, évoqué en creux par Tieck comme par Novalis, s'oppose à un autre genre, poétique.

Il est évidemment tentant d'assimiler les deux oppositions. Novalis lui-même fait plus que nous y inviter. Non seulement parce qu'il appelle « poètes » les hommes et « poétiques » les textes; mais aussi parce que la deuxième (et la plus longue) évocation des deux espèces d'hommes débouche sur la constatation : « Foncièrement et par nature, Heinrich était né pour être poète. » *Heinrich von Ofterdingen*, histoire de la vie d'un poète, et non d'un héros, incarne à la fois le genre et l'homme poétiques.

Le lecteur d'aujourd'hui ne peut manquer d'être frappé par une discordance entre ce qu'il voit sur la page de titre : *Heinrich von Ofterdingen, un roman,* et le caractère assez peu romanesque des pages qu'il lira ensuite. Je verrais l'explication de cette impression dans l'opposition que faisait Novalis entre les deux espèces de textes : le roman poétique d'une part, dont *Ofterdingen* serait un exemple, et un roman qu'on pourrait appeler, pour l'opposer au premier, narratif. Et je serais tenté d'attribuer à ces deux genres non seulement les traits évoqués laconiquement à propos des textes, mais aussi ceux, bien plus abondants, qui caractérisent les deux espèces d'hommes. Je verrais même, dans les traits génériques d'*Ofterdingen*, une certaine façon de qualifier le discours de la poésie, tel qu'il s'est pratiqué à l'époque romantique et depuis. Mais comment passer des personnes aux classes de textes?

Plutôt que de suivre les intuitions de Novalis, je chercherai, tout en les gardant présentes à l'esprit, à expliciter les miennes propres. Je lis le livre; j'en tire l'impression d'un « roman-pas-tout-à-fait-comme-les-autres »; et le qualificatif de « poétique » me vient aussitôt à l'esprit. Je recherche alors les points qui, dans le texte, m'ont conduit à cette impression.

Me prenant donc comme exemple de ce lecteur contemporain, j'essaie de noter tous les détails qui, dès le premier chapitre du « roman », me paraissent peu « romanesques ». La première action rapportée (par la deuxième phrase du texte) est que le héros, l'adolescent, « pense » : action bien peu active. D'ailleurs il ne pense pas à une autre action matérielle, mais aux dires d'un Étranger, concernant, et c'est tout ce que nous en saurons, la passion éprouvée pour une Fleur Bleue. Donc, au lieu d'une action du type : « L'adolescent fait telle chose », nous avons « L'adolescent pense que l'Étranger a dit que la Fleur Bleue a suscité une passion » : l'action proprement dite ne vient qu'au troisième degré. Il en va de même de la seconde action, qui est de nouveau un souvenir, relatif à des récits entendus naguère.

L'action suivante est : l'adolescent rêve, et elle introduit au récit de ce rêve. Souvenir et rêve ont ceci en commun qu'ils déplacent le récit sur un autre niveau, qu'ils ouvrent une nouvelle ligne narrative et par là même suspendent le récit initial. Dans ce rêve, deux éléments m'arrêtent. Heinrich rêve qu'il rêve d'« indicibles événements » : un décrochage qui commence à nous devenir familier, et qui interrompt l'un des récits, sans pouvoir dire l'autre. Le second élément se trouve à la fin du rêve, et il n'est vraiment remarquable que si l'on oublie qu'on est dans un rêve : c'est la transformation de la fleur bleue en un « doux visage ». Si nous n'admettons pas le surnaturel, on doit chercher quelque sens allégorique à ces mots : l'identité entre la fleur et la femme n'est-elle peut-être que métaphorique?

Le rêve terminé, on en arrive à une nouvelle action mais dont le caractère n'est guère plus actif : l'adolescent (Heinrich) et son père s'engagent dans un débat abstrait sur la nature des rêves. Ni son existence en tant qu'acte, ni le contenu de cette conversation n'influent en rien sur le déroulement du récit. Le rêve y est considéré comme un moyen de communication : on communique donc sur la communication. Et on évoque les rêves d'autres personnes, sans d'ailleurs préciser leur contenu : Heinrich raconte que le chapelain a raconté un rêve.

A son tour, le père raconte des souvenirs, qui se rapportent à une rencontre avec un vieil homme au cours de laquelle s'est engagée une conversation dont le sujet était la poésie. Donc le père raconte que le vieillard lui a raconté que les poètes racontent... Ensuite il évoque un rêve, vieux de vingt ans; cette fois-ci je suis frappé à la première lecture, comme Heinrich, par la ressemblance de ce rêve avec le sien : ici comme là, le rêveur pénètre dans une caverne au sein de la montagne, il est ébloui par la lumière, il sort dans la plaine et il découvre une fleur extraordinaire. Ce parallélisme affaiblit encore pour moi la réalité, serait-elle fictive, des actions évoquées, réalité déjà brouillée par le fait qu'il s'agit de rêves. A la seconde lecture, je découvre de nouveaux parallèles, entre une autre partie de ce rêve et le développement global de l'histoire; de même pour une partie du rêve précédent de Heinrich (la mort de la bien-aimée). Le chapitre se termine à la fin de ce dernier récit de rêve.

Pour résumer mon impression : le récit premier se limite à fort peu

108

de chose, interrompu qu'il est sans cesse par des récits seconds; on pourrait le transcrire, sans trop abréger, en : Heinrich se souvient, rêve, se réveille, parle du rêve en général, écoute son père en parler. Cette brièveté n'est pas compensée dans les récits de deuxième degré (qui d'ailleurs ne manquent pas d'être interrompus à leur tour par des récits de troisième degré) : les actions qui les constituent, tout comme celles du récit premier, sont d'abord internes et puis elles n'entraînent aucune conséquence pour la suite de l'histoire. Le parallélisme et la tendance à l'allégorie achèvent de créer cette impression toute différente de celle que laisse habituellement un « roman ».

Il serait fastidieux de poursuivre cette lecture page par page. Je pense que ce sont les mêmes procédés qui entretiennent le climat « poétique » tout au long de ce roman. J'essaierai donc de les examiner un par un, en tenant compte de leurs autres apparitions. Quatre types de faits attirent mon attention : la nature des actions; les enchâssements des récits, ou récits de second degré; les parallélismes; l'allégorisme.

1. Nature des actions. Les actions perceptibles de la première partie de *Heinrich von Ofterdingen* qui ne sont pas assumées par un narrateur second peuvent être énumérées ainsi : Heinrich part en voyage et arrive à destination sans avoir rencontré aucun obstacle; sur place, il tombe amoureux de Mathilde, qui l'aime en retour. C'est tout, et on s'accordera pour dire que ce n'est pas beaucoup pour les 124 pages de texte. Ces actions sont peu nombreuses et, de plus, elles n'ont rien d'extraordinaire, ce ne sont pas là des « événements frappants et mémorables », pour parler comme Novalis; la qualité ne compense pas la quantité.

Mais j'ai fait, pour arriver à ce compte, plusieurs restrictions : j'ai retenu seulement les actions perceptibles, racontées de surcroît directement par l'auteur. En effet, dans certains récits enchâssés, on trouve davantage d'actions perceptibles : ainsi dans les contes rapportés par les marchands, ou dans les paroles de Soulima, du mineur et de l'ermite; laissons pour l'instant de côté l'effet exercé par leur enchâssement. Dans le récit assumé par l'auteur, il y a bien d'autres actions; mais on serait tenté de les qualifier plutôt, comme le suggérait Novalis, de « réflexions ». Ce sont, à leur manière, des actions au deuxième degré : non parce qu'elles sont rapportées par un second narrateur, mais parce qu'elles ne peuvent avoir lieu qu'en réaction à une autre action, nécessairement antérieure. Ainsi « se souvenir », ou « réfléchir à », ou « penser »; or, c'est nommer la principale activité de Heinrich. L'intérêt qu'il porte au « spectacle

du monde » domine de loin sa propre participation au cours des
événements.

Une autre activité très prisée par les personnages du livre est :
parler (« les récits et les livres » occupent une grande partie de leur
temps); or c'est bien là une action perceptible. Encore faut-il préciser
la nature des paroles énoncées ici et leur place au sein de la variété des
conversations. Parler est, il est vrai, une action de premier degré,
au sens où on vient d'employer ce terme; mais alors on tient compte
de l'acte même de parler, et non de ce qu'on communique : pour que
Chahrazade survive il faut qu'elle parle (bien), peu importe ce qu'elle
dira. Or cet aspect de la parole n'est pas valorisé dans le roman de
Novalis : aucune attention particulière n'est portée au fait même que
les personnages parlent.

Cependant, une parole purement transitive n'est pas encore
contraire à l'esprit romanesque; il suffit de penser à ce procédé familier au roman picaresque où les personnages enchaînent (ou enchâs-
sent) histoire sur histoire : si la parole elle-même n'est pas une action,
au sens fort, son contenu peut être un récit d'actions. Mais, mises à
part les quelques exceptions signalées, ce n'est pas le cas des paroles
qu'échangent les personnages de *Heinrich von Ofterdingen*. Leurs propos se répartissent en fait en deux catégories principales. D'une part,
ce sont des poèmes, dits ou chantés. Au chapitre trois, le futur poète
est d'abord saisi par « une irrésistible envie d'écrire quelques mots sur
le papier »; plus tard, devant son beau-père, il entonne un chant de
88 vers. Au quatrième chapitre, on entend d'abord le Chant des
Croisés, ensuite le « chant subtil et envoûtant d'une voix de femme ».
Au chapitre suivant, le mineur chante deux fois, l'ermite une. Au
chapitre six, c'est d'abord Schwaning qui chante, puis Klingsohr.
Dans ses projets pour la deuxième partie, Novalis notait : « Un
poème d'introduction et de conclusion et des titres à chaque chapitre.
Entre chaque chapitre la poésie parle. »

On rencontre souvent un second type de conversation, celle où le
sujet est général; c'est même le cas de la plupart des dialogues dans
Ofterdingen. On a déjà vu que le père et le fils s'entretenaient du rêve
en général; Heinrich et les marchands, des voies par lesquelles on
accède à la connaissance de l'histoire. Une autre conversation des
mêmes protagonistes compare peinture, musique et poésie, de même
qu'un entretien entre Heinrich et Klingsohr. Au chapitre quatre, on
parle de la religion; au chapitre cinq, des richesses enfouies au cœur
de la terre, et des avantages et inconvénients de la solitude. Même
entre Heinrich et Mathilde, la conversation porte plutôt sur l'amour

en général que sur le sentiment qui les unit : plus que les « affaires » de l'amour, c'est son « essence » qui les intéresse.

Ces actions intérieures (la réflexion) ou abstraites (les débats) neutralisent même les rares moments d'action au sens fort. Ainsi de la rencontre d'Heinrich et de Mathilde; ou encore de celle du mineur et de ses compagnons avec l'ermite. Pour une fois, pouvait-on croire, on se trouve dans une situation digne d'un roman noir *(gothic)* : visite nocturne de grottes, découverte d'ossements d'origine inconnue, chant souterrain. On découvre une seconde caverne, dans laquelle un homme est assis. Que se passe-t-il alors? Le mineur et l'ermite s'engagent dans un débat des plus abstraits, sur l'intérêt de la vie en société. — D'une autre façon, les réflexions abondantes qui accompagnent la moindre action (par exemple, le départ de Heinrich) jouent le même rôle neutralisant.

Peu « romanesques » en elles-mêmes, les actions dans *Ofterdingen* produisent un effet semblable par la façon dont elles s'enchaînent entre elles. Les systèmes de causes les plus puissants qu'on voit à l'œuvre dans un roman sont de deux sortes : ou bien un événement en provoque un autre (c'est le cas du récit d'aventures classique); ou bien la nouvelle action contribue à la découverte d'une vérité cachée. Aucune de ces deux formes de causalité n'est représentée dans notre livre; on n'y voit aucun secret, et la causalité événementielle se limite à des séquences du type : départ-voyage-arrivée. Une autre forme de causalité est celle du roman psychologique : toutes les actions contribuent à la composition d'un caractère (un peu à l'opposé des *Caractères* de La Bruyère, où un caractère produit une série d'actions, qui l'illustrent). Mais on ne peut pas dire que Heinrich soit un caractère, et l'art de la motivation psychologique est tout à fait étranger à Novalis. Enfin, on ne trouve pas non plus dans son roman cette causalité que j'avais appelée « idéologique » et qui consiste en ce que toutes les actions sont engendrées par une loi abstraite, par exemple une conception de la nature morale de l'homme, comme cela se produit à peu près à la même époque dans *Adolphe* de Constant.

Pourtant, les différents événements rapportés dans *Ofterdingen* ne sont pas dépourvus de rapports entre eux. Un peu comme dans le roman psychologique, ils contribuent tous à la formation de Heinrich : non de son caractère, mais de son esprit. Chaque rencontre successive lui fait découvrir une partie de l'humanité ou du monde et enrichit son être intérieur. D'ailleurs, on ne saurait mieux faire que de rappeler les paroles de Novalis : la vie de Heinrich est un « secret et discret accroissement des forces du dedans ». « Tout ce qu'il voyait, tout ce qu'il entendait n'était que pour, semblait-il, lui ôter un nouveau verrou au-dedans de lui-même, lui ouvrir une fenêtre nouvelle. » Un *Fragment* le dit encore plus fortement : « Dans *Heinrich*, il y a finalement une description exhaustive de la transfiguration intérieure du fond de l'âme *(innern Verklärung des Gemüts)*. » La transformation constitutive du récit est bien présente; mais ce qui se transforme est le seul *Gemüt;* et cette transformation se traduit entièrement en événements intérieurs, dont Novalis fait, plutôt que le récit, la description exhaustive.

2. *Enchâssements.* Les enchâssements n'ont de toute évidence pas la même fonction chez Novalis que dans *Don Quichotte*, par exemple; on peut même dire, si l'on tient compte de leur ensemble, qu'ils ne sont qu'exceptionnellement narratifs. La plupart du temps, on l'a vu, ce sont des chants ou des réflexions abstraites qui se trouvent enchâssés. Souvent aussi, Novalis dit qu'il y a eu récit, mais n'en précise pas le contenu : ainsi, au premier chapitre, pour les paroles de l'Étranger, ou le rêve du chapelain. Ailleurs, il se limite à des phrases du genre : « J'ai un jour entendu ce qu'on raconte des temps anciens »; « s'il avait une idée du monde, c'était uniquement par les récits qu'il avait pu entendre »; « la mère de Heinrich entreprit de l'entretenir de la vie joviale qu'on menait en Souabe, lui racontant mille choses de ce pays »; « la conversation roulait sur la guerre, évoquant le souvenir des aventures de jadis », etc. Novalis est plus attentif à la représentation de l'énonciation qu'à la reproduction de l'énoncé. Prenons encore l'exemple de la première histoire de poète rapportée par les marchands. Ceux-ci racontent qu'au cours de leurs voyages passés, quelqu'un leur a raconté l'histoire d'un poète, auteur de magnifiques histoires; mais justement celles-ci, aboutissement de ce triple enchâssement, ne sont pas rapportées.

Quant aux quelques enchâssements proprement narratifs (le second récit des marchands, les relations de Soulima, du mineur, de l'ermite, le conte de Klingsohr), même en laissant de côté tout ce qui, à l'intérieur même de ceux-ci, les distingue des récits traditionnels, on ne peut s'empêcher de constater que leur décalage par rapport au récit premier rend les événements rapportés moins prenants, introduit une distance supplémentaire entre eux et le lecteur.

3. *Parallélisme.* La tendance à la ressemblance ou à l'identification régit les rapports de nombreux éléments du roman; dans sa *Notice*, Tieck résumait ainsi ce trait : « Toutes les différences sont ici relevées, par lesquelles les époques semblent se séparer l'une de l'autre et les mondes s'opposer avec hostilité. » Le principal parallélisme est celui

des deux parties; puisque la seconde partie n'a jamais été écrite, il faut encore laisser la parole à Tieck : « Cette seconde partie s'intitule *l'Accomplissement*, tout comme la première avait reçu pour titre *l'Attente*, parce qu'on devait y voir se dénouer et s'accomplir tout ce qui, dans l'autre, se laissait deviner et pressentir. » Heinrich aurait ainsi « revécu, mais sur le plan nouveau et bien plus ample que dans la première partie, son expérience de la nature, de la vie et de la mort, de la guerre, de l'Orient, de l'histoire et de la poésie ».

Ce parallélisme général est multiplié d'innombrables façons. On a vu la ressemblance des rêves du père et du fils; Tieck révèle aussi que, au début de la deuxième partie, « le jardinier avec lequel Heinrich converse est le même vieil homme qui avait déjà accueilli autrefois le père de Heinrich ». Rencontrant Mathilde, Heinrich se dit : « Est-ce que ce n'est pas tout à fait comme dans mon rêve, quand j'ai eu la vision de la Fleur Bleue? » L'identification des personnages les uns aux autres est d'ailleurs très poussée chez Novalis, qui note dans un plan destiné à la deuxième partie : « Klingsohr est le monarque de l'Atlantide. La Mère de Heinrich est l'Imagination; son Père, le Sens. Schwaning est Lune, le roi, et le collectionneur d'antiques est le Mineur et aussi le Fer. (...) L'empereur Friedrich est Arctur. » Mathilde est aussi Cyané, et en même temps Soulima (et aussi la Poésie, et la Fleur Bleue, et Edda), et Novalis écrit : « La jeune fille est tri-une *(dreieiniges Mädchen)*. » Ce sont, comme il disait, autant de « figures d'un tableau », qu'on est invité à comparer et même à interchanger.

Lorsqu'un récit enchâssé ressemble au récit qui l'enchâsse, et donc la partie au tout, ou, pour parler comme Novalis, lorsqu'on trouve « en raccourci l'image du grand monde », on a affaire à ce qu'on appelle aujourd'hui le récit en abyme. Ce qui frappe dans *Ofterdingen*, c'est l'abondance de ces images. Elles sont ici de deux espèces : les unes parlent de l'art ou de la poésie en général (du code), les autres, de ce livre particulier (du message). On ne s'étonnera pas des premières : Tieck rapportait le projet de Novalis d'écrire d'autres romans pour y traiter d'autres sujets, « de même que, pour la poésie, il l'avait fait dans *Ofterdingen* »; le personnage principal du livre est bien un poète. Les marchands, l'ermite, Heinrich et surtout Klingsohr tiennent des propos fort développés sur la poésie; on a vu de plus que, même en parlant des types d'hommes, on ne quittait pas vraiment le sujet. La mise en abyme du roman lui-même se répète également à de multiples reprises; on l'a rencontrée, au moins partielle, dans les rêves du début; les fusions des personnages nous en révèlent d'autres :

le conte qui remplit le troisième chapitre est une image réduite de l'ensemble, puisque Klingsohr est le roi d'Atlantide, et que Heinrich est le poète qui épouse sa fille. De même pour le conte de Klingsohr lui-même. Les *Fragments* concernant le livre annoncent d'autres reflets, non réalisés : « L'histoire du *roman* lui-même. » « Elle raconte à Heinrich sa propre histoire (à lui). »

Mais la mise en abyme la plus achevée et la plus spectaculaire est celle du cinquième chapitre, où Heinrich découvre sa propre histoire dans un livre appartenant à l'ermite. Il n'en comprend pas la langue, il est vrai, mais peut déduire le récit des enluminures; la ressemblance est « complète, frappante »; il voit même une « miniature où il reconnut la caverne et, à côté de lui, le vieux mineur et l'ermite » : il se voit presque en train de regarder l'image le montrant en train de regarder l'image, etc. La seule différence est celle de temps : « tous avaient d'autres costumes, qui paraissaient être d'une autre époque ». L'ermite ajoute que « c'est un roman sur le destin fabuleux d'un poète, où le génie poétique est présenté dans la diversité de ses formes et loué hautement ». Le parallèle devient proprement saisissant quand, connaissant le destin de *Heinrich von Ofterdingen*, on apprend que « la fin manque à ce manuscrit ».

A côté de ces répétitions et dédoublements que découvre le lecteur, il en existe aussi d'une autre espèce, qui tiennent simplement à la manière dont les personnages perçoivent le monde qui les entoure. Leur vie est remplie de pressentiments; ainsi la mère prévoit que Heinrich rencontrera une jeune fille chez Schwaning, Heinrich lui-même, au moment où il quitte sa ville, a le pressentiment du parcours entier qui l'attend; il se sent « tout empli de délicieuses prémonitions » à la rencontre avec Mathilde; à tel point que, quel que soit l'événement qui se produit, les personnages ont le sentiment de l'avoir déjà vécu : dans ce monde où le déroulement temporel a perdu sa pertinence, il n'y a plus d'expérience originelle, la répétition est initiale, le sentiment du « déjà connu » s'est généralisé. « Heinrich eut l'impression, quand le vieillard se tut, d'avoir déjà quelque part entendu ce chant-là. » « Heinrich éprouvait le sentiment du déjà vu et avait l'impression de traverser les parvis du palais intérieur et secret de la terre » (la traduction française force un peu le sens ici). Le même sentiment à l'égard de Klingsohr s'explique au moins partiellement par la familiarité de Heinrich avec le livre de l'ermite : les différentes formes de parallélisme se motivent mutuellement.

4. *Allégorisme*. La tendance à l'allégorie, c'est-à-dire la contrainte exercée sur le lecteur pour qu'il ne s'en tienne pas au sens premier des

mots qu'il lit mais qu'il en cherche une signification seconde, était consciente chez Novalis, qui parlait dans ses brouillons d'un « territoire allégorique », de « personnages allégoriques »; Tieck évoquait dans la *Notice* la « nature allégorique » et concluait : « Tout converge et se fond en une allégorie. » A tel point que Novalis notait comme une précaution : « Mais pas par trop allégorique. »

Sous-jacente ailleurs, l'allégorie s'impose particulièrement dans le conte de Klingsohr. Elle y est marquée par plusieurs indices. L'un, évident, est le choix des noms propres : comme dans les personnifications allégoriques, les personnages s'appellent Éros, Scribe, Fable, Aurore, Soleil, Lune, Or, Zinc, et ainsi de suite. L'autre, plus diffus, est la difficulté même de comprendre l'enchaînement du conte si l'on s'en tient au seul sens littéral. Le surnaturel (incohérence paradigmatique) et la bizarrerie des enchaînements (incohérence syntagmatique) jouent ici le rôle d'indices de l'allégorie, et nous obligent à partir sur une piste d'interprétation indépendante de la continuité sémantique principale.

Il me semble qu'à ce point on peut considérer comme établie la continuité des deux oppositions, celle des genres et celle des hommes. Il reste à se demander si le terme de « poétique » est juste, ou, d'un autre point de vue, quelle est la raison textuelle de la présence de tous ces procédés. On peut dire tout de suite qu'aucun d'entre eux, en lui-même, n'est spécifiquement poétique, si on s'en tient, tout au moins, à leur description générale; les enchâssements et le parallélisme, plus particulièrement, peuvent être facilement observés dans les romans les plus romanesques (ou narratifs). L'action conjointe des quatre propriétés textuelles (parmi d'autres) est seule à produire cette impression; elles se déterminent mutuellement, nous amènent à les interpréter d'une façon plutôt que d'une autre, s'entraînent grâce à leur présence conjointe dans une même direction. Ces procédés ne sont poétiques, s'ils le sont, que par ce qui les unit. De plus, il ne faut pas l'oublier, ce que j'analyse là est mon intuition du poétique, et non l'idée que s'en faisait Novalis (à moins que les deux ne coïncident, ce qui est probable).

Je ne trouve d'ailleurs pas de dénominateur commun unique pour tous les quatre, mais plutôt deux. La première raison en est l'abolition du règne de l'enchaînement logico-temporel des faits, son remplacement par un ordre des « correspondances ». Dans *Heinrich von Ofterdingen* règne le contraire de ce que Novalis appelait « la voie difficile et sans fin, la voie de l'expérience », ou encore « la chaîne ininterrompue d'événements » qui gouvernent le roman des « héros », le roman narratif. Cet effet est obtenu, en particulier (a) par les parallélismes : la ressemblance est du côté des poètes, la différence du côté des héros; (b) par le mode d'enchaînement des actions; (c) par les digressions introduites par enchâssement. La seconde raison est la tendance à la destruction de toute représentation : alors qu'une description (immobile) du monde sensible échapperait aux coups de la première série de procédés, à présent description et narration, donc toute fiction, sont comme diluées, deviennent transparentes. A cela contribuent avant tout les passages de discussions générales (assumées par l'auteur ou par les personnages), les poèmes et, d'une autre façon, la tendance à l'allégorie. La différence se situe ici au niveau du contrat de lecture qui lie le lecteur au texte : la lecture poétique comporte ses propres règles, qui n'impliquent pas, comme c'est le cas pour la fiction, la construction d'un univers imaginaire.

Klingsohr disait : « La poésie est la démarche même de l'esprit humain », ne laissant à côté d'elle place pour aucun autre genre; mais il ajoutait aussi : « Un poète, et qu'il soit un héros tout à la fois! c'est bel et bien un envoyé divin », ce qui était une manière de retrouver la différence, les genres littéraires se révélant ainsi être la projection textuelle de la diversité des attitudes prises par les hommes à l'égard de la vie.

III. LA POÉSIE SANS LE VERS

Ce titre doit être lu comme une question : ôté le vers, que reste-t-il de la poésie? Chacun sait, depuis l'Antiquité, que le vers ne fait pas la poésie, témoin les traités scientifiques en vers. La réponse est beaucoup moins simple, cependant, si l'on veut la formuler en termes positifs : si ce n'est pas le vers, qu'est-ce? Question qui se double d'une seconde, née, celle-ci, de la difficulté même de répondre à la première : existe-t-il une « poéticité » transculturelle et transhistorique ou bien serons-nous seulement capables de trouver des réponses locales, circonscrites dans le temps et dans l'espace?

Pour débattre de ce problème, je voudrais me tourner maintenant vers le poème en prose. C'est la prose qui s'oppose au vers; celui-ci étant exclu, nous pouvons nous demander à quoi s'oppose le poème, et de là, remonter à la définition du poétique. Nous avons là, pourrait-on dire, des conditions expérimentales parfaites pour chercher la réponse à nos questions.

Si le poème en prose est le lieu idéal pour tâcher de trouver une réponse à la question sur la nature de la « poésie sans le vers », il est tout indiqué de commencer par se tourner vers les études consacrées à ce genre, et en particulier vers cette impressionnante histoire et encyclopédie du genre qu'est *le Poème en prose de Baudelaire à nos jours* de Suzanne Bernard (Paris, 1959), pour voir si la réponse ne s'y trouve pas. Le chapitre « Esthétique du poème en prose » est en effet entièrement consacré à cette question.

S. Bernard voit l'essence du genre parfaitement représentée par son appellation oxymoronique. « Tout l'ensemble complexe de lois qui président à l'organisation de ce genre original se trouve déjà en germe, en puissance, dans sa seule dénomination : *poème en prose*. (...) En effet, le poème en prose, non seulement dans sa forme mais dans son essence, est fondé sur l'union des contraires : prose et poésie, liberté et rigueur, anarchie destructrice et art organisateur. » L'auteur du poème en prose « vise à une perfection statique, à un état d'ordre et d'équilibre — ou bien à une désorganisation anarchique de l'univers, du sein de laquelle il puisse faire surgir un autre univers, recréer un monde » (p. 434, 444).

Nous en sommes encore à la définition du poème en prose, non à celle de la poésie hors le vers; une remarque préliminaire s'impose cependant, car elle concerne un trait caractéristique du discours de S. Bernard. C'est une chose que d'affirmer que ce genre se qualifie par la rencontre des contraires, une tout autre de dire qu'il peut être dirigé tantôt par un principe, tantôt par son contraire (par exemple, tendance ou bien à l'organisation, ou bien à la désorganisation). La première affirmation a un contenu cognitif précis, et elle peut être confirmée ou infirmée par l'étude des exemples, comme on le verra; la seconde en revanche n'en a aucun : A et non A découpent l'univers de façon exhaustive, et dire d'un objet qu'il est caractérisé soit par A soit par non A, c'est ne rien en dire du tout. Or S. Bernard passe sans transition d'une affirmation à l'autre, comme on a pu le remarquer dans les deux groupes de phrases cités, qui ouvrent et ferment la première partie de son exposé.

Mais venons-en au sujet qui nous intéresse directement, la définition de la poésie. Après avoir expliqué en quoi consiste la « prose » (le réalisme, la modernité, l'humour — laissons encore de côté cette identification), S. Bernard se tourne vers la définition du poème. Son premier et principal trait est l'unité : c'est une « définition du poème comme un *tout*, dont les caractères essentiels sont l'unité et la concentration » ; « tout "travaille " esthétiquement, tout concourt à l'impression totale, tout se tient indissolublement dans cet univers poétique à la fois très *un* et très complexe » ; c'est un « ensemble de relations, un univers fortement organisé » (p. 439, 441).

Pour le lecteur d'aujourd'hui, ces phrases décrivant l'unité, la totalité et la cohérence sont familières ; il est plus habitué cependant à les voir attribuées à toute *structure* plutôt qu'au seul poème. On pourrait ajouter que si toute structure n'est pas forcément poétique, chaque poème n'est pas non plus nécessairement structuré, en ce sens du mot : l'idéal de l'unité organique est celui du romantisme, mais peut-on y faire entrer tout « poème » sans faire violence soit au texte, soit au métatexte, c'est-à-dire au vocabulaire critique? J'y reviendrai tout à l'heure.

S. Bernard s'aperçoit que la définition par l'unité est un peu trop générale (après tout, le roman n'est-il pas, lui aussi, « un univers fortement organisé »?), et elle ajoute alors un deuxième trait du poème, spécification du premier, mais qui permet de distinguer le genre poétique des autres genres littéraires : c'est un certain rapport au temps, une façon, plus exactement, d'échapper à son emprise. « Le poème se présente comme un bloc, une synthèse indivisible. (...) Nous arrivons là à une exigence essentielle, fondamentale du poème : il ne peut exister comme poème qu'à condition de ramener au " présent éternel " de l'art les durées les plus longues, de coaguler un devenir mouvant en formes intemporelles — rejoignant par là les exigences de la forme musicale » (p. 442).

Si ces phrases ne sont pas d'une transparence parfaite, si l'on désire savoir quelles sont les réalités langagières qu'elles recouvrent, on apprend que cette intemporalité particulière est le dénominateur commun de deux séries de procédés. Au départ de la première, on trouve le principe qui supporte aussi la rime et le rythme, maintenant absents : c'est la répétition, qui impose « une structure rythmique au *temps réel* de l'œuvre » (p. 451). Dans le second cas, plutôt que suspendre le temps, on l'abolit, soit par télescopage de moments différents, soit par la destruction des catégories logiques (distinction d'ailleurs aussitôt remise en question, puisque S. Bernard ajoute en soulignant les mots : « ce qui revient au même », p. 455). Cette dernière (ou ces dernières) catégorie(s) se traduit par le fait qu'on « saute brutalement d'une idée à une autre », qu'on « manque de transition »

(p. 455), qu'on disperse « les enchaînements, les liaisons d'idées, toute cohérence dans la description, toute suite dans le récit : les poètes modernes, à la suite de Rimbaud, s'installent dans le discontinu pour mieux nier l'univers réel » (p. 456).

Passons sur le fait que l'incohérence, ici, se présente comme une subdivision, une spécification de... la cohérence, l'unité, la totalité (par l'intermédiaire du « présent éternel »). Et laissons pour plus tard l'examen empirique de ces affirmations. En nous en tenant pour l'instant à la seule définition du poétique, nous obtenons son équivalence avec l'intemporel. Mais les différents « moyens » de produire cet état intemporel — ou plutôt, les différents processus qui peuvent avoir l'intemporalité comme *conséquence* (les répétitions, les incohérences) — ne se réduisent que très hypothétiquement à cette unique conséquence commune! La déduction qui permet de subsumer répétitions et incohérence sous la notion d'intemporalité est aussi fragile que les syllogismes auxquels nous a habitués le « théâtre de l'absurde » : les hommes sont mortels, les souris sont mortelles, donc les hommes sont des souris... Il serait plus prudent et plus précis, laissant de côté les grands principes d'unité et d'intemporalité, qui ne nous apprennent rien, de reformuler ainsi la thèse de S. Bernard : le poétique se traduit tantôt par des répétitions, et tantôt par des incohérences verbales. Ce qui est peut-être juste — on pourra le vérifier — mais ne donne pas *une* définition de la poésie.

Tournons-nous maintenant, pour scruter la validité empirique de ces hypothèses, vers la pratique même du poème en prose, où l'idée de poésie se trouve à l'œuvre. Deux exemples, parmi les plus célèbres, d'auteurs de poèmes en prose, nous aideront peut-être dans cette recherche.

Il est tout naturel de commencer par Baudelaire. Il n'est pas l'« inventeur » de la forme, on le sait bien aujourd'hui (à supposer que cette notion d'inventeur ait un sens), mais c'est lui qui lui donne ses lettres de noblesse, qui l'introduit dans l'horizon de ses contemporains et de ses successeurs, qui en fait un modèle d'écriture : un genre, au sens historique du mot; c'est lui qui popularise aussi l'expression même de « poème en prose », puisqu'il l'emploie pour désigner les premiers ensembles publiés. L'espoir de trouver une réponse à notre question s'affermit quand on lit, dans la dédicace du recueil, qu'il a rêvé « le miracle d'une prose poétique, musicale sans rythme et sans rime » : cette musique du signifié qui nous est promise n'est qu'une variante terminologique de la « poésie sans le vers ».

119

La question est donc bien posée. La réponse que lui donnent les textes du recueil est cependant, dans une certaine mesure et au moins à première vue, décevante. C'est que Baudelaire n'écrit pas vraiment de la poésie sans vers, ne recherche pas simplement la musique du sens. Plutôt, il écrit des poèmes-en-prose, c'est-à-dire des textes qui, dans leur principe même, exploitent la rencontre des contraires (et on peut penser, pour cette raison, que le recueil, sur le titre duquel Baudelaire hésite, mérite plutôt l'appellation de *Petits Poèmes en prose* que celle de *Spleen de Paris*, même si, quelque part, les deux titres sont synonymes). Tout se passe comme si Baudelaire avait tiré la thématique et la structure des neuf dixièmes de ces textes du nom du genre, poétique-prosaïque, ou, si l'on préfère une vision moins nominaliste, s'il n'avait été attiré par le genre que dans la mesure où celui-ci lui permettait de trouver une forme adéquate (une « correspondance ») pour une thématique de la dualité, du contraste, de l'opposition ; il illustre donc bien la définition donnée au genre par S. Bernard.

On peut étayer cette affirmation en rappelant, d'abord, les différentes figures que prend l'exploration de la dualité. Elles sont au nombre de trois. La première mérite le nom d'*invraisemblance* (Baudelaire lui-même parle de « bizarrerie ») : un seul fait est décrit, mais il cadre si mal avec les habitudes communes que nous ne pouvons nous empêcher de le mettre en contraste avec des faits ou des événements « normaux ». Mlle Bistouri est la fille la plus étrange du monde, et le diable est d'une générosité dépassant toute attente *(le Joueur généreux)*. Le don supérieur est refusé *(les Dons des fées)* et la perfection d'une maîtresse entraîne son meurtre *(Portraits de maîtresses)*. Parfois ce contraste permet d'opposer le sujet de l'énonciation à ses contemporains : ceux-ci professent l'humanisme naïf, lui croit qu'il faut infliger la douleur pour réveiller la dignité *(Assommons les pauvres!)*.

La seconde figure est celle de l'*ambivalence*. Les deux termes contraires sont présents ici, mais ils caractérisent un seul et même objet. Parfois, de façon plutôt rationnelle, l'ambivalence s'explique comme le contraste entre ce que les choses sont et ce qu'elles paraissent être : un geste qu'on croit noble est mesquin *(la Fausse Monnaie, la Corde)*, une certaine image de la femme est la vérité d'une autre image *(la Femme sauvage et la Petite Maîtresse)*. Mais, le plus souvent, c'est l'objet lui-même qui est double, dans son apparence comme dans son essence : une femme est à la fois laide et attirante *(un Cheval de race)*, idéale et hystérique *(Laquelle est la vraie?)*, un homme aime et veut donner la mort à la fois *(le Galant Tireur)* ou incarne simultanément la cruauté et l'aspiration à la beauté *(le Mauvais Vitrier)*, une chambre est en même temps rêve et réalité *(la Chambre double)*. Certains lieux ou moments sont mis en valeur du fait même qu'ils peuvent figurer l'ambiguïté : ainsi le crépuscule, lieu de rencontre entre jour et nuit *(le Crépuscule du soir)*, ou le port, interpénétration de l'action et de la contemplation *(le Port)*.

La troisième et dernière figure de la dualité, de loin le plus abondamment représentée, est l'*antithèse*, la juxtaposition de deux êtres, faits, actions ou réactions, dotés de qualités contraires. Ainsi l'homme et la bête *(Un plaisant)*, l'homme et la nature *(le Gâteau)*, les riches et les pauvres *(les Veuves, les Yeux des pauvres)*, la joie et l'affliction *(le Vieux Saltimbanque)*, la multitude et la solitude *(les Foules, la Solitude)*, la vie et la mort *(le Tir et le Cimetière)*, le temps et l'éternité *(l'Horloge)*, le terrestre et le céleste *(l'Étranger)*. Ou encore, comme pour les invraisemblances, ce seront deux réactions contraires à un même fait qui seront mises côte à côte, l'une étant, souvent, celle de la foule, l'autre, celle du poète : joie et déception *(Déjà!)*, bonheur et malheur *(le Désir de peindre)*, la haine et l'amour *(les Yeux des pauvres)*, le refus et l'acceptation *(les Tentations)*, l'admiration et la frayeur *(le Confiteor de l'artiste)*, et ainsi de suite.

Cette juxtaposition antithétique peut à son tour être vécue de façon tragique ou heureuse : même ceux qui se ressemblent vivent dans le refus *(le Désespoir de la vieille)*, même un deuxième enfant « si parfaitement semblable au premier qu'on aurait pu le prendre pour son frère jumeau » s'engage avec l'autre dans « une guerre parfaitement fratricide » *(le Gâteau)*. Mais, d'un autre côté, l'enfant riche et l'enfant pauvre, bien que séparés par « des barreaux symboliques », se trouvent réunis par leurs dents « d'une *égale* blancheur » *(le Joujou du pauvre)*. A la suite d'une attaque brutale sur un vieux mendiant qui lui rend la pareille, le « je » peut déclarer : « Monsieur, *vous êtes mon égal!* » *(Assommons les pauvres!)*. Et bien que le rêve s'oppose à la réalité, il peut devenir aussi réel qu'elle *(les Projets, les Fenêtres)*.

Ce n'est pas seulement dans la composition générale ou dans la structure thématique que l'on trouve cette constante dualité. On a déjà pu remarquer combien de titres étaient faits de juxtapositions contrastantes : *le Fou et la Vénus, le Chien et le Flacon, la Femme sauvage et la Petite Maîtresse, la Soupe et les Nuages, le Tir et le Cimetière*. D'autres se réfèrent explicitement à la dualité (sans parler même de ceux qui la découvrent dans des objets comme le port

121

ou le crépuscule) : ainsi *la Chambre double, Laquelle est la vraie?, le Miroir*. Les phrases elles-mêmes se balancent souvent entre deux termes contraires : « délicieuse et exécrable femme », « tant de plaisirs, tant de douleurs » *(le Galant Tireur)*, « paquet d'excréments » et « parfums délicats » *(le Chien et le Flacon)*. Ou ces phrases qui se suivent, dans *le Vieux Saltimbanque* : « Partout la joie, le gain, la débauche; partout la certitude du pain pour les lendemains; partout l'explosion frénétique de la vitalité. Ici la misère absolue, la misère affublée, pour comble d'horreur, de haillons comiques... » Ou ces autres, dans *les Foules* : « Multitude, solitude : termes égaux et convertibles pour le poète actif et fécond. Qui ne sait pas peupler sa solitude, ne sait pas non plus être seul dans une foule affairée. » Des textes entiers sont construits sur des symétries parfaites : ainsi *la Chambre double* se compose de dix-neuf paragraphes, neuf pour le rêve, neuf pour la réalité, séparés par un paragraphe commençant par « mais »... De même dans *le Fou et la Vénus* : trois paragraphes pour la joie, trois pour l'affliction, et un septième au milieu qui dit : « Cependant, dans cette jouissance universelle, j'ai aperçu un être affligé. » La dédicace même du recueil illustre, plutôt qu'elle ne théorise, cette rencontre constante des contraires, par le glissement, au sein d'une même phrase, de la forme poétique au thème de la grande ville, tous deux considérés par Baudelaire comme le trait constitutif du poème en prose.

La régularité de ces contrastes est telle qu'on en vient à oublier qu'il s'agit là de contrastes, de contradictions, de déchirements pouvant être tragiques. Chez Baudelaire, l'antithèse est nappée dans un système de correspondances, et ceci non seulement parce que le poème en prose oxymoronique correspond parfaitement aux contradictions qu'il doit évoquer. Quel que soit l'objet ou le sentiment décrit, il finit par s'intégrer dans une pluralité d'échos, telle cette femme, « allégorique dahlia », pour qui, dans *l'Invitation au voyage*, le poète rêve de trouver un pays-cadre qui lui ressemble : « Ne serais-tu pas encadrée dans ton analogie, et ne pourrais-tu pas te mirer, pour parler comme les mystiques, dans ta propre *correspondance?* » Admirons la multiplication des ressemblances : l'analogie à quatre termes (la femme est au pays ce que le portrait est à son cadre) se trouve renforcée par une similitude entre les objets contigus : le cadre doit ressembler au portrait, et le pays, à la femme; sans oublier que le portrait est bien celui de la femme, qu'il en est l'image fidèle (il ne manque que la ressemblance directe entre le cadre du tableau et le pays). Une telle « correspondance » superlative n'est guère exceptionnelle dans l'univers poétique de Baudelaire, qu'il soit rédigé en vers ou en prose, et elle constitue sans doute une bonne illustration de ce que S. Bernard appelait un « ensemble de relations, un univers fortement organisé ». Il n'en reste pas moins que c'est précisément la confrontation des contraires qui fait l'unité du recueil baudelairien.

La relation entre poème-en-prose, d'une part, contraste thématique, de l'autre, ne se limite pas à cette seule ressemblance de structure. On sait combien sont nombreux les poèmes qui prennent le travail du poète comme objet, ajoutant ainsi le rapport de participation à la similitude : *le Confiteor de l'artiste, le Chien et le Flacon, les Foules, le Vieux Saltimbanque, les Tentations, le Désir de peindre, Perte d'auréole* et bien d'autres. Mais ce qu'il y a de plus remarquable est que le contraste évoqué se compose précisément du « prosaïque » et du « poétique » — entendus cette fois non plus comme des catégories littéraires, mais comme des dimensions de la vie et du monde. N'est-ce pas un poète que celui qui rêve aux nuages, alors que les autres cherchent à le ramener sur terre, plus près de la soupe prosaïque *(la Soupe et les Nuages, l'Étranger)* ? Vivre en poète n'est-ce pas vivre dans l'illusion (« Tant poète que je sois, je ne suis pas aussi dupe que vous voudriez le croire », *la Femme sauvage et la Petite Maîtresse*) ? Vivre comme ces vagabonds insouciants, libres d'attaches matérielles, qu'admire le jeune enfant dont l'énonciateur — le poète — dit : « J'eus un instant l'idée bizarre que je pouvais avoir un frère à moi-même inconnu » *(les Vocations)* ? L'« horrible fardeau » de la vie ne s'oppose-t-il pas précisément à l'enivrement « de vin, de poésie ou de vertu » *(Enivrez-vous)* ? Et n'est-ce pas la prose de la vie à laquelle on consacre toute la journée, en espérant, au milieu de la nuit, pouvoir l'équilibrer par une activité proprement poétique : « Seigneur mon Dieu! accordez-moi la grâce de produire quelques beaux vers qui me prouvent à moi-même que je ne suis pas le dernier des hommes » *(A une heure du matin)* ?

Un poème en prose affirme cette continuité des plans thématique et formel plus fortement que les autres : c'est *le Thyrse*. Le thyrse est un objet, un bâton, utilisé dans les cérémonies religieuses. Cette dualité, pourtant bien commune, est le point de départ du texte, où le thyrse est d'abord décrit « selon le sens moral et poétique », ensuite « physiquement ». Le thyrse est donc un objet ambivalent, comme le port, comme le crépuscule, puisqu'il est poétique et spirituel d'un côté, prosaïque et matériel de l'autre. Ensuite, une seconde antithèse s'ajoute, celle de la droite et de la courbe. Et puis, comme si le rapport avec la poésie et l'art n'était pas assez clair, comme si l'analogie de structure ne suffisait pas, suit une mise en équation directe : le thyrse, c'est le travail de l'artiste lui-même. « Le thyrse est la représentation de votre étonnante dualité, maître puissant et vénéré » (le texte est dédié à Liszt). « Ligne droite et ligne arabesque, intention et expression, roideur de la volonté, sinuosité du verbe, unité du but, variété des moyens, amalgame tout-puissant et indivisible du génie, quel analyste aura le détestable courage de vous diviser et de vous séparer? » Matériel et spirituel, le thyrse participe une première fois de la prose et de la poésie; fusion de la droite et des courbes, il est maintenant le symbole du contenu et de la forme en art — ceux-ci, à leur tour, se prolongeant, idéalement, dans le prosaïque et dans le poétique. Peut-on rêver meilleur symbole du poème en prose lui-même que le thyrse?

Telle est l'unité des *Petits Poèmes en prose* de Baudelaire, telle est aussi l'idée que ceux-ci nous transmettent sur la poésie. On le voit, cette idée n'a rien de surprenant : le poétique n'est envisagé ici que dans son union contradictoire avec la prose, et il n'est rien de plus qu'un synonyme du rêve, de l'idéal, du spirituel — on a envie de dire, sans tautologie : du poétique. A en croire Baudelaire lui-même, donc, le poétique est une pure catégorie thématique, à laquelle s'ajoute l'exigence de brièveté. Le texte qui, par ailleurs, peut être narratif aussi bien que descriptif, abstrait ou concret, doit, pour être poétique, rester court; cette règle de Poe était perçue par Baudelaire comme un trait constitutif du genre (« nous pouvons couper où nous voulons, moi ma rêverie, vous le manuscrit, le lecteur sa lecture; car je ne suspends pas la volonté rétive de celui-ci au fil interminable d'une intrigue superflue », disait la dédicace du recueil). Le poème est bref; le poétique est aérien : ce serait tout s'il ne fallait pas ajouter le « travail » des correspondances déjà relevé, et qui est à l'œuvre tant dans les *Petits Poèmes en prose* que dans *les Fleurs du mal*. Baudelaire illustrerait, par ce dernier trait, la première hypothèse de S. Bernard, celle qui identifie le poétique avec une soumission au principe de la ressemblance.

Mais prenons un second exemple, aussi proche que possible de Baudelaire, à la fois historiquement et sur le plan esthétique : les *Illuminations* de Rimbaud. Ces textes sont bien écrits en prose, et en même temps personne ne conteste leur caractère poétique; même si Rimbaud lui-même ne les qualifie pas de « poèmes en prose », ses lecteurs le font, et cela nous suffit pour les retenir comme pertinents pour notre débat.

Commençons par une constatation négative : l'écriture rimbaldienne n'est pas régie par le principe de ressemblance, qu'on pouvait voir à l'œuvre chez Baudelaire. La métaphore, trope maître chez celui-ci, est quasiment absente ici. Les comparaisons, quand il y en a, ne mettent en évidence aucune similitude : ce sont des comparaisons proprement immotivées. « La mer de la veillée, telle que les seins d'Amélie » (*Veillées III*) : mais nous ignorons tout d'Amélie, et ne saurons donc jamais comment est la mer de la veillée. « C'est aussi simple qu'une phrase musicale » *(Guerre)* : mais la phrase musicale n'est pas, qu'on sache, une incarnation de la simplicité, et d'ailleurs le texte qui précède cette comparaison et qu'elle est censée éclairer, est lui aussi loin d'être simple. « Sagesse aussi dédaignée que le chaos » (*Vies I*) : voilà deux contraires unis par le dédain qu'ils suscitent. « Orgueil plus bienveillant que les charités perdues » *(Génie)* : encore deux inconnues rapprochées par l'intermédiaire d'une troisième... Loin de contribuer à l'établissement d'un univers fondé sur l'universelle analogie, ces comparaisons mettent en évidence l'incohérence du monde évoqué.

Si l'on veut vraiment trouver des tropes chez Rimbaud, ce seront des métonymies; or celles-ci ne créent pas un monde de correspondances. La chose n'est même pas certaine, car on pourrait plaider que, tout comme ces parties du corps ou ces propriétés des objets qu'on est tenté dans un premier temps d'interpréter par synecdoque se révèlent finalement être bien des parties et des propriétés littérales, ne renvoyant à aucune totalité, de la même façon donc, ce monde disloqué et raccourci qu'évoquent littéralement les expressions de Rimbaud n'exige aucune substitution ordonnatrice. La tentation est grande pourtant de sentir un appel à l'imagination métonymique, même si l'on ne sait pas toujours identifier avec certitude le point d'arrivée de la métonymie. Quand on lit « notre patois étouffe le tambour » *(Démocratie)*, nos habitudes linguistiques nous font transposer : la langue est là pour la parole, l'instrument, pour le bruit qu'il produit; dans un deuxième temps, chacune des actions évoque son agent. Quand on entend « le sable ... qu'a lavé le ciel » *(Métropolitain)* ou « le terreau de l'arête est piétiné par tous les homicides et toutes les batailles » *(Mystique)*, on a de nouveau l'impression que l'usage de la métonymie du type agent-action ou agent-lieu de l'action est bien pour quelque chose dans l'obscurité de la phrase.

Une caractéristique stylistique fort connue du texte de Rimbaud se laisse également rattacher au mouvement métonymique : le poète décrit des illusions d'optique comme si c'étaient des réalités : une chose qui est en haut dans un tableau, monte; et si elle est en bas, descend. Mais n'est-ce pas une métonymie que ce passage, par contiguïté et non par ressemblance, de l'image à l'objet représenté? C'est ainsi que, au bois, « il y a une cathédrale qui descend et un lac qui monte » (*Enfance III*), qu'« au-dessus du niveau des plus hautes crêtes une mer troublée » apparaît (*Ville I*) ou qu'« on joue aux cartes au fond de l'étang » *(Soir historique)*; la métamorphose est motivée dans *Après le déluge* : « la mer étagée là-haut comme sur les gravures ». C'est encore la métonymie qui me paraît responsable d'expressions comme « les herbages d'acier » *(Mystique)*, « les yeux... tricolores » *(Parade)*, « les plaines poivrées » (*Vies I*), la « campagne aigre », « l'enfance mendiante » (*Vies II*), les « regards pleins de pèlerinages » *(Enfance I)*, ou de ces phrases étranges, « les gentils-hommes sauvages chassent leurs chroniques » (*Villes II*), « les Rolands sonnent leur bravoure » (*Ville I*), « des scènes lyriques... s'inclinent » *(Scènes)*, « les lampes et les tapis de la veillée font le bruit des vagues » (*Veillées III*) ou « j'observe l'histoire des trésors que vous trouvâtes » (*Vies I*).

Si les *Illuminations* sont poétiques, cela ne leur vient donc pas de ce qu'elles sont « fortement organisées », au sens que pouvait avoir cette expression dans le contexte baudelairien, ni de leur caractère métaphorique (la métonymie est réputée prosaïque). Ce n'est d'ailleurs pas ce qu'on leur attribue habituellement; S. Bernard, on l'a vu, faisait partir la seconde tendance fondamentale du poème en prose de Rimbaud : l'incohérence, la discontinuité, la négation de l'univers réel. On pourrait le dire d'un mot : le texte de Rimbaud refuse la représentation; et c'est par là qu'il est poétique. Mais une telle affirmation demande quelques explications, notamment pour ce qui est du caractère représentatif des textes littéraires.

C'est Étienne Souriau qui, dans sa *Correspondance des arts* (1947; 2e édition corrigée, que je cite, de 1969), a posé de la façon la plus explicite le problème de la représentation en art, en en faisant un trait distinctif et typologique. C'est qu'en effet, à côté des arts représentatifs, il en existe d'autres qui ne le sont pas, et auxquels Souriau donne le nom de « présentatifs ». « C'est à l'être sonate ou à l'être cathédrale que sont inhérents, comme à leur sujet, tous les attributs, morphologiques ou autres, qui contribuent à sa structure. Tandis que dans les arts représentatifs, il y a une sorte de dédoublement ontologique — une pluralité de ces sujets d'inhérence. (...) C'est cette dualité des sujets ontologiques d'inhérence — d'une part l'œuvre, d'autre part les objets représentés — qui caractérise les arts représentatifs. Dans les arts présentatifs, œuvre et objet se confondent. L'œuvre représentative suscite, pour ainsi dire, à côté d'elle et en dehors d'elle (du moins en dehors de son corps et au-delà de ses phénomènes, bien que pourtant sortant d'elle et supporté par elle), un monde d'êtres et de choses qui ne sauraient se confondre avec elle » (p. 89). Il en résulte cette grande division des arts en « deux groupes distincts », « le groupe des arts où l'univers de l'œuvre pose des êtres ontologiquement distincts de l'œuvre même; et celui des arts où l'interprétation chosale des données interprète l'œuvre sans y supposer autre chose qu'elle-même » (p. 90).

Lorsque cependant Souriau se tourne vers le domaine littéraire, il est obligé de constater une asymétrie dans son tableau de la « correspondance des arts » : il n'existe pas vraiment de littérature « présentative », ou du premier degré. La forme primaire de la littérature serait « l'arabesque des consonnes et des voyelles, leur " mélodie ", (...) leur rythme et, plus amplement, le geste général de la phrase, de la période, de la succession des périodes, etc. » (p. 154). Cette « case primaire (où figurerait en principe un art de l'assemblement en quelque sorte musical des syllabes, sans aucune intention de signification, donc d'évocation représentative) est pratiquement inoccupée — sauf par une " prosodie pure " qui n'existe pas en tant qu'art autonome : elle est seulement impliquée dans la poésie, à titre de forme primaire d'un art réellement du second degré » (p. 132). Une telle pertinence du signifiant permet bien d'opposer la poésie à la prose (c'est ainsi que Souriau, p. 158, répond à la question que je me pose dans ces pages), mais elle ne joue, de toute évidence, qu'un rôle assez marginal par rapport à l'ensemble littéraire : *Lautdichtung* des dadaïstes, néologismes futuristes, poésie lettriste ou concrète. La raison en est, selon Souriau, la pauvreté musicale des sons du langage, comparés à la musique proprement dite; et, on pourrait ajouter, la pauvreté visuelle des lettres, comparées à l'ensemble des moyens dont dispose la peinture.

Tout cela paraît bien juste, et pourtant l'on se met à regretter que la dichotomie présentation/représentation, appliquée au domaine littéraire, donne des résultats si pauvres. Au point qu'on peut se demander si son interprétation est bien celle qui convient au champ littéraire, et si elle ne cadre pas mieux avec ce qui n'est qu'un matériau pour la littérature, à savoir le langage. Souriau lui-même écrit : « La littérature ... emprunte l'ensemble de ses signes à un système déjà tout constitué en dehors d'elle : le langage » (p. 154). La « forme primaire » de la littérature, ce ne sont pas les sons, mais les mots et les phrases, et ceux-ci ont déjà un signifiant *et* un signifié. La littérature « présentative » serait non seulement celle où le signifiant cesse d'être transparent et transitif, mais celle, bien plus importante quantitativement et qualitativement, où le signifié cesse aussi de l'être. Il s'agirait donc de mettre en question l'enchaînement automatique que je citais à l'instant (« sans aucune intention de signification, *donc* d'évocation représentative »), pour rechercher s'il n'existe pas une forme d'écriture où la signification est bien là, mais non la représentation. C'est cette littérature de la présentation qu'illustrent les *Illuminations* de Rimbaud et c'est en ce caractère présentatif que réside leur poésie.

Les moyens qu'emploie Rimbaud pour détruire l'illusion représentative sont très nombreux. Ils vont du commentaire métalinguistique explicite, comme dans la célèbre phrase de *Barbare* : « Le pavillon en viande saignante sur la soie des mers et des fleurs arctiques; (elles n'existent pas) » jusqu'à des phrases franchement agrammaticales, dont on ne connaîtra jamais le sens, comme celle qui clôt *Métropolitain :* « Le matin où avec Elle, vous vous débattîtes parmi les éclats de neige, les lèvres vertes, les glaces, les drapeaux noirs et les rayons bleus, et les parfums pourpres du soleil des pôles, — ta force. » Entre les deux, une série de procédés rendent la représentation incertaine, puis impossible.

Ainsi, les phrases indéterminées qui remplissent la plupart des *Illuminations* n'interdisent pas toute représentation, mais rendent celle-ci extrêmement imprécise. Lorsque, à la fin d'*Après le déluge*, Rimbaud dit que « la Reine, la Sorcière qui allume sa braise dans le pot de terre, ne voudra jamais nous raconter ce qu'elle sait, et que nous ignorons », nous voyons bien un geste concret accompli par un personnage féminin, mais nous ignorons tout de ce personnage même, ou de ses rapports avec ce qui précède (les déluges), et, bien entendu, nous ignorons « ce que nous ignorons ». Tout comme nous ne saurons jamais rien des « deux enfants fidèles », de la « maison musicale » ou du « vieillard seul calme et beau » dont parle *Phrases*, pas plus que des autres personnages des *Illuminations*. Ces êtres surgissent et disparaissent comme des corps célestes au milieu de l'obscure nuit, le temps d'une illumination. La discontinuité a un effet semblable: chaque mot peut évoquer une représentation mais leur ensemble ne fait pas un tout, et nous incite donc à nous en tenir aux mots. « Pour l'enfance d'Hélène frissonnèrent les fourrures et les ombres — et le sein des pauvres, et les légendes du ciel » *(Fairy) :* c'est la pluralité même de ces sujets qui fait problème, chacun contribuant à rendre irréels ses prédécesseurs. De même pour tous les compléments circonstanciels dans la phrase citée de *Métropolitain*, ou de cette autre phrase du même texte, où il y a « des routes bordées de grilles et de murs », « les atroces fleurs », « des auberges qui pour toujours n'ouvrent déjà plus — il y a des princesses, et si tu n'es pas trop accablé, l'étude des astres — le ciel ». C'est peut-être la raison pour laquelle on est toujours tenté de permuter les mots, dans les textes de Rimbaud, en vue de leur trouver une cohérence.

D'autres procédés rendent la représentation non seulement incertaine, mais réellement impossible. Ainsi des oxymores et des phrases contradictoires; ainsi du cadre changeant de l'énonciation, où « je » et « tu », « nous » et « vous » se maintiennent rarement d'un bout à l'autre du texte (par exemple dans *Après le déluge, Parade, Vies I, Matinée d'ivresse, Métropolitain, Aube*); cet « Être de Beauté » est-il extérieur ou intérieur au sujet, qui dit à la fin : « *nos* os sont revêtus d'un nouveau corps amoureux » *(Being Beauteous)*? De même pour cette habitude, déjà évoquée, de Rimbaud, qui consiste à décrire les propriétés ou les parties des objets, sans jamais nommer les objets eux-mêmes, au point qu'on ne sait pas vraiment de quoi il est question. Cela est vrai non seulement de textes comme *H*, qui se présente à la manière d'une véritable devinette, mais de bien d'autres encore, comme en témoignent souvent les hésitations des critiques. C'est cette attention aux propriétés, aux dépens des objets que celles-ci caractérisent, qui nous donne l'impression que Rimbaud emploie toujours le terme générique de préférence au mot propre, et colore ses textes d'une forte abstraction. Qu'est-ce exactement que le « luxe nocturne » de *Vagabonds*, ou le « luxe inouï » de *Phrases*? La « générosité vulgaire » ou les « révolutions de l'amour » de *Conte*? L'« herbe d'été » et le « vice sérieux » de *Dévotion*? « Mes embarras » et « ce vil désespoir » de *Phrases*? Les « éclats précieux » et l'« influence froide » de *Fairy*? Les « horreurs économiques » et la « magie bourgeoise » de *Soir historique*? Rimbaud affectionne aussi les quantificateurs universels, comme s'il était un législateur : « des êtres de tous les caractères parmi toutes les apparences » *(Veillées II)*, « tous les caractères nuancèrent ma physionomie » *(Guerre)*, etc.

A cette analyse de l'échec de la représentation dans les *Illuminations*, pour le détail de laquelle on se reportera à l'un des chapitres suivants, on pourrait opposer deux arguments. D'abord, il n'est pas vrai que tous les textes des *Illuminations*, et, dans chaque texte, toutes ses phrases, participent de cette même tendance : si la représentation échoue souvent, souvent aussi elle s'accomplit. D'autre part, les mêmes caractéristiques verbales contribuant à cet échec, on peut les trouver en dehors de la littérature, et à plus forte raison de la poésie : dans des textes abstraits et généraux, notamment.

La réponse à ces deux objections est, heureusement, la même. L'opposition entre présentation et représentation par le langage ne se situe pas entre deux classes d'énoncés mais entre deux catégories. Le langage peut être transparent ou opaque, transitif ou intransitif; mais ce ne sont là que deux pôles extrêmes, et les énoncés concrets se situent pour ainsi dire toujours quelque part entre les deux, ils ne sont que plus proches de l'une ou l'autre extrémité. Ce n'est en même temps jamais une catégorie isolée, et c'est sa combinaison avec d'autres qui fait du refus de la représentation une source de poésie dans les *Illuminations* : le texte philosophique, par exemple, qui ne représente pas, maintient la cohérence au niveau de son sens même. C'est bien leur caractère « présentatif » qui rend ces textes poétiques, et on pourrait figurer le système typologique intériorisé par les lecteurs de Rimbaud, même si celui-ci n'en savait rien, de la manière suivante :

	VERS	PROSE
présentation	poésie	poème en prose
représentation	épopée, narration et description versifiées	fiction (roman, conte)

Ce qui nous ramène à notre point de départ. L'intemporalité, dont S. Bernard voulait faire l'essence de la poéticité, n'est qu'une conséquence secondaire du refus de la représentation chez Rimbaud, de l'ordre des correspondances chez Baudelaire; c'est donc vraiment faire une entorse violente aux faits que de vouloir y ramener l'un et l'autre. Mais si même les textes de deux poètes séparés à peine par une dizaine d'années, écrivant dans la même langue et dans le même climat intellectuel du présymbolisme, sont qualifiés (par eux-mêmes ou par leurs contemporains) de « poétiques » pour des raisons aussi différentes, aussi indépendantes, ne doit-on pas se rendre à l'évidence :

la poésie n'existe pas, mais il existe, il existera des conceptions variables de la poésie, non seulement d'une époque, ou d'un pays, à l'autre, mais aussi : d'un texte à l'autre? L'opposition présentation/représentation est universelle et « naturelle » (elle est inscrite dans le langage); mais l'identification de la poésie avec l'usage « présentatif » du langage est un fait historiquement circonscrit et culturellement déterminé : elle laisse Baudelaire en dehors de la « poésie ». Il reste à se demander — mais on voit quel travail préliminaire impliquerait la réponse — s'il n'y a pas néanmoins une affinité entre toutes les raisons différentes pour lesquelles on a pu, dans le passé, qualifier un texte de poétique. Montrer que cette affinité n'est pas là où on la croyait, et formuler quelques-unes de ces raisons de façon plus précise est l'objectif limité des pages qui précèdent.

Notes d'un souterrain [1]

« Une trouvaille fortuite dans une librairie : *Notes d'un souterrain*, de Dostoïevski... La voix du sang (comment l'appeler autrement?) se fit aussitôt entendre, et ma joie fut extrême » (Friedrich Nietzsche, *Lettre à Overbeck*).

« Je crois que nous atteignons, avec les *Notes d'un souterrain*, le sommet de la carrière de Dostoïevski. Je le considère, ce livre (et je ne suis pas le seul), comme la clé de voûte de son œuvre entière » (André Gide, *Dostoïevski*).

« Les *Notes d'un souterrain*... : aucun autre texte du romancier n'a exercé plus d'influence sur la pensée et sur la technique romanesque du XXᵉ siècle » (George Steiner, *Tolstoï ou Dostoïevski*).

On pourrait allonger la liste des citations; ce n'est guère nécessaire; chacun connaît aujourd'hui le rôle central de ce livre tant dans l'œuvre de Dostoïevski que dans le mythe dostoïevskien, caractéristique de notre époque.

Si la réputation de Dostoïevski n'est plus à faire, il n'en va pas de même pour l'exégèse de son œuvre. Les écrits critiques qu'on lui a consacrés sont, on s'en doute, innombrables; le problème est qu'ils ne s'occupent qu'exceptionnellement des œuvres de Dostoïevski. Celui-ci, en effet, a d'abord eu le malheur de vivre une vie mouvementée : quel érudit biographe aurait résisté devant cette conjonction des années passées au bagne avec la passion pour le jeu, l'épilepsie et les tumultueuses relations amoureuses? Ce seuil dépassé, on se heurte à un second obstacle : Dostoïevski s'est passionnément intéressé aux problèmes philosophiques et religieux de son temps; il a transmis cette passion à ses personnages et elle est présente dans ses livres. Du coup, il est rare que les critiques parlent de « Dostoïevski-l'écrivain », comme on disait naguère : tous se passionnent pour ses

1. Je cite la traduction de Lily Denis, publiée dans l'édition bilingue des *Notes*, chez Aubier-Montaigne, 1972.

« idées », oubliant qu'on les trouve à l'intérieur de romans. Et d'ailleurs, à supposer qu'ils changent de perspective, le danger n'aurait pas été évité, on n'aurait fait que l'inverser : peut-on étudier la « technique » chez Dostoïevski, faisant abstraction des grands débats idéologiques qui animent ses romans (Chklovski prétendait que *Crime et Châtiment* était un pur roman policier, avec cette seule particularité que l'effet de « suspense » était provoqué par les interminables débats philosophiques)? Proposer aujourd'hui une lecture de Dostoïevski, c'est, en quelque sorte, relever un défi : on doit parvenir à voir simultanément les « idées » de Dostoïevski et sa « technique » sans privilégier indûment les unes ou l'autre.

L'erreur courante de la critique d'interprétation (comme distincte de celle d'érudition) a été (est toujours) d'affirmer 1) que Dostoïevski est un *philosophe*, faisant abstraction de la « forme littéraire », et 2) que Dostoïevski est *un* philosophe, alors que même le regard le moins prévenu est immédiatement frappé par la diversité des conceptions philosophiques, morales, psychologiques qui se côtoient dans son œuvre. Comme l'écrit Bakhtine, au début d'une étude sur laquelle on aura à revenir : « Lorsqu'on aborde la vaste littérature consacrée à Dostoïevski, on a l'impression d'avoir affaire, non pas à *un seul* auteur-artiste qui aurait écrit des romans et des nouvelles, mais à toute une série de philosophes, à *plusieurs* auteurs-penseurs : Raskolnikov, Mychkine, Stavroguine, Ivan Karamazov, le Grand Inquisiteur et d'autres... »

Les *Notes d'un souterrain* sont, plus que tout autre écrit de Dostoïevski — sauf peut-être la « Légende du Grand Inquisiteur » —, responsables de cette situation. On a eu l'impression, en lisant ce texte, de disposer d'un témoignage direct de Dostoïevski-l'idéologue. C'est donc par lui aussi que nous devons commencer si nous voulons lire Dostoïevski aujourd'hui, ou, plus généralement, si nous voulons comprendre en quoi consiste son rôle dans cet ensemble sans cesse en transformation que nous nommons *littérature*.

Les *Notes d'un souterrain* se divisent en deux parties, intitulées « Le souterrain » et « A propos de neige fondue », et Dostoïevski lui-même les décrit ainsi : « Dans le présent fragment, que j'intitule " Le souterrain ", le personnage se présente lui-même, présente sa vision des choses et cherche, en quelque sorte, à tirer au clair les raisons pour lesquelles il est apparu, pour lesquelles il devait apparaître dans notre milieu. Le fragment suivant offrira, cette fois à proprement parler, les " Notes " de ce personnage sur certains evénements de sa vie. » C'est dans la première partie, plaidoirie du narrateur, que l'on a toujours trouvé l'exposé des idées les plus « remarquables » de Dostoïevski. C'est par là aussi que nous entrerons dans le labyrinthe de ce texte — sans savoir encore par où nous pourrons en sortir.

L'IDÉOLOGIE DU NARRATEUR

Le premier thème qu'attaque le narrateur est celui de la conscience *(soznanie)*. Ce terme est à prendre ici, par opposition non à l'inconscient, mais à l'inconscience. Le narrateur esquisse le portrait de deux types d'hommes : l'un est l'homme simple et direct *(neposredstvennyj)*, « l'homme de la nature et de la vérité » (en français dans le texte) qui, en agissant, ne possède pas d'image de son action; l'autre, l'homme conscient. Chez celui-ci, toute action se double de l'image de cette action, surgissant dans sa conscience. Pire, cette image apparaît avant que l'action n'ait eu lieu, et, de ce fait, la rend impossible. L'homme de conscience ne peut être homme d'action. « Car le fruit direct, légitime, immédiat de la conscience, c'est l'inertie, c'est le croisement-de-bras-délibéré... Je le répète, je l'archi-répète : si tous les hommes directs et les hommes d'action sont actifs, c'est précisément parce qu'ils sont obtus et bornés. »

Prenons, par exemple, le cas d'une insulte qui « normalement » aurait suscité la vengeance. C'est bien ainsi que se comporte l'homme d'action. « Tenez, admettons qu'ils soient pris d'une envie de vengeance : plus rien d'autre ne subsistera en eux aussi longtemps qu'elle durera. Un monsieur de cette espèce fonce droit au but sans autre forme de procès, comme un taureau furieux, les cornes baissées, seul un mur serait capable de l'arrêter. » Il n'en va pas de même pour l'homme de conscience. « Je vous l'ai dit : l'homme cherche à se venger parce qu'il trouve cela juste... Or moi je n'y vois aucune justice, je n'y trouve aucune vertu, et par conséquent, si j'entreprenais de me venger, ça ne pourrait être que par méchanceté. Évidemment, la méchanceté pourrait l'emporter sur tout, sur tous mes doutes, et par conséquent me servir avec un succès certain de cause première, précisément parce que ce n'est pas une cause du tout. Mais que faire si je ne suis même pas méchant?... Ma hargne — et une fois de plus par suite de ces maudites lois de la conscience — est susceptible de décomposition chimique. Hop! Et voilà l'objet volatilisé, les raisons évaporées, le coupable disparu; l'offense cesse d'être une offense pour devenir fatalité, quelque chose comme une rage de dents dont personne n'est responsable, ce qui fait qu'il ne me reste toujours que la seule et même issue : taper encore plus douloureusement contre le mur. »

Le narrateur commence par déplorer cet excès de conscience (« je vous en donne ma parole, messieurs : l'excès de conscience est une maladie, une véritable, une intégrale maladie. Pour les usages de la vie courante, l'on aurait plus qu'assez d'une conscience humaine ordinaire, c'est-à-dire de la moitié, du quart de la portion qui revient à l'homme évolué de notre malheureux XIXᵉ siècle »); mais au bout de son raisonnement il s'aperçoit que c'est tout de même là un moindre mal : « Bien que j'aie, au début, porté à votre connaissance que la conscience était, à mon avis, le plus grand malheur pour l'homme, je sais cependant qu'il y tient et qu'il ne l'abandonnerait contre aucune satisfaction. » « La fin des fins, messieurs, est ne rien faire du tout. Mieux vaut l'inaction consciente! »

Cette affirmation a un corrélat : la solidarité entre conscience et souffrance. La conscience provoque la souffrance, condamnant l'homme à l'inaction; mais en même temps elle en est le résultat : « La souffrance... mais voyons, c'est l'unique moteur de la conscience! » Ici intervient un troisième terme, la jouissance, et nous nous trouvons en face d'une affirmation très « dostoïevskienne »; contentons-nous pour l'instant de l'exposer sans chercher à l'expliquer. A plusieurs reprises, le narrateur affirme qu'au sein de la plus grande souffrance, à condition d'en prendre bien conscience, il trouvera une source de jouissance, « une jouissance qui atteint parfois le comble de la volupté ». En voici un exemple : « J'en arrivai au point d'éprouver une jouissance secrète, anormale, une petite jouissance ignoble à rentrer dans mon coin perdu par une de ces nuits particulièrement dégoûtantes, que l'on voit à Pétersbourg, et à me sentir archi-conscient d'avoir, ce jour-là, commis une fois de plus quelque chose de dégoûtant, qu'une fois de plus ce qui était fait était fait, et au fond de moi-même, en secret, à me ronger, me ronger à belles dents, à me tracasser, à me tourner les sangs, jusqu'au moment où l'amertume faisait enfin place à une douceur infâme, maudite, et enfin à une définitive, une véritable jouissance. Oui, je dis bien une jouissance. (...) Je m'explique : la jouissance venait justement de la conscience excessivement claire que j'avais de mon avilissement, de ce que je me sentais acculé au tout dernier mur; que certes cela allait très mal, mais qu'il ne pouvait en être autrement... » Et encore :

« Mais c'est précisément dans cette semi-confiance et ce semi-désespoir odieusement froids, dans ce chagrin qui vous pousse, en toute lucidité, à vous enterrer tout vif dans votre souterrain, plongé au prix de grands efforts dans une situation sans issue et cependant douteuse, dans le poison de ces désirs insatisfaits et rentrés, dans cette fièvre d'hésitations, de résolutions irrévocables suivies de regrets presque immédiats, que réside le suc de l'étrange jouissance dont j'ai parlé. »

Cette souffrance que la prise de conscience transforme en jouissance peut aussi être purement physique; ainsi du mal de dents. Voici la description d'un « homme cultivé » au troisième jour de sa douleur : « Ses gémissements se font écœurants, hargneux, infects et durent des jours et des nuits entières. Pourtant il sait bien qu'il n'en tirera aucun avantage; il sait mieux que personne qu'il s'échine et s'énerve en pure perte, et les autres avec lui; il sait que même le public devant lequel il s'escrime, et sa famille entière, se sont, non sans répulsion, habitués à ses cris, qu'ils ne lui font plus un liard de confiance et se rendent compte sans rien dire qu'il pourrait gémir autrement, avec plus de simplicité, sans roulades ni contorsions, et que s'il s'amuse à cela, ce n'est que par méchanceté et par hypocrisie. Or, voyez-vous, c'est justement dans ces états de conscience et de honte que se cache la volupté. » C'est ce qu'on appelle le *masochisme* de l'homme souterrain.

Sans liaison visible (mais peut-être n'est-ce là qu'une apparence), le narrateur passe à son deuxième grand thème : celui de la raison, de sa part dans l'homme et de la valeur du comportement qui veut s'y conformer exclusivement. L'argumentation prend à peu près la forme suivante : 1) La raison ne connaîtra jamais que le « raisonnable », c'est-à-dire une « vingtième partie » seulement de l'être humain. 2) Or la partie essentielle de l'être est constituée par le désir, par le vouloir, qui n'est pas raisonnable. « Que sait la raison? La raison ne sait que ce qu'elle a eu le temps d'apprendre (et il y a des choses qu'elle n'apprendra, je crois bien, jamais; ce n'est pas une consolation, mais pourquoi ne pas le dire?), tandis que la nature humaine agit dans tout son ensemble, avec tout ce qu'elle possède de conscient ou d'inconscient, et bien qu'elle dise faux, elle vit. » « La raison est une bonne chose, c'est indiscutable, mais la raison n'est jamais que la raison et ne satisfait que la faculté raisonnante de l'homme, tandis que le vouloir est la manifestation de toute la vie d'un homme, y compris sa raison et tout ce qui le démange. » 3) Il est donc absurde de vouloir fonder une manière de vivre — et de l'imposer aux autres — sur la raison seulement. « Par exemple vous voulez débarrasser l'homme de ses vieilles habitudes et redresser sa volonté conformément aux exigences de la science et du bon sens. Mais qu'est-ce qui vous dit que cela est non seulement possible mais *nécessaire?* Qu'est-ce qui vous permet de conclure que le vouloir de l'homme a tellement *besoin* d'être redressé? En un mot, d'où prenez-vous que ce redressement lui apportera un avantage réel? » Dostoïevski dénonce donc ce déterminisme totalitaire au nom duquel on essaie d'expliquer toutes les actions humaines par référence aux lois de la raison.

Ce raisonnement se fonde sur quelques arguments, et entraîne, à son tour, certaines conclusions. Voici d'abord les arguments. Ils sont de deux types; tirés d'une part de l'expérience collective, de l'histoire de l'humanité : l'évolution de la civilisation n'a pas amené le règne de la raison, il y a autant d'absurdité dans la société antique que dans le monde moderne. « Mais regardez bien autour de vous! Il coule des fleuves de sang, et si joyeusement, par-dessus le marché, qu'on dirait du champagne. » Les autres arguments viennent de l'expérience personnelle du narrateur : que tous les désirs ne peuvent être expliqués par la raison; que, pourraient-ils l'être, l'homme aurait agi différemment — exprès, pour la contredire; que la théorie du déterminisme absolu est donc fausse; et le narrateur défend, face à elle, le droit au caprice : voici ce que retiendra, de Dostoïevski, Gide. D'ailleurs, aimer la souffrance est contre la raison, or cela existe (comme on l'a vu précédemment et comme il nous le rappelle ici : « C'est que l'homme est quelquefois terriblement attaché à sa souffrance, c'est une véritable passion et un fait indiscutable. »). Il y a enfin un autre argument, qui doit parer une éventuelle objection. On pourrait en effet constater que la majorité des actions humaines obéit, tout de même, à des buts raisonnables. La réponse ici est : cela est vrai mais n'est qu'une apparence. En fait, même dans ces actions apparemment raisonnables, l'homme se soumet à un autre principe : il accomplit l'action pour elle-même, et non pour parvenir à un résultat. « L'essentiel n'est pas de savoir où elle va [la voie], mais seulement qu'elle avance. » « Mais l'homme est un être frivole et disgracieux; peut-être, pareil au joueur d'échecs, ne s'intéresse-t-il qu'à la poursuite du but, et non au but lui-même. Et qui sait (on ne saurait en jurer)? peut-être que le seul but vers lequel tende l'humanité sur cette terre réside dans la permanence de cette poursuite, autrement dit, dans la vie elle-même, et non dans le but proprement dit. »

140

Les conclusions qu'on tire de cette affirmation concernent tous les réformateurs sociaux (y compris les révolutionnaires) car ceux-ci s'imaginent qu'ils connaissent l'homme entier et ils ont déduit, de ces connaissances en fait partielles, l'image d'une société idéale, d'un « palais de cristal »; or leurs déductions sont fausses puisqu'ils ne connaissent pas l'homme; ce qu'ils lui offrent, par conséquent, n'est pas un palais mais un « immeuble pour locataires pauvres », ou encore, un poulailler, ou encore, une fourmilière. « Voyez-vous, si au lieu d'un palais c'était un poulailler, et s'il se mettait à pleuvoir, je m'enfournerais peut-être dans le poulailler pour ne pas me laisser mouiller, mais sans aller, par gratitude, parce qu'il m'aurait abrité de la pluie, le prendre pour un palais. Vous riez, vous dites même que dans ce cas, poulailler ou demeure princière, c'est du pareil au même. Oui, vous répondrai-je, si l'on ne vivait que pour ne pas se laisser mouiller. » « En attendant, moi, je continuerai à ne pas prendre le poulailler pour un palais. » Le déterminisme totalitaire est non seulement faux, mais dangereux : à défaut de considérer les hommes comme une vis dans la machine, ou comme des « animaux domestiques », on va les y amener. C'est ce qu'on appelle *l'antisocialisme* (le conservatisme) de Dostoïevski.

LE DRAME DE LA PAROLE

Si les *Notes d'un souterrain* se limitaient à cette première partie, et celle-ci aux idées qu'on vient d'exposer, on pourrait s'étonner de voir ce livre jouir de la réputation qui est la sienne. Non que les affirmations du narrateur soient inconsistantes. Il ne faut pas non plus, par une déformation de perspective, leur refuser toute originalité : les cent ans qui nous séparent de la publication des *Notes* (1864) nous ont peut-être trop habitués à penser en termes proches de ceux de Dostoïevski. Néanmoins, la pure valeur philosophique, idéologique, scientifique de ces affirmations ne suffit certainement pas à distinguer ce livre parmi cent autres.

Mais ce n'est pas cela que nous lisons, lorsque nous ouvrons les *Notes d'un souterrain*. On ne lit pas un recueil de pensées mais un récit, un livre de fiction. Dans le miracle de cette métamorphose consiste la première véritable innovation de Dostoïevski. Il ne s'agit pas ici d'opposer la forme aux idées : lever l'incompatibilité entre fiction et non-fiction, ou, si l'on préfère, entre le « mimétique » et le « discursif », est aussi une « idée », et de taille. Il faut refuser la réduction de l'œuvre à des phrases isolées, extraites de leur contexte, et attribuées directement au penseur Dostoïevski. Il convient donc maintenant, une fois que nous connaissons la substance des arguments qui seront présentés, de voir comment ces arguments nous parviennent. Car plutôt qu'à l'exposé tranquille d'une idée, nous assistons à sa *mise en scène*. Et nous disposons, comme il se doit dans une situation dramatique, de plusieurs *rôles*.

Un premier rôle est attribué aux textes évoqués ou cités. Dès leur parution, les *Notes d'un souterrain* furent perçues par le public comme un écrit polémique. V. Komarovitch, dans les années vingt, a explicité la majorité des références qui s'y trouvent dispersées ou dissimulées. Le texte se réfère à un ensemble idéologique qui domine la pensée libérale et radicale russe des années 1840 à 1870. L'expression « le beau et le sublime », toujours entre guillemets, renvoie à Kant, à Schiller et à l'idéalisme allemand; « l'homme de la nature et de la vérité », à Rousseau (on verra que le rôle de celui-ci est plus complexe); l'historien positiviste Buckle est cité nommément. Mais l'adversaire le plus direct est un contemporain russe : Nicolaï Tchernychevski, maître à penser de la jeunesse radicale des années soixante, auteur d'un roman utopique et didactique, *Que faire?*, et de plusieurs articles théoriques, dont un est intitulé « Du principe anthropologique en philosophie ». C'est Tchernychevski qui défend le déterminisme totalitaire, aussi bien dans l'article nommé que par l'intermédiaire des personnages de son roman (plus particulièrement, de Lopoukhov). C'est lui aussi qui fait rêver un autre personnage (Véra Pavlovna) au palais de cristal, ce qui renvoie, indirectement, au phalanstère de Fourier et aux écrits de ses continuateurs russes. A aucun moment donc, le texte des *Notes* n'est simplement l'exposé impartial d'une idée; nous lisons un dialogue polémique dont l'autre interlocuteur était bien présent à l'esprit des lecteurs contemporains.

A côté de ce premier rôle, qu'on pourrait appeler *ils* (= les discours antérieurs), surgit un second, celui de *vous*, ou l'interlocuteur représenté. Ce *vous* apparaît dès la première phrase, plus exactement, dans les points de suspension qui séparent « Je suis un homme malade » de « Je suis un homme méchant » : le ton change de la première à la deuxième proposition parce que le narrateur entend, prévoit une réaction apitoyée à la première, qu'il refuse par la seconde. Aussitôt après, le *vous* apparaît dans le texte. « Et ça, je suis sûr que vous ne me faites pas l'honneur de le comprendre. » « Cependant, ne croyez-vous pas, messieurs, que je bats ma coulpe devant vous, que j'ai l'air de m'excuser de je ne sais quelle faute?... C'est cela que vous croyez, j'en suis certain... » « Si, agacés par tout ce verbiage (et je le sens déjà, qu'il vous agace), vous vous avisez de me demander », etc.

Cette interpellation de l'auditeur imaginaire, la formulation de ses répliques supposées se poursuivent tout au long du livre; et l'image du *vous* ne reste pas identique. Dans les six premiers chapitres de la première partie, le *vous* dénote simplement une réaction moyenne, celle de M. Tout-le-Monde, qui écoute cette confession fiévreuse, rit, se méfie, se laisse agacer, etc. Dans le chapitre VII, cependant, et jusqu'au chapitre X, ce rôle se modifie : le *vous* ne se contente plus d'une réaction passive, il prend position et ses répliques deviennent aussi longues que celles du narrateur. Cette position, nous la connaissons, c'est celle de *ils* (disons, pour simplifier, celle de Tchernychevski). C'est à *eux* que s'adresse maintenant le narrateur en affirmant : « Car, autant que je sache, messieurs, tout votre répertoire des avantages humains, vous l'avez établi d'après les chiffres moyens de données statistiques et de formules de sciences économiques. » C'est ce deuxième *vous-ils* dont il dira : « Vous croyez à un palais de cristal, à tout jamais indestructible... » Enfin, dans le dernier (onzième) chapitre, on revient au *vous* initial, et ce *vous* devient en même temps un des thèmes du discours : « Bien entendu, ces paroles que je vous fais dire, c'est moi qui viens de les inventer. Ça aussi, c'est un produit du souterrain. Je les ai épiées par une petite fente quarante ans de suite. C'est moi qui les ai inventées, c'est tout ce que j'avais à faire... »

Enfin, le dernier rôle dans ce drame est tenu par le *je* : par un *je* dédoublé bien sûr car, on le sait, toute apparition du *je*, toute appellation de celui qui parle, pose un nouveau contexte d'énonciation, où c'est un autre *je*, non encore nommé, qui énonce. C'est là le trait à la fois le plus fort et le plus original de ce discours : son aptitude à mélanger librement le linguistique avec le métalinguistique, à contredire l'un par l'autre, à régresser jusqu'à l'infini dans le métalinguistique. En effet la représentation explicite de celui qui parle permet une série de figures. Voici la contradiction : « J'étais un fonctionnaire méchant. » Une page plus loin : « En vous disant que j'étais un fonctionnaire méchant tout à l'heure, je vous ai raconté des bourdes. » Le commentaire métalinguistique : « J'étais grossier et j'y prenais plaisir. C'est que je ne me laissais pas graisser la patte, moi! Alors, j'avais bien droit à cette compensation. (La blague ne vaut pas cher, mais je ne la bifferai pas. En l'écrivant, je croyais que ça ferait très piquant; maintenant, je m'aperçois que je ne cherchais qu'à faire bassement le malin, mais je ne la bifferai pas! Exprès!) » Ou : « Je

poursuis tranquillement mon propos sur les gens aux nerfs solides... »
Réfutation de soi-même : « Car je vous jure, messieurs, que je ne crois
pas à un seul, mais alors là, pas un traître mot de ce que je viens de
gribouiller. » La régression à l'infini (exemple de la deuxième partie) :
« Au fait, vous avez raison. C'est vulgaire et ignoble. Et le plus ignoble
de tout, c'est que je sois en train de me justifier devant vous. Et plus
ignoble encore, que j'en fasse la remarque. Ah! Et puis cela suffit,
dans le fond, autrement on n'en finira jamais : les choses seront
toujours plus infâmes les unes que les autres... » Et tout le onzième
chapitre de la première partie est consacré au problème de l'écriture :
pourquoi écrit-il? pour qui? L'explication qu'il propose (il écrit
pour lui-même, pour se débarrasser de ses souvenirs pénibles) n'est
en fait qu'une parmi d'autres, suggérées à d'autres niveaux de lecture.

Le drame que Dostoïevski a mis en scène dans les *Notes* est celui
de la parole, avec ses protagonistes constants : le discours présent,
le *ceci;* les discours absents des autres, *ils;* le *vous* ou le *tu* de l'allocutaire, toujours prêt à se transformer en locuteur; le *je* enfin du sujet
de l'énonciation — qui n'apparaît que lorsqu'une énonciation
l'énonce. L'énoncé, pris dans ce jeu, perd toute stabilité, objectivité,
impersonnalité : il n'existe plus d'idées absolues, cristallisation
intangible d'un processus à jamais oublié; celles-ci sont devenues
aussi fragiles que le monde qui les entoure.

Le nouveau statut de l'idée est précisément l'un des points que l'on
trouve éclairés dans l'étude de Bakhtine sur la poétique de Dostoïevski (et qui reprend des remarques de plusieurs critiques russes
antérieurs : Viatcheslav Ivanov, Grossman, Askoldov, Engelgardt).
Dans le monde romanesque non dostoïevskien, que Bakhtine nomme
monologique, l'idée peut avoir deux fonctions : exprimer l'opinion
de l'auteur (et n'être attribuée à un personnage que pour des raisons
de commodité); ou bien, n'étant plus une idée à laquelle l'auteur
apporte son adhésion, servir de caractéristique psychique ou sociale
au personnage (par métonymie). Mais dès que l'idée est prise au
sérieux, elle n'appartient plus à personne. « Tout ce qui, dans les
consciences multiples, est essentiel et vrai, fait partie du contexte
unique de la " conscience en général " et est dépourvu d'individualité.
Par contre, tout ce qui est individuel, ce qui distingue une conscience
de l'autre et des autres, n'a aucune valeur pour la cognition en général,
et se rapporte à l'organisation psychologique ou aux limites de la
personne humaine. En fait de vérité, il n'existe pas de consciences
individuelles. Le seul principe d'individualisation cognitive reconnu
par l'idéalisme est l'*erreur*. Un jugement vrai n'est jamais rattaché

à une personne, mais satisfait un seul contexte unique fondamentalement monologique. Seule l'erreur rend individuel. »

La « révolution copernicienne » de Dostoïevski consiste précisément, selon Bakhtine, à avoir annulé cette impersonnalité et solidité de l'idée. Ici l'idée est toujours « interindividuelle et intersubjective », et « sa conception créatrice du monde ne connaît pas de *vérité impersonnelle* et ses œuvres ne comportent pas de vérités susceptibles d'isolement ». Autrement dit, les idées perdent leur statut singulier, privilégié, elles cessent d'être des essences immuables pour s'intégrer en un plus vaste circuit de la signification, dans un immense jeu symbolique. Pour la littérature antérieure (une telle généralisation est évidemment abusive), l'idée est un signifié pur, elle *est signifiée* (par les mots ou par les actes) mais ne *signifie* pas elle-même (à moins que ce ne soit comme une caractéristique psychologique). Pour Dostoïevski et, à des degrés différents, pour quelques-uns de ses contemporains (tel le Nerval d'*Aurélia*), l'idée n'est pas le *résultat* d'un processus de représentation symbolique, elle en est une *partie* intégrante. Dostoïevski lève l'opposition entre discursif et mimétique en donnant aux idées un rôle de *symbolisant* et non seulement de *symbolisé;* il transforme l'idée de représentation non en la refusant ou en la restreignant mais, bien au contraire (même si les résultats peuvent paraître semblables), en l'étendant sur des domaines qui lui restaient étrangers jusqu'alors. On pouvait trouver dans les *Pensées* de Pascal des affirmations sur un cœur que la raison ne connaît pas, comme dans les *Notes d'un souterrain;* mais on ne peut imaginer les *Pensées* transformées en un tel « dialogue intérieur » où celui qui énonce en même temps se dénonce, se contredit, s'accuse de mensonge, se juge ironiquement, se moque de lui-même — et de nous.

Lorsque Nietzsche dit que « Dostoïevski est le seul qui m'ait appris quelque chose en psychologie », il participe d'une tradition séculaire qui, dans le littéraire, lit le psychologique, le philosophique, le social — mais non la littérature même, ou le discours; qui ne s'aperçoit pas que l'innovation de Dostoïevski est bien plus grande sur le plan symbolique que sur celui de la psychologie, qui n'est ici qu'un élément parmi d'autres. Dostoïevski change notre idée de l'idée et notre représentation de la représentation.

Mais y a-t-il une relation entre ce thème *du* dialogue et les thèmes évoqués *dans* le dialogue?... On sent que le labyrinthe ne nous a pas encore révélé tous ses secrets. Empruntons une autre voie, engageons-nous dans un secteur encore inexploré : la deuxième partie du livre.

145

Comment savoir, le chemin indirect se révélera peut-être le plus rapide?

Cette seconde partie est plus traditionnellement narrative, mais elle n'exclut pas pour autant les éléments de ce drame de la parole qu'on observe dans la première. Le *je* et le *vous* se comportent de manière semblable, mais le *ils* change et accroît son importance. Plutôt que d'entrer avec les textes antérieurs en dialogue, en polémique — donc en un rapport syntagmatique —, le récit épouse la forme de la *parodie* (rapport paradigmatique), en imitant et inversant les situations de récits antérieurs. En un sens, les *Notes d'un souterrain* portent la même intention que *Don Quichotte* : ridiculiser une littérature contemporaine, en l'attaquant aussi bien par la parodie que par la polémique ouverte. Le rôle des romans de chevalerie est tenu ici par la littérature romantique, russe et occidentale. Plus exactement, ce rôle est divisé en deux : d'une part le héros participe de situations qui parodient les péripéties du même *Que faire?* de Tchernychevski; ainsi de la rencontre avec l'officier ou de celle avec Lisa. Lopoukhov, dans le roman de Tchernychevski, a pour habitude de ne jamais céder le chemin, sauf aux femmes et aux vieillards; lorsqu'une fois un grossier personnage ne s'écarte pas non plus, Lopoukhov, homme de grande force physique, le déplace simplement dans le fossé. Un autre personnage, Kirsanov, rencontre une prostituée et, par son amour, l'extrait de sa condition (il est étudiant en médecine, tout comme le soupirant de Lisa). Ce plan parodique n'est jamais nommé dans le texte. En revanche, l'homme du souterrain lui-même est toujours conscient de se comporter (de vouloir se comporter) comme les personnages romantiques du début du siècle; les œuvres et les héros sont nommément cités ici : ce sont Gogol (*les Ames mortes, le Journal d'un fou, le Manteau* — ce dernier sans mention explicite), Gontcharov (*Histoire ordinaire*), Nekrassov, Byron (*Manfred*), Pouchkine (*le Coup de feu*), Lermontov (*Mascarade*), George Sand, voire Dostoïevski lui-même, indirectement (*Humiliés et Offensés*). Autrement dit, la littérature libérale des années trente et quarante est ridiculisée à l'intérieur de situations empruntées aux écrivains radicaux des années soixante. Ce qui constitue déjà une accusation indirecte des uns et des autres.

Contrairement à la première partie, le rôle principal est tenu ici par la littérature libérale et romantique. Le héros-narrateur est un adepte de cette littérature romantique et il voudrait régler sur elle son comportement. Cependant — et c'est là que réside la parodie — ce comportement est dicté en réalité par une tout autre logique, ce qui fait que les projets romantiques échouent l'un après l'autre. Le contraste est tout à fait frappant, car le narrateur ne se contente pas de rêves vagues et nébuleux, mais imagine dans le détail chaque scène à venir, parfois plusieurs fois de suite; et jamais ses prévisions ne se révèlent justes. Avec l'officier d'abord : il rêve (et nous verrons en quoi ce rêve est romantique) d'une querelle à la fin de laquelle il serait jeté par la fenêtre (« Bon Dieu! ce que j'aurais donné pour une bonne, pour une plus juste dispute, une dispute plus convenable, plus *littéraire*, pour ainsi dire! »); en fait on le traite comme quelqu'un qui ne mérite pas la bagarre, qui n'existe même pas. Ensuite, à propos du même officier, il rêve d'une conciliation dans l'amour; mais il ne parviendra qu'à le heurter « sur un pied de parfaite égalité ». Lors de l'épisode avec Zverkov, il rêve à une soirée où tout le monde l'admire et l'aime; il la vivra dans la plus grande humiliation. Avec Lisa, enfin, il s'affuble du rêve le plus traditionnellement romantique : « Par exemple : je sauve Lisa justement parce qu'elle me rend visite et que je lui parle... Je développe son esprit, je fais son éducation. Je finis par m'apercevoir qu'elle m'aime, qu'elle m'aime passionnément. Je fais semblant de ne pas comprendre », etc. Cependant, lorsque Lisa arrive chez lui, il la traite en prostituée.

Ses rêves sont plus romantiques encore lorsqu'ils ne sont suivis d'aucune action précise. Ainsi dans celui, intemporel, qu'on trouve au chapitre deux : « Par exemple, je triomphe. Naturellement, les autres sont pulvérisés et contraints de reconnaître de leur plein gré mes nombreuses qualités, et moi, je leur pardonne, à tous. Poète et gentilhomme de la Chambre, je tombe amoureux; je touche des tas de millions que je sacrifie sur-le-champ au genre humain, puis je confesse aussitôt devant le peuple toutes mes infamies, lesquelles, naturellement, ne sont pas des infamies ordinaires mais renferment des quantités folles de " beau " et de " sublime ", dans le style de Manfred », etc. Ou encore, avec Zverkov, lorsqu'il prévoit trois versions successives d'une scène qui n'aura jamais lieu : dans la première, celui-ci lui baise les pieds; dans la seconde, ils se battent en duel; dans la troisième le narrateur mord la main de Zverkov, on l'envoie au bagne et, quinze ans plus tard, il revient voir son ennemi : « Regarde, monstre, regarde mes joues hâves et mes haillons! J'ai tout perdu : carrière, bonheur, art, science, *la femme que j'aimais*, et tout cela à cause de toi. Voici des pistolets. Je suis venu vider mon pistolet et... et je te pardonne. — A ce moment, je tirerai en l'air, puis l'on n'entendra plus parler de moi... — J'étais au bord des larmes, et pourtant, au même moment, je savais — le doute n'était pas permis — que tout ça, je l'avais tiré de Sylvio et de *Mascarade* de Lermontov. »

Toutes ces rêveries se font donc explicitement au nom de la littérature, d'une certaine littérature. Lorsque les événements risquent de se dérouler autrement, le narrateur les qualifie de non littéraires (« tout cela serait misérable, non *littéraire*, banal! »). Ainsi s'esquissent deux logiques ou deux conceptions de la vie : la vie *littéraire* ou *livresque* et la *réalité* ou la *vie vivante*. « Nous nous sommes tous déshabitués de vivre, nous sommes tous devenus boiteux, les uns plus, les autres moins. Nous nous en sommes à tel point déshabitués, que parfois, nous ressentons une sorte de répulsion devant la " vie vivante ", et par conséquent nous détestons qu'on nous rappelle son existence. C'est que nous en sommes arrivés au point que c'est tout juste si nous ne considérons pas la " vie vivante " comme un labeur, presque une fonction publique, et que dans notre for intérieur nous pensons tous que le monde des livres, c'est mieux. (...) Laissez-nous seuls, sans livres, et aussitôt nous nous embrouillerons, nous nous perdrons... » : ainsi parle le narrateur désillusionné à la fin des *Notes*.

MAÎTRE ET ESCLAVE

En fait nous n'assistons pas à un simple rejet des revêries. Les événements représentés ne s'organisent pas seulement de manière à réfuter la conception romantique de l'homme, mais en fonction d'une logique qui leur est propre. Cette logique, jamais formulée mais sans cesse représentée, explique toutes les actions, apparemment aberrantes, du narrateur et de ceux qui l'entourent : c'est celle du maître et de l'esclave, ou, comme dit Dostoïevski, du « mépris » et de l'« humiliation ». Loin d'être l'illustration du caprice, de l'irrationnel et de la spontanéité, le comportement de l'homme du souterrain obéit, comme l'avait déjà signalé René Girard, à un schème bien précis.

L'homme du souterrain vit dans un monde à trois valeurs : inférieur, égal, supérieur; mais c'est en apparence seulement que celles-ci forment une série homogène. Tout d'abord, le terme « égal » ne peut exister que nié : c'est le propre même de la relation maître-esclave que d'être exclusive, de n'admettre aucun terme tiers. Celui qui aspire à l'égalité prouve par là même qu'il ne la possède pas; il se verra donc attribuer le rôle d'esclave. Dès qu'une personne occupe l'un des pôles de la relation, son partenaire se voit automatiquement rattaché à l'autre.

Mais être maître n'est pas plus facile. En effet, dès que l'on se voit confirmé dans sa supériorité, celle-ci disparaît, par ce fait même : car la supériorité n'existe, paradoxalement, qu'à condition de s'exercer sur des égaux; si l'on croit vraiment que l'esclave est inférieur, la supériorité perd son sens. Plus exactement, elle le perd lorsque le maître perçoit non seulement sa relation avec l'esclave mais aussi l'image de cette relation; ou, si l'on préfère, qu'il en prend *conscience*. C'est là, précisément, la différence entre le narrateur et les autres personnages des *Notes*. Cette différence peut paraître, à première vue, illusoire. Lui-même y croit à l'âge de vingt-quatre ans : « Une autre chose me tourmentait : justement ceci, que personne ne me ressemblait et que je ne ressemblais à personne. " C'est que moi, je suis seul, mais eux, ils sont *tous* ", me disais-je en me perdant en conjectures. » Mais le narrateur ajoute, seize ans plus tard : « On voit à cela que je n'étais encore qu'un gamin. » En fait, la différence n'existe qu'à ses yeux; mais cela suffit. Ce qui le rend différent des autres, c'est le désir de ne pas s'en distinguer; autrement dit, sa conscience, celle-là même qu'il exaltait dans la première partie. Dès qu'on devient conscient du problème de l'égalité, qu'on déclare vouloir devenir égal, on affirme, dans ce monde où il n'existe que des maîtres et des esclaves, qu'on n'est pas l'égal, et donc — comme les maîtres seuls sont « égaux » — qu'on est inférieur. L'échec guette l'homme souterrain de partout : l'égalité est impossible; la supériorité, dénuée de sens; l'infériorité, douloureuse.

Prenons le premier épisode, la rencontre avec l'officier. On pourrait trouver étrange le désir du narrateur de se voir jeter par la fenêtre; ou, pour l'expliquer, avoir recours à ce « masochisme » dont il nous a entretenu dans la première partie. L'explication, cependant, est ailleurs, et si nous jugeons son désir absurde, c'est que nous tenons compte des actes explicitement posés seulement, et non de ce qu'ils présupposent. Or une bagarre en règle *implique* l'égalité des participants : on ne se bat qu'entre égaux. (Nietzsche écrivait — c'était sans doute là la leçon de psychologie qu'il tirait de Dostoïevski : « On ne hait pas un homme tant qu'on l'estime inférieur, mais seulement quand on le juge égal ou supérieur. ») Obéissant à la même logique du maître et de l'esclave, l'officier ne peut accepter cette proposition : demander l'égalité implique qu'on est inférieur, l'officier se comportera donc en supérieur. « Il m'a pris aux épaules et, sans un mot d'avertissement ou d'explication, m'a fait changer de place, puis il est passé, comme s'il n'avait même pas remarqué ma présence. » Et voici que notre héros se trouve à la place de l'esclave.

Renfermé dans son ressentiment, l'homme souterrain commence à rêver — non exactement à la vengeance, mais encore à l'état d'égalité. Il écrit à l'officier une lettre (qu'il n'enverra pas) qui devrait amener ce dernier, ou bien au duel, c'est-à-dire à l'égalité des adversaires, ou bien à ce qu'il fasse « un bond chez moi pour se jeter à mon cou et m'offrir son amitié. Et comme c'eût été beau! Là, nous nous serions mis à vivre! » : en d'autres mots, à l'égalité des amis.

Puis le narrateur découvre la voie de la vengeance. Elle consistera à ne pas céder le chemin sur la perspective Nevski où tous deux se promènent souvent. Encore une fois, ce dont il rêve est l'égalité. « Pourquoi t'effaces-tu le premier? me faisais-je à moi-même la guerre, m'éveillant sur le coup de trois heures du matin, en pleine crise de nerfs. — Pourquoi serait-ce toi et pas lui? Il n'y a pas de loi là-dessus, ça n'est écrit nulle part, n'est-ce pas? Mettez-y chacun du vôtre comme cela se fait d'ordinaire lorsque des gens délicats se rencontrent : il te laisse la moitié du passage et toi l'autre, et vous vous croiserez ainsi, avec des égards réciproques. » Et lorsque la rencontre se réalise, le narrateur constate : « Je m'étais publiquement placé sur un pied d'égalité sociale avec lui. » C'est ce qui explique d'ailleurs la nostalgie qu'il éprouve maintenant pour cet être peu attrayant (« Qu'est-ce qu'il fait à présent, mon doux ami?... »).

L'incident avec Zverkov obéit à la même logique exactement. L'homme souterrain entre dans une pièce où se trouvent réunis des anciens camarades d'école. Eux aussi se comportent comme s'ils ne l'apercevaient pas, ce qui réveille en lui le désir obsédant de prouver qu'il est leur égal. Aussi, apprenant qu'ils se préparent à célébrer un autre ancien camarade (qui ne l'intéresse nullement par ailleurs), il demande à participer à la beuverie : à être comme les autres. Mille obstacles se dressent sur son chemin; il ne va pas moins les surmonter et assister au dîner offert à Zverkov. Dans ses rêves cependant, le narrateur ne s'illusionne pas : il se voit ou bien humilié par Zverkov, ou bien, à son tour, l'humiliant : on n'a que le choix entre le rabaissement de soi et le mépris pour l'autre.

Zverkov arrive et se comporte de manière affable. Mais ici encore, l'homme du souterrain réagit au présupposé, non au posé, et cette affabilité même le met sur ses gardes : « Ainsi donc, il se croyait incommensurablement supérieur sous tous les rapports? (...) Et si la misérable idée qu'il m'était incommensurablement supérieur et qu'il ne pouvait plus me considérer autrement qu'avec des airs protecteurs était, pour de bon et sans aucun désir de me blesser, allée se fourrer dans sa cervelle de mouton? »

La table autour de laquelle on s'assoit est ronde; mais l'égalité s'arrête là. Zverkov et ses camarades font des allusions à la pauvreté, aux malheurs du narrateur, en un mot, à son infériorité — car eux aussi obéissent à la logique du maître et de l'esclave, et dès que quelqu'un demande l'égalité, on comprend qu'il se trouve en fait dans l'infériorité. On cesse de le remarquer, malgré tous ses efforts. « Il eût été impossible de s'humilier plus bassement, plus délibérément. » Ensuite, à la première occasion, il demande à nouveau l'égalité (aller avec les autres au bordel), elle lui est refusée, suivent de nouveaux rêves de supériorité, etc.

L'autre rôle ne lui est pas tout à fait refusé, d'ailleurs : il trouve des êtres plus faibles que lui dont il est le maître. Mais cela ne lui apporte aucune satisfaction, car il ne peut être maître à la manière de « l'homme d'action ». Il a besoin du procès de devenir-maître, non de l'état de supériorité. Cette mécanique est évoquée en raccourci dans un souvenir d'école : « Une fois, j'ai même eu un ami. Mais j'étais déjà un despote dans l'âme; je voulais régner sur la sienne en maître absolu; je voulais lui insuffler le mépris de son entourage, avec lequel j'ai exigé de lui une rupture hautaine et définitive. Mon amitié passionnée lui a fait peur : je le poussais jusqu'aux larmes, aux convulsions; c'était une âme naïve et confiante; mais lorsqu'il s'est complètement abandonné à moi, je me suis mis à le haïr et je l'ai repoussé, à croire que je n'avais eu besoin de lui que pour le vaincre et le voir se soumettre. » Pour un maître conscient, l'esclave, une fois soumis, ne présente plus aucun intérêt.

Mais c'est surtout dans l'épisode avec Lisa que l'homme souterrain se retrouve à l'autre pôle de la relation. Lisa est une prostituée, elle est au plus bas de l'échelle sociale : c'est ce qui permet, à l'homme souterrain, pour une fois, d'agir selon la logique romantique qui lui est chère : d'être magnanime et généreux. Mais il accorde si peu d'importance à sa victoire qu'il est prêt à l'oublier le lendemain, tout préoccupé du rapport avec ses maîtres à lui. « Mais *de toute évidence*, le plus important, l'essentiel n'était pas là : il fallait me dépêcher d'aller sauver ma réputation aux yeux de Zverkov et de Simonov. C'était cela, le principal. Lisa, au milieu des soucis de cette matinée, je l'avais complètement oubliée. » Si le souvenir revient, c'est parce que l'homme souterrain craint que, lors d'une prochaine rencontre, il ne puisse plus se maintenir au niveau supérieur où il s'était hissé. « Hier, elle m'a pris pour un... héros... tandis que maintenant...

heu... » Il redoute que Lisa ne devienne, elle aussi, *méprisante* et qu'il soit de nouveau *humilié*. Or, par le hasard des choses, elle entre chez lui à un moment où il est humilié par son serviteur. C'est pourquoi, la première question qu'il lui adresse est : « Lisa, tu me méprises? » Après une crise hystérique, il commence à croire « qu'à présent les rôles étaient définitivement renversés, qu'à présent, c'était elle, l'héroïne, et que moi, j'étais une créature aussi humiliée, aussi bafouée qu'elle l'avait été à mes yeux, l'autre nuit — il y avait de cela quatre jours... ». Ce qui provoque en lui le désir de se retrouver maître, il la possède et lui remet ensuite de l'argent, comme à n'importe quelle prostituée. Mais l'état de maîtrise ne comporte pas de plaisir pour lui, et son seul désir est que Lisa disparaisse. Une fois partie, il découvre qu'elle n'avait pas pris l'argent. Donc elle n'était pas inférieure! Elle reprend toute sa valeur à ses yeux, et il se lance à sa poursuite. « Pourquoi? Tomber à genoux devant elle, éclater en sanglots de repentir, lui baiser les pieds, implorer son pardon! » Lisa lui était inutile comme esclave, elle lui redevient nécessaire en tant que maître potentiel.

On comprend maintenant que les rêveries romantiques ne sont pas extérieures à la logique du maître et de l'esclave : elles sont la version rose de ce dont le comportement du maître est la version noire. Le rapport romantique d'égalité ou de générosité présuppose la supériorité, tout comme la bagarre présupposait l'égalité. En commentant devant Lisa leur première rencontre, le narrateur s'en rend pleinement compte. « On m'avait bafoué, je voulais bafouer à mon tour; on m'avait traité en chiffe molle, j'ai voulu à mon tour exercer mon empire... Voilà l'affaire. Et toi, tu t'es imaginé que j'étais venu exprès pour te sauver, oui? » « C'est de puissance que j'avais besoin, ce jour-là, j'avais besoin de jouer, de te pousser jusqu'aux larmes, de te rabaisser, de provoquer tes sanglots — voilà de quoi j'avais besoin ce jour-là! » La logique romantique est donc non seulement constamment battue en brèche par celle du maître et de l'esclave, elle n'en est même pas différente; c'est d'ailleurs pourquoi les rêves « roses » peuvent alterner librement avec les rêves « noirs ».

Toute l'intrigue dans la seconde partie des *Notes d'un souterrain* n'est rien d'autre qu'une exploitation de ces deux figures fondamentales dans le jeu du maître et de l'esclave : la vaine tentative d'accéder à l'égalité qui se solde par l'humiliation; et l'effort tout aussi vain — car ses résultats sont éphémères — de se venger, ce qui n'est, dans le meilleur des cas, qu'une compensation : on humilie et on méprise, pour avoir été humilié et méprisé. Le premier épisode, avec l'officier, présente un condensé des deux possibilités; ensuite elles alternent, obéissant à la règle du contraste : l'homme souterrain est humilié par Zverkov et ses camarades, il humilie Lisa, ensuite il est de nouveau humilié par son serviteur Apollon, et se venge encore une fois sur Lisa; l'équivalence des situations est marquée soit par l'identité du personnage soit par une ressemblance dans les détails : ainsi Apollon « chuintait et zézayait sans arrêt », alors que Zverkov parle « en zozotant, chuintant et étirant les mots, ce qui ne lui arrivait pas naguère ». L'épisode avec Apollon, qui met en scène une relation concrète entre maître et serviteur, sert d'emblème à l'ensemble de ces péripéties si peu capricieuses.

L'ÊTRE ET L'AUTRE

L'homme souterrain sera sans cesse conduit à assumer le rôle d'esclave; il en souffre cruellement; et pourtant, apparemment, il le recherche. Pourquoi? Parce que la logique même du maître et de l'esclave n'est pas une vérité dernière, elle-même est une apparence posée qui dissimule un présupposé essentiel, auquel il faut maintenant accéder. Ce centre, cette essence à laquelle nous parvenons nous réserve cependant une surprise : elle consiste à affirmer le caractère primordial de la relation avec autrui, à placer l'essence de l'être en l'autre, à nous dire que le simple est double, et que le dernier atome, indivis, est fait de deux. L'homme souterrain n'existe pas en dehors de la relation avec autrui, sans le regard de l'autre. Or n'être pas est un mal plus angoissant encore qu'être un rien, qu'être esclave.

L'homme n'existe pas sans le regard de l'autre. — On pourrait se méprendre, pourtant, sur la signification du regard dans les *Notes d'un souterrain*. En effet, les indications le concernant, très abondantes, semblent à première vue s'inscrire dans la logique du maître et de l'esclave. Le narrateur ne veut pas regarder les autres, car, à le faire, il reconnaîtrait leur existence et, par là même, leur accorderait un privilège qu'il n'est pas sûr d'avoir pour lui-même; autrement dit, le regard risque de faire de lui un esclave. « A la chancellerie où je travaillais, je m'efforçais même de ne regarder personne. » Lors de sa rencontre avec les anciens camarades d'école, il évite avec insistance de les regarder, il reste « les yeux baissés sur son assiette ». « Je me suis surtout efforcé de ne pas les regarder. » Lorsqu'il regarde quelqu'un, il essaie de mettre dans ce regard toute sa dignité — et donc un défi. « Je les regardais avec rage, avec haine », dit-il de l'officier, et des camarades d'école : « Je promenais insolemment à la ronde mon regard hébété. » Rappelons que les mots russes *prezirat'* et *nenavidet'*, mépriser et haïr, très fréquents dans le texte pour la description de ce sentiment précisément, contiennent tous deux la racine *voir* ou *regarder*.

Les autres en font exactement autant, avec plus de succès la plupart du temps. L'officier passe à côté de lui comme s'il ne le voyait pas, Simonov « évite de le regarder », ses camarades une fois ivres refusent de le remarquer. Et lorsqu'ils le regardent, ils le font avec la même agressivité, en lançant le même défi. Ferfitchkine « plongeait dans mes yeux un regard furibond », Troudolioubov « louchait sur moi avec mépris », et Apollon, son serviteur, se spécialise dans les regards méprisants : « Il commençait par fixer sur nous un regard extraordinairement sévère qu'il ne détachait pas avant plusieurs minutes, surtout lorsqu'il venait m'ouvrir ou m'accompagnait jusqu'à la sortie. (...) Soudain, sans raison apparente, il entrait d'un pas souple et feutré dans ma chambre, tandis que j'y déambulais ou que je lisais, s'arrêtait près de la porte, passait une main derrière son dos, avançait la jambe et braquait sur moi un regard où la sévérité avait fait place au mépris. Si je lui demandais ce qu'il voulait, au lieu de répondre, il me vrillait des yeux quelques secondes de plus, puis, avec un pli particulier des lèvres et un air plein de sous-entendus, il faisait lentement demi-tour et s'en allait du même pas imposant dans sa chambre. »

C'est dans cette optique aussi qu'il faut analyser les rares moments où l'homme souterrain parvient à réaliser ses rêveries romantiques : cet aboutissement exige l'absence totale de regard. Ce n'est pas au hasard si cela se produit lors de la rencontre victorieuse avec l'officier : « Soudain, à trois pas de mon ennemi, contre toute attente, je me suis décidé, *j'ai serré les paupières* et... nous nous sommes violemment heurtés de l'épaule! » Ni, surtout, si cela se répète durant la première rencontre avec Lisa : au début même de la conversation, le narrateur nous dit : « La chandelle s'était éteinte, je ne lui voyais plus la figure », et ce n'est que tout à fait à la fin, son discours bien terminé, qu'il retrouve « une boîte d'allumettes et un chandelier avec une chandelle neuve ». Or c'est précisément entre ces deux moments de lumière que l'homme souterrain peut énoncer son propos romantique, envers rose du visage du maître.

Mais ce n'est là que la logique du regard « littéral », concret. En fait, dans toutes ces circonstances, la condition d'infériorité est acceptée, plus même, recherchée, parce qu'elle permet d'arrêter sur soi le regard des autres, serait-ce un regard méprisant. L'homme souterrain est toujours conscient de la souffrance que lui cause le regard humiliant; il ne le recherche pas moins. Aller chez son chef Anton Antonytch ne lui apporte aucun plaisir; les conversations qu'il y entend sont insipides. « On parlait impôts indirects, adjudications au Sénat, traitements, promotions, on parlait de Son Excellence, des moyens de plaire, et ainsi de suite, et ainsi de suite. J'avais la patience de rester, comme un crétin, quatre heures de rang auprès de ces gens-là, de les écouter sans oser, ni savoir, parler de rien avec eux. Je devenais idiot, j'avais des sueurs chaudes, la paralysie me guettait; mais c'était bien, c'était utile. » Pourquoi? Parce que auparavant il a ressenti « un besoin insurmontable de (se) précipiter dans la société ». Il sait que Simonov le méprise : « Je le soupçonnais d'éprouver une forte répulsion à mon égard. (...) Je me disais justement que ce monsieur trouvait ma présence pénible et que j'avais bien tort d'aller le voir. » Mais, poursuit-il, « ce genre de considérations ne faisaient, comme un fait exprès, que m'encourager à me fourrer dans des situations équivoques ». Un regard, même un regard de maître, vaut mieux que l'absence de regard.

Toute la scène avec Zverkov et les camarades d'école s'explique de la même manière. Il a besoin de leur regard; s'il prend des poses dégagées, c'est parce qu'il attend « avec impatience qu'ils m'adressent la parole *les premiers* ». Ensuite, « je voulais à toute force leur montrer que je pouvais parfaitement me passer d'eux; et cependant, je martelais exprès le plancher, faisais sonner mes talons ». De même avec Apollon : il ne tire aucun profit de ce serviteur grossier et paresseux mais il ne peut pas non plus se séparer de lui. « Je ne pouvais pas le chasser, à croire qu'il était chimiquement lié à mon existence. (...) Je me demande bien pourquoi, mais il me semblait qu'Apollon faisait partie intégrante de ce logement dont, sept années de rang, j'ai été incapable de le chasser. » Voilà l'explication du « masochisme » irrationnel, rapporté par le narrateur dans la première partie et dont les critiques ont tant raffolé : il accepte la souffrance parce que l'état d'esclave est finalement le seul qui lui assure le regard des autres; or sans lui, l'être n'existe pas.

En fait, la première partie contenait déjà explicitement cette affirmation, faite à partir d'un postulat d'échec : l'homme souterrain n'est rien, précisément, il n'est même pas un esclave, ou, comme il dit, même pas un insecte. « Non seulement je n'ai pas su devenir méchant, mais je n'ai rien su devenir du tout : ni méchant ni bon, ni crapule ni honnête homme, ni héros ni insecte. » Il rêve de pouvoir s'affirmer ne serait-ce que par une qualité négative, ainsi la paresse, l'absence d'actions et de qualités. « Je me respecterais, justement parce que je serais capable d'abriter au moins de la paresse; je posséderais au moins un attribut en apparence positif dont, moi aussi, je serais sûr. Question : qui est-il? Réponse : un paresseux; mais c'est que ce serait diantrement agréable à entendre. Donc, je possède une définition positive, donc on peut dire quelque chose de moi. » Car maintenant il ne peut même pas dire qu'il n'est rien (et circonscrire la négation dans l'attribut); il *n'est pas*, c'est jusqu'au verbe d'existence lui-même qui se trouve nié. Être seul, c'est ne plus être.

Il y a un grand débat, quasi scientifique, qui occupe presque toutes les pages des *Notes*, portant sur la conception même de l'homme, sur sa structure psychique. L'homme souterrain cherche à prouver que la conception adverse est non seulement amorale (elle l'est de manière secondaire, dérivée), mais aussi inexacte, fausse. L'homme de la nature et de la vérité, l'homme simple et immédiat, imaginé par Rousseau, n'est pas seulement inférieur à l'homme conscient et souterrain; il n'existe même pas. L'homme un, simple et indivisible, est une fiction; le plus simple est déjà double; l'être n'a pas d'existence antérieure à l'autre ou indépendante de lui; c'est bien pourquoi les rêves d'« égoïsme rationnel » chéris par Tchernychevski et ses amis sont condamnés à l'échec, comme l'est toute théorie qui ne se fonde pas sur la dualité de l'être. Cette universalité des conclusions est affirmée dans les dernières pages des *Notes* : « J'ai simplement poussé jusqu'à l'extrême limite, dans ma propre vie, ce que vous n'avez jamais osé pousser même à moitié, et encore, en prenant votre frousse pour de la raison, ce qui vous servait de consolation, alors qu'en fait, vous vous trompiez vous-mêmes. »

C'est donc par un même mouvement que se trouvent rejetées une conception essentialiste de l'homme et une vision objective des idées; ce n'est pas un hasard si une allusion à Rousseau apparaît ici et là. La confession de Rousseau serait écrite *pour les autres* mais par un être *autonome;* celle de l'homme souterrain est écrite *pour lui*, mais lui-même est déjà *double*, les autres sont en lui, l'extérieur est intérieur. Tout comme il est impossible de concevoir l'homme simple et autonome, on doit surmonter l'idée du texte autonome, expression authentique d'un sujet, plutôt que reflet d'autres textes, jeu entre les interlocuteurs. Il n'y a pas deux problèmes, l'un concernant la nature de l'homme, l'autre, du langage, l'un situé dans les « idées », l'autre dans la « forme ». Il s'agit bien de la même chose.

Ainsi les aspects apparemment chaotiques et contradictoires des *Notes d'un souterrain* trouvent leur cohésion. Le masochisme moral, la logique du maître et de l'esclave, le statut nouveau de l'idée participent tous d'une même structure fondamentale, sémiotique plutôt que psychique, qui est la structure de l'altérité. De tous les éléments essentiels que nous isolions en cours d'analyse, il ne reste qu'un seul dont la place dans l'ensemble n'est pas apparue : ce sont les dénonciations des pouvoirs de la raison, dans la première partie. Serait-ce là une attaque gratuite de Dostoïevski contre ses ennemis-amis les socialistes? Mais finissons de lire les *Notes* et nous découvrirons aussi leur place — et leur signification.

En effet, j'ai laissé de côté l'un des personnages les plus importants de la deuxième partie : Lisa. Ce n'est pas un hasard : son comportement n'obéit à aucun des mécanismes décrits jusqu'ici. Observons, par exemple, son regard : il ne ressemble ni à celui du maître, ni de l'esclave. « J'ai entrevu un visage frais, jeune, un peu blême, avec des sourcils noirs et droits et un regard sérieux, légèrement étonné. » « Soudain, à mes côtés, j'ai aperçu deux yeux largement ouverts qui me fixaient avec curiosité. Leur regard était froid, apathique, sombre, totalement étranger; il vous laissait une impression pénible. » A la fin de la rencontre : « En général, ce n'était plus le même visage, le même regard qu'avant — morose, défiant, obstiné. A présent, on y lisait la prière, la douceur et aussi la confiance, la tendresse, la timidité. C'est ainsi que les enfants regardent ceux qu'ils aiment beaucoup et à qui ils veulent demander quelque chose. Elle avait des yeux noisette, de très beaux yeux, des yeux vivants qui savaient refléter et l'amour et une haine sombre. » Chez lui, après avoir assisté à une scène pénible, son regard garde sa singularité : « Elle me regardait avec inquiétude. » « Elle me regarda plusieurs fois avec un étonnement attristé », etc.

Le moment crucial dans l'histoire rapportée par les *Notes d'un souterrain* survient lorsque Lisa, injuriée par le narrateur, tout d'un coup réagit : et ceci d'une manière à laquelle il ne s'attend pas, qui n'appartient pas à la logique du maître et de l'esclave. La surprise est telle que le narrateur lui-même doit la relever. « C'est alors que se produit un fait étrange. J'étais tellement habitué à tout penser et à tout imaginer comme si cela sortait d'un livre et à me représenter le monde entier tel que je l'avais inventé d'avance dans mes rêvasseries

157

[nous savons maintenant que la logique livresque des romantiques et celle du maître et de l'esclave ne font en fait qu'un], que ce fait étrange, je ne l'ai pas compris tout de suite. Or, voilà ce qui s'est passé : cette Lisa que je venais d'humilier, de bafouer, a compris bien plus de choses que je ne l'avais cru. »

Comment réagit-elle? « Soudain, dans un élan irrépressible, elle a bondi sur ses pieds et, toute tendue vers moi, mais toujours intimidée et n'osant bouger de place, elle m'a ouvert les bras... Et mon cœur s'est retourné. Alors, elle s'est jetée contre ma poitrine, m'a entouré le cou et a fondu en larmes. » Lisa refuse aussi bien le rôle du maître que celui de l'esclave, elle ne veut ni dominer ni se complaire dans sa souffrance : elle aime l'autre *pour lui*. C'est ce jaillissement de lumière qui fait des *Notes* un ouvrage beaucoup plus clair qu'on n'est habitué à le penser; c'est cette même scène qui justifie l'achèvement du récit, alors qu'à la surface, celui-ci se présente comme un fragment tranché par le caprice du hasard : le livre ne pouvait se terminer plus tôt, et il n'y a pas de raison pour qu'il continue; comme le dit « Dostoïevski » dans les dernières lignes, « on peut s'en tenir là ». On comprend aussi un fait qui a souvent inquiété les commentateurs de Dostoïevski : nous savons par une lettre de l'auteur, contemporaine du livre, que le manuscrit comportait, à la fin de la première partie, l'introduction d'un principe positif : le narrateur indiquait que la solution était dans le Christ. Les censeurs ont supprimé ce passage lors de sa première publication; mais, curieusement, Dostoïevski ne l'a jamais rétabli dans les éditions postérieures. On en voit maintenant la raison : le livre aurait compté deux fins au lieu d'une; et le propos de Dostoïevski aurait perdu beaucoup de sa force étant placé dans la bouche du narrateur plutôt que dans le geste de Lisa.

Plusieurs critiques (Skaftymov, Frank) ont déjà remarqué que, contrairement à une opinion répandue, Dostoïevski ne défend pas les vues de l'homme souterrain mais lutte contre elles. Si le malentendu a pu se produire, c'est que nous assistons à deux dialogues simultanés. Le premier est celui entre l'homme du souterrain et le défenseur de l'égoïsme rationnel (peu importe si on lui attache le nom de Tchernychevski, ou celui de Rousseau, ou un autre encore); ce débat porte sur la nature de l'homme et il en oppose deux images, l'une autonome, l'autre duelle; il est évident que Dostoïevski accepte la seconde comme vraie. Mais ce premier dialogue ne sert en fait qu'à balayer le malentendu qui cachait le véritable débat; c'est là que s'instaure le deuxième dialogue, cette fois entre l'homme souterrain, d'une part, et Lisa, ou, si l'on préfère, « Dostoïevski », de l'autre. La difficulté majeure dans l'interprétation des *Notes* réside dans l'impossibilité de concilier l'apparence de vérité, accordée aux arguments de l'homme souterrain, avec la position de Dostoïevski, telle que nous la connaissons par ailleurs. Mais cette difficulté vient du télescopage des deux débats en un. L'homme du souterrain n'est pas le représentant de la position morale, inscrite par Dostoïevski dans le texte en son propre nom; il développe simplement jusqu'à ses conséquences extrêmes la position des adversaires de Dostoïevski, les radicaux des années soixante. Mais une fois ces positions logiquement présentées s'engage le procès essentiel — bien qu'il n'occupe qu'une petite partie du texte — où Dostoïevski, tout en se plaçant dans le cadre de l'altérité, oppose la logique du maître et de l'esclave à celle de l'amour des autres pour les autres, telle qu'elle est incarnée dans le comportement de Lisa. Si dans le premier débat se confrontaient, sur le plan de la *vérité*, deux descriptions de l'homme, dans le second, considérant déjà ce problème comme résolu, l'auteur oppose, sur le plan de la *morale*, deux conceptions du comportement juste.

Dans les *Notes d'un souterrain*, cette seconde solution n'apparaît. que pour un bref moment, lorsque Lisa tend brusquement ses bras pour étreindre celui qui l'injurie. Mais à partir de ce livre, elle s'affirmera avec de plus en plus de force dans l'œuvre de Dostoïevski, même si elle reste comme la marque d'une limite plus qu'elle ne devient le thème central d'une narration. Dans *Crime et Châtiment*, c'est avec le même amour que la prostituée Sonia écoutera les confessions de Raskolnikov. Il en sera de même pour le prince Mychkine, dans *l'Idiot*, et pour Tikhone, qui reçoit la confession de Stavroguine dans *les Démons*. Et dans *les Frères Karamazov*, ce geste se répétera, symboliquement, trois fois : tout au début du livre, le *starets* Zossima s'approche du grand pécheur Mitia, et s'incline silencieusement devant lui, jusqu'à terre. Le Christ, qui entend le discours du Grand Inquisiteur le menaçant du bûcher, s'approche du vieillard et embrasse silencieusement ses lèvres exsangues. Et Aliocha, après avoir entendu la « révolte » d'Ivan, trouve en lui-même la même réponse : il s'approche d'Ivan et l'embrasse sans mot dire sur la bouche. Ce geste, varié et répété tout au long de l'œuvre de Dostoïevski, y prend une valeur précise. L'étreinte sans mots, le baiser silencieux : c'est un dépassement du langage mais non un renoncement au sens. Le langage verbal, la conscience de soi, la logique du maître et de l'esclave : tous trois se retrouvent du même côté, ils restent l'apanage de l'homme souterrain. Car le langage, nous a-t-on dit dans la première partie des *Notes*, ne connaît que le langagier — la raison ne connaît que le raisonnable —, c'est-à-dire une vingtième partie de l'être humain. Cette bouche qui ne *parle* plus mais *embrasse*, introduit le geste et le corps (nous avons tous perdu, disait le narrateur des *Notes*, notre « corps propre »); elle interrompt le langage mais instaure, avec d'autant plus de force, le circuit symbolique. Le langage sera dépassé non par le silence hautain qu'incarne « l'homme de la nature et de la vérité », l'homme d'action, mais par ce jeu symbolique supérieur qui commande le geste pur de Lisa.

Le lendemain de la mort de sa première femme, les jours mêmes où il travaille sur les *Notes d'un souterrain*, Dostoïevski écrit dans son carnet (note du 16.4.1864) : « Aimer l'homme *comme soi-même* est impossible, d'après le commandement du Christ. La loi de la personnalité sur terre lie, le moi empêche... Pourtant, après l'apparition du Christ comme *idéal de l'homme en chair*, il est devenu clair comme jour que le développement supérieur et ultime de la personnalité doit précisément atteindre ce degré (tout à fait à la fin du développement, au point même où l'on atteint le but), où l'homme trouve, prend conscience et, de toute la force de sa nature, se convainc que l'usage supérieur qu'il peut faire de sa personnalité, de la plénitude du développement de son moi, c'est en quelque sorte anéantir ce moi, le donner entièrement à tous et à chacun sans partage et sans réserve. Et c'est le bonheur suprême. »

Je pense que, cette fois-ci, on peut laisser à l'auteur le dernier mot.

Les limites d'Edgar Poe

Si on lit pour la première fois les trois volumes de contes d'Edgar Poe traduits par Baudelaire, les *Histoires extraordinaires*, les *Nouvelles Histoires extraordinaires* et les *Histoires grotesques et sérieuses*, on ne peut manquer d'être frappé par leur extrême variété. A côté des contes fantastiques, très célèbres, comme *le Chat noir* ou *Metzengerstein*, on trouve des récits qui semblent procéder d'un mouvement contraire, et que Poe lui-même qualifiait de « ratiocinants » : tels *le Scarabée d'or* ou *la Lettre volée*. Dans le même recueil voisinent des histoires qui préfigurent le genre « horreur » : *Hop-Frog, le Masque de la Mort Rouge*, et d'autres qui appartiennent au « grotesque » (pour employer encore le vocabulaire de l'époque) : *le Roi Peste, le Diable dans le beffroi, Lionnerie*. Poe a aussi bien excellé dans le pur récit d'aventures *(le Puits et le Pendule, Une descente dans le Maelstrom)* que dans un genre descriptif et statique : *l'Ile de la Fée, le Domaine d'Arnheim*. Et cela n'est pas tout : il faut ajouter des dialogues philosophiques *(Puissance de la parole, Colloque entre Monos et Una)* et des contes allégoriques *(le Portrait ovale, William Wilson)*. D'autres voient dans son œuvre la naissance du roman policier *(Double assassinat dans la rue Morgue)* ou celle de la science-fiction *(Aventure sans pareille d'un certain Hans Pfaall)*... De quoi dérouter l'amateur de classifications!

A cette première variété, en étendue, s'en ajoute une autre, qui peut se manifester dans un seul et même conte. Poe a bénéficié (et continue de bénéficier) de l'attention des critiques, qui ont vu dans son œuvre la plus parfaite illustration d'un certain idéal — qui s'avère cependant chaque fois différent. Dans sa préface aux *Nouvelles Histoires extraordinaires*, Baudelaire fait de Poe l'exemple de l'esprit décadent, le modèle à suivre pour les partisans de l'Art pour l'Art : il voit en lui ce qui l'intéresse personnellement. Pour Valéry, Poe incarnait à la perfection la tendance qui consiste à dominer le processus de création, à le réduire à un jeu de règles, au lieu de laisser à l'inspiration aveugle le pouvoir des initiatives. Marie Bonaparte a consacré à Poe l'une des études les plus célèbres (et les plus contestées) de la critique psychanalytique : cette œuvre illustrerait bien tous les grands complexes psychiques récemment découverts. Bachelard a lu Poe comme un maître de l'imagination matérielle. Jean Ricardou, comme un adepte du jeu de l'anagramme... Et la liste n'est pas close! Est-ce bien du même auteur qu'il est question, comment se peut-il que les mêmes œuvres deviennent l'exemple — qui plus est : privilégié — de tendances critiques aussi éloignées les unes des autres?

Comme pour tout auteur donc, mais ici d'une manière particulièrement éclatante, l'œuvre de Poe lance un défi au commentateur : existe-t-il, oui ou non, un principe générateur commun à des écrits aussi divers? Les contes de Poe dessinent-ils cette « image dans le tapis » dont Henry James formula la parabole? Essayons d'y voir plus clair, même s'il faut pour cela renoncer à quelques certitudes établies.

Ce principe générateur avait été nommé par les premiers grands admirateurs de Poe (et si la valeur d'un poète était en raison de celle de ses admirateurs, Poe serait parmi les plus grands) : Baudelaire et Dostoïevski. Mais ils n'en avaient pas apprécié, semble-t-il, toute l'importance, le percevant dans l'une de ses réalisations concrètes, et non comme un mouvement fondamental. Baudelaire avait le mot : *l'exception*, mais il ajoutait aussitôt après : *dans l'ordre moral;* il affirmait : « Aucun homme n'a raconté avec plus de magie les *exceptions* de la vie humaine et de la nature », mais il se contentait d'énumérer à la suite quelques éléments thématiques. Et, semblablement, Dostoïevski : « Il choisit à peu près toujours la réalité la plus rare et place son héros dans la situation objective ou psychologique la plus inhabituelle. »

Or, plutôt que de posséder un dénominateur commun thématique, ces contes relèvent tous d'un principe abstrait qui engendre aussi bien ce qu'on appelle les « idées » que la « technique », le « style » ou le « récit ». Poe est l'auteur de l'extrême, de l'excessif, du superlatif; il pousse toute chose à ses limites — au-delà, si c'est possible. Il ne s'intéresse qu'au plus grand ou au plus petit : le point où une qualité atteint son degré supérieur, ou bien (mais cela revient souvent au même) celui où elle risque de se transformer en son contraire. Un même principe qui détermine les aspects les plus variés de son œuvre. Ce que Baudelaire résumait peut-être au mieux dans le titre qu'il inventa pour cette œuvre : Histoires *extraordinaires*.

Pour commencer par le plus évident : il en va ainsi de ses thèmes.

On a déjà mentionné la présence de quelques contes fantastiques; mais le fantastique n'est rien d'autre qu'une hésitation prolongée entre une explication naturelle et une autre, surnaturelle, concernant les mêmes événements. Rien d'autre qu'un jeu sur cette limite, naturel-surnaturel. Poe le dit assez explicitement dans les premières lignes de ses nouvelles fantastiques, en posant l'alternative : folie (ou rêve), et donc explication naturelle; ou bien, intervention surnaturelle. Ainsi dans *le Chat noir* : « Vraiment, je serais fou de m'y attendre [à la créance des lecteurs] dans un cas où mes sens eux-mêmes rejettent leur propre témoignage. Cependant je ne suis pas fou, — et très certainement je ne rêve pas... Plus tard peut-être il se trouvera une intelligence qui réduira mon fantôme à l'état de lieu commun — quelque intelligence plus calme, plus logique, et beaucoup moins excitable que la mienne, qui ne trouvera dans les circonstances que je raconte avec terreur qu'une succession ordinaire de causes et d'effets très naturels. » Ou dans *le Cœur révélateur* : « Je suis très nerveux, épouvantablement nerveux — je l'ai toujours été; mais pourquoi prétendez-vous que je suis fou? »

Le ton de ces explorations des limites n'est pas toujours aussi solennel; c'est sur un mode bien plaisant que l'on hésite entre humain et animal dans *Quatre bêtes en une*, récit d'un roi caméléopard; ou, sur cette même limite folie-raison, dans *le Système du Docteur Goudron et du professeur Plume*. Mais, sur le plan thématique, une limite attire Poe plus que toute autre — et on le comprendra facilement puisqu'il s'agit là de la limite par excellence : celle de la mort. La mort hante presque toute page d'Edgar Poe.

Hantise qui s'allie aux points de vue les plus divers, qui illumine des aspects très variés de la non-vie. Comme on peut s'en douter, l'assassinat joue un rôle de premier plan; et il apparaît sous toutes ses formes : l'instrument tranchant *(le Chat noir)*, l'étouffement *(le Cœur révélateur)*, le poison *(le Démon de la Perversité)*, l'emmure-ment *(la Barrique d'amontillado)*, le feu *(Hop-Frog)*, ou l'eau *(le Mystère de Marie Roget)*... La fatalité de la mort « naturelle » est également un thème récurrent, qu'elle soit collective *(le Masque de la Mort Rouge, Ombre)* ou individuelle *(les souvenirs de M. Auguste Bedloe)*; de même pour la menace d'une mort imminente *(le Puits et le Pendule, Une descente dans le Maelstrom)*. Les allégories de Poe portent souvent sur la mort *(l'Ile de la Fée, le Portrait ovale)* et ses dialogues philosophiques ont pour thème la vie après la mort : ainsi *Colloque entre Monos et Una* ou *Conversation d'Eiros avec Charmion*. La vie après la mort, voilà qui met singulièrement en lumière la limite qui sépare les deux; d'où les nombreuses incursions dans ce domaine : survivance de la momie *(Petite discussion avec une momie)*, survie par le magnétisme *(la Vérité sur le cas de M. Valdemar)*, résurrection dans l'amour *(Morella, Ligeia, Éléonora)*.

Il est encore un visage de la mort qui fascine particulièrement Poe : c'est l'enterrement d'un être vivant. Enterrement qui a pour cause le désir de tuer *(la Barrique d'amontillado)* ou de cacher le cadavre *(le Cœur révélateur, le Chat noir)*. Dans le cas le plus frappant, l'enterrement procède d'une erreur : on enterre le vivant en le prenant pour mort. C'est le cas de Bérénice et de Madeline Usher. Poe a décrit les états cataleptiques qui provoquent cette confusion : « Parmi la nombreuse série de maladies amenées par cette fatale et principale attaque, qui opéra une si horrible révolution dans l'être physique et moral de ma cousine, il faut mentionner, comme la plus affligeante et la plus opiniâtre, une espèce d'épilepsie qui souvent se terminait en catalepsie, — catalepsie ressemblant parfaitement à la mort, et dont elle se réveillait, dans quelques cas, d'une manière tout à fait brusque et soudaine » *(Bérénice)*. La catalepsie élève le jeu des limites à une puissance supérieure : non seulement mort dans la vie (comme toute mort) mais vie dans la mort. Enterrement : voie de la mort; mais enterrement prématuré : négation de la négation.

Ce qu'il importe de comprendre, cependant, est que cette fascination par la mort ne résulte pas directement d'on ne sait quelle pulsion morbide; elle est le produit d'une tendance globale qui est l'exploration systématique des limites à laquelle se livre Poe (ce qu'on pourrait appeler son « superlativisme »). La preuve de cette généralité plus grande du principe générateur est qu'on peut en observer l'action sur des faits beaucoup moins macabres. Ainsi des caractéristiques presque grammaticales du style de Poe, qui abonde en superlatifs. Le lecteur en trouvera à chaque page; citons-en quelques-uns, au hasard : « Il est impossible qu'une action ait jamais été manigancée avec une plus parfaite délibération. » « Est-ce que les vents indignés n'ont pas ébruité jusque dans les plus lointaines régions du globe son incomparable infamie? » « La salle d'études était la plus vaste de toute la maison — et même du monde entier. » « Il n'y a pas de château dans le pays plus chargé de gloire et d'années que mon mélancolique et vieux manoir héréditaire. » « A coup sûr, jamais homme n'avait aussi terriblement changé, et en aussi peu de temps, que Roderick Usher! » « Oh! les plus impitoyables, oh! les plus démoniaques des hommes!... » Ses comparaisons, ou même ses descriptions participent toujours de l'excessif : « Un glapissement, moitié horreur et moitié triomphe, — comme il en peut monter seulement de l'Enfer »; « tout à coup une idée terrible chassa le sang par torrents vers mon cœur »; « un puissant rugissement comme celui d'un millier de tonnerres! », etc.

Le superlatif, l'hyperbole, l'antithèse : telles sont les armes de cette rhétorique un peu facile. C'est ce qu'il y a de plus daté, sans doute, dans l'œuvre de Poe, pour un lecteur contemporain, habitué comme il l'est à des descriptions plus discrètes. Poe consomme tant de sentiments excessifs dans ses phrases qu'il n'en laisse plus pour le lecteur; le mot « terreur » laisse indifférent (alors qu'on aurait été terrorisé par une évocation qui ne nomme pas mais se contente de suggérer). Quand il s'exclame : « Oh! lugubre et terrible machine d'Horreur et de Crime, — d'Agonie et de Mort! » ou bien : « Oh! gigantesque paradoxe, dont la monstruosité exclut toute solution! », le narrateur déploie tant d'émotion que son partenaire, le lecteur, ne sait que faire de la sienne. Mais on aurait sans doute tort de s'en tenir à cette constatation du « mauvais goût » chez Poe — comme de voir dans son œuvre l'expression immédiate (et précieuse) de phantasmes morbides. Les superlatifs de Poe découlent du même principe générateur que sa fascination pour la mort.

Principe dont on n'a pas fini d'énumérer les conséquences. Car Poe est sensible à toutes les limites — y compris celle qui donne un statut de littérature, de fiction à ses propres écrits. On sait qu'il est l'auteur de nombreux essais (dont certains traduits par Baudelaire); mais à côté d'eux, combien de textes au statut incertain, que les éditeurs hésitent à inclure dans telle ou telle rubrique! *Révélation magnétique* figure tantôt parmi les essais, tantôt parmi les « histoires »; de même pour *Le Joueur d'échecs de Maelzel*. Des textes comme *Silence*, *Ombre*, *Puissance de la parole*, *Colloque entre Monos et Una*, *Conversation d'Eiros avec Charmion* ne gardent que quelques faibles traces (mais ils les gardent quand même) de leur statut fictionnel. Le cas le plus frappant est celui du *Démon de la Perversité* que Baudelaire a mis en tête des *Nouvelles Histoires extraordinaires* : pendant les deux premiers tiers du texte nous croyons avoir affaire à une « étude théorique », à un exposé des idées de Poe; puis soudain le récit fait son entrée, en transformant du coup profondément tout ce qui précède, en nous amenant à corriger notre réaction première : l'imminence de la mort donne un éclat nouveau aux froides réflexions qui précèdent. La limite entre fiction et non-fiction est ainsi mise en lumière — et pulvérisée.

Ce sont encore là des traits de surface de l'œuvre de Poe, qui se livrent à l'observation immédiate. Mais le principe des limites le détermine plus essentiellement, à travers un choix esthétique fondamental, auquel tout écrivain se trouve confronté et devant lequel Poe opte de nouveau pour une solution extrême. Une œuvre de fiction classique est à la fois, et nécessairement, imitation, c'est-à-dire rapport avec le monde et la mémoire, et jeu, donc règle, et agencement de ses propres éléments. Un élément de l'œuvre — une scène, un décor, un personnage — est toujours le résultat d'une détermination double : celle qui lui vient des autres éléments, coprésents du texte, et celle qu'imposent la « vraisemblance », le « réalisme », notre connaissance du monde. L'équilibre qui s'établit entre ces deux espèces de facteurs peut être très variable, selon qu'on passe des « formalistes » aux « naturalistes ». Mais rarement la disproportion des facteurs atteindra un degré aussi élevé que chez Poe. Ici, rien n'est imitation, tout est construction et jeu.

On chercherait en vain dans les contes de Poe un tableau de la vie américaine de la première moitié du XIXe siècle. Leur action se situe habituellement dans de vieux manoirs, de macabres châteaux, des pays lointains et inconnus. Le décor chez Poe est entièrement conventionnel : il est ce qu'exige le déroulement de l'action. Il y a un étang près de la maison des Usher pour qu'elle puisse s'y écrouler, non parce que le pays est célèbre pour ses étangs. On a vu que ses récits abondent, non seulement en expressions, mais aussi en personnages superlatifs : ce sont les habitants des contes de Poe, non de l'Amérique contemporaine. Les quelques exceptions à cette règle ne font qu'en démontrer plus encore la vigueur : peut-être la description de l'école, dans *William Wilson*, se fonde-t-elle sur l'expérience personnelle de Poe en Angleterre; peut-être la femme ressuscitante, Ligeia ou Éléonora, évoque-t-elle son épouse, morte jeune. Mais quelle distance entre les expériences réelles et ces actions, ces personnages surnaturels, excessifs! Baudelaire lui-même, succombant à l'illusion réaliste et expressive, croyait que Poe avait longuement voyagé; c'était en fait le frère de Poe qui voyageait et Edgar qui racontait les voyages. Poe est un aventurier mais pas au sens banal du mot : il explore les possibilités de l'esprit, les mystères de la création artistique, les secrets de la page blanche.

Il s'en est expliqué longuement d'ailleurs, dans des textes sur l'art et la littérature dont l'un fut traduit par Baudelaire : *The Philosophy of Composition* (sous le titre *la Genèse d'un poème*); celui-ci doutait cependant quelque peu de la sincérité de Poe. Ce dernier raconte en effet la production de son poème célèbre, *le Corbeau :* aucun vers, aucun mot n'est dû au hasard (cela veut dire aussi, à un rapport avec le « réel »); il est là par la force de ses rapports avec d'autres

166

mots, d'autres vers (j'ai eu déjà l'occasion d'évoquer ce texte). « J'ai fait la nuit tempétueuse, d'abord pour expliquer ce corbeau cherchant l'hospitalité, ensuite pour créer l'effet de contraste avec la tranquillité matérielle de la chambre. De même j'ai fait aborder l'oiseau sur le buste de Pallas pour créer le contraste entre le marbre et le plumage; on devine que l'idée de buste a été suggérée uniquement par l'oiseau; le buste de Pallas a été choisi d'abord à cause de son rapport intime avec l'érudition de l'amant et ensuite à cause de la sonorité même de Pallas. » Ailleurs il affirme ouvertement sa répugnance pour le principe de l'imitation : « Tous les arts ont avancé rapidement, — chacun presque en raison directe de ce qu'il était moins imitatif », ou encore : « La simple imitation, quelque exacte qu'elle soit, de ce qui existe dans la nature, n'autorise personne à prendre le titre sacré d'artiste. »

Poe n'est donc pas un « peintre de la vie », mais un constructeur, un inventeur de formes; d'où d'ailleurs l'exploration déjà mentionnée des genres les plus divers (quand ce n'est pas leur invention). L'agencement des éléments d'un conte lui importe beaucoup plus que leur mise en accord avec notre savoir sur le monde. Poe atteint, une fois de plus, une limite : celle de l'effacement de l'imitation, de la mise en valeur exceptionnelle de la construction.

Ce choix fondamental a des conséquences nombreuses, qui comptent parmi les traits les plus caractéristiques des écrits de Poe. Énumérons-en quelques-uns.

Premièrement, les contes de Poe (tout comme ses autres œuvres) sont toujours construits avec une rigueur extrême. Dans sa théorie de la nouvelle (développée dans un compte rendu des récits de Hawthorne), Poe affirme déjà cette nécessité. « Un écrivain habile a construit un conte. S'il connaît son métier, il n'a pas modelé ses pensées sur les incidents, mais, après avoir conçu avec soin et réflexion un certain effet unique, il se propose de le produire et invente alors ces incidents — il combine des événements — qui lui permettent d'obtenir au mieux l'effet préconçu. Si sa première phrase ne tend pas à produire cet effet, alors il a échoué dès le premier pas. Dans toute l'œuvre, il ne devrait pas y avoir un seul mot d'écrit qui ne tende, directement ou indirectement, à réaliser ce dessein préétabli. »

On a pu identifier dans la citation antérieure, tirée de *la Genèse d'un poème*, deux types de contraintes internes : les unes relèvent de la causalité, de la cohérence logique; les autres de la symétrie, du contraste et de la gradation, donnant ainsi à l'œuvre une cohérence qu'on pourrait dire spatiale. La rigueur de la causalité aboutit à des contes qui sont construits dans l'esprit de la méthode déductive, chère à Poe,

167

tels *le Scarabée d'or, la Lettre volée,* ou *Double assassinat dans la rue Morgue.* Mais elle a aussi des conséquences moins immédiates; et on peut se demander si la découverte, par Poe, du « démon de la perversité » n'en participe pas. Cet état d'esprit particulier consiste à agir « pour la raison que nous ne le devrions pas »; mais plutôt que d'en rester à une telle constatation négative, Poe construit une faculté de l'esprit humain dont le propre est de déterminer de tels actes. Ainsi le geste le plus absurde en apparence n'est pas laissé inexpliqué, il participe aussi du déterminisme général (chemin faisant, Poe découvre le rôle de certaines motivations inconscientes). De manière plus générale, on peut penser que le genre fantastique attire Poe précisément à cause de son rationalisme (et non malgré lui). Si l'on s'en tient aux explications naturelles, il faut accepter le hasard, les coïncidences dans l'organisation de la vie; si l'on veut que tout soit déterminé, on doit admettre aussi des causes surnaturelles. Dostoïevski affirmait de Poe la même chose — à sa manière : « S'il est fantastique, ce n'est que superficiellement. » Poe est fantastique parce qu'il est surrationnel, non parce qu'il est irrationnel, et il n'y a pas de contradiction entre les contes fantastiques et les contes de ratiocination.

La rigueur causale est doublée d'une rigueur spatiale, formelle. La gradation est la loi de nombreux contes : Poe capte d'abord l'attention du lecteur par une annonce générale des événements extraordinaires qu'il veut raconter; ensuite il présente, avec beaucoup de détails, tout l'arrière-plan de l'action; puis le rythme s'accélère, jusqu'à aboutir, souvent, à une phrase ultime, chargée de la plus grande signification, qui à la fois éclaire le mystère savamment entretenu et annonce un fait, en général horrible. Ainsi dans *le Chat noir*, la dernière phrase est : « J'avais muré le monstre dans la tombe! », et dans *le Cœur révélateur :* « C'est le battement de son affreux cœur! »; dans *la Chute de la Maison Usher* aussi, tout mène à cette phrase : « Nous l'avons mise vivante dans la tombe! »

Ce déterminisme formel s'exerce à des niveaux différents. L'un des plus éloquents est celui des sons mêmes, de nombreux contes fonctionnant à la manière de jeux de mots : ainsi, en particulier, plusieurs contes grotesques, comme *Lionnerie, le Roi Peste, Petite discussion avec une momie* (le héros de cette dernière histoire s'appelle *Allamistakeo,* c'est-à-dire « tout cela est une erreur »). Mais il en va de même souvent pour d'autres contes, où les déterminations formelles sont moins évidentes; Jean Ricardou a pu démontrer le rôle que jouent certaines correspondances verbales dans des nouvelles comme *le Scarabée d'or* ou *les Souvenirs de M. Auguste Bedloe.* Enfin, la construction en abyme, selon laquelle le conte raconté à l'intérieur d'un autre est en tous points semblable à cet autre, est fréquente chez Poe, et particulièrement évidente dans *la Chute de la maison Usher,* où le récit-cadre imite à la fois un tableau et un livre qu'il nous fait connaître.

Chaque niveau d'organisation du texte obéit à une logique rigoureuse; de plus, ces niveaux sont strictement coordonnés entre eux. Retenons un seul exemple : les contes fantastiques et « sérieux », dans les *Nouvelles Histoires extraordinaires,* sont toujours racontés à la première personne, de préférence par le personnage principal, sans distance entre le narrateur et son récit (les circonstances de la narration y jouent un rôle important) : ainsi dans *le Démon de Perversité, le Chat noir, William Wilson, le Cœur révélateur, Bérénice,* etc. En revanche les contes « grotesques » comme *le Roi Peste, le Diable dans le beffroi, Lionnerie, Quatre bêtes en une, Petite discussion avec une momie,* ou les contes d'horreur comme *Hop-Frog* et *le Masque de la Mort Rouge* sont racontés à la troisième personne ou par un narrateur témoin, et non acteur; les événements sont distanciés, le ton stylisé. Aucun chevauchement n'est possible.

Une deuxième conséquence du choix extrême opéré par Poe (contre l'imitation, pour la construction) est la disparition du récitt ou tout au moins de sa forme simple et fondamentale. On pourrait être surpris d'une telle affirmation, alors que Poe passe pour le narrateur par excellence; mais une lecture attentive nous convaincra qu'il n'y a quasiment chez lui jamais d'enchaînement simple d'événements successifs. Même dans les récits d'aventures qui s'en rapprochent le plus, comme *Manuscrit trouvé dans une bouteille* ou *Arthur Gordon Pym,* le récit, commencé par une simple série d'aventures, tourne au mystère et nous oblige à un retour sur lui-même, à une relecture plus attentive de ses énigmes. De mêmes pour les contes de ratiocination qui, en ce sens, sont très loin des formes actuelles du roman policier : la logique de l'action est remplacée par celle de la recherche de connaissance, nous n'assistons jamais à l'enchaînement des causes et effets, seulement à leur déduction après coup.

Absence du récit traditionnel, absence aussi de la psychologie commune en tant que moyen de construction de la nouvelle. Le déterminisme des faits tient lieu de motivation psychologique, on l'a souvent remarqué, et les personnages de Poe, victimes d'une causalité qui les dépasse, manquent toujours d'épaisseur. Poe est incapable de construire une véritable altérité; le monologue est son style préféré et même ses dialogues *(Colloque..., Conversation...)* sont

169

des monologues déguisés. La psychologie ne peut l'intéresser que comme un problème parmi d'autres, un mystère à percer; comme objet et non comme méthode de construction. La preuve en est un conte comme *la Lettre volée*, où Dupin, personnage fantoche dépourvu de toute « psychologie » au sens romanesque, formule lucidement les lois de la vie psychique humaine.

Le récit est par essence imitatif, répétant dans la succession des événements qu'il évoque celle des pages tournées par le lecteur; Poe trouvera donc des moyens pour s'en débarrasser. Et d'abord le plus évident : il remplacera le récit par la description, où au mouvement des mots s'oppose l'immobilité des faits décrits. Cela aboutit à d'étranges contes descriptifs, comme l'*Ile de la Fée*, ou *le Domaine d'Arnheim*, ou encore *le Cottage Landor*, où Poe introduit après coup une succession; mais celle-ci appartient au processus d'observation, non au fait observé. Plus important encore, cette même tendance transforme des contes « narratifs » en une juxtaposition discontinue de moments immobiles. Qu'est-ce que *le Masque de la Mort Rouge*, sinon une disposition statique de trois tableaux : le bal, le masque inquiétant, le spectacle de la mort? Ou *William Wilson* où une vie entière est réduite à quelques moments décrits avec la plus grande précision? Ou encore *Bérénice*, où un long récit à l'imparfait (donc d'actions répétitives, non uniques) est suivi de l'image de la défunte et ensuite, séparée par une ligne de points de suspension, par une description de la chambre du narrateur? Dans la pause — dans le blanc de la page — s'est joué l'essentiel : la violation de sépulture, le réveil de Bérénice, le geste fou qui a amené ses dents dans une boîte d'ébène reposant sur le bureau d'Egæus. Seule est présente l'immobilité qui laisse deviner le tourbillon des actions.

Poe décrit des fragments d'une totalité; et, à l'intérieur de ces fragments, il choisit encore le détail; il pratique donc, en termes de rhétorique, une double synecdoque. Dostoïevski avait encore relevé ce trait : « Il y a dans sa faculté d'imagination une particularité qui n'éxiste chez aucun autre : c'est la puissance des détails. » Le corps humain, en particulier, se trouve réduit à l'une de ses composantes. Ainsi les dents de Bérénice : « Elles étaient là, — et puis là, — et partout, — visibles, palpables devant moi; longues, étroites et excessivement blanches, avec les lèvres pâles se tordant autour, affreusement distendues comme elles étaient naguère. » Ou l'œil du vieillard dans *le Cœur révélateur* : « Un de ses yeux ressemblait à celui d'un vautour, — un œil bleu pâle, avec une taie dessus... Je le vis avec une parfaite netteté, — tout entier d'un bleu terne et recouvert d'un voile hideux qui glaçait la moelle dans mes os » (ce vieillard est fait d'un œil et d'un cœur qui bat — rien de plus). Comment oublier aussi l'œil manquant du chat noir?

Recevant une telle charge, le détail cesse d'être un moyen pour créer le sentiment de réalité (comme il le sera chez Flaubert ou chez Tolstoï par exemple), et devient allégorie. L'allégorie s'accommode bien de la disparition du récit, caractéristique de Poe : déploiement en profondeur et non en étendue, elle a des affinités avec l'immobilité, donc la description. Tout l'œuvre de Poe est attiré par une tendance à l'allégorie (ce qui explique — en passant — l'engouement de la critique psychanalytique, principale forme moderne de la critique allégorique). Certains contes sont des allégories déclarées (l'un porte comme sous-titre : « Histoire contenant une allégorie ») : tels *Silence*, *le Portrait ovale*, *Petite discussion avec une momie* ou *William Wilson*; d'autres, plus subtilement, s'ouvrent à l'interprétation allégorique sans l'exiger nécessairement (ainsi *Ligeia* ou même *la Lettre volée*).

Troisième (et non dernière) conséquence du choix essentiel de Poe : ses contes ont tendance à prendre la littérature pour objet : ce sont des contes métalittéraires. Une attention aussi soutenue pour la logique du récit le pousse à faire du récit même l'un de ses thèmes. On a vu déjà l'existence de contes bâtis sur une « image en abyme »; plus important, de nombreuses nouvelles adoptent le ton parodique, étant dirigées aussi bien vers leur objet apparent que vers un texte, ou genre, antérieur : ce sont, de nouveau, les contes grotesques, dont quelques-uns seulement ont été traduits par Baudelaire. Leur connaissance par le public a visiblement souffert de ce qu'ils supposent la familiarité avec une certaine tradition littéraire.

Poe est donc, dans tous les sens, un écrivain des limites — ce qui est à la fois son principal mérite, et, si l'on ose dire, sa limite. Créateur de formes nouvelles, explorateur d'espaces inconnus, certes; mais sa production est nécessairement marginale. Il reste, fort heureusement, à toute époque, des lecteurs qui préfèrent les marges au centre.

Cœur des ténèbres [1]

Cœur des ténèbres de Joseph Conrad ressemble superficiellement à un récit d'aventures. Un petit garçon rêve sur les espaces blancs de la carte; devenu grand, Marlow décide d'explorer l'un d'entre eux, le plus étendu : le cœur du continent noir qu'atteint un fleuve serpentin. Une tâche est assignée : joindre l'un des agents de la société qui se consacre à la collecte d'ivoire, Kurtz; des dangers sont annoncés. Pourtant, même cette amorce conventionnelle ne tient pas ses promesses : les risques que semble prophétiser le docteur de la société sont d'ordre intérieur : il mesure le crâne de ceux qui partent en voyage et les interroge sur la présence ou l'absence de folie dans la famille. De même, le capitaine suédois qui amène Marlow au premier poste est pessimiste sur l'avenir, mais l'expérience qu'il évoque est celle d'un homme qui s'est pendu — tout seul. Le danger vient de l'intérieur, les aventures se jouent dans l'esprit de l'explorateur, non dans les situations qu'il traverse.

La suite de l'histoire ne fait que confirmer cette impression. Au poste central, où Marlow finit par arriver, il est condamné à l'inaction par le naufrage du bateau à vapeur dont il est censé prendre les commandes. De longs mois s'écoulent pendant lesquels la seule action de Marlow est d'attendre l'envoi des rivets manquants. Il ne se passe rien; et quand quelque chose se produit, le récit omet de nous en parler. Ainsi du moment de départ vers le poste de Kurtz, de la rencontre de ce dernier avec le Directeur du poste central, du retour de Marlow et de ses rapports avec les « pèlerins » après la mort de Kurtz. Pendant la scène décisive de prise de contact avec Kurtz, Marlow reste à bord du bateau et converse avec un Russe falot; on n'apprend jamais ce qui s'est passé sur terre.

Ou prenons ce moment traditionnellement culminant dans le récit d'aventures : la bataille, ici entre Blancs et Noirs. Le seul mort jugé

1. Je cite, en la modifiant parfois, la traduction d'André Ruyters, 1948.

digne d'être mentionné est le timonier, et encore Marlow n'en parle-t-il que parce que le sang du mourant remplit ses chaussures et l'amène ainsi à les jeter par-dessus bord. Le dénouement de la bataille est dérisoire : les coups de feu des Blancs n'atteignent personne et ne créent que de la fumée (« Je m'étais aperçu, à la façon dont la cime des taillis remuait et volait, que presque tous les coups avaient porté trop haut »). Quant aux Noirs, ils s'enfuient en entendant le seul sifflet du bateau : « Les vociférations furieuses et guerrières s'arrêtèrent à l'instant... La débandade... était due uniquement au bruit strident du sifflet à vapeur. »

De même pour cet autre moment où culmine l'intensité du récit, l'image inoubliable de la femme noire qui sort de la jungle, alors qu'on monte Kurtz sur le bateau : « Soudain elle ouvrit ses bras nus et les éleva, tout droit, au-dessus de sa tête, comme dans un irrésistible désir de toucher le ciel... » Geste puissant mais qui n'est, après tout, qu'un signe énigmatique — et non une action.

Si aventure il y a, elle n'est pas là où on croyait la trouver : elle n'est pas dans l'action mais dans l'interprétation que l'on acquerra de certaines données, posées depuis le début. Les aventures qui auraient dû capter notre attention ne peuvent le faire car, contrairement à toutes les lois du suspense, leur dénouement est annoncé longtemps à l'avance, et ce, à plusieurs reprises. Au début même du voyage, Marlow prévient ses auditeurs : « J'eus le pressentiment que sous l'aveuglant soleil de ce pays, j'allais apprendre à connaître le démon, flasque, hypocrite, aux regards évasifs, le démon d'une folie rapace et sans merci. » Non seulement la mort de Kurtz mais aussi le destin de Marlow par la suite sont rappelés à plusieurs reprises (« il advint que c'est moi qui eus à prendre soin de sa mémoire »).

L'avènement des faits est sans importance, car seule comptera leur interprétation. Le voyage de Marlow n'avait qu'un seul but : « Le voyage n'avait été entrepris que pour me permettre de causer avec M. Kurtz... Je... me rendis compte que c'était là tout justement ce que je m'étais promis : — une conversation avec Kurtz. » Parler : pour comprendre, non pour agir. C'est sans doute la raison pour laquelle Marlow ira chercher Kurtz après la fugue de celui-ci, alors qu'il désapprouve par ailleurs son enlèvement par les pèlerins : c'est que Kurtz aurait échappé ainsi à son regard, à son oreille, il n'aurait pas permis d'être connu. La remontée du fleuve est donc une accession à la vérité, l'espace symbolise le temps, les aventures servent à comprendre. « Remonter le fleuve, c'était se reporter, pour ainsi dire, aux premiers âges du monde... » « Nous voyagions dans la nuit des premiers âges. »

Le récit d'action (« mythologique ») n'est là que pour permettre le déploiement d'un récit de connaissance (« gnoséologique »). L'*action* est insignifiante parce que tous les efforts se sont portés sur la recherche de l'*être*. (Conrad écrivait ailleurs : « Rien de plus futile sous le soleil qu'un pur aventurier. ») L'aventurier de Conrad — si l'on veut encore l'appeler ainsi — a transformé la direction de sa quête : il ne cherche plus à vaincre mais à savoir.

De nombreux détails, disséminés tout au long de l'histoire, confirment la prédominance du connaître sur le faire, car le dessin global se répercute sur une infinité de gestes ponctuels qui vont tous dans la même direction. Les personnages ne cessent de méditer le sens caché des paroles qu'ils entendent, la signification impénétrable des signaux qu'ils perçoivent. Le Directeur termine toutes ses phrases par un sourire qui « avait l'air d'un sceau apposé sur ses paroles, afin de rendre absolument indéchiffrable le sens de la phrase la plus triviale ». Le message du Russe, qui doit aider les voyageurs, est, Dieu sait pourquoi, écrit dans un style télégraphique qui le rend incompréhensible. Kurtz connaît la langue des Noirs mais à la question : « Vous comprenez cela? », il ne fait apparaître qu'un « sourire au sens indéfinissable » : sourire aussi énigmatique que l'étaient les paroles prononcées dans une langue ignorée.

Les mots exigent l'interprétation; à plus forte raison, les symboles non verbaux qu'échangent les hommes. Le bateau remonte le fleuve : « Quelquefois, la nuit, un roulement de tam-tams, derrière le rideau des arbres, parvenait jusqu'au fleuve et y persistait faiblement, comme s'il eût rôdé dans l'air, au-dessus de nos têtes, jusqu'à la pointe du jour. Impossible de dire s'il signifiait la guerre, la paix ou la prière. » Il en va de même d'autres faits symboliques, non intentionnels : événements, comportements, situations. Le bateau a échoué au fond du fleuve : « Je ne saisis pas sur-le-champ la signification de ce naufrage. » Les pèlerins restent inactifs au poste central : « Je me demandais parfois ce que tout cela voulait dire. » D'ailleurs la profession de Marlow — guider un bateau — n'est rien d'autre qu'une capacité d'interpréter les signes : « Il me fallait deviner le chenal, discerner — d'inspiration surtout — les signes d'un fond caché. J'avais à épier les roches recouvertes (...). Et il me fallait avoir l'œil sur les signes de bois mort qu'on couperait pendant la nuit pour s'assurer la vapeur du lendemain. Quand vous avez à vous appliquer tout entier à ces sortes de choses, aux seuls incidents de surface, la réalité — oui, la réalité elle-même! — pâlit. La vérité profonde demeure cachée... Dieu merci! » La vérité, la réalité et l'essence restent intangibles; la vie s'épuise en une interprétation de signes.

Les rapports humains ne sont rien d'autre qu'une recherche herméneutique. Le Russe est, pour Marlow, « inexplicable », « un de ces problèmes qu'on ne résout pas ». Mais Marlow lui-même devient objet d'interprétation de la part du briquetier. Et le Russe, à son tour, doit reconnaître, parlant des rapports entre Kurtz et sa femme : « Je ne comprends pas. » La jungle même se présente à Marlow « aussi sombre, aussi impénétrable à la pensée humaine » (remarquons-le : à la pensée et non au corps) qu'il croit y déceler la présence d'un « charme muet ».

Plusieurs épisodes emblématiques indiquent aussi qu'il s'agit d'un récit où prédomine l'interprétation des symboles. Au début, à la porte de la société, dans une ville européenne, on trouve deux femmes. « Souvent, quand je fus là-bas, je revis ces deux créatures, gardiennes de la porte des Ténèbres, tricotant leur laine noire comme pour en faire un chaud linceul, l'une introduisant, introduisant sans trêve dans l'inconnu, l'autre scrutant les visages joyeux et insouciants de ses vieux yeux impassibles. » L'une cherche (passivement) à connaître; l'autre conduit à une connaissance qui lui échappe : voici deux figures de la connaissance qui annoncent le déroulement du récit à venir. Tout à fait à la fin de l'histoire, on trouve une autre image symbolique : la Fiancée de Kurtz rêve à ce qu'elle eût pu faire si elle s'était trouvée près de lui : « J'aurais jalousement recueilli le moindre de ses soupirs, ses moindres paroles, chacun de ses mouvements, chacun de ses regards » : elle aurait fait une collection de signes.

Le récit de Marlow s'ouvre d'ailleurs sur une parabole, où il n'est pas encore question de Kurtz ni du continent noir, mais d'un Romain imaginaire, conquérant de l'Angleterre en l'an zéro. Celui-ci se serait confronté à la même sauvagerie, au même mystère — à l'incompréhensible. « Il lui faut vivre au sein de l'incompréhensible, ce qui en soi déjà est détestable... Et il y a là-dedans une sorte de fascination pourtant qui se met à le travailler. » Le récit qui suivra, qui illustrera ce cas général, est donc bien celui de l'apprentissage d'un art de l'interprétation.

L'abondante métaphorique du blanc et du noir, du clair et de l'obscur, qu'il est facile d'observer dans ce texte, n'est évidemment pas étrangère au problème de la connaissance. En principe, et en accord avec les métaphores de la langue, l'obscurité équivaut à l'ignorance, la lumière à la connaissance. L'Angleterre obscure des débuts est décrite par un nom : ténèbres. Le sourire énigmatique du Directeur produit le même effet : « Il scella cette exclamation de son singulier sourire, comme s'il eût, un instant, entrouvert la porte sur les ténèbres dont il avait la garde. » Réciproquement, l'histoire de Kurtz illumine l'existence de Marlow : « Il me parut répandre une sorte de lumière sur toutes choses autour de moi et dans mes pensées. Il était sombre à souhait, cependant — et lamentable — point extraordinaire en quoi que ce fût — pas très clair non plus... Non, pas très clair... — Et néanmoins, il semblait répandre une espèce de lumière... »

C'est ce à quoi se réfère aussi le titre de l'histoire, *Cœur des ténèbres*. L'expression revient plusieurs fois au cours du texte : pour désigner l'intérieur du continent inconnu où se dirige le bateau (« Nous pénétrions de plus en plus profondément au cœur des ténèbres ») ou d'où il revient (« Le sombre courant s'éloignait avec rapidité du cœur des ténèbres »). Elle désigne aussi, par restriction, celui qui incarne ce cœur intouchable, Kurtz, tel qu'il vit dans le souvenir de Marlow traversant le seuil de la maison où habite la Fiancée; ou, par généralisation, dans la dernière phrase du texte, le lieu de l'inconnaissance, où s'enfuient les flots d'un autre fleuve : « vers le cœur même d'infinies ténèbres ». Par concomitance, l'obscurité symbolisera aussi le danger ou le désespoir.

En fait, le statut de l'obscurité est plus ambigu, car elle devient objet de désir; la lumière, à son tour, s'identifie à la présence, dans tout ce que celle-ci a de frustrant. Kurtz, objet de désir du récit entier, est lui-même « des ténèbres impénétrables ». Il s'identifie à tel point à l'obscurité que, lorsqu'il y a une lumière à côté de lui, il ne s'en aperçoit pas. «" Je suis étendu dans le noir à attendre la mort... " La lumière brûlait à moins d'un pied de son visage. » Et quand, dans la nuit, on fait la lumière, Kurtz ne peut y être : « Une lumière brûlait à l'intérieur mais M. Kurtz n'était pas là. » Cette ambiguïté de la lumière se traduit le mieux dans la scène de la mort de Kurtz : en le voyant mourir, Marlow éteint les bougies : Kurtz appartient à l'obscurité; mais aussitôt après, Marlow se réfugie dans la cabine éclairée et refuse de la quitter, même si cela amène les autres à l'accuser d'insensibilité : « Il y avait une lampe là — de la lumière, comprenez-vous — et au-dehors tout était si affreusement obscur! » La lumière est rassurante quand l'obscurité vous échappe.

La même ambiguïté caractérise la répartition du noir et du blanc. En accord, une fois de plus, avec les métaphores de la langue, c'est l'inconnu qui est décrit comme noir : on a vu que telle était la couleur de la laine que tricotaient les deux femmes à l'entrée de la société;

176

telle est la couleur du continent inconnu (« la lisière d'une jungle colossale d'un vert si foncé qu'il en était presque noir »), telle est aussi la couleur de peau de ses habitants. Significativement, ceux parmi les Noirs qui entrent en contact avec les Blancs sont contaminés : ils auront nécessairement une quelconque tache blanche. Ainsi des pagayeurs qui vont en barques du continent au bateau : les barques sont « montées par des pagayeurs noirs. On pouvait voir de loin le blanc de leurs yeux qui luisait ». Ou ceux qui travaillent pour les Blancs : « Il avait l'air saisissant sur ce cou noir, ce bout de cordon blanc venu de par-delà les mers. » Le danger sera donc, lui aussi, noir, et ce jusqu'au comique : un capitaine danois se fait tuer à cause de deux poules, « oui, deux poules noires ».

Et pourtant le blanc, pas plus que la lumière, n'est une valeur simplement désirée : on désire le noir, et le blanc n'est que le résultat décevant d'un désir soi-disant satisfait. Le blanc sera désavoué : vérité soit trompeuse (ainsi des espaces blancs de la carte, qui cachent le continent noir), soit illusoire : les Blancs croient que l'ivoire, blanc, est la vérité dernière; mais, s'exclame Marlow, « de ma vie, je n'ai jamais rien vu d'aussi peu réel... ». Le blanc peut empêcher la connaissance, tel ce brouillard blanc, « plus aveuglant que la nuit elle-même », qui interdit de s'approcher de Kurtz. Le blanc, c'est enfin l'homme blanc face au Noir; et tout l'ethnocentrisme paternaliste de Conrad (qui pouvait passer pour anticolonialisme au XIXᵉ siècle) ne peut nous empêcher de voir que sa sympathie va aux habitants indigènes du continent noir; le Blanc est cruel et stupide. Kurtz, ambigu sous le rapport clair-obscur, le sera aussi quant au blanc et au noir. Car d'une part, croyant posséder la vérité, il préconise dans son rapport la domination des Noirs par les Blancs; et, chercheur infatigable d'ivoire, sa tête même est devenue « comme une boule d'ivoire »; mais, d'autre part, il fuit les Blancs, et veut rester près des Noirs; ce n'est pas un hasard si Marlow évoque, à propos de sa rencontre avec lui, « la noirceur particulière de cette épreuve ».

Le récit est donc imprégné de noir et de blanc, d'obscurité et de clarté, car ces teintes sont coordonnées au processus de connaissance — et à son envers, l'ignorance, avec toutes les nuances que peuvent comporter ces deux termes. Jusqu'aux couleurs et aux ombres, tout a trait à la connaissance. Mais rien ne fait voir la domination de la connaissance avec autant d'évidence que le rôle joué dans l'histoire par Kurtz. Car ce texte est en fait le récit de la recherche de Kurtz : c'est ce qu'on apprend peu à peu, et rétrospectivement. La gradation suivie est bien celle de la connaissance de Kurtz : on passe du premier

au deuxième chapitre à l'occasion d'un épisode où Marlow se dit :
« Pour moi, il me parut que je démêlais Kurtz pour la première fois » ;
et du deuxième au troisième, lors de la rencontre avec le Russe, celui
qui, parmi les personnages du livre, l'aura connu de plus près. D'ailleurs Kurtz est loin d'être le seul sujet du premier chapitre, alors qu'il
domine le second ; dans le troisième, enfin, on trouve des épisodes
nullement reliés au voyage sur le fleuve mais qui contribuent à la
connaissance de Kurtz : ainsi les rencontres postérieures avec ses
proches, ou les recherches de tous ceux qui veulent savoir qui il était.
Kurtz est le pôle d'attraction du récit entier ; mais ce n'est qu'après
coup que nous en découvrons les lignes de force. Kurtz est les ténèbres, l'objet de désir du récit ; le cœur des ténèbres, c'est « les ténèbres
arides de son cœur ». Et comme on pouvait le deviner, quand il se
fait peintre, il peint l'obscurité et la lumière : « une petite esquisse
à l'huile, représentant, sur un panneau de bois, une femme, drapée
et les yeux bandés, portant une torche allumée. Le fond était sombre,
presque noir ».

Kurtz est bien le centre du récit, et sa connaissance, la force motrice
de l'intrigue. Or le statut de Kurtz à l'intérieur du récit est tout à fait
particulier : nous n'en avons, pour ainsi dire, aucune perception
directe. Pendant la plus grande partie du texte, il est annoncé au futur,
comme un être qu'on veut atteindre mais qu'on ne voit pas encore :
ainsi des premières annonces de Marlow ; des récits successifs qui le
dépeignent : celui du comptable, celui du Directeur, celui du briquetier. Ces récits nous font tous désirer la connaissance de Kurtz,
qu'ils procèdent de l'admiration ou de la frayeur ; mais ils ne nous
apprennent pas grand-chose en dehors du fait qu'il y a quelque chose
à apprendre. Puis vient le voyage en amont du fleuve, qui est censé
nous conduire au véritable Kurtz ; pourtant les obstacles se multi-
plient : l'obscurité d'abord, l'attaque des Noirs, le brouillard épais
qui empêche toute perception. A ce point du texte, des obstacles proprement narratifs s'ajoutent à ceux que dresse la jungle : au lieu de
poursuivre son récit de connaissance progressive de Kurtz, Marlow
s'interrompt brusquement et dresse un portrait rétrospectif de son
héros, comme si Kurtz ne pouvait être présent que dans les temps de
l'absence, le passé et le futur. C'est d'ailleurs ce qu'énonce explicitement le Directeur lorsque, à la remarque de Marlow qui vient de
rencontrer Kurtz et dit : « J'estime que M. Kurtz est un homme
remarquable », il répond : « C'*était* un homme remarquable. » On
revient ensuite du portrait au récit, mais de nouvelles déceptions nous
attendent : à la place de Kurtz, on trouve le Russe, auteur d'une nou-

velle relation sur le héros absent. Kurtz apparaît, enfin; mais on n'apprend pas grand-chose pour autant. D'abord il est mourant, participant déjà de l'absence plus que de la présence; on ne le voit d'ailleurs que de loin, et fugitivement. Lorsque enfin on se trouve mis en sa présence, Kurtz est réduit à une pure voix — donc à des paroles, lesquelles sont tout aussi sujettes à interprétation que l'étaient les récits des autres le concernant; un nouveau mur s'est dressé entre Kurtz et nous (« Kurtz discourait. Quelle voix! Quelle voix! Elle conserva sa profonde sonorité jusqu'à la fin »); rien d'étonnant à ce que cette voix soit particulièrement impressionnante : « Le volume du son qu'il émettait sans effort, sans presque prendre la peine de remuer les lèvres, me stupéfia. Quelle voix! Quelle voix! Elle était grave, profonde, vibrante, et l'on eût juré que cet homme n'était même plus capable d'un murmure. » Mais même cette présence énigmatique ne dure pas, et bientôt un « voile » s'abat sur son visage, le rendant impénétrable. La mort ne change presque rien, tant la connaissance s'avérait impossible de son vivant; on passe simplement des supputations aux souvenirs.

Non seulement, donc, le processus de connaissance de Kurtz remplit le récit de Marlow, mais encore cette connaissance est impossible : Kurtz nous est devenu familier, mais nous ne le connaissons pas, nous ignorons son secret. Cette frustration est dite par Conrad de mille manières. En fin de compte, Marlow n'a pu poursuivre qu'une ombre, « l'ombre de M. Kurtz », que ne rendent que plus épaisse les paroles énoncées par Kurtz : « Ombre plus noire que l'ombre de la nuit et drapé noblement dans les plis de son éloquence éclatante. » Le cœur des ténèbres est « Nulle part », et on ne peut l'atteindre. Kurtz s'évanouit avant qu'on ait pu le connaître (« Tout ce qui avait appartenu à Kurtz m'était passé entre les mains : son âme, son corps, sa station, ses projets, son ivoire, sa carrière. Il ne restait guère que son souvenir... »). Son nom, Kurtz, court, n'est trompeur qu'en apparence. Marlow remarque en apercevant le personnage pour la première fois : « Kurtz, Kurtz, cela signifie court en allemand, n'est-ce pas?... Eh bien, le nom était aussi véridique que le reste de sa vie, que sa mort même. Il paraissait avoir sept pieds de long au moins. » Kurtz n'est pas petit comme son nom l'indique; mais la connaissance que nous avons de lui reste courte, elle est à jamais insuffisante, et ce n'est pas un hasard s'il résiste à l'effort des Blancs pour l'arracher à son obscurité. Marlow n'a pas compris Kurtz, alors qu'il devient à la fin son confident (« il m'honora d'une confiance surprenante »); de même, après sa mort, ses efforts pour le comprendre restent vains :

« le cousin, lui-même... ne fut pas en mesure de m'indiquer ce que Kurtz avait été, exactement ».

Kurtz est le cœur des ténèbres mais ce cœur est vide. On ne peut que rêver au moment ultime, au seuil de la mort, où l'on acquiert la connaissance absolue (« ce suprême instant de parfaite connaissance »). Ce que Kurtz dit réellement en ce moment, ce sont des paroles qui énoncent le vide, qui annulent la connaissance : « L'horreur! L'horreur! » Une horreur absolue dont nous ne connaîtrons jamais l'objet.

Rien ne prouve mieux la dérision de la connaissance que la scène finale du récit, la rencontre avec la Fiancée. Celle qui énonce : « C'est moi qui le connaissais le mieux » — et dont nous voyons pourtant combien la connaissance est imparfaite, illusoire même. Rien n'est resté de Kurtz outre son souvenir, mais ce souvenir est faux. Lorsqu'elle s'exclame « Que c'est vrai! Que c'est vrai! », c'est qu'un mensonge vient d'être proféré. « Ses paroles, au moins, ne sont pas mortes », se console-t-elle; et un instant après elle arrache à Marlow un mensonge sur les derniers mots de Kurtz : « Le dernier mot qu'il ait prononcé : ce fut votre nom. — Je le savais, j'en étais sûre! » réplique la Fiancée. Est-ce pour cela que, au cours de cette conversation entre elle et Marlow, « à chaque parole qui était prononcée, la pièce se faisait plus sombre »?

Que la connaissance soit impossible, que le cœur des ténèbres soit lui-même ténébreux, le texte tout entier nous le dit. Ce voyage va bien au centre (« tout juste au centre »), à l'intérieur, au fond : « Il me parut qu'au lieu de partir pour le cœur d'un continent, j'étais sur le point de m'enfoncer au centre de la terre »; le poste de Kurtz s'appelle bien Poste Intérieur; Kurtz est bien « au fond là-bas ». Mais le centre est vide : « Un fleuve désert, un grand silence, une forêt impénétrable. » D'après le Directeur, « les gens qui viennent ici ne devraient pas avoir d'entrailles »; cette règle s'avère être strictement suivie. Voyant le briquetier, Marlow se dit : « Si je l'avais essayé, j'aurais pu le transpercer de mon index sans rien trouver à l'intérieur. » Le Directeur lui-même, on se souvient, imprime à tout un sourire énigmatique; mais peut-être son secret est-il impénétrable parce que inexistant : « Jamais il ne livra son secret. Peut-être après tout n'y avait-il rien en lui. »

L'intérieur n'existe pas, pas plus que le sens ultime, et les expériences de Marlow sont toutes « inconcluantes ». Du coup, c'est l'acte même de connaissance qui se trouve mis en question. « Quelle chose baroque que la vie : cette mystérieuse mise en œuvre d'impitoyable logique pour quels desseins dérisoires!... Le plus qu'on puisse attendre, c'est quelque lumière sur soi-même, acquise quand il est trop tard et, ensuite, il n'y a plus qu'à remâcher les regrets qui ne meurent pas. » La machine tourne parfaitement bien — mais à vide, et la meilleure connaissance d'autrui ne renseigne que sur soi. Que le processus de connaissance se déroule de manière irréprochable ne prouve nullement qu'on puisse atteindre l'objet de cette connaissance ; on est tenté de dire même : bien au contraire. C'est ce que ne parvenait pas à comprendre E. M. Forster qui remarquait à propos de Conrad, perplexe : « Ce qu'il y a de particulièrement fuyant dans son cas, c'est qu'il est toujours en train de nous promettre quelques déclarations philosophiques générales sur le monde, et qu'ensuite il se réfugie dans une déclamation revêche... Il y a chez lui une obscurité centrale — quelque chose de noble, héroïque, inspirateur, une demi-douzaine de grands livres — mais obscurs! Obscurs! » Nous savons déjà à quoi nous en tenir pour ce qui est de l'obscurité. Et Conrad écrivait ailleurs : « Le but de l'art n'est pas dans la claire logique d'une conclusion triomphante ; il n'est pas dans le dévoilement d'un de ces secrets sans cœur qu'on nomme Lois de la Nature. »

La parole, on l'a vu, joue un rôle décisif dans le processus de connaissance : elle est cette lumière qui devait dissiper les ténèbres mais qui n'y parvient finalement pas. C'est ce que nous a appris l'exemple de Kurtz. « Entre tous ses dons, celui qui passait les autres et imposait en quelque sorte l'impression d'une présence réelle, c'était son talent de parole, sa parole! — ce don troublant et inspirateur de l'expression, le plus méprisable et le plus noble des dons, courant de lumière frémissant ou flux illusoire jailli du cœur d'impénétrables ténèbres. » Mais ceci n'est qu'un exemple de quelque chose de beaucoup plus général, qui est : la possibilité de construire une réalité, de dire une vérité à l'aide de mots ; l'aventure de Kurtz est en même temps une parabole du récit. Ce n'est nullement un hasard si Kurtz est aussi, à ses heures, poète — comme il est peintre et musicien. Ce n'est pas un hasard surtout si de nombreuses analogies s'établissent entre les deux récits, encadrant et encadré, entre les deux fleuves ici et là, enfin entre Kurtz et Marlow le narrateur (les deux seuls à avoir des noms propres dans cette histoire ; tous les autres se réduisent à leur fonction : le Directeur, le comptable — que l'on rencontre d'ailleurs aussi bien dans l'histoire encadrée que dans le cadre), et, corrélativement, entre Marlow le personnage et ses auditeurs (dont nous, les lecteurs, jouons le rôle). Kurtz est une voix. « Je fis l'étrange découverte que je ne me l'étais jamais représenté agissant, mais discourant. Je ne me dis pas : " Je ne le verrai pas " ou : " Je ne lui serrerai jamais la main ", mais : " Je ne l'entendrai jamais! " L'homme s'offrait à moi comme une voix. », mais n'en va-t-il pas de même de Marlow-narrateur? « Depuis longtemps déjà, assis à l'écart, il n'était plus pour nous qu'une voix. » Ce qui n'est rien d'autre qu'une définition de l'écrivain : « L'artiste... est à ce point une voix que pour lui le silence est comme la mort », écrivait Conrad dans un article. C'est Marlow qui se chargera d'expliciter le rapport entre les deux séries, lors d'une interruption de son récit. « Kurtz... n'était qu'un nom pour moi. Je ne voyais pas plus l'homme derrière ce nom que vous ne le faites vous-mêmes. Car le voyez-vous? Voyez-vous l'histoire?... Voyez-vous quoi que ce soit? » L'un comme l'autre, l'explorateur comme le lecteur, n'ont affaire qu'à des signes, à partir desquels ils doivent construire, l'un le référent (la réalité qui l'entoure), l'autre la référence (ce dont il est question dans le récit). Le lecteur (tout lecteur) désire connaître l'objet du récit comme Marlow désire connaître Kurtz.

Et tout comme sera frustré ce dernier désir, de même le lecteur ou l'auditeur ne pourra jamais atteindre, comme il l'aurait voulu, la référence du récit : son cœur est également absent. N'est-il pas révélateur que le récit, commencé au coucher du soleil, coïncide dans son déroulement avec l'épaississement des ténèbres? « L'obscurité était devenue si profonde que nous, les auditeurs, pouvions à peine nous distinguer les uns des autres. » Et, tout comme est impossible la connaissance de Kurtz dans le récit de Marlow, est également impossible toute construction à partir des paroles, toute tentative de saisir les choses par les mots. « Non, c'est impossible. Il est impossible de rendre la sensation de vie d'une époque donnée de l'existence, ce qui en fait la réalité, la signification, l'essence subtile et pénétrante. C'est impossible. » L'essence, la vérité — le cœur du récit —, est inaccessible, le lecteur n'y parviendra jamais. « Vous ne pouvez pas comprendre. » Les mots ne permettent même pas de transmettre les mots. « Je vous ai dit les mots que nous échangeâmes, en répétant les phrases mêmes que nous prononçâmes — mais qu'est-ce que cela! Vous n'y voyez que paroles banales, ces sons familiers et indéfinis qui servent quotidiennement... Pour moi, elles révélaient le caractère de terrifiante suggestion des mots entendus en rêve, des phrases prononcées dans un cauchemar. » Cet aspect-là des mots, on ne saurait le reproduire.

Il est impossible d'atteindre la référence; le cœur du récit est vide, tout comme l'étaient les hommes. Pour Marlow, « le sens d'un épisode, ce n'était pas à l'intérieur qu'il fallait le chercher, comme un noyau, mais extérieurement, dans ce qui, enveloppant le récit, n'avait fait que le manifester, comme la chaleur suscite la brume, à la façon de ces halos de brouillard que parfois rend visibles l'illumination spectrale du clair de lune ». La lumière du récit est celle, hésitante, de la lune.

Ainsi l'histoire de Kurtz symbolise le fait de la fiction, la construction à partir d'un centre absent. Il ne faut pas se méprendre : l'écriture de Conrad est bien allégorique, comme en témoignent des faits multiples (ne serait-ce que l'absence de noms propres, moyen de généralisation), mais toutes les interprétations allégoriques du *Cœur des ténèbres* ne sont pas aussi bien venues. Réduire le voyage sur le fleuve à une descente aux enfers ou à la découverte de l'inconscient est une affirmation dont l'entière responsabilité incombe au critique qui l'énonce. L'allégorisme de Conrad est intratextuel : si la recherche de l'identité de Kurtz est une allégorie de la lecture, celle-ci à son tour symbolise tout processus de connaissance — dont la connaissance de Kurtz était un exemple. Le symbolisé devient à son tour le symbolisant de ce qui était auparavant symbolisant; la symbolisation est réciproque. Le sens dernier, la vérité ultime ne sont nulle part car il n'y a pas d'intérieur et le cœur est vide : ce qui était vrai pour les choses le reste, à plus forte raison, pour les signes; il n'y a que le renvoi, circulaire et pourtant nécessaire, d'une surface à l'autre, des mots aux mots.

L'Âge difficile [1]

De quoi parle *l'Age difficile*? On a du mal à répondre à cette question en apparence élémentaire. Le lecteur ne le sait pas bien, et sa seule consolation est que les personnages eux-mêmes semblent avoir autant de difficultés à comprendre les propos qui leur sont adressés.

En effet, une grande partie des répliques que l'on lit dans ce roman, constitué pourtant presque exclusivement de conversations, consiste en demandes d'explication. Ces questions peuvent d'ailleurs concerner des aspects différents du discours et mettre en évidence plusieurs raisons de l'obscurité. La première, la plus simple et la moins fréquente, réside dans l'incertitude où l'on se trouve quant au sens même des mots; c'est celle qu'éprouverait normalement un étranger connaissant imparfaitement la langue; les questions portent ici sur le vocabulaire. Dans *l'Age difficile*, il n'y a pas d'étranger parlant mal l'anglais; mais l'un des personnages, Mr Longdon, a vécu longtemps loin de la ville; de retour, il a l'impression de ne plus entendre le sens des mots et, au cours de ses premières conversations tout au moins, il pose ce genre de questions : « Qu'entendez-vous par tôt? », « Qu'entendez-vous par tension? » Ces questions, pour innocentes qu'elles paraissent, n'obligent pas moins les interlocuteurs à expliciter et en même temps à assumer pleinement le sens des mots, c'est pourquoi elles provoquent parfois de vives réactions de refus. « Qu'entendez-vous par vite? » demande encore Mr Longdon, mais la réponse de la Duchesse est coupante : « Je veux dire ce que je dis. » On verra cependant que la propre nièce de la Duchesse est atteinte du même mal, ne pas comprendre le sens des mots.

---

1. J'utilise, en la modifiant souvent, la traduction française de M. Sacher, 1956, sauf pour la préface, jamais traduite en français. *The awkward age* est une locution qui se traduit par « l'âge ingrat »; mais James exploite aussi le sens littéral des termes, c'est-à-dire « l'âge du malaise ». *L'âge difficile* est un compromis possible entre ces deux sens, idiomatique et littéral.

L'ÂGE DIFFICILE

Beaucoup plus répandue, et en elle-même déjà fort complexe, est une seconde situation verbale, dans laquelle les explications qu'on demande ne concernent pas le sens des mots mais leur application à une situation concrète : on n'ignore pas le vocabulaire mais le référent. Cette ignorance est due, dans le cas le plus élémentaire, au caractère trop elliptique de l'énoncé initial : il y manque un complément qui permettrait de déterminer le champ de son application. Voici quelques exemples de tels échanges : « Ah, mais avec vos idées cela n'empêche pas. — N'empêche pas quoi? — Mais, ce que vous appelez, je suppose, les *pourparlers*. — Pour la main d'Aggie? » « C'est gentil à elle de nous épargner. — Voulez-vous dire de parler devant elle? » « Dois-je demander, *moi?* — Mais Vanderbank avait perdu le fil. — Demander quoi? — Mais si elle reçoit quelque chose... — Si je ne suis pas *assez* gentil? — Van s'était rattrapé. »

Parfois l'énoncé n'est pas à proprement parler elliptique; mais il est truffé de pronoms anaphoriques et déictiques, dont on ignore l'antécédent ou le référent; la question « que voulez-vous dire? » n'interroge évidemment pas le sens du pronom mais cherche à quoi il s'applique. « Il a un grand faible pour lui. — Le vieil homme, pour Van? — Van pour Mr Longdon. » « Qu'y a-t-il entre elle et lui? — Mitchy pensait à deux autres. — Entre Edward et la jeune fille? — Ne dites pas de bêtises. Entre Petherton et Jane. » « Mais qu'est-ce qu'elle prépare? — C'était apparemment pour Mrs Brook une question d'une telle variété d'application, qu'elle émit, pour essayer : — Jane? — Dieux, non. » La distance entre le référent présent à l'esprit de l'un et l'autre interlocuteurs peut être considérable : « Voudriez-vous chercher à le savoir? — Vous voulez dire qui vient dîner? — Non, cela est sans importance. Mais si Mitchy s'est laissé faire. » Mitchy, particulièrement rompu à l'art de l'ellipse, commence ainsi une conversation : « Alors, l'a-t-il fait? »

Les pronoms anaphoriques ne forment que l'exemple le plus éloquent de cette indétermination référentielle dont sont également affectées d'autres variétés d'expression. La question métalinguistique qu'elles suscitent ne consiste plus à proposer des noms propres, mais, plus vaguement, à demander : « qu'appelez-vous...? » « Je t'abandonne à ton sort. — Qu'appelez-vous mon sort? — Oh, quelque chose d'affreux... » « Je veux que vous fassiez avec moi exactement ce que vous faites avec lui. — Ah, c'est vite dit, répondit la jeune fille d'un ton étrange. Que voulez-vous dire, " faire "? » La Duchesse, là encore, refuse d'éclairer Mr Longdon : « Elle favorise Mr Mitchett parce qu'elle veut " le vieux Van " pour elle-même. — Dans quel

185

sens — pour elle-même? — Ah, vous devez fournir le sens, je ne peux vous donner que le fait. » Naturellement, la plupart du temps ces différentes formes d'indétermination référentielle s'ajoutent les unes aux autres et se présentent au sein d'une même phrase. « Vous voulez dire que vous ne savez *vraiment* pas si elle l'aura? — L'argent, s'il ne marche pas? » « Il doit en accepter la conséquence. — Il? — Mr Longdon. — Et que veux-tu dire par la conséquence? » Et il n'est pas certain que la découverte du référent soit toujours possible. De quoi est-il question dans ces paroles que Nanda adresse à Vanderbank : « C'est le ton, et le courant, et l'effet de tous les autres qui vous poussent [mais où?]. Si de telles choses [lesquelles?] sont contagieuses, comme tout le monde le dit, vous le prouvez peut-être autant que quiconque [quoi?]. Mais vous ne commencez pas, du moins, vous ne pouvez pas être à l'origine, avoir commencé »? Ou dans ces autres, à Mitchy : « C'est bien ce que je croyais, mais il y en a beaucoup plus. Il en est venu plus, et il y en aura encore. Vous voyez, quand il n'y avait rien d'abord, tout est venu si vite »? On attend en vain un élément quelconque qui permettrait d'ancrer dans le monde ces phrases aériennes.

Il existe aussi une situation symétrique et inverse, dans laquelle on ne part plus d'une expression pour en chercher le référent, mais d'une chose, à la recherche de son nom. « Je pensais qu'il avait une espèce de quelque chose. — Une espèce de modernité morbide? — C'est comme ça qu'on l'appelle? Un très bon nom. » Ou encore, on oppose deux appellations d'un même objet : « Appelez-vous Tishy Grendon une femme? — Et vous, comment l'appelez-vous? — Mais, la meilleure amie de Nanda... » Parfois le rapprochement brutal du nom courant de la chose et de son appellation ponctuelle (un trope) produit un effet plaisant. « Nous ne pouvons être des Grecs si nous voulons. — Appelez-vous grand-mère un Grec? » « Quand vous pensez qu'une femme est " vraiment " pauvre, vous ne lui donnez jamais une croûte? — Appelez-vous Nanda une croûte, Duchesse? » L'un des traits caractéristiques de Nanda ou, ce qui revient au même, l'une des caractéristiques de sa conversation, est une certaine indifférence à l'égard des mots employés, pourvu que les choses restent identiques. « Ah, je ne savais pas que cela avait tant d'importance, la manière dont cela s'appelle », dit-elle à sa mère, et à Mr Longdon : « Je suis heureuse d'être quoi que ce soit — quelque nom que vous lui donniez et bien que je ne puisse lui donner le même — qui soit bon pour *vous*. »

La première fois donc, on demande quel est le sens des mots, et on reste au niveau de la langue; la deuxième, dans la perspective du discours, on interroge la relation entre les mots et les choses que ceux-ci désignent. Mais c'est un troisième cas qui est, à la fois, le plus commun et le plus intéressant : on comprend le sens des mots; on en connaît le référent; mais on se demande si les mots veulent bien dire ce qu'ils semblent dire ou s'ils ne sont pas plutôt employés pour évoquer, de façon indirecte, tout autre chose. La société représentée dans l'*Age difficile* cultive l'expression indirecte, et Mrs Brook qualifie l'un de ses amis de « camarade en obliquité ». Nanda, connaissant la capacité des mots d'acquérir des sens nouveaux, sollicite cette attitude envers son propre discours : « Il faut laisser le sens de tout ce dont je parle — eh bien, venir. »

L'usage indirect, ou symbolique, du discours est le propre d'une grande variété de cas, mais on peut commencer par séparer deux espèces, le symbolisme lexical et le symbolisme propositionnel, selon que l'assertion initiale est abolie ou maintenue. Le premier cas est celui des tropes, et on est étonné d'en trouver aussi peu d'exemples (est-ce une caractéristique de toute conversation ou seulement de celle qui se pratique autour de Mrs Brook?), où de surcroît le trope est toujours accompagné de sa traduction. C'est encore Mr Longdon qui s'obstine à ne pas comprendre les tropes. Par exemple, Mitchy lui dit : « Laissez-moi y mettre le doigt », et, devant la perplexité de l'autre, explique : « Je veux dire — laissez-moi y participer. » Ou dans une autre conversation : « Le nez brisé de Mrs Grendon, expliqua Vanderbank à Mr Longdon, c'est, Monsieur, la façon aimable qu'ont ces dames de désigner le cœur brisé de Mrs Grendon. » On explique ici la métaphore d'invention par une métonymie d'usage; mais c'est Mr Longdon lui-même qui fournira l'expression littérale dans sa réplique : « Mr Grendon ne l'aime pas. » Quand le trope n'est pas suivi de sa traduction, le narrateur tient au moins à le signaler par un terme rhétorique : « l'image de la Duchesse », « elle parla sans relever son hyperbole », « Mrs Brook, après un examen rapide, choisit l'ironie ».

Le seul trope à être fréquemment utilisé dans la conversation mondaine est l'euphémisme. Plus exactement, pour ne pas blesser les sentiments de quelqu'un mais aussi pour faire preuve soi-même de réserve ou de discrétion, on glisse du nom de la chose, lequel porte en lui-même une appréciation, au nom du genre proche, qui n'est pas valorisé ni positivement ni négativement. Voici un premier exemple positif : « Il m'a beaucoup parlé de votre mère. — Oh, des choses gentilles bien sûr, ou vous ne le diriez pas. — C'est ce que je veux dire. » Quant à la situation négative, elle est illustrée, en particulier, par le sens que prend dans cette société le mot « différent » ou l'un de ses équivalents : dire de quelqu'un qu'il est différent suggère qu'il est loin d'être parfait. « Rien ne pourrait lui ressembler moins que vos manières et votre conversation, dit Mr Longdon à Nanda, qui interprète : — Vous devez penser qu'elles ne sont pas si bonnes. » « Je ne peux être *vous*, certes, Van. — Je sais ce que vous entendez par là. Vous voulez dire que je suis hypocrite. » De telle sorte que, si l'on veut encore employer le mot « différent » sans nuance péjorative, il devient nécessaire de le spécifier : « La façon de le flatter, déclara Mitchy, est de lui laisser voir que vous sentez à quel point il peut supporter de vous juger différent. Je veux dire bien sûr sans vous haïr. »

C'est le symbolisme propositionnel qui domine la conversation : l'assertion énoncée n'a pas à être rejetée, mais elle se révèle n'être, en somme, que le point de départ d'associations qui conduisent vers un nouvel énoncé. Dans le roman, on désigne cette façon de parler par des termes comme « allusion », « insinuation », « suggestion ». En voici un exemple. Mitchy a demandé à la Duchesse les raisons d'une de ses opinions sur Nanda. Au lieu de répondre, la Duchesse l'interroge à son tour : « Je vous le demande, sur quelle base de droit, dans une telle connexion, faites-vous quoi que ce soit de la sorte? » Mitchy, qui a bien compris le sens des mots composant la phrase, qui a su identifier le référent de l'énoncé, croit y déceler une troisième dimension, qui est justement un sous-entendu, et qu'il explicite sous la forme d'une nouvelle question : « Voulez-vous dire que, si une jeune fille aimée par quelqu'un l'aime si peu en retour?... » Cette demande d'explication est elle-même elliptique; mais nous n'avons aucun mal à terminer la phrase : « cette personne n'a pas le droit de poser ce genre de questions? ». Rétrospectivement, grâce à l'interprétation de Mitchy, nous découvrons que l'énoncé de la Duchesse était porteur d'un sous-entendu. Analysons les phases que traverse l'établissement de ce sens second. La formule de la Duchesse est une question rhétorique qu'on pourrait expliciter en la convertissant en une assertion négative : « Vous n'avez pas le droit d'agir de la sorte, de me poser ce genre de questions. » Pouvons-nous, sans l'aide de Mitchy, reconnaître que cette phrase est chargée d'un sous-entendu, et l'expliciter? J'en doute; mais Mitchy juge que le sens littéral de cet énoncé ne possède pas une pertinence suffisante pour justifier son existence; ce manquement aux règles de la communication l'incite à chercher un sens second (c'est donc l'interprétation qui suscite la symbolicité du

texte, la réponse qui fait surgir la question). A partir de là, il faut identifier le sous-entendu dont a on reconnu l'existence. Pour le faire,
Mitchy recourt à un lieu commun, propre à la société dépeinte (et
aussi au lecteur contemporain) qui prend la forme d'une implication,
quelque chose comme : si vous défendez en public les intérêts d'une
jeune fille, c'est que vous êtes intime avec elle. Ce lieu commun n'a
pas besoin d'être présent de façon active dans la mémoire des conver-
sants; il reste entièrement implicite jusqu'à ce que sa présence devienne
nécessaire pour interpréter un énoncé qui paraîtrait sinon injustifié.
Il suffira, alors, d'énoncer la première proposition de cette implication,
l'ayant concrétisée à l'aide d'un pronom personnel ou d'un nom propre, pour que la seconde surgisse dans l'esprit de l'interlocuteur, sous
forme de sous-entendu.

Pour qu'il y ait allusion, il faut donc que trois conditions soient
réunies : quelque chose doit nous induire à la chercher; une implication doit être présente à l'esprit des deux interlocuteurs; enfin un
énoncé doit l'introduire. Mais ces conditions peuvent être satisfaites
de manières assez variées. Pour commencer par la première condition,
il n'est évidemment pas nécessaire que l'indice de l'allusion figure
dans l'énoncé même (bien qu'il puisse également le faire). Chaque
société, ou micro-société comme le salon de Mrs Brook, semble
posséder ce qu'on peut appeler un seuil de pertinence minimale,
au-dessous duquel tous les énoncés sont réinterprétés comme des
allusions (sinon ils n'auraient pas été formulés). Le manquement au
principe de pertinence est parfois évident; ainsi lorsque Mitchy
demande à Mrs Brook : « Et où est l'enfant cette fois-ci ? », son inter-
locutrice a raison de l'interroger à son tour : « Pourquoi dites-vous
" cette fois-ci " — comme si c'était différent des autres fois! » Mais
le salon de Mrs Brook a élevé la barre de pertinence bien plus haut
qu'il n'est d'usage en général; par exemple, lorsque Mrs Brook dit
de la Duchesse : « Mais, elle n'a jamais eu à payer pour *rien*! »
Nanda interprète : « Tu veux dire que toi, tu as dû payer?... » Apparemment, on ne peut dire « *X* est *a* », à moins que celui qui le dit ne
veuille suggérer : mais moi, je ne le suis pas; l'implication commune
aux membres de ce cercle est qu'on n'affirme pas une chose de quelqu'un à moins que le contraire ne soit vrai de soi-même. Il suffit qu'un
mot soit souligné, accentué dans la réponse, pour qu'il devienne
évident qu'on en a reconnu les implications; or cette façon de relever
les mots d'autrui est des plus fréquentes dans le salon. Par exemple,
Mrs Brook dit à Mitchy : « Le miracle, chez vous, c'est que vous
n'êtes jamais vulgaire. — Merci pour tout. Merci surtout pour

" miracle ", dit Mitchy avec un sourire. — Oh, je sais ce que je dis, dit-elle sans rougir. » « Vous avez certainement — en parlant d' " avertissement " — les expressions les plus heureuses. » « " Loyauté " aussi est exquis. » « " Accessible " est bon. » Plus généralement même : dans cet univers, aucune parole ne va de soi; le discours est *willkürlich*, arbitraire et donc délibéré; tous les noms, toutes les façons de parler sont toujours possibles (ou comme le dit Vanderbank : « Nous appelons tout n'importe comment »), et donc toujours suggestifs : les choses ne justifient pas les mots, il faut (ou au moins : on peut) en chercher la raison ailleurs, et notamment dans un *autre* sens.

Le lieu commun aux interlocuteurs peut également varier, l'essentiel est qu'il reste présent. C'est à ce fait, en lui-même banal mais dont la notation a quelque chose de paradoxal, que se réfèrent des phrases du genre : « Sa venue ici, quand elle sait que je sais qu'*elle* sait... » » « Je sais que vous savez que j'ai su » (ce savoir pléthorique vient comme pour équilibrer l'ignorance, dans laquelle sont plongés les personnages, quant à l'interprétation de chaque parole énoncée). Il n'est pas nécessaire que le lieu soit propre à une société, présent dans sa mémoire passive; il suffit qu'il soit énoncé en même temps par l'un des interlocuteurs pour qu'il devienne, du coup, commun aux deux; et tous les cas intermédiaires sont possibles, entre le lieu vraiment commun, codifié par exemple par un proverbe, et le savoir partagé, tiré du contexte immédiat. Mr Longdon dit à Vanderbank : Votre mère m'a consolé plus que les autres. Cet énoncé ne s'inscrit apparemment dans le paradigme d'aucune implication commune à la société. Mais les phrases précédentes du même Mr Longdon nous livrent la clef : si une personne me consolait, dit-il en substance, c'est qu'elle ne m'aimait pas. Vanderbank interprète donc sans difficulté : « Vous voulez dire qu'il a été question? » Nanda dit à Vanderbank : « Il vous a aimé tout de suite. » Celui-ci interprète : « Vous voulez dire que je l'ai manœuvré si bien? » La phrase de Nanda, non plus, ne semble renvoyer à aucune implication commune; et rien dans le contexte immédiat n'autorise Vanderbank à proposer cette interprétation audacieuse. Ici, la formulation du sous-entendu (certainement imaginaire) sert de point de départ à la recherche d'une implication qui justifierait l'interprétation. Le premier dit : *p*; le second répond : donc *q*?, ce qui amène le premier, à son tour, à découvrir qu'on lui a imputé l'enchaînement « si *p* alors *q* ». Le véritable sous-entendu ici est l'implication sous-jacente; celle-ci étant à son tour le point de départ d'une autre implication, qui qualifie (faussement) l'attitude de Nanda.

190

Ces implications de l'énoncé (ou sous-entendus, ou allusions, ou suggestions), voulues par le locuteur ou imposées par son partenaire, mais se produisant toujours à l'intérieur d'un contexte discursif particulier, occupent une place intermédiaire entre deux phénomènes dont l'un est plus strict et l'autre, quasiment illimité. Le premier est représenté par les implications de la phrase, ou présuppositions : elles appartiennent à la langue et pourraient être énumérées d'avance, sans qu'on ait besoin de recourir à un contexte quelconque. Par exemple, quand Mr Longdon dit : « Heureusement, les dames ne sont pas encore arrivées », Mitchy peut répliquer sans faire preuve d'aucune complicité ou raffinement particulier : « Oh, il *doit* y avoir des dames ? » Le caractère incontestable des présuppositions en fait une arme efficace pour les besoins de l'argumentation; on essayera même de camoufler ce qui n'est qu'implication de l'énoncé en implication de la phrase. Mrs Brook dit : « Vous niez que vous avez décliné, ce qui veut dire que vous avez donné des espoirs à notre ami. » Mrs Brook confond ici, volontairement sans doute, les contraires et les contradictoires; la phrase qu'elle interprète dit que son sujet n'a pas refusé; mais « accepter » ou « donner des espoirs » ne sont que quelques instances possibles du non-refus. Ce n'est pas au nom de la logique du langage qu'interprète Mrs Brook, mais en accord avec une implication sociale qui dit : si on ne refuse pas, c'est qu'on est prêt à accepter.

De l'autre côté se situent les implications non plus de l'énoncé mais de l'énonciation, c'est-à-dire de l'événement constitué par la prononciation de certaines paroles. Entraîné par la conversation qu'il mène avec Mr Longdon, Vanderbank appelle Mrs Brook « Fernanda », alors qu'il ne l'interpelle jamais par son prénom. Mr Longdon interprète ce fait comme l'indice, disons, d'une certaine vulgarité de Vanderbank. Celle-ci n'est évidemment pas une implication de l'énoncé « Fernanda », mais seulement du fait que ce nom ait été articulé dans certaines circonstances. Un autre exemple : lors de la même conversation, Vanderbank dit que depuis quelque temps Mrs Brook rajeunit sa fille. Cet énoncé a une implication, que Mr Longdon comprend parfaitement : Mrs Brook cherche à se rajeunir elle-même. Mais ce qu'il retient surtout est encore autre chose, qui est une implication de l'énonciation : c'est que parler ainsi *montre* (et non plus : veut dire) un manque de loyauté à l'égard de ses amis.

Les implications de l'énonciation sont difficiles à délimiter, car la nature verbale des événements est contingente : les événements verbaux, ou énonciations, signifient exactement comme le font tous

191

les autres événements, situations ou faits. Par exemple, lorsque Nanda entre chez Vanderbank et n'y trouve que Mitchy et Mr Longdon, elle interprète ainsi la situation (bien qu'aucun mot n'ait été prononcé) : « Voulez-vous dire que Van n'est pas ici? » Mr Longdon compte tout particulièrement sur la perspicacité de ses amis pour qu'ils interprètent les situations avant que les paroles ne soient prononcées, et lui évitent ainsi le désagrément qu'il y a à le faire. Mitchy y parvient rapidement, alors que Vanderbank, à une autre occasion, est plus lent. Son partenaire insiste : « Mr Longdon souleva un autre cendrier mais avec l'air de le faire en conséquence directe du ton de Vanderbank. Quand il l'eut reposé, il mit ses lorgnons, puis fixant son compagnon, demanda : — Vous n'avez pas la moindre idée? ... — De ce que vous avez dans la tête? Comment en aurais-je idée, cher Mr Longdon? — Eh bien, je me demande si je n'en aurais pas une à votre place. En pareille circonstance, vous ne voyez rien que je puisse probablement vouloir dire? » L'intonation, le ton, les gestes accompagnant la parole assurent la continuité entre le verbal et le non-verbal, ils sont comme une orchestration non verbale des mots : « ... répondit Nanda d'un ton qui marquait bien à quel point il lui avait fait plaisir ». « Son intonation faisait merveilleusement la différence. »

Ainsi — résumons tout ce qui précède — pour mieux comprendre, l'interlocuteur pose à son tour des questions : qu'est-ce que cela veut dire? qu'entendez-vous par là? qu'appelez-vous ainsi? A la recherche de lumières supplémentaires, il peut aussi interroger l'énonciation même, demander qu'on lui précise les raisons qui ont conduit à la formulation de cet énoncé; c'est en même temps une excellente façon de ne pas répondre aux questions qui vous sont adressées (comme s'il fallait mettre en évidence l'ambivalence de ce geste, destiné à parfaire la communication, en même temps qu'à la bloquer). On a vu déjà un échange entre Mitchy et la Duchesse illustrant cette possibilité; en voici un autre exemple. C'est la Duchesse qui demande : « Puis-je lui transmettre un message de votre part? » et c'est à Mitchy de l'interroger, en réponse, sur les raisons de sa question : « Pourquoi imaginez-vous qu'elle en attendrait un? » Le refus de répondre est encore plus net dans cet échange : « Pourquoi avez-vous arrangé le retour de Nanda? — Quelle idée de me le demander à cette heure du jour! »

On peut aussi dévier la conversation en commentant la parole elle-même, pour décider de sa valeur propre — quitte à en tirer ensuite des conclusions sur celui qui l'assume. C'est ainsi que Vanderbank commente sans cesse les propos de Mrs Brook : « J'aime tellement vos expressions! » « Comme j'aime vos expressions! » Ce genre de commentaire devient une mise en évidence de ce que chaque personnage possède une manière de parler et de comprendre, laquelle est perçue et commentée à son tour par les autres. La Duchesse dit de Mitchy : « Il en prend à son aise dans la conversation mais cela dépend beaucoup des gens avec qui il parle », alors que Mrs Brook le caractérise ainsi : « Votre conversation est la moitié du temps impossible (...). Il n'y a personne avec qui, dans la conversation, j'aie plus souvent envie de m'arrêter court. » A propos de Tishy, la Duchesse est encore plus sévère : « Sa conversation n'a absolument pas de bornes, elle dit tout ce qui lui passe par la tête... » En revanche Vanderbank a « développé l'art de la conversation au point où il pourrait maintenir une dame dans les airs ». Mrs Brook, pour sa part, aurait aimé ne jamais *nommer* les choses; d'avoir à le faire l'amène à d'infinis regrets : « Je dis vraiment des choses hideuses. Mais nous avons dit pire, n'est-ce pas? (...) — Pensez-vous à l'argent? — Oui, n'est-ce pas affreux? — Que vous dussiez y penser? — Que je parle ainsi. »

Même si les caractéristiques discursives des individus ne sont pas commentées par d'autres personnages, elles sont sans cesse mises en évidence et parfois signalées par le narrateur; elles sont toutes confrontées à une échelle des capacités de compréhension. On a vu déjà plusieurs traits de Mr Longdon : il ne se permet pas de dire quelque chose d'une personne en son absence, qu'il ne voudrait pas répéter devant elle; ce que le narrateur appelle « son habitude de ne pas déprécier en privé les gens envers qui il était aimable en public »; sa manière de se servir des noms propres en est un cas particulier. L'autre trait déjà mentionné est son refus de comprendre les sous-entendus ou les tropes. C'est que, on l'a vu, toute interprétation de ce genre implique un savoir commun aux interlocuteurs, et donc une complicité; en ne comprenant pas, c'est précisément cette complicité que refuse Mr Longdon. Une de ses conversations avec la Duchesse, par exemple, est ponctuée de : « J'ai peur de ne pas vous comprendre », « Sa compréhension était peut-être imparfaite, mais elle le fit devenir tout rouge », « Il restait debout, le visage plein de perceptions forcées et éparses »; c'est ce refus de la complicité que lui reproche la Duchesse : « N'essayez pas de créer des obscurités inutiles en étant inutilement modeste. »

Bien d'autres personnages, comme Mr Longdon, échappent à la norme de compréhension parfaite, représentée dans ce roman par le cercle de Mrs Brook. Le trait commun de tous les exclus est qu'ils

comprennent mal, mais cette incompréhension n'est pas nécessairement due à un refus de partager certains postulats. Quatre personnages
plus que les autres souffrent de surdité symbolique : Tishy Grendon, la
petite Aggie, Mr Cashmore et Edward. Le cas le plus grave est celui
de la petite Aggie : merveilleusement protégée par sa tante la Duchesse
de tout contact pouvant la corrompre, elle a des difficultés non au
niveau des allusions ou dans la recherche du référent, mais simplement
parce qu'elle ne comprend pas le sens des mots. On en a le témoignage
dans une conversation avec Mr Longdon, au langage pourtant réservé.
Elle dit : « Nanda est ma meilleure amie après trois ou quatre autres. »
Mr Longdon commente : « Ne pensez-vous pas que c'est plutôt un
strapontin, comme on dit, pour une meilleure amie? — Un strapontin?
demanda-t-elle avec une innocence! — Si vous ne comprenez pas, dit
son compagnon, je n'ai que ce que je mérite, car votre tante ne m'a
pas laissé avec vous pour vous apprendre l'argot du jour. —
L' " argot "? s'étonna-t-elle de nouveau, immaculée. — Vous n'avez
même jamais entendu l'expression? Je penserais que c'est un grand
compliment de notre temps, si je ne craignais que le nom seul ait été
écarté de vous. — La lumière de l'ignorance dans le sourire de l'enfant
était positivement en or. — Le nom? répéta-t-elle encore. — Elle ne
comprenait pas assez, il y renonça. »

Tishy Grendon ne comprend qu'une chose à la fois, or les discours
de ses partenaires partent souvent dans plusieurs directions simultanément; elle est donc toujours en retard de plusieurs répliques. Son
amie Nanda est son unique recours : « Est-ce qu'il dit quelque chose de
vilain? Je ne peux vous comprendre que si Nanda explique, se tourna-
t-elle vers Harold. En fait je ne comprends rien sinon quand Nanda
explique. » Mr Cashmore est à la fois trop littéral et explicite dans son
expression; et, réciproquement, trop lent dans la compréhension,
en particulier si son interlocuteur est Mrs Brook. « Mr Cashmore la
suivait trop pesamment. » « Mr Cashmore s'émerveilla — c'était
presque mystique. — Je ne vous comprends pas. » « Miséricorde, de
quoi parlez-vous donc? C'est ce que moi, je veux savoir, déclara
Mr Cashmore avec vivacité. »

La variante la plus subtile de surdité symbolique est représentée par
Edward Brookenham. Il ne comprend guère mieux que Mr Cashmore
le tissu d'allusions dont l'entoure sa femme. Elle lui adresse une
réplique : « Puis comme le visage d'Edward disait que c'était un
mystère : — Tu n'as pas besoin de comprendre mais tu peux me
croire, ajouta-t-elle. (...) C'était une déclaration qui ne diminua pas
son incompréhension (...). Les ténèbres d'Edward n'étaient pas absolues

mais elles étaient denses. » Cependant, son rôle de maître dans la maison qui est aussi le cœur du cercle l'amène à avoir une attitude ne trahissant pas son incompréhension; cette attitude est, évidemment, le silence — qui n'est cependant pas dépourvu de ses propres ambiguïtés. « Une de ses manières, par exemple, était d'être le plus silencieux quand il avait le plus à dire, et, quand il n'avait rien à dire, d'être également toujours silencieux; particularité déconcertante... » Ce qui fait que, dans cet autre entretien, rien ne trahit son incompréhension — ni, d'ailleurs, son éventuelle intellection. « Oh! dit-il simplement. (...) Oh! se contenta-t-il de répéter. (...) Oh! observa Brookenham. (...) Oh! répondit Brookenham. (...) Oh! répondit son mari. (...) Oh! répéta son compagnon. (...) Oh! fit de nouveau son mari », etc.

Face à ces invalides de la conversation, il y a le cercle de Mrs Brook, où non seulement tout est compris, mais aussi tout peut être dit. En effet, les deux règles fondamentales et complémentaires qui régissent l'usage de la parole dans ce salon sont : on peut tout dire; et : on ne doit rien dire directement. La Duchesse appelle cela, avec une nuance péjorative, « vos étonnants lavages périodiques de linge sale en public » et Nanda, bienveillante comme une néophyte : « Nous discutons tout, et tout le monde; nous sommes toujours en train de nous discuter nous-mêmes. (...) Mais ne pensez-vous pas que c'est le genre de conversation le plus intéressant? » En même temps (l'un permet l'autre), ces exhibitions de linge sale ne peuvent se faire que parce que les choses ne sont jamais nommées par leur nom, mais seulement évoquées ou suggérées. D'où cette phrase à valeur de loi dans la bouche de Mrs Brook : « Après tout, les explications abîment les choses »; d'où aussi sa désolation, quand elle doit formuler explicitement un jugement (« c'est effroyablement vulgaire d'en parler, mais... »). Mitchy constatera à son tour : plus l'objet est difficile à nommer, plus la conversation devient raffinée. « Les pires choses semblent être assurément les meilleures pour développer le sens du langage. » Le langage par excellence est comme celui de l'oracle de Delphes, qui ne dit pas ni ne se tait mais suggère. Cette exigence constante est pourtant en contradiction avec l'objectif de l'activité principale de tous ces personnages, laquelle, on l'a vu, n'est rien d'autre que : demander des explications. Tout se passe comme si les personnages étaient animés par deux forces contraires, et participaient simultanément de deux processus aux valeurs opposées : mus d'une part par la nostalgie d'une prise directe sur les choses, ils essayent de percer les mots au clair, de les traverser pour s'emparer de la vérité; mais, d'un autre côté, l'échec possible de cette quête est comme neutralisé par le plaisir qu'ils prennent à ne pas nommer la vérité, à la condamner à tout jamais à l'indécision.

L'un des principaux événements racontés dans *l'Age difficile* est justement le malaise créé dans ce salon par l'intervention, perturbante mais inévitable, de Nanda, fille de Mrs Brook, qui a dépassé l'âge de l'enfance et a donc le droit de descendre au salon, mais n'a pas atteint celui d'une femme, et ne doit pas tout entendre. Nanda elle-même perçoit au début les seuls aspects positifs de l'événement. « Maintenant je descendrai. Toujours, je verrai tous les gens qui viennent. Ce sera une grande chose pour moi. Je veux entendre toute la conversation. Mr Michett dit que je devrais, que cela aide à former les jeunes esprits. » Mais sa mère ne voit que l'envers de cette intrusion : elle entraînera une perte dans la liberté de langage, elle nuira à leur conversation, or qu'ont-ils de plus précieux? C'est le sentiment qu'elle exprime de façon un peu tortueuse devant Mr Cashmore : « Elle [Nanda] sent que sa présence met un frein à notre liberté de langage » et, plus crûment, devant Vanderbank : « Je parlais du changement de ma vie, certes. Il se trouve que je suis ainsi faite que ma vie a quelque chose à voir avec mon esprit, et mon esprit avec ma conversation. Une bonne conversation, vous savez... quel rôle cela joue pour moi. Aussi, quand on doit délibérément rendre sa conversation mauvaise... je veux dire stupide, plate, de cinquième ordre; quand on doit amener de la voile à ce point — et pour une raison tout à fait extérieure — il n'y a rien d'étrange à mettre parfois un ami dans la confidence de son irritation. » Après coup, Nanda juge la situation avec d'autres yeux : « Est-ce qu'on ne devient pas un petit égout où tout s'écoule? — Pourquoi, demanda Mitchy, ne dites-vous pas plus gracieusement une petite harpe éolienne suspendue à la fenêtre du salon et vibrant au vent de la conversation? » Et en langage plus direct avec Vanderbank : sa mère, dit-elle, redoutait « ce que nous pouvions saisir parmi vous tous qui ne serait pas bon pour nous », « le danger de trop saisir ».

Henry James a raconté dans la préface de ce livre, rédigée dix ans après le livre lui-même, que ce conflit et cette tension étaient le germe même du roman. « *L'Age difficile*, écrit-il, est précisément l'étude d'une de ces périodes, limitées ou étendues, de tension et d'appréhension, un compte rendu de la manière dont, dans un cas particulier, on a traité l'interférence ressentie avec d'anciennes libertés », de la manière dont, « dans un cercle de conversation libre, on doit tenir compte d'une présence nouvelle et innocente, entièrement inacclimatée », c'est le récit d'une « liberté menacée par l'irruption inévitable de l'esprit ingénieux ». Cependant, ce germe, reconnaît-il dans la même préface, a été obnubilé — au point de passer inaperçu — par ce qui était destiné initialement à n'être qu'une forme portant ce sujet, une manière de le traiter et de l'élaborer. Mais, remarque-t-il en même temps, « mon sujet était probablement condamné d'avance à une surélaboration appréciable ». A moins que — et c'est ce que James appelle une « vérité artistique importante », découlant finalement de son expérience — la « surélaboration » ne soit jamais, par principe, possible? « La principale leçon de mon examen rétrospectif serait vraiment une révision suprême de toute cette question : qu'est-ce, pour un objet, de souffrir, si on appelle cela souffrir, de surélaboration? Ma conscience artistique trouve le soulagement de ne reconnaître ici vraiment aucune trace de souffrance... » C'est que, peut-être, l'élaboration peut devenir sujet, et le sujet, une manière d'élaborer?

Cette forme, cette manière de traiter le sujet — qui est la tension créée dans la conversation —, n'est rien d'autre qu'une série de conversations. L'Age difficile a ce trait tout à fait particulier au sein de l'énorme famille des romans, de n'être écrit, pour ainsi dire, qu'en dialogues; autrement dit, ce roman a tendance à se confondre avec le drame, genre qui fascine depuis toujours Henry James. Il a d'ailleurs bien expliqué, dans la même préface, l'usage qu'il voulait faire du dialogue. L'idéal à atteindre, c'est « faire en sorte que la rencontre représentée raconte elle-même toute son histoire, reste enfermée dans sa propre présence, et néanmoins, sur ce morceau de terrain jalonné, devienne parfaitement intéressante et reste parfaitement claire... ». Or n'est-ce pas ce qu'offre la forme dramatique? « La distinction divine des actes d'une pièce était, me disais-je, dans son objectivité spéciale et préservée. Cette objectivité à son tour venait, quand elle atteignait son idéal, de l'absence imposée de tout regard " par-derrière ", destiné à faire le tour des explications et des amplifications, à arracher des bribes et des morceaux de la grande boutique de remèdes à illusion du " simple " narrateur... »

Ce qui attire James vers la forme dialoguée est son objectivité, la possibilité de se passer de tout narrateur, ou tout au moins d'un narrateur qui sait et explique. On pourrait objecter que l'Age difficile a bien un narrateur. On nous rappelle son existence à peu près toutes les dix pages : c'est un « spectateur », « observateur » ou « auditeur », qualifié selon l'occasion d'« averti », d'« initié », ou d'« attentif ». Parfois ce spectateur est évoqué de façon plus détaillée : « un observateur disposé à interpréter la scène » qui devient « l'observateur ingénieux que nous avons suggéré tout à l'heure » ou encore « notre spectateur perspicace ». Ou bien on suppose qu'« une personne qui le connaissait bien aurait trouvé dans cette scène, si elle y avait assisté... ». Ou on imagine « un rapide retournement du miroir qui reflète toute la scène ». D'autres fois, le narrateur accepte de jouer provisoirement le rôle de ce témoin : « Nous l'aurions sans doute deviné si nous l'avions vu... », ou de façon encore plus explicite quoique négative : « Comme Mr Van n'aurait pu exprimer plus tard, à un ami curieux, l'effet produit sur lui par le ton de ces mots, son chroniqueur prend avantage de ce fait pour ne pas prétendre à une plus grande compréhension, pour se limiter au contraire à la simple constatation qu'ils produisirent sur la joue de Mr Van une rougeur à peine visible. » D'autres fois enfin, le narrateur déplore l'absence d'un tel témoin : « Qui était là pour observer si la jeune fille le remarquait? », « l'histoire ne le saura jamais ». En tous les cas, ce témoin permanent, même s'il n'est pas constamment mentionné, reste indispensable et impliqué dans la présentation des événements rapportés; le narrateur le sait bien : « l'observateur perspicace que nous supposons *constamment* », « le témoin *continuel* de ces épisodes » (c'est moi qui souligne).

Ce témoin qu'il est nécessaire d'imaginer (cette présence supposée faisait dire à Dostoïevski qu'un tel récit est « fantastique », puisqu'il admet l'existence d'êtres invisibles) ne devient cependant pas une instance narrative unificatrice; le narrateur voit mais ne sait pas. On peut remarquer que les personnages eux-mêmes ont déjà une curieuse habitude (qui, d'ailleurs, contribue à la difficulté de comprendre leurs propos et provoque des demandes d'explication) : ils ne se réfèrent pas aux autres par un nom constant et connu de tous mais les appellent par des locutions qui varient d'une circonstance à l'autre, comme s'ils ne voulaient rien présumer quant à l'existence d'une identité immuable au sein de chaque être, mais se contentaient d'enregistrer leurs perceptions, chaque fois ponctuelles et sujettes au changement. Ainsi, en parlant à Mitchy de Carrie Donner, maîtresse supposée de Mr Cashmore, la Duchesse l'appelle une fois « cette absurde petite personne », une autre « le charmant échantillon du bon goût de Mr Cashmore que nous avons sous les yeux », une troisième « cette victime d'injustes calomnies », mais ne la nomme jamais par son nom : la pauvre Mrs Donner a du mal à exister comme une entité. Combien ne devient-on alors instable en passant, non seulement d'un instant à l'autre, mais des yeux d'une personne à ceux d'une autre! C'est ce qui fait dire à Nanda : « Nous sommes en partie le résultat d'autres gens », et à Vanderbank : « Nous nous voyons nous-mêmes réfléchis. » Or le narrateur lui-même a adopté un parti pris identique, et n'appelle pas ses personnages d'une manière uniforme : ce sera une fois Vanderbank, une autre le vieux Van, une troisième Mr Van, selon que celui-ci est perçu par telle ou telle personne, dans telles ou telles circonstances, le narrateur lui-même ne possédant pas de perception qui lui soit propre; en fait, ce sont encore les personnages qui perçoivent, même quand c'est le narrateur qui parle. Mrs Brook devient « le sujet de cet éloge » à la suite d'une réplique de Vanderbank, « la compagne de Nanda », au cours d'un entretien avec sa fille. Mr Cashmore est une fois envisagé par rapport à sa femme, et on l'appelle « le mari de Sa Seigneurie », une autre par rapport à son hôtesse, et il est « le visiteur de Mrs Brook ». Au gré des répliques que Mitchy adresse à Mr Longdon (dont on se rappelle l'attention pour les appellatifs), celui-ci est « le sujet de l'information de Vanderbank », puis « le confident possible du vieux Van »; conversant avec Vanderbank, il devient « l'amoureux de Lady Julia »; avec Mrs Brookenham, « le plus âgé de ses visiteurs ».

On peut admettre que de la sorte chaque « rencontre représentée raconte elle-même toute son histoire ». Mais, même si elle reste « parfaitement intéressante », il n'est pas certain qu'elle soit en même temps « parfaitement claire » : pour revenir au point de départ, on a du mal, même à la relecture, à construire fidèlement cette histoire, à en énumérer ne serait-ce que les principaux événements, et personne sans doute ne sera en mesure de dire la nature exacte des relations qui unissent (pour ne s'en tenir qu'aux personnages les plus importants) Vanderbank et Mrs Brook, Vanderbank et Nanda, Nanda et Mr Longdon.

Il y a là un problème qui est le point névralgique de ce roman. Le lecteur de tout texte de fiction cherche à construire l'histoire que raconte ce texte. Il dispose à cet effet de deux types d'information. La première doit être inférée à partir des comportements décrits; ceux-ci, donc, symbolisent — mais ne signifient pas — la réalité dans la fiction. La seconde lui est livrée de façon directe par un narrateur (ou plusieurs). On sait cependant que ce narrateur, à son tour, peut se révéler « indigne de confiance », et donc obliger le lecteur d'inférer la vérité plutôt que de la recevoir telle quelle. Comme *l'Age difficile* ne comporte pour ainsi dire pas de discours du narrateur, nous pouvons considérer les personnages comme autant de narrateurs, et être prêts à rétablir la vérité, même s'ils la déforment. Or, c'est dans cette tâche précisément que le lecteur échoue. Pourquoi?

Écartons d'abord une réponse facile mais inapplicable ici, selon laquelle seuls des mots nous seraient donnés alors que l'action se jouerait en dehors d'eux. Pour ce qu'on peut en juger, aucun événement important ne prend place dans les laps de temps que le livre passe sous silence, ni au cours de ces laps mais en dehors du langage, en actions non verbales : ce sont les discours qui constituent les événements principaux de la vie de ces personnages, et leur monde est bien verbal. James n'écrivait-il pas dans *The Question of our Speech* : « C'est très largement en parlant, tout au long, que nous vivons et jouons nos rôles »? Il faut donc ajouter d'abord qu'aucun personnage n'accepte non plus, pas même provisoirement, de jouer le rôle de narrateur et de synthétiser ce qui vient de se passer. Non seulement le roman est fait de conversations, mais de plus ce sont des conversations bien particulières : elles n'évoquent pas d'événements qui leur seraient extérieurs, elles se contentent d'être des événements. C'est comme si la parole-récit et la parole-action n'étaient plus des aspects complémentaires d'une activité unique : cette parole-ci ne raconte rien. Les conversations forment l'histoire mais ne la relatent pas.

Mais cela encore ne suffit pas. Ce qu'on devine être le canevas dernier de cette histoire — Nanda et Mrs Brook amoureuses de Vanderbank, celui-ci pauvre, désirant épouser une femme riche mais qu'il aimerait, l'évolution des sentiments de Mr Longdon pour Nanda — se réalise bien devant nos yeux et pourtant nous avons le sentiment de n'en avoir qu'une vision indirecte. Ce n'est pas seulement que, comme on l'a vu abondamment, il est de règle dans cette société de ne jamais nommer les choses mais seulement de les suggérer. La difficulté est plus essentielle, et c'est ce qui justifie qu'elle est à la fois le thème des conversations et le principe constructif du roman. Nous avons été conduits pas à pas, des cas les plus simples, où l'on pouvait sans mal trouver, par-delà l'expression indirecte, le sens ferme et direct, jusqu'à ces paroles indéterminées dont on sait qu'elles signifient, mais aussi, qu'on ne parviendra jamais à les interpréter avec certitude. Réciproquement, il est dans ce roman des faits et des actions que nous pouvons reconstituer sans hésiter un instant, mais d'autres — et pour cette raison seule peut-être nous paraissent-ils les plus importants — ne seront jamais *établis*. L'obliquité a atteint un tel degré qu'elle n'est plus obliquité : les amarres entre les mots et les choses ne sont pas seulement relâchées ou entortillées; elles ont été coupées. Le langage fonctionne dans un espace qui restera à tout jamais linguistique.

Ce n'est pas que les personnages manquent de sincérité, ou qu'ils n'essaient de formuler aucune opinion sur rien ni personne. Ils le font; et pourtant nous ne pouvons nous fier à leurs paroles, car nous avons été subrepticement privés de l'étalon de vérité. « La vérité, pour Mr Longdon, était difficile à dire »; et il n'est pas le seul. Les propos indirects qu'échangent les personnages nous ont entraînés dans un mouvement dont la violence laisse loin derrière les allusions qui lui servaient de point de départ. Toute parole s'est trouvée comme frappée d'une suspicion ontologique, et nous ne savons simplement plus si elle conduit à une réalité, et si oui, laquelle. La symbolisation et l'inférence pouvaient être porteuses d'information sûre dans un monde où elles se trouvaient encadrées par la parole directe ou au moins par des instruments permettant d'orienter et de vérifier l'interprétation. Or, et c'est là la prouesse technique de James dans l'*Age difficile*, l'information indirecte n'est pas simplement prédominante dans ce livre, elle est la seule présente; atteignant son degré extrême, elle change de nature : elle n'est plus information. Le lecteur est donc impliqué plus que jamais dans la construction de la fiction, et pourtant il découvre en cours de route que cette construction ne saurait être achevée.

Le rapport du langage au monde est ambigu, et telle est aussi la position de Henry James à l'égard de ce rapport. Quelque part en lui-même il écrit — il n'a jamais fait autre chose — un roman social et réaliste, sur l'amour et l'argent, donc sur le mariage. Mais les mots ne saisissent pas les choses. Loin d'en souffrir cependant — et en cela il ressemble bien à ses personnages, l'*Age difficile* tout entier devenant une allégorie de la création de fictions —, James se laisse peu à peu aller au plaisir qu'il découvre dans ces phrases qui suscitent, à l'infini, d'autres phrases; dans ces personnages qui provoquent, comme par eux-mêmes, l'apparition de leurs doubles ou de leurs contraires; dans ces actions, enfants de la symétrie et de la proportion. Qui manie les mots n'aura que des mots : cette constatation se colore chez James de deux sentiments opposés, le regret d'avoir perdu le monde, la joie devant la prolifération autonome du langage. Et ses romans sont l'incarnation de cette ambiguïté.

Proust aussi raconte, dans la *Recherche du temps perdu*, comment les personnages découvrent que les mots ne disent pas forcément vrai. Mais cette découverte (que le langage direct des mots est insuffisant) n'est là que pour conduire à une conscience heureuse du pouvoir expressif du langage du corps ou de ce qui en tient lieu dans le verbal : le langage figuré et indirect. La déception de la surface est compensée chez Proust par le bonheur que procure l'accès à la profondeur. Le langage indirect est le seul à être véridique — mais c'est déjà beaucoup, car la vérité existe, au moins. La ressemblance avec James est donc trompeuse : nous savons bien que la parole des personnages dans *l'Age difficile* est indirecte, mais nous n'atteignons jamais la vérité profonde. Ici la surface déceptive renvoie bien à autre chose (c'est en cela que le langage est indirect), mais cet autre chose est encore une surface, elle-même sujette à interprétation. Ce n'est pas vers une nouvelle intériorité que nous conduit James, comme le feront après lui Proust ou Joyce, mais vers l'absence de toute intériorité, donc vers l'abolition des oppositions mêmes entre intérieur et extérieur, entre vérité et apparence.

Toute la construction de *l'Age difficile* (et non seulement celle des personnages) repose sur l'obliquité, sur l'*indirectness*, comme si celle-ci incarnait ce qui n'est plus la règle d'une société exceptionnelle, mais la règle tout court : on est toujours déjà dans l'indirect. James raconte ainsi le projet dans sa préface : « J'ai tracé sur une feuille de papier l'élégant dessin d'un cercle consistant en une série de petits ronds disposés à égale distance autour d'un objet central. L'objet central était la situation, mon sujet en lui-même; la chose lui devrait son titre, et les petits ronds représenteraient autant de lampes séparées, comme j'aimais les appeler, dont chacune aurait pour fonction d'illuminer avec toute l'intensité voulue l'un des aspects de cet objet. Car je l'avais divisé, n'est-ce pas, en aspects (...). Chacune de mes " lampes " serait la lumière d'une " rencontre mondaine " sur l'histoire et les relations des personnages concernés, et manifesterait dans sa plénitude les couleurs latentes de la scène en question, et l'amènerait à illustrer, jusqu'à la dernière goutte, sa contribution à mon thème. »

En réalité les choses sont un peu plus compliquées. Le roman est divisé en trente-huit chapitres, dont chacun correspond à une scène théâtrale : les mêmes personnages y conversent du début à la fin. Mais par-dessus cette division vient s'en greffer une autre, en dix livres; ceux-ci, semblables aux actes d'une pièce, se caractérisent par l'unité de lieu, de façon un peu plus lâche de temps, et surtout, ils portent des titres (unité d'action). Ces titres sont des noms de personnages : non nécessairement parmi ceux qui participent à la conversation (ainsi, le premier livre s'intitule « Lady Julia », or ce personnage est absent du livre), mais plutôt, ceux qui se trouvent, indirectement, éclairés par la conversation et qui à leur tour la déterminent. Ces dix livres-personnages illuminent, enfin, le sujet central que nomme le titre, l'âge du malaise. Nous sommes donc en présence d'un parfait système solaire (James parle bien de lumière) : un centre, dix grands corps autour de lui, chacun étant flanqué de trois ou quatre satellites-chapitres. Mais ce système solaire a une étonnante particularité qui bouleverse le sens de la comparaison : au lieu d'aller du centre vers la périphérie, la lumière suit le chemin inverse. Ce sont les satellites qui éclairent les planètes, et celles-ci renvoient la lumière, déjà indirecte, vers le soleil. Ce soleil reste donc bien noir, et le « sujet en lui-même », impalpable.

On pourrait admirer l'infinie interpénétration de tous les éléments qui forment le système du roman, et James lui-même, en représentant fidèle bien que tardif de l'esthétique romantique, décrivait ainsi dans la préface les résultats de son travail : « Ce faisant, il nous aide heureusement à voir que la lourde distinction entre substance et forme, dans une œuvre d'art réellement travaillée, s'écroule remarquablement. (...) Elles sont séparées avant l'acte, mais le sacrement de l'exécution les marie indissolublement (...). La chose faite est artistiquement une fusion, ou elle n'a pas été faite (...). Prouvez que telle valeur, tel effet, à la lumière du résultat global, fait partie de mon sujet, et que telle autre valeur, tel autre effet appartient à mon élaboration, prouvez que je ne les ai pas agités ensemble comme le prestidigitateur que je prétends être doit le faire, avec un art consommé, et j'admets que je suis comme le vantard qui crie devant une baraque de foire. » Qu'imaginer, en effet, de plus harmonieux que cette étude de la parole faite à travers l'usage même de la parole, cette manière allusive d'évoquer l'allusion, ce livre oblique sur l'oblique?

Je crois que *l'Age difficile* est l'un des plus importants romans de notre « âge » et un livre exemplaire — mais pas seulement, pas tellement par la parfaite fusion de « forme » et « contenu », que réalisent bien d'autres œuvres, et dont on ne sait pas au juste pourquoi il faut l'admirer. Je le comparerai plutôt aux grands romans qui l'ont suivi et que notre modernité vénère bien davantage, du fait qu'il explore à fond une voie ouverte par le langage mais inconnue de la littérature, qu'il pousse cette exploration plus loin qu'on ne l'avait encore fait, qu'on ne l'a fait depuis. *L'Age difficile* est un livre exemplaire en ce qu'il figure — plutôt qu'il ne dit — l'obliquité du langage et l'indécidabilité du monde. On peut ainsi répondre à la question initialement posée : de quoi parle *l'Age difficile?* de ce que c'est parler, et parler de quelque chose.

Les Illuminations

Ma sagesse est aussi dédaignée que le chaos. Qu'est mon néant auprès de la stupeur qui vous attend?

Rimbaud, *Vies I.*

Le vrai « problème des *Illuminations* » n'est évidemment pas chronologique mais sémantique : de quoi parlent ces textes énigmatiques? et que veulent-ils dire? La littérature sur Rimbaud étant particulièrement abondante, on ne peut manquer de se tourner vers elle pour y trouver une réponse; et, quoique la plupart des auteurs se soient intéressés bien plus aux voyages en Angleterre ou dans le Harrar, aux expériences homosexuelles ou de drogue, qu'au sens de ces textes, il existe néanmoins bon nombre d'études consacrées à l'interprétation des *Illuminations*. A les lire, cependant, je garde l'impression qu'elles restent en général en deçà, ou qu'elles vont immédiatement au-delà, du problème réel que pose cet ensemble de « poèmes en prose ». Pour situer ma propre réaction face au texte, je dois donc résumer rapidement les différentes attitudes qu'il a suscitées par le passé et expliquer en quoi elles me laissent insatisfait.

J'appellerai *critique évhémériste* une première forme de réaction au texte de Rimbaud, qu'on ne peut pas vraiment qualifier, à mes yeux, d' « interprétation ». Évhémère, auteur de l'Antiquité, lisait Homère comme une source de renseignements sur les personnes et les lieux décrits dans l'épopée, comme un récit véridique (et non imaginaire); la lecture évhémériste traverse instantanément le texte à la recherche d'indices sur un monde réel. Aussi étonnant que ce soit, le texte de Rimbaud, qui paraît pourtant si peu référentiel dans son intention même, a le plus souvent été lu comme une source d'informations sur la vie du poète. La chose est d'autant plus risquée que cette vie reste par ailleurs mal connue, et que les textes poétiques sont souvent l'unique source dont on dispose : la biographie est construite à partir de l'œuvre, et pourtant on donne l'impression d'expliquer l'œuvre par la vie!

204

Qu'on en juge sur l'exemple d'un des textes des *Illuminations* les plus faciles à comprendre, *Ouvriers*. L'expression « cette chaude matinée de février », et l'indication que le lieu de l'action n'est pas le Sud, amènent le commentaire suivant de la part d'Antoine Adam : « Nous sommes dans un pays du Nord, en février, et la température est clémente. Or, de 1872 à 1878, la température fut spécialement douce en 1878 (moyenne à Oslo : — 0,7°). On parle d'un voyage de Rimbaud à Hambourg au printemps de 1878, et cette indication vague, légèrement modifiée, pourrait s'accorder avec le poème d'*Ouvriers*. » A quoi Chadwick rétorque que le poème date de février 1873, car le *Times* mentionne des inondations survenues à Londres en janvier; or, le texte parle aussi de l'eau « laissée par l'inondation du mois précédent ». Les critiques doivent faire preuve d'une ingéniosité digne de Sherlock Holmes, en consultant le calendrier des événements météorologiques pendant une dizaine d'années; et pourtant ils ne sont pas en état d'authentifier leurs hypothèses, tant l'information initiale est pauvre (même quand elle est « légèrement modifidée »).

Mais le problème n'est évidemment pas là. Les indications du texte s'accorderaient-elles avec l'histoire de la météorologie, que le passage des unes à l'autre resterait des plus périlleux : il implique l'oubli de la distinction la plus élémentaire, celle entre histoire et fiction, entre documents et poésie. Et si Rimbaud ne parlait pas d'une inondation réelle, d'un hiver chaud qui a réellement eu lieu? Le fait qu'on puisse poser cette question, et y répondre positivement, rend toute l'érudition d'Adam ou de Chadwick non pertinente. Il suffisait, pour le savoir, de lire ce qu'écrit Rimbaud lui-même : « Ta mémoire et tes sens ne seront que la nourriture de ton impulsion créatrice » (*Jeunesse IV*).

Supposons, pourtant, que le texte décrit bien la vie de Rimbaud. Ce pourquoi j'hésite à donner le nom d'interprétation à une telle constatation, c'est qu'elle est, à la rigueur, une contribution à la connaissance de la biographie du poète; elle n'est en rien une explication de son texte. Le « satanique docteur » de *Vagabonds* vise peut-être Verlaine, comme l'ont répété à qui mieux mieux tous les commentateurs à la suite de Verlaine lui-même, et l'eau « large comme un bras de mer » dans *les Ponts* est peut-être une description de la Tamise, comme le veut par exemple Suzanne Bernard; mais on n'a pas expliqué le sens du texte en identifiant (à supposer que cela soit fait) l'origine de ses éléments. Le sens de chaque mot et de chaque phrase se détermine seulement en relation avec les autres mots, les autres phrases du même texte; je suis confus d'avoir à énoncer une telle évidence, et pourtant elle ne semble pas exister pour les commentateurs de Rimbaud. Aussi, lorsque S. Bernard note à propos de *Royauté*, autre texte particulièrement clair des *Illuminations* : « Le texte, dans l'état actuel de nos connaissances, reste obscur », sa remarque me paraît tout à fait à côté de la question : aucune découverte fortuite, aucune clef biographique ne rendra ce texte plus clair (il n'en a d'ailleurs pas besoin), car le prétexte qui a nourri la « mémoire » et les « sens » ne contribue pas à l'établissement du sens.

La *critique étiologique* représente une deuxième attitude face au texte de Rimbaud. Là encore, on ne peut vraiment parler d'interprétation : plutôt que de chercher le sens du texte, on s'interroge sur les raisons qui ont poussé Rimbaud à s'exprimer ainsi. La transparence référentielle fait ici place à une transparence orientée vers l'auteur, dont le texte n'est pas à proprement parler l'expression mais en quelque sorte le symptôme. L'explication la plus courante est : si Rimbaud écrit ces textes incohérents, c'est qu'il s'adonne aux drogues; Rimbaud écrit sous l'influence du haschisch. Il est vrai que certains poèmes, par exemple *Matinée d'ivresse*, peuvent donner l'impression d'être la description d'une expérience de drogue. La chose n'est pas évidente; mais le serait-elle, qu'elle n'ajouterait rien à notre compréhension du texte. Nous dire que Rimbaud avait pris du haschisch quand il a écrit tel ou tel poème, est une information aussi peu pertinente, pour l'interprétation de ce texte, que celle qu'il écrivait dans sa baignoire, ou portant une chemise rose, ou la fenêtre ouverte. Tout au plus contribue-t-elle à une physiologie de la création littéraire. La question qu'on doit se poser en lisant *Matinée d'ivresse* et d'autres textes comparables n'est pas : son auteur était-il ou non drogué? mais : comment lire ce texte si l'on ne renonce pas à la recherche du sens? Comment réagir devant cette incohérence, ou cette apparence d'incohérence?

Relèvent également de la critique étiologique les commentaires qui disent : si ce texte est étrange, c'est qu'il décrit un spectacle d'opéra; ou un tableau, ou une gravure; ou, comme le dit Delahaye pour *Fleurs*, que Rimbaud est couché dans l'herbe au bord d'un étang, et regarde les plantes de tout près; Thibaudet pour sa part imagine, dans *Mystique*, un marcheur épuisé, couché par terre et regardant le ciel, la tête renversée. Ici encore, le critique se contente d'identifier (de façon combien problématique) l'expérience qui aurait incité Rimbaud à écrire ce texte, il ne se demande pas ce qu'il signifie. Une telle affirmation, cependant, peut se transformer dans le cadre de l'interprétation, à condition qu'on parle non du tableau qu'aurait vu Rimbaud mais de celui que peint son texte; à condition, donc, de parler de l'effet (et non du prétexte) pictural.

Les deux autres attitudes critiques, que je voudrais distinguer ici, relèvent bien de l'interprétation : elles consistent à expliquer le ·sens ou l'organisation du texte. Elles le font pourtant d'une façon qui me semble gommer ce que les *Illuminations* ont de plus caractéristique, et donc oublier la partie la plus importante de leur message. Le cas est relativement simple avec la *critique ésotérique*. Comme tout texte obscur, les *Illuminations* ont reçu de nombreuses interprétations ésotériques, qui rendent tout clair : chaque élément du texte, ou au moins chaque élément problématique, se trouve remplacé par un autre, tiré d'une variante quelconque du symbolisme universel, de la psychanalyse à l'alchimie. L'étrange « fils du Soleil » de *Vagabonds* serait l'unité, ou l'amour, ou le pharaon; l'arc-en-ciel dans *Après le déluge*, le cordon ombilical; et les *Fleurs* la pure substance contenue dans le métal. Ces interprétations ne peuvent jamais être confirmées, ni d'ailleurs infirmées, d'où leur peu d'intérêt; à cela s'ajoute qu'elles traduisent le texte morceau par morceau, sans tenir compte de sa composition, et que le résultat final, parfaitement clair, ne permet pas d'expliquer l'obscurité initiale : pourquoi Rimbaud se serait-il amusé à chiffrer des pensées un peu plates?

La quatrième, et dernière, attitude face au texte de Rimbaud mériterait le nom de *critique paradigmatique*. On part ici du postulat, explicite ou implicite, que la continuité est dépourvue de signification; que la tâche du critique consiste à rapprocher des éléments plus ou moins éloignés dans le texte, pour en montrer la similitude, ou l'opposition, ou la parenté; en un mot, que le paradigme est pertinent, mais non le syntagme. Le texte de Rimbaud, comme tout autre texte, se prête à ces opérations, qu'elles aient lieu sur le plan thématique, ou sémantique-structural, ou grammatical et formel. Seulement, du coup, il n'y a plus aucune différence de statut entre les *Illuminations* et, justement, tout autre texte. C'est que le critique paradigmatique traite tous les textes comme s'ils étaient des *Illuminations*, dépourvues d'ordre, de cohérence et de continuité, puisque, en trouverait-il, qu'il n'en tiendrait pas compte, et qu'il érigerait à la place l'ordre paradigmatique, par lui découvert. Mais ce qui pouvait déjà apparaître comme contestable dans l'analyse d'autres textes (le postulat de la non-pertinence de la dimension syntagmatique, de la continuité discursive et narrative) produit un résultat inadmissible dans le cas des *Illuminations,* puisqu'on ne dispose plus d'aucun moyen pour dire le trait frappant de ce texte, à savoir son incohérence de surface. A force d'avoir traité tous les textes comme s'ils étaient des *Illuminations*, le critique paradigmatique ne peut plus dire en quoi les *Illuminations* mêmes sont différentes des autres textes.

Je voudrais formuler, face à ces diverses stratégies critiques, une position autre, que le texte des *Illuminations* me semble réclamer impérieusement. Elle consiste à prendre au sérieux la difficulté de lecture; à ne pas la considérer comme un accident de parcours, défaillance fortuite des moyens qui devaient nous conduire au sens-fin, mais à en faire l'objet même de notre examen; à se demander si le principal message des *Illuminations*, plutôt que dans un contenu établi par des décompositions thématiques ou sémiques, n'est pas dans le mode même d'apparition (ou peut-être de disparition) du sens. Si, pour se placer sur un autre plan, l'explication de texte ne doit céder le pas, dans le cas des *Illuminations*, à une *complication de texte*, qui mettrait en évidence l'impossibilité principielle de toute « explication ».

Quand le texte de Rimbaud évoque un monde, l'auteur prend en même temps tous les soins nécessaires pour nous faire comprendre que ce monde n'est pas *vrai*. Ce seront des êtres ou des événements surnaturels et mythologiques, comme la triple métamorphose dans *Bottom*, la déesse dans *Aube*, les anges dans *Mystique*, ou l'être au double sexe dans *Antique;* des objets et des lieux qui atteignent des dimensions jamais vues : « Ce dôme est une armature d'acier artistique de quinze mille pieds de diamètre environ » *(Villes II)*, « Les cent mille autels de la cathédrale » *(Après le déluge)*, la villa et ses dépendances qui forment un promontoire aussi étendu que l'Arabie *(Promontoire)*, ou les innombrables ponts aux formes variées *(les Ponts)*. Ou simplement des objets physiquement possibles mais à tel point invraisemblables qu'on renonce à croire en leur existence : ainsi des boulevards de cristal de *Métropolitain* et des boulevards de tréteaux de *Scènes*, de la cathédrale au milieu du bois *(Enfance III)* et « des chalets de cristal et de bois qui se meuvent sur des rails et des poulies invisibles » *(Ville I)*, du piano dans les Alpes et du Splendide-Hôtel au pôle *(Après le déluge)*.

Lorsque des indications géographiques viennent pour, semble-t-il, assouvir la passion d'Évhémère et permettre d'identifier les lieux dont on parle, Rimbaud, comme par dérision, mélange à volonté les pays et les continents. Le promontoire fabuleux rappelle l'Épire et le Péloponnèse, le Japon et l'Arabie, Carthage et Venise, l'Etna et l'Allemagne, Scarbro' et Brooklyn, et, comme si cela ne suffisait pas, « l'Italie, l'Amérique et l'Asie » *(Promontoire)*. L'idole est à la fois « mexicaine et flamande », les bateaux ont des noms « grecs, slaves, celtiques » *(Enfance I);* les aristocraties sont allemandes, japonaises et guaranies *(Métropolitain);* l'Allemagne, les déserts tartares, le Céleste Empire, l'Afrique et même les « Occidents » se rejoignent dans *Soir historique*. Où est le pays que décrivent ces textes? Voilà ce que ne parviendra pas à éclairer l'érudite dispute des partisans de Java avec les spécialistes de l'Angleterre.

Souvent, une phrase ou un mot du texte dit ouvertement que la chose décrite n'est qu'une image, une illusion, un rêve. Les ponts invraisemblables disparaissent à la lumière du soleil : « Un rayon blanc, tombant du haut du ciel, anéantit cette comédie » *(les Ponts)*, et les coordonnées des villes fabuleuses sont bien données : « Quels bons bras, quelle belle heure me rendront cette région d'où viennent mes moindres mouvements? » *(Ville I)*. Les êtres évoqués dans *Métropolitain* sont des « fantasmagories ». Le rêve n'est plus pour Rimbaud, comme il l'était pour Baudelaire par exemple, un élément thématique, mais plutôt un opérateur de lecture, une indication sur la manière dont on doit interpréter le texte qu'on a sous les yeux. Les personnages de *Parade* s'habillent « avec le goût du mauvais rêve », et les montagnes de *Ville I* sont aussi « de rêve »; « postillon et bêtes de songe » traversent *Nocturne vulgaire* et c'est le rêve que racontent les *Veillées*. On a par ailleurs relevé depuis longtemps le vocabulaire théâtral, « opéradique » des *Illuminations;* plutôt que d'y voir la preuve que Rimbaud, pendant son séjour à Londres, fréquente le théâtre, ne doit-on y relever l'indice du caractère fictif, illusoire, de l'objet dont on parle? N'est-ce pas l'inexistence qui caractérise tant d'autres objets évoqués, des « mélodies impossibles » de *Soir historique* aux « auberges qui pour toujours n'ouvrent déjà plus » *(Métropolitain)* et aux parcs de châteaux invisibles — « d'ailleurs il n'y a rien à voir là-dedans » *(Enfance II)*? Toutes les contrées des *Illuminations*, et non seulement les fleurs arctiques dont parle *Barbare*, méritent ce commentaire incisif et définitif : « Elles n'existent pas. »

Encore l'indication du caractère fictif du référent n'est-elle que la façon la plus conventionnelle de mettre en question la capacité du texte d'évoquer un monde. A côté de cette disqualification du référent on observe en effet une action, bien plus insidieuse, sur les aptitudes référentielles du discours même. Les êtres désignés par le texte des *Illuminations* sont essentiellement indéterminés : nous ne savons d'où ils viennent ni où ils partent, et le choc est d'autant plus grand que Rimbaud ne semble même pas s'apercevoir de cette indétermination, et continue d'employer l'article défini pour les introduire, comme si de rien n'était. *Les* pierres précieuses, *les* fleurs, *la* grande rue, *les* étals, *le* sang, *les* cirques, *le* lait, *les* castors, *les* mazagrans, *la* grande maison, *les* enfants en deuil, *les* merveilleuses images, *les* caravanes : autant d'objets et d'êtres qui surgissent (dans *Après le déluge*) les uns à côté des autres, sans que nous sachions rien d'eux, sans que le poète, en même temps, s'aperçoive de cette ignorance — puisqu'il en parle comme si nous étions au courant. Comment savoir, sans plus de détails, sans autre indication, ce qu'est une «brèche opéradique »? ce que c'est de « siffler pour l'orage »? quelles sont ces « suffocantes futaies »? et ce qu'est « rouler sur l'aboi des dogues » *(Nocturne vulgaire)*? « La fille à lèvre d'orange » *(Enfance I)*, « les bêtes pacifiques » *(Enfance IV)*, « le vieillard seul, calme et beau » *(Phrases)*, « la musique des anciens » *(Métropolitain)*, « les sèves ornementales » *(Fairy)* et tant d'autres semblent bien évoquer un objet précis mais dont, faute d'information supplémentaire, nous ignorons tout et que nous avons le plus grand mal à imaginer : ces objets sont aperçus le temps infinitésimal d'une illumination.

Pris isolément, chacun des objets évoqués est indéterminé, tant cette évocation est brève, fulgurante. On se met alors à la recherche d'une détermination relationnelle, des objets les uns par rapport aux autres, ou, ce qui revient au même, des parties du texte entre elles. Et c'est ici que le choc est le plus violent : les *Illuminations* ont érigé la discontinuité en règle fondamentale. De l'absence d'organisation, Rimbaud a fait le principe d'organisation de ces textes, et ce principe fonctionne à tous les niveaux, depuis le poème entier jusqu'à la combinaison de deux mots. La chose est évidente, par exemple, dans les relations entre paragraphes : il n'y en a pas. A supposer que chaque paragraphe de *Métropolitain*, par exemple, soit résumé par le substantif qui le clôt — ce qui ne cesse pas de poser des problèmes —, quel est le rapport unissant au sein d'un même texte, « la ville », « la bataille », « la campagne », « le ciel », « ta force »? Ou, dans *Enfance I*, qu'est-ce qui justifie le passage de l'idole à la fille, aux danses et aux princesses? Tous les textes des *Illuminations*, et non seulement l'un d'entre eux, pourraient porter ce titre significatif : *Phrases*.

On pourrait se dire que le passage à la ligne signale au moins le changement de thème et justifie l'absence de continuité. Mais les propositions, au sein d'un paragraphe, ou même d'une phrase, s'accumulent de la même façon désorganisée. Lisons le troisième paragraphe de *Métropolitain*, déjà si isolé de ses voisins :

Lève la tête : ce pont de bois, arqué; les derniers potagers de Samarie; ces masques enluminés sous la lanterne fouettée par la nuit froide; l'ondine niaise à la robe bruyante, au bas de la rivière; ces crans lumineux dans les plans de pois — et les autres fantasmagories — la campagne.

Mais qu'est-ce qui unit toutes ces « fantasmagories » au sein d'une même phrase? Qu'est-ce qui permet d'enchaîner au sein du même paragraphe : « Les castors bâtirent. Les " mazagrans " fumèrent dans les estaminets » *(Après le déluge)*? Et l'on ne sait plus si l'on doit s'étonner davantage de l'incohérence de la ville décrite *(Ville I)* ou de celle du texte la décrivant, qui juxtapose, dans le même paragraphe, des chalets, des cratères, des canaux, des gorges, des gouffres, des auberges, des avalanches, une mer, des fleurs, une cascade, la banlieue, les cavernes, les châteaux, les bourgs, le boulevard de Bagdad — et j'en passe. Les instruments du discours destinés à en assurer la cohérence — les pronoms anaphoriques et déictiques — fonctionnent ici à contretemps : « Des fleurs magiques bourdonnaient. Les talus le berçaient » *(Enfance II) :* mais berçaient qui? « Comme ça t'est égal, ces malheureuses et ces manœuvres » *(Phrases) :* mais lesquelles? Où « cette atmosphère personnelle », « et l'embarras des pauvres et des faibles sur ces plans stupides! » *(Soir historique) :* mais il n'a pas été question de plans et d'atmosphère auparavant.

Les conjonctions exprimant des rapports logiques (par exemple de causalité) sont rares dans le texte des *Illuminations;* on le regrettera peu si l'on se rend compte que, quand elles apparaissent, nous avons le plus grand mal à les justifier — et donc à les comprendre. A l'inverse du « syntaxier » Mallarmé, Rimbaud est un poète lexical : il juxtapose les mots qui, loin de toute articulation, gardent chacun son insistance propre. Les seuls rapports entre événements ou entre phrases que cultive Rimbaud sont de coprésence. Ainsi toutes les actions hétéroclites rapportées par *Après le déluge* sont unifiées dans le temps, puisqu'elles arrivent « aussitôt que l'idée du Déluge se fut rassise »; celles de *Soir historique* se passent « en quelque soir »; de *Barbare*, « bien après les jours et les saisons ». Et, plus encore, de coprésence dans l'espace : l'exemple le plus pur serait *Enfance III*, où le complément circonstanciel de lieu par lequel débute le texte, « au bois », permet d'enchaîner ensuite : un oiseau, une horloge, une fondrière, une cathédrale, un lac, une petite voiture et une troupe de petits comédiens!

Assez souvent, la coprésence spatiale est soulignée par des références explicites à l'observateur, dont la position immobile est impliquée par des adverbes relatifs comme « à gauche », « à droite », « en haut », « en bas ». « A droite l'aube d'été réveille... et les talus de gauche... » *(Ornières)*. « A gauche le terreau de l'arête... Derrière l'arête de droite... Et tandis que la bande en haut... là-dessous... » *(Mystique)*. « Dans un défaut en haut de la glace de droite... » *(Nocturne vulgaire)*. « La muraille en face... » *(Veillées II)*. On a donc bien l'impression de la description d'un tableau, faite par un observateur immobile qui l'examine, et le mot « tableau » apparaît dans *Mystique*, comme « image », dans *Nocturne vulgaire;* mais ce sont des images produites par les textes : l'immobilité descriptive évoque immanquablement la peinture. Les phrases nominales produisent le même effet d'immobilisation, de pure coprésence spatiale et temporelle; or elles sont abondantes dans les *Illuminations*, tantôt occupant des positions stratégiques particulièrement importantes dans le texte, comme dans *Being Beauteous, Veillées II, Fête d'hiver, Soir historique, Angoisse, Fairy, Nocturne vulgaire, Enfance II, Matinée d'ivresse, Scènes*, tantôt envahissant le texte tout entier, comme dans *Barbare, Dévotion, Ornières, Départ, Veillées III*.

On ne sera pas surpris alors de ce que ces textes se prêtent si bien à l'approche « paradigmatique » : en l'absence de liaisons explicites, on met simplement la question de côté; en l'absence de syntaxe, on se tourne vers les mots et on recherche leurs rapports — comme on aurait pu le faire à partir d'un simple lexique. Aussi Suzanne Bernard évoque-t-elle avec raison la forme musicale en parlant de ce texte inintelligible qu'est *Barbare* (les poèmes de Rimbaud appellent le vocabulaire de la peinture et de la musique — comme s'ils n'étaient pas du langage!) : la même phrase se répète trois fois, dont au début et à la fin; les substantifs qui bordent chaque paragraphe se trouvent réunis dans une exclamation commune : « O Douceurs, ô monde, ô musique! » On ne manque pas d'être frappé par les reprises modulées dans *Nocturne vulgaire*, dans *Génie* ou dans *A une raison*, par le parallélisme grammatical rigide, qui domine des textes comme *Dévotion, Enfance III, Départ, Veillées I, Génie*. De même sur le plan sémantique : on peut avoir le plus grand mal à savoir ce que veut dire le texte de *Fleurs*, mais on ne peut ignorer ses séries si homogènes de termes, qui correspondent à la quasi-totalité du texte : les matières précieuses (or, cristal, bronze, argent, agate, acajou, émeraudes, rubis, marbre), les tissus (soie, gazes, velours, satin, tapis), les couleurs (gris, vert, noir, jaune, blanc, bleu). — On ne sait pas ce qui unit sur le plan

référentiel ces personnes, mais elles nous frappent comme l'énumération d'un paradigme féminin : une idole, une fille, des dames, des
enfantes, des géantes, des noires, des jeunes mères, des grandes sœurs,
des princesses, des petites étrangères... *(Enfance I)*. Mais n'est-ce pas
un peu trop simple que de se réjouir devant la coïncidence entre une
méthode qui néglige la continuité et un texte qui l'ignore : tant de
bonheur devrait inquiéter.

L'attaque contre la syntaxe devient particulièrement ostentatoire
lorsqu'elle atteint la proposition. L'alliance audacieuse que pratique
Rimbaud entre le concret et l'abstrait est bien connue (du genre
« eaux et tristesses », *Après le déluge*). Les genres littéraires se combinent chez lui avec des objets ou des êtres matériels. « Toutes les
légendes évoluent et les clans se ruent dans les bourgs » *(Ville I)*.
« Le sein des pauvres et les légendes du ciel » *(Fairy)*. « C'est peut-être
sur ces plans que se rencontrent lunes et comètes, mers et fables »
(Enfance V). Ou encore, dans *Après le déluge*, « les églogues en
sabots grognant dans le verger ». Même si on ne passe pas de l'abstrait
au concret, la distance reste grande, et la coordination, problémo-
tique : « A vendre... le mouvement et l'avenir... » *(Solde)*, « on a les
saintes, les voiles, et les fils d'harmonie, et les chromatismes légen-
daires », « puis un ballet de mers et de nuits connues, une chimie sans
valeur, et des mélodies impossibles » *(Soir historique)*, « l'affection
et le présent », « arrière ces superstitions, ces anciens corps, ces
ménages et ces âges » *(Génie)*, etc. L'aboutissement extrême de cet
abandon de la syntaxe est la pure énumération, soit de syntagmes,
comme dans *Jeunesse III* ou dans une des *Phrases* :

> Une matinée couverte, en juillet. Un goût de cendres vole dans l'air ;
> une odeur de bois suant dans l'âtre, — les fleurs rouies — le saccage
> des promenades — la bruine des canaux par les champs — pourquoi
> pas déjà les joujoux et l'encens ?

soit de mots isolés, comme dans le deuxième paragraphe d'*Angoisse* :

> (O palmes ! diamant ! — Amour ! force ! — plus haut que toutes joies
> et gloires ! — de toutes façons, partout, — Démon, dieu — Jeunesse
> de cet être-ci ; moi !)

On voit comment grandit le rôle de la discontinuité, en descendant
des grandes unités aux petites : que les paragraphes soient sans suite
n'empêche pas chacun d'eux d'avoir sa référence ; le problème se
pose seulement de savoir si l'on doit chercher une unité à la référence

du texte entier. Ici l'inexistence de la prédication — ces mots ou syntagmes énumérés, accumulés — ne permet plus aucune construction, serait-elle partielle : la discontinuité entre phrases porte atteinte au référent; celle entre syntagmes détruit le sens même. On se contente donc de comprendre les mots, après quoi la voie est ouverte à toute supposition venant du lecteur et visant à suppléer le manque d'articulation.

La référence est ébranlée par l'indétermination; elle est rendue problématique au fur et à mesure que grandit la discontinuité; elle est définitivement mise à mort par les affirmations franchement contradictoires. Rimbaud affectionne l'oxymore. Les vieux cratères « rugissent mélodieusement », et « l'écroulement des apothéoses rejoint les champs des hauteurs où les centauresses séraphiques évoluent parmi les avalanches » *(Ville I)*, les tortures « rient, dans leur silence atrocement houleux » *(Angoisse)*, les anges sont « de flamme et de glace » *(Matinée d'ivresse)*, il y a une « inflexion éternelle des moments » *(Guerre)* et des « déserts de thym » *(Après le déluge)*. Plus caractéristique, Rimbaud propose parfois deux termes tout différents, comme s'il ne savait pas lequel appliquer, ou comme si cela n'avait pas d'importance : « une minute ou des mois entiers » *(Parade)*, « une petite voiture abandonnée dans le taillis, ou qui descend le sentier en courant » *(Enfance III)*, « la boue est rouge ou noire » *(Enfance V)*, « sur le lit ou sur le pré » *(Veillées I)*, « des salons de clubs modernes ou des salles de l'Orient ancien » *(Scènes)*, « ici, n'importe où » *(Démocratie)*.

D'autres textes se construisent ouvertement sur la contradiction, ainsi *Conte*. Le Prince tue les femmes; les femmes restent vivantes. Il exécute ses proches; ceux-ci se tiennent toujours autour de lui. Il détruit bêtes, palais et hommes : « La foule, les toits d'or, les belles bêtes existaient encore. » Ensuite le Prince meurt, mais il reste vivant. Il rencontre un soir un Génie, mais le Génie, c'est lui-même. De même dans *Enfance II :* la petite morte est vivante, « la jeune maman trépassée descend le perron », le frère absent est présent. Ou on donne sa vie tout entière, et pourtant on recommence tous les jours *(Matinée d'ivresse)*. Comment construire la référence de ces expressions, qu'est-ce qu'un silence houleux, un désert de plantes, une mort qui n'en est pas une, une absence qui est présente?

Même lorsqu'on comprend le sens des mots, on est incapable de construire leur référence : on comprend ce qui est dit, on ignore de quoi on parle. Les textes des *Illuminations* sont parcourus par ces expressions énigmatiques, ambiguës : la campage est « traversée par des bandes de musique rare » : mais qu'est-ce qu'une bande de musique rare? ou « les fantômes du futur luxe nocturne » *(Vagabonds)*? ou « l'arbre de bâtisse », les « bandes atmosphériques », les « accidences géologiques » *(Veillées II)*? « les trouvailles et les termes non soupçonnés » *(Solde)*? ou « l'arête des cultures » *(Scènes)*? « le moment de l'étude », « l'être sérieux » *(Soir historique)*?

On pourrait parler comme précédemment d'indétermination, mais on a le sentiment que, de plus, la chose n'est pas vraiment appelée par son nom. Les *Illuminations* comportent très peu de métaphores sûres, qu'on puisse identifier sans hésitation (même si on a des doutes sur l'objet évoqué) : « le sceau de Dieu » dans *Après le déluge,* « le clavecin des prés » dans *Soir historique*, la « lessive d'or du couchant », dans *Enfance IV*, et quelques autres. En revanche, on se sent continuellement tenté d'y lire des métonymies et des synecdoques. Bien des expressions rappellent les synecdoques du type « la partie pour le tout ». Rimbaud ne retient, de l'objet, que l'aspect ou la partie qui est en contact avec le sujet, ou avec un autre objet; il ne se soucie pas de nommer les totalités. « J'ai marché, réveillant les haleines vives et tièdes ... et ces ailes se levèrent sans bruit » *(Aube)* : mais à qui appartiennent ces haleines, ces ailes? On ne voit pas un être dans *Barbare*, mais : « Et là, les formes, les sueurs, les chevelures et les yeux, flottant » (et dans *Fleurs*, un tapis « d'yeux et de chevelure »). Et cet Être de Beauté dans *Being Beauteous;* « O la face cendrée, l'écusson de crin, les bras de cristal! » Le désert de bitume est fui par « les casques, les roues, les barques, les croupes » *(Métropolitain)* : mais de quel être participent-ils? Et le génie ne sera jamais nommé autrement que par ses éléments : ses souffles, ses têtes, ses courses, son corps, sa vue, son pas ... *(Génie)*.

On peut se demander cependant si on est bien en droit de parler de synecdoque, dans tous ces cas et dans bien d'autres. Le corps est morcelé, les totalités sont décomposées; mais nous demande-t-on réellement de quitter la partie pour retrouver le tout, comme l'eût permis la véritable synecdoque? Je dirai plutôt que le langage des *Illuminations* est essentiellement littéral et qu'il n'exige pas, ou même n'admet pas, la transposition par tropes. Le texte nomme des parties, mais elles ne sont pas là « pour le tout »; ce sont plutôt des « parties sans le tout ».

De même pour une autre espèce de synecdoque, encore plus massivement présente dans ces textes, celle du genre pour l'espèce, autrement dit l'évocation du particulier et du concret par des termes abstraits et généraux. Pour un poète, qu'on imagine traditionnellement baignant dans le concret et le sensible, Rimbaud a une tendance très prononcée à l'abstraction, qui se trouve affichée dès la première phrase du premier poème : « Aussitôt que l'idée du Déluge se fut rassise... » : ce n'est pas le déluge mais l'idée de déluge qui s'est rassise. Et tout au long des *Illuminations*, Rimbaud préférera les noms abstraits aux autres. Il ne dit pas « monstres », ou « actions monstrueuses », mais : « Toutes les monstruosités violent les gestes... » Ce n'est pas un enfant qui surveille, mais on est « sous la surveillance d'une enfance »; et le même texte parle encore de « solitude », « lassitude, » « mécanique » (nom), « dynamique » (nom), « hygiène », « misère », « moralité », « action », « passion »... *(H)*. La mer n'est pas faite de larmes mais « d'une éternité de chaudes larmes » *(Enfance II)*. On n'élève pas la fortune (ce qui serait pourtant bien abstrait déjà) mais « la substance de nos fortunes » *(A une raison)*. Les exclamations mêmes qui ponctuent un texte sont souvent faites de noms abstraits exclusivement : « L'élégance, la science, la violence! » *(Matinée d'ivresse)*. Dans l'immense vente publique qu'annonce *Solde*, l'abstraction domine aussi : on vendra « l'immense opulence inquestionnable », « les applications de calculs et les sauts d'harmonie inouïs », les « migrations » et le « mouvement », l'« anarchie » et la « satisfaction irrépressible ». Ou encore on vendra « ce qu'ignorent l'amour maudit et la probité infernale des masses » : on admirera ici le nombre de relais qui nous séparent de l'objet désigné — s'il en existe un. « L'amour maudit » est une périphrase dont on ignore le terme propre, les « masses », un terme générique; mais ce ne sont même pas les masses qui ignorent quelque chose, c'est leur probité. Et nous n'oublions pas que cette qualification, déjà si ténue pourtant, n'a qu'une fonction négative : c'est ce qu'on *ignore*. Peut-on même tenter de se représenter ce qu'ignore la probité des masses?...

Ou prenons un texte comme *Génie*, dont on a vu qu'il pratiquait aussi abondamment la « synecdoque » matérielle. L'être innommé qu'on décrit est « l'affection et le présent » : coordination problématique mais à coup sûr très abstraite. Quelle est l'action à laquelle se réfère cette phrase : « Nous avons tous eu l'épouvante de sa succession »? Rimbaud multiplie à volonté les termes médiateurs qui nous repoussent d'un mot à l'autre : « la terrible célérité de la perfection des formes et de l'action »; on est prêt à imaginer la célérité de l'action ou la perfection des formes (Rimbaud ne dira jamais : les actions sont rapides, les formes sont parfaites), mais la « célérité de la perfection »? Tout le vocabulaire du poème se maintient à ce haut niveau d'abstraction : sentiments, forces, malheurs, charités, souffrances, violence, immensité, fécondité, péché, gaîté, qualités, éternité, raison, mesure, amour ... Une phrase de *Guerre* a même « les Phénomènes » comme sujet.

Le même effet d'abstraction (et aussi d'immobilisation) est obtenu par l'apparition systématique de noms d'action déverbatifs, à la place des verbes. *Génie* n'emploie pas les verbes abolir, s'agenouiller, briser, dégager, mais évoque « le dégagement rêvé, le brisement de la grâce », « les agenouillages anciens », « l'abolition de toutes souffrances ». *Nocturne vulgaire* parle du « pivotement des toits » et de « dételage ». Les pigeons ne s'envolent pas; mais « un envol de pigeons écarlates tonne autour de la pensée » *(Vies I)*. Des « élévations harmoniques se joignent » dans *Veillées II*. « L'inflexion éternelle des moments ... me chasse » *(Guerre)*.

Cette abondance de vocabulaire abstrait ne conduit pas chez Rimbaud, comme on pourrait l'imaginer à la lecture de ces listes de mots, à une thématique métaphysique : si Rimbaud avait eu une philosophie, cela se saurait, après un siècle de commentaires. Mais les termes génériques ou abstraits produisent le même effet que les parties du corps qui apparaissent sans que la totalité soit jamais nommée : on doit bien se rendre compte au bout d'un moment que ce ne sont pas là des synecdoques mais des parties ou des propriétés qu'il faut prendre comme telles; du coup, il n'est plus possible de se représenter l'être dont on parle et l'on se contente de comprendre les attributs qui lui sont prédiqués. Comment se représenter les monstruosités? ou l'enfance? ou la substance? les Phénomènes? ou la célérité de la perfection?

C'est là l'un des grands problèmes qui se sont posés depuis toujours aux commentateurs de Rimbaud : pour chaque texte particulier, même si on comprend le sens des phrases qui le composent, on a le plus grand mal à savoir quel est exactement l'être que ces phrases caractérisent. Qui est le Prince de *Conte*, Verlaine ou Rimbaud? De quoi parle *Parade*, de militaires, d'ecclésiastiques ou de saltimbanques? Le personnage d'*Antique*, est-ce un centaure ou un faune ou un satyre? Quel est l'Être de Beauté *(Being Beauteous)*? La raison dans *A une raison* est-elle le logos platonicien ou celui des alchimistes? *Matinée d'ivresse* parle-t-il de haschisch ou d'homosexualité? Qui est « Elle » dans *Angoisse*, la Femme, la Vierge-Mère, la Sorcière, la goule-christianisme ou simplement l'angoisse elle-même? Qui est Hélène dans *Fairy*, la Femme, la Poésie, ou Rimbaud? Quelle est la réponse de la devinette que pose *H*, la courtisane, la masturbation, ou la pédérastie? Et qui est enfin le Génie : le Christ, le nouvel amour

217

social, Rimbaud lui-même? Antoine Adam, quant à lui, identifie un peu partout des danseuses asiatiques : délicieuse vision née de la sécheresse des bibliothèques.

Même si l'on met de côté l'illusion évhémériste, l'abondance même de ces questions reste troublante. Et on peut se demander s'il n'est pas plus important de maintenir la question même plutôt que s'empresser de lui trouver une réponse. Pas plus que dans le détail des phrases, Rimbaud ne nous incite, dans les textes entiers, à passer des attributs aux êtres. La totalité est chez lui absente, et on a peut-être tort de vouloir la suppléer à tout prix. Quand un texte comme *Parade* se termine par la phrase : « J'ai seul la clef de cette parade sauvage », on n'est pas obligé d'y voir l'affirmation d'un sens secret détenu par Rimbaud, d'un être dont il suffirait de connaître l'identité pour que le texte tout entier s'illumine soudainement; la « clef » peut être aussi la façon dont il faut lire le texte : justement, sans chercher de quoi il parle, car il ne parle pas *de* quelque chose. Bien des titres de textes, qu'on comprend toujours comme des substantifs décrivant l'être-référent, pourraient se lire aussi comme des adjectifs qualifiant le ton, le style, la nature du texte même : n'est-ce pas un texte *barbare* que celui qui porte ce titre, un exercice dans le genre barbare? De même pour *Mystique*, *Antique*, *Métropolitain*, *Fairy* (= féerie)?

Lorsque l'indétermination, la discontinuité, le morcellement des êtres et l'abstraction se conjuguent, il en résulte des phrases dont on a envie de dire qu'on ne sait pas, non seulement de quoi elles parlent, mais aussi ce qu'elles veulent dire. Une subordonnée dans *Jeunesse II* se lit : « quoique d'un double événement d'invention et de succès une saison — en l'humanité fraternelle et discrète par l'univers sans images »; une phrase de *Fairy* dit : « L'ardeur de l'été fut confiée à des oiseaux muets et l'indolence requise à une barque de deuils sans prix par des anses d'amours morts et de parfums affaissés. » Les mots sont familiers, les syntagmes qu'ils forment pris deux par deux sont compréhensibles — mais au-delà règne l'incertitude. Les îlots des mots ne communiquent pas vraiment entre eux, faute de parcours syntaxiques clairs. Et lorsqu'une telle phrase apparaît à la fin du texte, elle jette comme une obscurité rétrospective sur tout ce qui précède : ainsi « La musique savante manque à notre désir » *(Conte)*, ou ce « Mais plus alors », qui scelle *Dévotion*.

Cette impression s'accuse encore lorsque la syntaxe est inidentifiable ou franchement différente de celle de la langue française. Que veut dire « rouler aux blessures » *(Angoisse)*? Ou « la vision s'est rencontrée à tous les airs » *(Départ)*? Comment interpréter une séquence comme « le monde votre fortune et votre péril » *(Jeunesse II)* ? Et qui saura jamais dessiner l'« arbre » syntaxique de la dernière phrase de *Ville* : « Aussi comme, de ma fenêtre, je vois des spectres nouveaux roulant à travers l'épaisse et éternelle fumée de charbon — notre ombre des bois, notre nuit d'été — des Erinyes nouvelles, devant mon cottage qui est ma patrie et tout mon cœur puisque tout ici ressemble à ceci — la Mort sans pleurs, notre active fille et servante, et un Amour désespéré, et un joli Crime piaulant dans la boue de la rue » ? On est toujours tenté d'imaginer des coquilles dans le texte de Rimbaud, pour pouvoir le ramener à la norme, par une transformation soit syntaxique, soit lexicale. Ainsi, on a voulu ajouter diverses virgules, ou soustraire certains mots, à cette phrase de *Fairy* : « Après le moment de l'air des bûcheronnes à la rumeur du torrent sous la ruine des bois, de la sonnerie des bestiaux à l'écho des vals, et des cris des steppes. » Et dans cette autre, de *Vies I* : « Je me souviens des heures d'argent et de soleil vers les fleuves, la main de la campagne sur mon épaule, et de nos caresses debout dans les plaines poivrées », ne rendrait-on pas tout immédiatement transparent en lisant « compagne » ?

Les différentes formes de négation du référent et de destruction du sens se transforment l'une en l'autre, et pourtant la distance séparant la première de la dernière est considérable. Du référent clair mais dont on dit qu'il n'existe pas, on passe aux objets indéterminés, isolés les uns des autres au point de paraître irréels ; de l'affirmation simultanée, et donc irreprésentable, de « il est mort, il est vivant » ou « il est présent, il est absent », on arrive à cette décomposition et abstraction qui, ne nous permettant pas de rejoindre l'être total et unifié, interdit encore la représentation ; jusqu'enfin ces phrases agrammaticales et énigmatiques, dont on ignorera, à tout jamais et non seulement « dans l'état actuel de nos connaissances », le référent *et* le sens.

C'est pourquoi me semblent engagés dans une direction erronée les critiques animés de bonne volonté, qui se proposent obligeamment pour reconstituer le sens des *Illuminations*. Si l'on pouvait réduire ces textes à un message philosophique ou à une configuration substantielle ou formelle, ils n'auraient pas eu plus de résonance que n'importe quel autre texte, et peut-être moins. Or aucune œuvre particulière n'a déterminé plus que les *Illuminations* l'histoire de la littérature moderne. Paradoxalement, c'est en voulant restituer le sens de ces textes que l'exégète les en prive — car leur sens, paradoxe inverse, est de n'en point avoir. Rimbaud a élevé au statut de littérature des textes qui ne parlent de rien, dont on ignorera le sens — ce qui leur donne un sens historique énorme. Vouloir découvrir ce qu'ils veulent dire, c'est les dépouiller de leur message essentiel, qui est précisément l'affirmation d'une impossibilité d'identifier le référent et de comprendre le sens; qui est manière et non matière — ou plutôt, manière faite matière. Rimbaud a découvert le langage dans son (dis)fonctionnement autonome, libéré de ses obligations expressive et représentative, où l'initiative est réellement cédée aux mots; il a trouvé, c'est-à-dire inventé, une langue et, à la suite de Hölderlin, a légué le discours schizophrénique comme modèle à la poésie du XXe siècle.

C'est ainsi que je comprends les phrases de Rimbaud qui m'ont servi d'épigraphe : dans ce qui est sa sagesse, nous ne voyons que du chaos. Mais le poète se console d'avance : ce que nous appellerons son néant n'est quand même rien comparé à la perplexité dans laquelle il nous aura plongés, nous ses lecteurs [1].

---

1. Je cite le texte de l'édition établie par A. Py (Textes littéraires français, Genève et Paris, 1969). Les notes que Suzanne Bernard a jointes à son édition de Rimbaud (Paris, 1960) sont une source précieuse d'informations. L'étude de Jean-Louis Baudry, « Le texte de Rimbaud » (*Tel Quel* 35, 1968, et 36, 1969) se situe dans une perspective partiellement semblable à la mienne.

La devinette

RAPPEL DES TRAVAUX ANTÉRIEURS

Depuis le début de ce siècle, les devinettes ont été étudiées par de nombreux chercheurs; aujourd'hui on dispose non seulement de bonnes descriptions faites par des folkloristes classiques, mais aussi de tentatives d'analyse structurale, dont les plus importantes, à ma connaissance, sont celles de Georges et Dundes et celle de Mme Köngäs-Maranda [1]. Rappelons brièvement leurs principaux résultats.

Georges et Dundes partent du postulat d'une relative indépendance des structures discursives par rapport aux structures linguistiques : « Puisque les définitions fondées sur le contenu et le style se sont avérées inadéquates, la meilleure voie pour aboutir à une définition de la devinette passera par l'analyse structurale. On peut étudier le style des devinettes, mais on ne doit pas le confondre avec leur structure » (p. 113). Mais ils ne vont pas aussi loin dans ce sens qu'on l'aurait souhaité. Ils décomposent la devinette de la manière suivante : elle est divisée d'abord en éléments descriptifs (la partie présente) et référent (la partie absente). Les éléments descriptifs, à leur tour, se subdivisent en thème *(topic)* et propos *(comment)* : un mot qui vise l'objet à trouver et l'assertion le concernant. Les éléments descriptifs peuvent être ou non en opposition, ce qui donne deux grands types de devinettes : oppositionnelles et non oppositionnelles.

---

1. R. A. Georges and A. Dundes, « Toward a structural definition of the riddle », *Journal of American Folklore*, 1963, p. 111-118; E. Köngäs-Maranda « Structure des énigmes », *L'Homme*, IX, 1969, p. 5-49. — Bien que située dans une perspective différente, mon analyse du travail de Georges et Dundes rejoint plusieurs critiques formulées par Ch. T. Scott, « On defining the riddle : The problem of a structural unit », *Genre*, II, 1969, 2, p. 129-142. Pour une vue d'ensemble sur la littérature consacrée à la devinette, voir R. D. Abrahams et A. Dundes, « Riddles », in R. M. Dorson ed., *Folklore and folklife*, Chicago et Londres, 1972, p. 129-143.

Ces dernières peuvent être littérales ou métaphoriques. Les littérales se caractérisent par le fait que le thème coïncide avec le référent (c'est-à-dire qu'il est également absent). Par exemple :

(1) Qu'est-ce qui vit dans la rivière? — Le poisson.
(Taylor, 98) [1].
(2) J'en connais un qui dort le jour et marche la nuit. — L'araignée.
(Taylor, 255)

Dans les devinettes non oppositionnelles métaphoriques, le thème ne coïncide pas avec le référent. Par exemple :

(3) Deux rangées de chevaux blancs sur une colline rouge. — Les dents.
(Taylor, 505 a)
(« chevaux blancs » est le thème, métaphore du référent « dents »)

Les devinettes à opposition sont à leur tour subdivisées en plusieurs catégories, selon la classification des oppositions proposée par Aristote; on a donc des oppositions antithétiques, privatives et causales.

Cette description représente certainement un grand pas en avant dans l'identification de la structure de la devinette; et pourtant plusieurs des catégories utilisées restent discutables parce que trop linguistiques (ou simplement mal définies). Par exemple, le « référent » : c'est, en linguistique, ce qui est extérieur au langage; or ici il se trouve être un mot; le terme garde-t-il encore son sens? « Thème » et « propos » (le calque sémantique du couple sujet-prédicat) : sommes-nous assurés de les trouver ici automatiquement? Métaphorique-littéral : division sommaire et dangereuse; que sont devenus les tropes autres que la métaphore? Et dans la même opposition : n'est-ce pas donner trop d'importance à la présence d'un *mot* (le thème, précisément) pour fonder là-dessus une opposition qui se veut, dans les propres termes des auteurs, structurelle, et non textuelle? N'est-il pas conce-

---

1. Voici les références des recueils de devinettes cités : A. Taylor, *English Riddles from Oral Tradition*, Berkeley et Los Angeles, 1951 (cité : Taylor); M. Haavio et J. Hautala, *Suomen kansan arvoituskirja*, Helsinki, 1946 (cité : Haavio); S. Walter, R. Morel et P. Ferran, *Le livre des devinettes*, Les H. Pl. de Mane, 1969 (cité : Walter); St. Stojkova, *Bâlgarski narodni gatanki*, Sofia, 1970 (cité : Stojkova); Clementine Faïk-Nzuji, *Enigmes luba-nshinga*, Kinshasa, 1970 (cité : Nzuji); Brajratna Das, *Khusro kī Hindī Kavitā*, Kashi, 1922 (cité : Khusro); V. Sadovnikov, *Zagadki russkogo naroda*, Moscou-Leningrad, 1959 (cité : Sadovnikov); E. Tabourot, *Les Bigarrures du Seigneur des Accords*, 1583 (reprint Slatkine 1969; cité : Tabourot). Sauf indication contraire, le numéro qui suit le nom du recueil correspond à celui de la devinette, non de la page.

vable que la fonction de ce mot soit assumée par un *sème*, ou *élément du sens* d'un mot? La dichotomie entre présence et absence d'opposition se situe-t-elle au même niveau (ou à un niveau supérieur, ou inférieur) que celle entre devinette métaphorique et littérale?

E. Köngäs-Maranda part du même principe que Georges et Dundes: « Quand on étudie les énigmes, on envisage les unités de la phrase non d'un point de vue syntaxique, mais du point de vue de la structure du *discours folklorique*. [...] L'image est toujours une question, qu'elle le soit ou non du point de vue syntaxique » (p. 10-11). Mais ici encore on souhaiterait qu'elle soit allée plus loin dans cette voie. Son analyse peut être résumée (pour la partie qui nous concerne) de la manière suivante. L'énigme comporte cinq éléments, à savoir : 1) le terme donné, le *signifiant;* 2) une *prémisse constante*, vraie aussi bien pour le signifiant que pour le signifié; 3) une *variable cachée*, jamais explicitée, qui caractérise le signifié; c'est un lieu commun, une évidence; 4) une *variable donnée* qui caractérise le signifié mais non le signifiant bien qu'elle lui soit attribuée; 5) le *signifié*, la réponse. Par exemple :

(4)   Un cochon, deux groins. — La charrue.
(Haavio, p. 227)

Les éléments de cette devinette sont identifiés ainsi : 1º *signifiant* : un cochon; 2º *prémisse constante* : a des groins; 3º *variable cachée* : le cochon en a un; 4º *variable donnée* : celui-ci en a deux; 5º *signifié* : la charrue.

Mais ceci n'est qu'une des espèces de la devinette, la *métaphore*. L'autre est le *paradoxe*, qu'illustre l'exemple suivant :

(5)   Il donne conseil à autrui, lui-même ne sait rien. — Les signaux routiers.
(Haavio, p. 295)

E. Köngäs-Maranda nous dit que la métaphore est l'union de deux ensembles, alors que le paradoxe est leur intersection (p. 31); mais il faut reconnaître que le rapport des deux n'est jamais rendu entièrement explicite; sont-ce deux espèces d'un même genre, ou un genre et une de ses espèces?

Ici encore on peut relever l'usage discutable des termes linguistiques « signifiant » et « signifié ». Serait-il justifié, qu'on pourrait s'interroger pourquoi « signifiant » recouvre un seul mot de la question (c'est le « thème » de Georges et Dundes) et non la question tout entière.

Quant à la présence obligatoire d'une prémisse constante (vraie pour le signifiant et le signifié) et d'une variable (vraie pour le signifié seulement), elle semble contredite par plusieurs des exemples de Georges et Dundes (qui se contentaient de parler d'« éléments descriptifs » sans préciser leurs relations). Par exemple toutes les devinettes qui ne comportent pas de « thème » (1, 2) du même coup ne se prêtent pas à cette distinction. Ce qui nous ramène encore au rôle abusif accordé à la présence ou l'absence d'un *mot* qui réalise cette fonction.

Quant à l'opposition entre métaphore et paradoxe, elle équivaut à opposer le pain blanc au pain chaud : on compare l'incomparable. En effet, la métaphore se réalise entre la question et la réponse, alors que le paradoxe prend place à l'intérieur de la question. Et d'ailleurs, un cochon avec deux groins, n'est-ce pas paradoxal, et non seulement métaphorique, comme le veut E. Köngäs-Maranda? Et n'y a-t-il pas un rapport tropique (même s'il n'est pas métaphorique) entre la question de 5 et sa réponse?

L'influence des catégories linguistiques est difficile à éviter. Pour la neutraliser au maximum, on distinguera deux phases dans le travail de description d'un discours. Dans un premier temps, on le considérera comme un système symbolique à part entière, irréductible au système de la langue. Dans un deuxième temps seulement, on observera de quelle manière cette structure abstraite se manifeste à travers les mots, ou, si l'on préfère, comment s'effectue le passage du symbolisant (discursif) au signifiant (linguistique).

Les travaux évoqués nous amènent à formuler également une seconde distinction. Leurs auteurs ont raison de soulever le problème de la métaphoricité de la devinette et celui de son caractère paradoxal; ils ont tort quand ils mettent ces deux problèmes sur le même plan. N'est-ce pas l'évidence même que le lieu où s'établit le rapport métaphorique n'est pas le même que celui du paradoxe? Dans l'un des cas, il s'agit d'un rapport d'équivalence (« métaphorique ») et d'un travail d'interprétation : à partir d'un premier sens des mots on en découvre un second. Dans l'autre, on a affaire à la disposition des mots les uns par rapport aux autres. Appelons ces deux cas par leur nom : un rapport *symbolique* lie question et réponse (l'une symbolise l'autre); comme l'assertion initiale est abolie, on se trouve dans le sous-ensemble des tropes (la métaphore en est un; le cas serait différent pour les implications, allusions, etc., où l'assertion initiale serait maintenue). Le paradoxe, en revanche, dans la même terminologie rhétorique, est une figure (le rapport s'établit entre deux termes présents, non entre un présent et un absent); il fait partie de l'organisation *figurale* de la devinette.

Tout discours, comme tout système symbolique, obéit à cette double organisation, figurale et symbolique; la première a trait à la *perception* des discours; la seconde rend possible leur *interprétation*, grâce aux parcours établis par les tropes (ou les implications). Ces deux fonctions (à distinguer soigneusement des fonctions propres à la devinette prise comme un tout) sont inhérentes à toute production symbolique, par conséquent cette double organisation est présente dans tout discours. Mais alors qu'habituellement organisations symbolique et figurale sont inextricablement mêlées, les devinettes nous offrent l'exemple rare d'une dissociation matérielle des deux, puisque la première se réalise entre les deux répliques, la seconde, à l'intérieur de la seule question.

Mon travail suivra donc, à partir de maintenant, cette subdivision dans l'analyse du discours.

ORGANISATION SYMBOLIQUE

Le premier trait constitutif de ce type de discours particulier qu'est la devinette est d'être un dialogue : deux répliques se suivent, énoncées par des interlocuteurs différents. A cette caractéristique générique s'en ajoute une seconde, qui permet de situer la devinette au sein d'autres genres dialogiques : ses deux parties ont un référent commun, autrement dit elles sont synonymes. C'est une synonymie un peu particulière, il est vrai, puisque non seulement elle n'est pas institutionnalisée dans la langue, mais encore les deux répliques n'appartiennent pas au même type d'unités linguistiques : le plus souvent, à une phrase de la première réplique répond un mot isolé de la seconde. Il n'en reste pas moins que la devinette n'existerait pas s'il n'y avait pas cette synonymie.

La *question* étant la forme dialogique la plus typique, on donne fréquemment à l'énoncé initial une forme interrogative, pour marquer qu'il doit en susciter un second. Étant donné ces traits caractéristiques (dialogue, synonymie non institutionnelle, l'opposition des deux énoncés comme phrase et mot), nous pouvons proposer une forme canonique de la première réplique : ce sera « Quel est le nom de cette chose (de cet être) qui...? » Cela ne veut pas dire que cette forme se rencontre souvent; en fait la question essentialiste (« Qu'est-ce que...? ») est plus fréquente que la question métalinguistique, et d'ailleurs les deux peuvent être absentes de l'énoncé verbal. Mais il sera toujours possible d'amener la première réplique à la forme canonique. Dans le cas contraire, il ne s'agit pas de devinettes, dans le sens que l'on donne à ce mot ici.

Autrement dit, à mes yeux, un certain nombre de questions classées comme devinettes ne le sont pas réellement et justifieraient l'introduction d'un nouveau terme dans la taxinomie des folkloristes. Un exemple frappant nous est donné par une série d'« énigmes » védiques [1] où des questions sont posées, tour à tour, par les divers officiants d'un sacrifice; celui qui sait répondre sort de l'épreuve « imprégné d'énergie sainte ». A côté de questions assimilables aux devinettes on en trouve d'autres, du type :

(6) Je t'interroge afin de comprendre, toi dont les dieux sont amis : est-ce Visnu qui a pénétré le monde entier par des trois pas où il reçoit l'oblation?

(7) Combien y a-t-il de structures de ce sacrifice? Combien y a-t-il de syllabes? Combien d'oblations? Combien de fois le feu est-il allumé?

La question et la réponse ne sont pas synonymes ici, il est donc impossible de ramener la question à la forme canonique de « Quel est le nom de... ». Ce deuxième type de question se rapproche en revanche des formules que l'on utiliserait lors d'un examen (ou dans un catéchisme). La rupture entre les deux formes est mise en évidence dans une autre série classique de devinettes : celles que pose Odin au roi Heidrek. Celui-ci répond à toutes, avant qu'Odin ne lui demande :

(8) Que dit Odin à l'oreille de Baldr, avant qu'il fût placé sur le bûcher?

Le roi est indigné et veut punir le dieu tricheur : cette question n'est plus une devinette [2].

Si nous ramassions les deux répliques en une seule phrase affirmative, faisant de la première son prédicat, de la seconde son sujet, nous obtiendrions une *définition* (moyennant, parfois, d'autres transformations linguistiques mineures). En effet, la définition repose sur la synonymie d'un mot et d'une phrase, tout comme la devinette; la devinette est une définition dialoguée. L'une comme l'autre excluent l'appel à un savoir subjectif et individuel, bien qu'elles admettent

---

1. Le tournoi d'énigmes de la *Vājasameyi samhita*, traduit par Louis Renou, « Sur la notion de bráhman », *Journal asiatique*, 237, 1949, p. 7-46.
2. R. Caillois, *Art poétique*, Paris, 1958, p. 188.

deux types de propositions, analytiques et synthétiques (définitions « lexicographiques » et « encyclopédiques »). On peut donc éliminer ici du genre des devinettes proprement dites tout échange de répliques, même synonymes, si la réponse implique un tel savoir individuel, car dans ce cas on ne perce à jour la devinette que si on la connaît d'avance. Un exemple célèbre de ce dernier type est donné par Samson dans la Bible :

(9) De celui qui mange est sorti ce qui se mange, et du fort est sorti le doux. (Allusion à une expérience de Samson qui a trouvé un essaim d'abeilles et leur miel dans le cadavre d'un lion.)

La nature de la question détermine ici l'attitude des allocutaires : plutôt que de chercher la réponse, ils demandent à Dalila de soudoyer son mari [1]. Notons que la première réplique seule ne nous permettait pas de décider de l'absence de devinette : si la réponse avait été « le lait de la lionne », on aurait eu affaire à une devinette.

La seule différence entre devinette et définition est-elle de nature syntaxique ? Non. Elles diffèrent aussi sur le plan sémantique. D'abord, l'équivalence des deux parties (sujet et prédicat) est institutionnelle dans la définition ; ce qui, on l'a vu, n'est jamais le cas de la synonymie entre les deux répliques dans la devinette. D'autre part (ceci explique cela), le choix des traits caractéristiques n'est pas le même dans chaque cas. Comparons quelques exemples portant sur le même terme :

(10) Qu'est-ce qui est toujours à couvert et toujours mouillé ? — La langue.

(Walter, p. 273)

(11) Quelle est cette chose qui est toujours en mouvement ? — La langue.

(Nzuji, 57)

et cette définition du dictionnaire Larousse :

1. C'est ainsi que j'interpréterais la remarque suivante de Jolles : « Nous pouvons dire ici que le questionneur — que nous avons appelé le *sage* — n'est pas seul, qu'il n'est pas indépendant, qu'il incarne un savoir, une sagesse, ou encore un groupe lié par le savoir. Le devineur pour sa part n'est pas un individu qui répondrait à la question d'un autre mais celui qui cherche à accéder à ce savoir, à être admis dans ce groupe, et qui prouve par sa réponse qu'il est mûr pour cette admission » (*Formes simples* [1°, 1930], Paris, 1972, chap. « La devinette », p. 109-110). On ne suivra pas Jolles, en revanche, dans son rapprochement entre devinettes, d'une part, examens et catéchismes, de l'autre.

(12) *langue*, n. f. Corps charnu, mobile, situé dans la bouche et servant
à la dégustation, à la déglutition et à la parole.

Le trait évoqué par la devinette luba (« toujours en mouvement »)
se retrouve dans la définition du mot (« mobile »); mais c'est le seul.
C'est que la définition contient les caractéristiques jugées scientifiquement essentielles à l'identification d'un objet; alors que la
devinette repose avant tout sur la connaissance perceptive des
apparences. Or ce qui est important pour les sens (que la langue est
toujours mouillée) peut ne pas l'être du point de vue scientifique.
Les deux s'opposent donc (non obligatoirement mais le plus souvent)
comme l'être au paraître; leur opposition, du reste, étant aussi
fragile que celle de ces deux catégories.

En quittant provisoirement le niveau d'organisation symbolique,
on peut remarquer aussi plusieurs différences entre devinette et
définition sur le plan de leur réalisation verbale. La première concerne
l'emploi d'un terme générique : obligatoire ici, il ne joue là aucun
rôle. Ou bien la devinette n'en comporte aucun (ainsi dans 1, 2, 5,
10); ou bien il est présent mais ce n'est pas le bon (p. ex. 3, 4); ou
bien enfin sa généralité est telle qu'il ne nous apprend rien (comme
dans 11). Comme le remarque C. Faïk-Nzuji *(op. cit.)*, dans les
devinettes luba, 4 substantifs apparaissent dans 85 % des devinettes,
à savoir « seigneur » (ou « monsieur »), « chose », « bête » et « homme »
(ou « personne »). D'autre part, le mot à définir occupe régulièrement
la place du sujet dans la définition; alors que le mot à deviner peut
prendre également d'autres fonctions, p. ex. celle d'objet direct.
Ainsi dans (2) ou dans

(13) J'ai étalé une peau de buffle, j'y ai mis des pois à sécher,
J'ai attaché une poule pour les garder. —
Le ciel, les étoiles, la lune.

(Stojkova, 20)

Les différences existent donc bien, et il ne faut pas les ignorer;
néanmoins, elles passent au deuxième plan devant la similitude
structurale frappante entre définition et devinette.
La dislocation de la définition en deux répliques, approximati-
vement question et réponse, met en lumière le rapport sémantique
qui unit le terme à définir (ou à deviner) avec sa définition. Ce n'est
qu'en suivant ce rapport que le devineur peut réussir. Quelle est
sa nature? Nous avons vu que, selon les auteurs passés en revue,

il pouvait être ou bien métaphorique ou bien non métaphorique. Mais poser une telle alternative signifie que la métaphore est facultative, et que donc, structurellement, aucun rapport n'est *nécessaire*. Notre hypothèse sera différente : les deux répliques sont toujours liées par un rapport symbolique; la première sera identifiée, de ce point de vue, comme un *symbolisant*, la seconde comme un *symbolisé*; comme on l'a vu, ce rapport est, plus spécifiquement, *tropique*; et on peut s'attendre à ce que les devinettes dites « non métaphoriques » réalisent simplement un trope autre que la métaphore.

Puisqu'il s'agit de rapports tropiques, nous devons faire appel à la terminologie rhétorique. Désigner un terme par l'une de ses parties ou l'une de ses propriétés, c'est réaliser une *synecdoque*. La plupart des devinettes prétendument « littérales » s'organisent en fait autour d'une synecdoque. Ainsi (1, 2, 5) ou encore :

(14) Entre à travers la vitre et ne la casse pas. — La lumière.

(Stojkova, 181)

(15) N'a ni bras ni jambes, mais ouvre la porte. — Le vent.

(Stojkova, 219)

Si on a pu croire ces devinettes « littérales » (sans rapport tropique entre les deux répliques), c'est qu'on a intuitivement senti leur parenté avec les définitions. Celles-ci s'organisent également à partir d'un rapport synecdochique (la partie pour le tout) : quelque élevé que soit le nombre de propriétés énumérées, il ne s'agit jamais que d'un choix parmi tous les traits caractérisant un objet. La différence est ailleurs : c'est que la définition juxtapose deux éléments qui, dans la devinette, entrent en rapport de substitution.

La fréquence des synecdoques est grande; mais les autres tropes ne sont pas absents pour autant. On a relevé, depuis longtemps, la métaphore. Ce rapport ne s'établit pas cependant entre un terme du symbolisant (le « thème », le « signifiant ») et le symbolisé, mais entre celui-ci et le symbolisant tout entier. Sinon nous ne pourrions pas rendre compte de cas comme le suivant :

(16) Il a le dos devant et le ventre par-derrière. — Le mollet.

(Walter, p. 269)

Aucun *mot* du symbolisant ne joue ici le rôle de métaphore; mais le symbolisant entier le fait, puisqu'il comporte à la fois des sèmes communs avec le symbolisé (ainsi : avoir un devant et un derrière; être plat devant et rond derrière) et des sèmes spécifiques

231

(avoir un « dos », un « ventre »). C'est donc bien une métaphore, et non une synecdoque, comme on pourrait le croire. On n'aura aucun mal à identifier les autres rapports tropiques, telles l'antiphrase, l'hyperbole et la litote[1].

Le cas est un peu plus particulier pour la métonymie. Ce trope réalise un rapport symbolique relativement faible, puisque symbolisant et symbolisé n'ont aucun élément en commun, mais appartiennent tous deux à un ensemble plus large. On le trouvera donc rarement seul à la base d'une devinette. La métonymie pure servira en revanche à ce type de devinettes qui marque la limite du genre : les devinettes absurdes (dites dans les pays slaves « arméniennes »). Jakobson cite l'exemple suivant[2] :

(17) Qu'est-ce qui est vert et pendu dans le salon? — Eh bien, c'est un hareng. — Pourquoi dans le salon? — Parce qu'il n'y avait pas de place à la cuisine. — Pourquoi vert? — On l'a peint. — Mais pourquoi? — Pour que ce soit plus difficile à deviner.

Ce qui prouve qu'on peut expliquer par la métonymie (ici de cause à effet) l'arbitraire à première vue le plus irréductible; nous sommes ramenés à l'exemple de Samson (9).

Il existe une exception apparente à cette règle selon laquelle les deux répliques sont toujours liées par un rapport symbolique : c'est le cas où les signifiés ici et là n'entretiennent aucun rapport, et le devinement s'opère grâce à la proximité des signifiants. P. ex. :

(18) Dva Petra v izbe? — Vedra.
[Deux Pierre à la maison? — Des seaux.]
(Sadovnikov, 441)
(19) Samsonica v izbe? — Solonica.
[Dame Samson à la maison? — La salière.]
(Sadovnikov, 462)

Mais, on le voit bien ici, le rapport symbolique des deux répliques n'est pas absent, il a simplement changé de niveau : « Samsonica » et « solonica » forment ce qu'on pourrait appeler une métaphore phonique, « dva Petra » et « vedra » une synecdoque du signifiant.

1. On en trouvera des exemples dans la thèse de troisième cycle d'Alain Boucharlat, *Le commencement de la sagesse. Structures et fonctions des devinettes au Rwanda*, E.P.H.E., 1972.
2. « Du réalisme en art », in *Théorie de la littérature*, Paris, 1965, p. 106.

La description de la devinette peut-elle s'arrêter ici? Non, à en croire les travaux précédents qui lui ont été consacrés. Robert Petsch [1] et, à sa suite, presque tous les autres spécialistes de la devinette ont affirmé, on l'a vu, l'existence de rapports obligatoires à l'intérieur même de la première réplique (du symbolisant). Dans les travaux récents, on distingue deux classes de devinettes : avec et sans opposition (Georges et Dundes), avec et sans paradoxe (Köngäs-Maranda). Mais on a vu l'insuffisance d'une telle description : si l'un comme l'autre cas est possible, il ne s'agit plus d'un trait obligatoire de la devinette, mais d'un trait facultatif — qui n'intéresse donc pas sa définition.

Tout comme la métaphore n'est pas le seul trope, le paradoxe n'est pas la seule figure; on avancera ici une hypothèse plus forte selon laquelle la devinette exige la présence, non seulement d'une organisation symbolique, mais aussi celle d'une organisation figurale au sein du symbolisant.

Prenons d'abord les exemples que donnent Georges et Dundes de la structure non figurale (par exemple 1, 2, 3), et aussi :

(20) Qu'est-ce qui vole dans le ciel et descend pour manger les poulets des gens? — Le faucon.

(Taylor, 360)

(21) Rouge en dehors, blanc en dedans. — La pomme.
(Taylor, 1512)

Il est vrai, comme le notent Georges et Dundes, qu'aucune de ces devinettes ne comporte, en elle-même, un paradoxe; le cas n'est pas différent pour (2) et (21), où les attributs, bien qu'opposés, se rapportent à des moments ou des lieux différents.

Reprenons l'analyse. Contrairement à ce que pensent Georges et Dundes, (1) et (20) comportent une opposition; ses deux termes cependant ne sont pas également présents : le second ne se trouve pas dans la devinette, mais dans la conscience collective des usagers de la langue (des devinettes); c'est un lieu commun, une « variable cachée vraie », dans les termes de Köngäs-Maranda — mais alors

1. « Neue Beiträge zur Kenntnis des Volkrätsels », *Palaestra*, IV, Berlin, 1899.

233

comprise dans un sens beaucoup plus large. Georges et Dundes ne remarquent pas que le simple fait de *vivre* dans la rivière, c'est-à-dire *dans l'eau*, est, en un sens, paradoxal : dans l'eau, les êtres vivants se noient et meurent. Tel est le *lieu commun* sur lequel repose la devinette qui, en le niant, compose la figure de l'*invraisemblance*. De même pour (20) : qui vit dans l'air doit y trouver sa nourriture : voici le lieu commun dont la négation donne lieu à une devinette. De même pour (11) : comment est-il possible qu'une chose soit toujours en mouvement?

La perception des figures ne se produit pas de manière naturelle et automatique, mais en fonction d'un certain nombre de schémas qui contrôlent nos processus psychiques et qui font que parmi toutes les relations possibles d'un terme quelconque (ici un signifié), par définition innombrables, nous n'en retenons que certaines. L'institution des figures s'origine donc dans une psychologie sociale; de ce fait, celle-ci est mise en évidence par celles-là. Pour un public de Français contemporains par exemple, (1) ne comporte aucune figure et, de ce fait, ne sera pas spontanément inclus dans l'ensemble des devinettes. Ce qui nous renseigne sur certains schèmes de perception actuellement courants. Le contexte culturel fait partie de la devinette, avant même que celle-ci n'en devienne une partie à son tour.

On constatera toute la distance qui sépare ces invraisemblances de ce que nous appellerons proprement les *paradoxes*, et dont (16) était déjà un exemple : le dos est, par définition, ce qui est derrière; affirmer qu'il est devant contredit le sens même du mot.

Voici deux autres exemples de paradoxe :

(22) Quel est cet être
Qui depuis sa naissance est toujours enceint
Sans jamais engendrer,
Et qui meurt s'il engendre? — Le mollet.
(Nzuji, 17)
(23) Deux siens amis ensemble ils vécurent. Ils avaient quatorze ans quand ils naquirent. — Les seins de la jeune fille.
(Walter, p. 268)

Avoir quatorze ans quand on naît est impossible, non parce qu'on n'a jamais observé de tels faits, mais parce que cela contredit le sens des mots : avoir quatorze ans équivaut à être né il y a quatorze ans. De même, la définition du mot « enceint » implique qu'il ne soit pas applicable à une personne qui vient de naître puisqu'il présuppose, auparavant, l'accomplissement de certains actes; ni qu'on puisse rester « toujours enceint ».

L'opposition entre les deux groupes qu'on vient de distinguer (Georges et Dundes appellent le second « les oppositions antithétiques ») est claire : dans le premier cas, on contredit une vérité synthétique (et cela donne l'invraisemblance); dans le second, une vérité analytique, inhérente au langage et non tirée de l'expérience, autrement dit une tautologie (et cela donne le paradoxe). La différence entre ces deux types de devinettes est parallèle, en effet, à celle entre les lieux communs (p. ex., dans notre cas, « Pour vivre on a besoin d'air », « Le mouvement est toujours suivi de repos », etc.) et les tautologies, du genre « On ne peut pas manger sans manger », « Ce qui est derrière est derrière », « Celui qui a quatorze ans est né il y a quatorze ans », etc.

Mais on a laissé de côté quelques-unes des devinettes que Georges et Dundes citaient comme simplement « non oppositionnelles », telles (2) et (21). Selon nos auteurs, elles ne comportent pas d'opposition parce que les actions contradictoires sont situées à des moments différents du temps (dans (2) : le jour et la nuit), ou en différents points de l'espace (dans (21) : dedans et dehors). En fait, la situation est différente dans un cas et dans l'autre. A la suite de (2) (« dort le jour, marche la nuit »), on peut énumérer les devinettes suivantes [1] :

(24) Dégelé en hiver, gelé en été. — Le nez.
                    (Stojkova, 1658)
(25) Se gonfle au froid, tremble au feu. — La neige.
                    (Stojkova, 318)

Ces devinettes (et de nombreuses autres) possèdent une structure formelle et linguistique rigoureusement identique. Deux vers parallèles, le plus souvent rimés, se composent de deux compléments circonstanciels en opposition (hiver-été, froid-feu, jour-nuit) et de deux verbes antithétiques, mais qui, d'après le sens commun, devraient se trouver en distribution inverse. Nous revenons, en effet, aux lieux communs, si nous permutons les verbes :
— marche le jour, dort la nuit
— dégelé en été, gelé en hiver
— gonflé au feu, tremblant au froid.

1. Ce type de devinette est décrit par Cl. Faïk-Nzuji dans la rubrique « Structure I, Type I ».

235

Nous avons donc encore affaire à des invraisemblances, comme précédemment (inversions de propositions synthétiques banales) : la figure minimale est attestée; mais de plus elle se double d'une autre, puisqu'à la première invraisemblance (« il dort le jour »), qui aurait été suffisante en elle-même, s'ajoute une seconde, symétrique et inverse (« il marche la nuit »); c'est une figure typique de l'absurde, ou encore du « monde à l'envers », qui a connu le grand succès que l'on sait dans la littérature européenne. Là où Georges et Dundes ne voyaient aucune figure, il y en a en fait deux.

Revenons maintenant au dernier exemple non expliqué, (21), où la pomme est décrite comme rouge en dehors, blanche en dedans. Georges et Dundes ont raison de dire qu'il n'y a là aucune contradiction, au sens logique; cependant, ce que les devinettes inversent n'est pas l'implication logique, le syllogisme rigoureux, mais un raisonnement approximatif, une inférence probabiliste, qu'on appelait dans la rhétorique classique un *enthymème*. Ce n'est pas « si *p* alors *q* », mais « il existe des *p* qui, si *p* alors, fréquemment, *q* »... A la différence des deux premiers cas, le paradoxe et l'invraisemblance, on n'a plus affaire ici à des propositions singulières, mais à un rapport entre propositions; il faut donc donner un nom nouveau à cet enthymème à l'envers; appelons-le la *contradiction*. Les espèces de la contradiction ne seront pas faciles à distinguer, car l'enthymème lui-même est protéiforme, flou, imprécis; c'est ici en tous les cas que nous retrouverons les oppositions *causales* et *privatives* de Georges et Dundes; mais aussi d'autres variétés sans doute. Ainsi l'enthymème peut être fondé sur la co-occurrence fréquente, ou sur le rapport entre un acte et les conditions de sa réalisation (à distinguer de ses causes), etc.

On pourrait résumer ainsi dans un tableau les figures relevées jusqu'ici :

Truismes sous-jacents	lieux communs	tautologies	enthymèmes
Devinettes les renversant	invraisemblances	paradoxes	contradictions

Il reste à nous demander maintenant si cette interprétation plus large de l'« opposition » permet de rendre compte de toutes les devinettes existantes, autrement dit si ces trois figures sont les seules dont la présence rende possible la constitution d'une devinette. Certains exemples pourraient nous rendre perplexes : ainsi (3), et aussi :

(26) Un plat plein de noisettes, au milieu une seule noix. — Le ciel, les étoiles, la lune.

(Stojkova, 25)

(27) Un champ plein d'herbe. — La tête et les cheveux.
(Stojkova, 1548)

S'il y avait encore quelque chose d'étrange dans (3), les vingt chevaux blancs sur une colline rouge (mais peut-on vraiment parler d'invraisemblance?), il n'en va pas de même des autres exemples; il est au contraire parfaitement naturel qu'un plat soit rempli de noix et de noisettes, et un champ d'herbe. Il n'y a pas non plus de paradoxe, ni de contradiction.

Cependant, si nous observons ces devinettes dans leur entier (avec leur réponse), nous ne manquerons pas d'être frappés par un trait qu'elles ont en commun : il s'agit toujours de deviner, non un seul, mais plusieurs objets qui entretiennent une relation fixe. Les dents et les gencives (les mâchoires), les dix doigts, le ciel, les étoiles et la lune, la tête et les cheveux. Autrement dit, symbolisant et symbolisé ne forment pas, dans ces devinettes, un rapport tropique simple (de métaphore, de synecdoque, etc.), mais désignent une relation entre deux ou plusieurs termes, par une autre relation : c'est décrire, on le sait, l'analogie aristotélicienne ou le *diagramme* peircien. Lorsqu'au niveau tropique la devinette réalise un rapport diagrammatique, et non seulement « iconique », elle n'a pas besoin d'une figure d'opposition : telle est l'hypothèse qu'on est amené à formuler. La moitié d'un diagramme, autrement dit la simple relation, est donc une figure suffisante pour que la devinette existe [1]. Ajoutons que, dans un cas de diagramme, en règle générale, symbolisant et symbolisé sont en intersection, plutôt que l'un n'englobe l'autre.

L'une au moins de ces figures doit être présente; mais plusieurs peuvent l'être aussi, simultanément. P. ex. :

1. Mais ce n'est pas une métonymie, contrairement à ce que croit E. Köngäs-Maranda, parce qu'il n'y a pas de rapport symbolique : la noix ne symbolise pas les noisettes, ni le champ, l'herbe.

(28) Quel est ce seigneur
      Qui habite sur une montagne
      Qui ne mange rien
      Mais qui défèque quand même? — Une oreille.
                                              (Nzuji, 36)

On identifiera ici une partie du diagramme (homme : montagne :: oreille : tête), une invraisemblance (un homme qui ne mange
rien) et une « contradiction » (il défèque sans manger).

Il existe cependant un groupe très homogène de devinettes où
il semble impossible de découvrir une quelconque des figures identifiées jusqu'à présent. Voici un exemple :

(29) Qu'est-ce qui descend la rue, et revient à la maison, et s'assoit dans
      le coin, et attend un os? — La chaussure.
                                              (Taylor, 4536)

Rien dans la première réplique ne nous indique qu'il s'agit d'autre
chose que d'un ... chien. Où est la figure? On ne peut la découvrir
qu'en connaissant la réponse. Ce que la rhétorique décrit de plus
proche de ce phénomène est la figure de la *syllepse*, dans laquelle un
mot doit être pris simultanément dans un sens « propre » et un sens
« figuré » (en fait un sens majeur — indépendant du contexte —
et un sens mineur)[1]. La différence entre la syllepse et la figure réa-
lisée par cette devinette est que la polyvalence se situe ici au niveau
de l'énoncé et non du mot isolé. La même description s'applique
à deux objets radicalement distincts (ici, le chien et la chaussure);
le premier symbolisé est « majeur » (indépendant du contexte),
le second, « mineur » (il n'existe que dans ce contexte précis). La
figure consiste précisément dans l'existence simultanée de ces deux
symbolisés.

Ce mécanisme est fréquemment exploité dans les devinettes
érotiques (dites encore « équivoques »). Le symbolisé majeur est
l'acte sexuel, ou les organes sexuels de l'homme ou de la femme, etc.;
le symbolisé mineur, qui est la « vraie » réponse, est un objet tout
à fait innocent. Le devineur pense immanquablement au terme
érotique et hésite à le nommer; il en est pour ses frais en apprenant
la réponse. On frôle ainsi l'interdit sans s'exposer au blâme qu'entraî-
nerait sa transgression. Par exemple :

1. Pour ces notions, cf. W. Empson, *The Structure of Complex Words*, Londres,
1950, chap. 2; trad. franç. « Assertions dans les mots », *Poétique*, 6, 1971.

(30) J'ai tiré ma petite affaire de mes braies,
 Je la fourre dans un trou poilu,
 Puis je la retire, le bout tout mouillé. — La pipe.
  (Walter, p. 332)

Dans la tradition indienne, ces devinettes forment un sous-genre appelé *kahmukrī*. Par exemple :

(31) J'étais couchée et soudain il monta sur moi
 Lorsqu'il descendit, je transpirais,
 Et tremblais sans pouvoir parler.
 O l'ami, était-ce mon amant, mon époux ?
 — Non, l'ami, c'était la fièvre.
  (*Khusro*, 148)

On peut évidemment se demander, avec Claude Gaignebet [1], dans quelle mesure d'autres devinettes d'apparence innocente ne se réfèrent pas également à des représentations érotiques (même si celles-ci ne sont pas évidentes pour nous aujourd'hui). On sort là de la description interne de la devinette pour atteindre au problème de ses fonctions.

Dans le corpus que j'ai examiné, il n'y a pas de devinette qui ne contienne l'une et/ou l'autre de ces figures; il est possible que dans d'autres cultures on relève la présence d'autres figures encore. Peut-il y avoir une devinette sans figure? On pourra répondre à cette question si l'on se souvient de la fonction qu'assume l'organisation figurale, qui est celle d'une focalisation de l'attention. Cette fonction-là est obligatoire; les formes qui la remplissent peuvent varier. A quoi d'autre, par exemple, la formule rituelle d'introduction (dont nous ne nous sommes pas occupés ici) sert-elle sinon à attirer l'attention de l'interlocuteur sur le fait qu'il s'agit précisément d'une devinette? La formule d'introduction peut donc remplacer efficacement la figure dans sa fonction de focalisation. Il est même concevable qu'aucune forme verbale ne joue ce rôle si les conditions d'énonciation de la devinette sont suffisamment ritualisées et assument ainsi le rôle de focalisateur. Ici comme ailleurs, on doit chercher à reconstituer un système abstrait de fonctions, sans le confondre avec les formes qui le manifestent, même si celles-ci sont toujours présentes [2].

1. « Le chauve au col roulé », *Poétique*, 8, 1971, p. 444.
2. Exigence fondamentale formulée, et illustrée, dans Benveniste, « La classification des langues », *Problèmes de linguistique générale*, Paris, 1966.

DU SYMBOLISANT AU SIGNIFIANT

La description menée jusqu'ici faisait abstraction de la matière linguistique concrète par laquelle se réalisent les devinettes; j'étudiais une structure symbolique, non une production linguistique. Il faut maintenant examiner le problème de la représentation verbale de cette structure, d'autant plus que celle-ci est à son tour influencée par celle-là. On ne pourra s'arrêter ici que sur quelques questions particulièrement intéressantes.

1. Sujet et prédicat, mots et sèmes. Je n'ai rien dit, jusqu'ici, de la structure proprement linguistique de la première réplique, alors que, on se souvient, les études évoquées au début l'analysaient dans le détail : en thème et propos, dans le cas de Georges et Dundes; en terme donné (signifiant) et prémisses, dans celui de Köngäs-Maranda. Quels que soient les choix terminologiques, nous reconnaissons là la vieille distinction entre sujet et prédicat. Cette opposition était déjà présente chez Robert Petsch, qui identifiait, dans le noyau de la devinette, un élément dénominatif et un élément descriptif. Mon propos ici sera de montrer que cette distinction, purement linguistique [1], n'a aucune pertinence pour la description de la structure discursive et symbolique, plus même, que son utilisation fait surgir des difficultés supplémentaires.

Il faut commencer par constater que l'affirmation de cette structure, telle qu'elle apparaît chez Petsch ou chez Georges et Dundes, ne spécifie en rien la nature de la devinette : puisque toute phrase comporte un sujet et un prédicat, à quoi bon nous dire que la devinette se divise de la même manière? Cette affirmation est donc redondante; à moins qu'on ne la spécifie, comme le fait E. Köngäs-Maranda, qui nous assure que ce « terme donné » est le signifiant de la métaphore. Pour prouver le contraire, il suffirait de remarquer que la plupart des devinettes citées jusqu'ici ne possèdent pas un tel terme (sa place dans la phrase est tenue par un pronom interrogatif ou personnel). Il existe également des devinettes (comme on l'a déjà observé) dont le

---

1. Je l'appelle linguistique, car je ne trouve chez ces auteurs aucune indication spécifique allant dans un autre sens, ni des critères autres que linguistiques pour l'établir.

modèle linguistique n'est pas la phrase attributive mais une phrase transitive, comme on pourrait en trouver dans un récit, par exemple (2), (13) ou encore :

(32) Je laboure avec mes cinq bœufs,
      La terre que je laboure est blanche comme neige,
      Le grain que j'ensemence est noir comme geai.
      — Les doigts, les papiers, l'encre.

                                          (Walter, p. 270)

Si on se fondait sur des critères purement linguistiques, on identifierait le sujet — le signifiant — avec le pronom personnel « je ». Mais le mot à deviner est ici dans le prédicat et non dans le sujet. Nous avons déjà relevé l'écart que représente cette construction linguistique par rapport à la formulation classique de la définition. Ne nous trompons pas, toutefois : le « récit » que l'on nous narre ici n'en est pas un véritablement (aucune transformation d'état n'est observable). La devinette n'est jamais un récit, seul son masque verbal peut l'être.

En passant maintenant à l'analyse du prédicat, on peut mettre en question la nécessité d'avoir à trouver un élément autonome qui incarne la « prémisse constante vraie ». Ce n'est pas qu'un tel élément n'existe pas du tout (il n'y aurait plus alors de rapport tropique), mais il peut ne pas prendre la forme d'un mot autonome. Reprenons la devinette (16), où le mollet est décrit comme ayant le dos devant et le ventre par-derrière. Si l'on s'en tient au mot, il n'y a pas de « prémisse constante vraie » : le mollet n'a ni dos ni ventre. Mais chacun de ces deux syntagmes contient des sèmes qu'il partage avec le symbolisé : il est plat devant et rond par-derrière; « dos » et « ventre » sont pris ici pour des synecdoques conceptuelles de leurs propriétés « plat » et « rond ». On pourrait dire qu'ici (comme dans beaucoup d'autres devinettes) apparaît un rapport tropique de deuxième degré. Dans une devinette comme (1) (« Qu'est-ce qui vit dans la rivière? ») le rapport tropique s'établit entre le symbolisant (présent) et le symbolisé (absent). Dans (16), c'est à l'intérieur du symbolisant même que s'établit un nouveau rapport tropique : « dos » est une synecdoque de « plat » qui à son tour (accompagné de « devant ») est une synecdoque de « mollet ». L'existence de ces tropes au deuxième degré, très fréquents, nous oblige à nous placer au niveau des sèmes, et non à celui des mots : sinon nous ne serions pas en état d'établir le rapport tropique entre symbolisant et symbolisé. Notons ici que les seuls

241

mots à n'être jamais métaphoriques au deuxième degré sont les nombres (car ils sont monosémiques); ce qui fait que leur présence dans la question est une clef précieuse pour trouver la réponse [1] : dès qu'il y a « trente-deux », nous pouvons être sûrs qu'il s'agit de dents, « dix », des doigts, « deux », un peu moins facile, des mains ou des pieds, des yeux ou des oreilles. Mais on ne peut décrire la devinette comme si tous les mots étaient des nombres.

Ce qui est pertinent pour la structure de la devinette c'est le rapport tropique entre symbolisant et symbolisé; or celui-ci n'est pas relié de manière univoque à la division du symbolisant en sujet et prédicat : le sujet peut ne pas avoir de contenu descriptif, le prédicat peut ne pas contenir d'élément autonome caractérisant le symbolisé. Mais on peut aller plus loin et trouver des cas où sujet et prédicat dans la question entretiennent le même rapport avec le symbolisé (ce qui prouverait que leur distinction n'est pas pertinente du point de vue discursif). Prenons cet exemple :

(33) Un chasseur qui tire de loin sur sa proie,
       Quel est ce chasseur? — L'œil.

                                   (Nzuji, 10)

L'œil n'est pas un chasseur, il ne tire pas mais regarde, il n'a pas de proie mais des objets de perception. Chacun des termes de la question, sujet comme prédicat, comporte aussi bien des sèmes communs avec le symbolisé « œil » que des sèmes spécifiques : la relation symbolique se situe au niveau des sèmes, non à celui des mots, et elle ne tient pas compte de la position de ces mots dans la structure de la phrase. Les descriptions qui ont été consacrées à cette dichotomie concernent non la devinette mais les phrases qui la réalisent.

2. Polysémie. La devinette est une définition autre que la définition socialement instituée de chaque mot. Par conséquent, les mots qui la composent ne servent pas habituellement à former cette définition même mais ont quelque autre usage. La première réplique de la devinette est donc intrinsèquement polysémique (sinon il s'agirait d'une définition ordinaire). En termes rhétoriques, on dira que le rapport tropique dans le devinette n'est jamais une *catachrèse* (lorsque le

---

1. Comme le relève déjà Stojkova, *op. cit.*, p. 61.

« terme propre » n'existe pas, comme dans « une *feuille* de papier »);
or, tous les tropes non catachrèses exigent que l'on tienne compte,
pour les décrire, aussi bien de la synonymie des deux signifiés que
de la polysémie d'un signifiant.

Discours fondé sur la synonymie, la devinette exploite donc obligatoirement aussi les ressources de la polysémie. Cette tendance
apparaît le plus clairement lorsqu'un mot particulier de la première réplique, et non seulement la phrase entière, est polysémique.
On peut d'ailleurs distinguer deux degrés dans l'utilisation du double sens, selon qu'il s'agit de la *polysémie* proprement dite, ou de
l'*homonymie* qui produit des devinettes proches de certains jeux de
mots.

Dans le premier cas, on joue sur les deux sens d'un mot, dont le
premier est le sens majeur et le second, précisément, une catachrèse.
Du coup, la première réplique semble évoquer le sens majeur, alors
que la réponse porte sur le sens mineur (sur la catachrèse). Georges
et Dundes ont isolé ce groupe de devinettes (sans toutefois relever la
polysémie) :

(34) Qu'est-ce qui a dents mais ne mord pas? — Le peigne.
(Taylor, 299 *b*)
(35) Qu'est-ce qui a une tête mais pas de corps? — L'épingle.
(Taylor, 1)

C'est précisément parce qu'on ne peut appeler la tête de l'épingle
autrement que « tête », les dents du peigne que « dents », etc., que la
devinette évoquera ici et là ces deux sens; la figure qui focalise ce
rapport symbolique est l'invraisemblance. Nous sommes là en face
d'un mécanisme particulièrement net, qui nous permet de produire
au moins autant de devinettes de la même structure qu'il y a de catachrèses dans la langue.

Dans le deuxième cas, le mot qui apparaît dans la première réplique
et celui qui est évoqué par la seconde n'ont aucun rapport sémantique
bien qu'ils soient des homonymes; parfois ce ne sont que des homo-
phones (le même procédé est exploité dans les charades). Voici deux
exemples français :

(36) Quel est le saint qui a la tête un peu dure? — Saint Cloud.
(Tabourot)

243

(37) Quelle est la sainte qui ne met pas ses jarretières? — Sainte Sébastienne.

(Tabourot) [1]

3. Organisation phonique. Il est bien connu que les devinettes, semblables en cela aux autres formes mineures du folklore verbal, telles que proverbes, comptines, etc., se caractérisent par une forte organisation phonique, la présence de rimes, d'allitérations, de rythme régulier, etc. Jakobson a analysé plusieurs exemples de ces organisations rigoureuses [2]. Les noms propres qui apparaissent dans la question sont souvent révélateurs à cet égard. Il existe par exemple une devinette bulgare concernant la rivière et construite sur le modèle : « La grande » + Nom propre féminin + « n'a pas d'ombre ». Mais le nom varie en fonction des dialectes et de l'ordre précis des autres mots, obéissant toujours aux exigences de la rime : si le mot de la fin du deuxième vers est *njama* (n'a pas), le nom propre est *Jana;* s'il est *sjanka* (ombre), il devient *Janka;* s'il est *senka* (ombre, dans les dialectes occidentaux), il devient *Enka* [3].

A côté de ce phénomène répandu et bien connu, il en existe un autre, qui caractérise davantage la devinette sans lui être réservé exclusivement : c'est l'existence d'un rapport phonique entre les deux répliques. Ce fait a été relevé pour la première fois par Brik dans son analyse des répétitions sonores [4]; il est rappelé par Jakobson dans l'étude citée. Mais c'est surtout un spécialiste soviétique contemporain, A. I. Guerbstman, qui l'a étudié dans le détail [5]. Guerbstman se préoccupe précisément de ce rapport phonique entre question et réponse, en l'opposant aux rapports qui s'établissent à l'intérieur de la question [6]; il lui donne le nom de *otgadachnaja zvukopis'*, qu'on pourrait traduire par « allitération divinatoire ».

1. Ce genre de construction a été codé dans la littérature sanscrite sous le nom de *antarlāpikā;* dans le recueil hindi déjà cité, on en trouve également des exemples, parfois fort complexes (interprétation bilingue, etc.). Cf. Ved Prakash Vatuk, « Amir Khusro and Indian Riddle Tradition », *Journal of American Folklore*, 82, 1969, p. 142-154.
2. « Structures linguistiques subliminales en poésie », *Questions de poétique*, Paris, 1973.
3. Cf. Stojkova, *op. cit.*, p. 58.
4. « Zvukovye povtory », 1917, reproduit dans O. M. Brik, *Two Essays on Poetic Language*, Ann Arbor, 1964.
5. « O zvukovom stroenii narodnoj zagadki », *Russkij folklor*, 11, 1968, p. 185-197.
6. On se souvient que Saussure oppose de la même manière deux structures phoniques des vers latins qu'il étudie : « interne, ... correspondance des éléments

Il distingue alors plusieurs cas, selon le rapport qui s'établit entre cette analogie phonique (premier rapport symbolique) et le trope constitutif de la devinette (deuxième rapport). A un premier degré, les deux rapports sont présent, et, pour trouver la réponse, on se repose autant sur l'un que sur l'autre. Au second degré, les deux rapports restent présents, mais celui des sons est infiniment plus net et suggestif, par exemple :

(38) Net ni okon ni dverej,
      Posredine — arkhierej. — Orekh
      Pas de fenêtres ni de portes, Au milieu un évêque. — La noix.
                                           (Rybnikova, p. 274)

L'analyse phonique révèle la dispersion suivante de la réponse :

$$1 \ldots\text{O}\ldots\text{RE}$$
$$2 . \text{O} \ldots \text{RE} \ldots \text{(A)RKH ERE}$$

Autrement dit, la réponse est répétée presque trois fois dans la question. Le choix de l'évêque, parmi tous les habitants possibles de cette étrange maison, est visiblement dicté par le rapport phonique OREKH — ARKHIEREJ.

Enfin, à un dernier degré, question et réponse n'entretiennent plus de rapport tropique au niveau des signifiés, mais seulement à celui des signifiants, comme dans les exemples (18) et (19). Parfois, la première réplique comporte même des mots dépourvus de sens dans la langue, mais qui évoquent phoniquement la réponse; nous touchons ici au néologisme pur et à la « poésie transrationnelle ». Par exemple :

(39) Ton da totonok? — Pol i potolok.
                                           (Sadovnikov, 53)

Le mot *totonok* n'existe pas; il est créé de *ton* (probablement ici l'adjectif « fin ») par analogie avec le rapport *pol* et *potolok*, plancher et plafond (*da* est ici synonyme de *i*, et signifie « et »). Comme on l'a vu précédemment, de tels exemples ne contredisent qu'en apparence l'exigence d'un rapport tropique entre symbolisant et symbolisé : le rapport existe bien mais il se situe entre signifiants, non entre signifiés.

entre eux », et « externe, c'est-à-dire en s'inspirant de la composition phonique d'un nom » : J. Starobinski, *Les Mots sous les mots*, Paris, 1971, p. 34; on verra que la proximité avec le phénomène étudié par Saussure est grande.

Le discours de la magie

> Nous trouvons dans la magie à peu près toutes les formes de rites oraux que nous connaissons dans la religion : serments, vœux, souhaits, prières, hymnes, interjections, simples formules. Mais, pas plus que nous n'avons essayé de classer les rites manuels, nous n'essayerons de classer sous ces rubriques les rites oraux. Elles ne correspondent pas ici à des groupes de faits bien définis.
>
> Marcel Mauss (1960, p. 47) [1].

Sommairement parlant, on peut étudier le langage de la magie dans deux perspectives différentes. Soit en mettant l'accent sur le terme *magie*, en examinant le rapport de la formule avec les autres éléments de l'acte magique et, à travers eux, avec la culture de chaque peuple : je laisse cette étude fonctionnelle, nullement négligeable, à l'ethnologue, spécialiste de telle ou telle ethnie. Soit en mettant l'accent sur le mot *langage* et en confrontant les propriétés du discours magique avec celles des autres discours, donc du langage en général : c'est cette tâche d'étude structurale (et de rhétorique générale) que je me propose ici. En d'autres termes, je voudrais adopter une attitude directement opposée à celle de Mauss, telle qu'elle apparaît dans le passage cité ci-dessus.

L'étude du langage de la magie a déjà sa propre histoire. En simplifiant encore, on pourrait dire qu'elle a connu deux grandes étapes. Au cours de la première, celle qui nous est familière dans les ouvrages courants sur les sociétés primitives, les superstitions, les rites, les coutumes, un chapitre, ou un appendice, est consacré aux formules magiques (incantations, charmes, *spells*, etc.); tout ouvrage général sur la magie comporte une partie traitant du « verbe magique ».

---

1. Les références des textes ayant trait à la théorie du discours magique sont groupées à la fin du chapitre (p. 281).

Cette séparation même trahit une théorie du langage magique, le plus souvent implicite, selon laquelle cette province de la parole ne communique pas avec les autres : supposition confirmée par l'existence, dans maint idiome, de mots ou de tournures qui ne sont pas utilisés hors d'un contexte magique [1].

Face à cette attitude traditionnelle qui laisse si peu à la magie dans le langage s'est formée une réaction, qui a culminé dans l'œuvre de Bronislaw Malinowski : on lui donne alors, pour ainsi dire, tout. En cherchant à définir le verbe magique de telle sorte que la définition puisse recouvrir tous les cas observés aux îles Trobriand, Malinowski se trouve amené à écrire : « Chaque rite [magique] est la " production " ou l' " engendrement " d'une force, et son transfert, direct ou indirect, à un certain objet donné qui, comme le croient les indigènes, est affecté par cette force » (Malinowski 1966, p. 215). Autrement dit, le verbe magique agit sur les choses. Mais une définition si large recouvre, très visiblement, des phénomènes qu'on ne classe pas habituellement comme magiques et qui appartiennent à notre vie quotidienne. Ce que Malinowski ne manque pas de remarquer.

L'enfant, déjà, manie sans cesse le langage magique. « L'enfant appelle la mère, la nourrice ou le père, et la personne apparaît. Quand il demande de la nourriture, c'est comme s'il formulait une incantation magique, un *Tischlein deck dich!* » (*ibid.*, p. 63). En grandissant, il n'est pas contraint à modifier cette habitude, les mots lui assurant toujours l'emprise sur les choses. « Que l'on observe l'apprentissage d'un métier dans une communauté primitive ou dans notre société, on s'aperçoit toujours que la familiarité avec le nom de la chose est le résultat direct de la facilité avec laquelle on manipule cette chose » (*ibid.*, p. 233). Pour dominer les choses, il faut connaître les mots.

Il en va de même de maint domaine de notre vie sociale. Ainsi de tout l'ensemble des faits liés à la loi. « Ici la valeur du mot, la force d'engagement de la formule est à la base même de l'ordre et de la confiance dans les relations humaines » (*ibid.*, p. 234). On en dirait autant pour la religion, la vie politique, la publicité. Malinowski peut conclure : « Les mots peuvent être le discours stupide d'un " leader " moderne ou d'un premier ministre, ou une formule sacramentelle, une remarque indiscrète blessant l'" honneur national ", ou un ultimatum. Mais dans chaque cas les mots sont des causes d'action également puissantes et fatidiques » (*ibid.*, p. 53).

---

1. Sur cette dernière tradition, cf. Güntert 1921 (l'ouvrage concerne la littérature classique).

Mais si toute parole qui est cause d'une action (ou qui est suivie d'effet) est magique, alors il n'y a pas de parole qui ne le soit : la théorie de Malinowski sur le langage en général, à la fois départ et résultat de ses réflexions sur le langage magique, nous apprend que le sens même des mots — c'est-à-dire leur propriété constitutive — consiste en « le changement réel amené par l'énoncé dans le contexte de situation avec lequel il forme couple » (*ibid.*, p. 214)[1].

Si toute parole est action, alors toute parole est magie. C'est dans le même sens généralisant qu'ira un autre théoricien du langage magique, Toshihico Izutsu. Le langage participe originellement de la magie, car toute symbolisation est déjà une appropriation des choses, donc une action sur elles — donc magie. Le simple fait de la signification est en lui-même magique; en conséquence, le livre d'Izutsu concerne davantage les opérations linguistiques fondamentales que les incantations singulières, apanage exclusif des magiciens.

On assiste ici à un glissement d'objet évident. Il est possible que la magie dans le langage soit reliée à l'action par le langage; mais si l'on dit que toute action est magique, il faut trouver un autre nom pour désigner ce type d'action par le langage, que l'on appelle couramment magique, à la différence de tous les autres : juridique, administratif, rituel, etc. Qualifier de « magique » la valeur illocutoire d'un énoncé (et constater ensuite l'universalité de la magie) ne nous aide en rien pour comprendre la spécificité du discours magique.

1. Cette position est d'autant plus significative qu'elle s'élabore chez Malinowski dans un dépassement de ses propres conceptions antérieures. Il écrit : « Dans un de mes écrits précédents [Malinowski 1923], j'ai opposé le discours civilisé et scientifique au discours primitif et j'ai tenu pour acquis que l'usage théorique des mots dans les écrits modernes de philosophie et de science est entièrement coupé de ses sources pragmatiques. C'était une erreur, et une erreur sérieuse. Entre l'usage sauvage des mots et l'usage le plus abstrait et théorique, il n'y a qu'une différence de degré. Tout le sens de tous les mots dérive finalement de l'expérience corporelle » (Malinowski 1966, p. 58). De cette première généralisation découle une seconde. Les énoncés « à sens » s'opposaient précédemment aux énoncés « à fonction ». Mais puisque tous les énoncés sont « à fonction », il ne reste qu'à tirer la conclusion logique : le sens, c'est la fonction. Ainsi Malinowski se trouve amené, presque à sa propre surprise, à ne plus voir aucune différence entre les phrases courantes et les mots dépourvus de sens, dont on se sert lors de rites magiques : « Au fond ceux-ci ont un sens en ce qu'ils jouent un rôle » (*ibid.*, p. 247)... La théorie linguistique de Malinowski réduit tous les mots à n'être plus que des « abracadabra ». Il faudra attendre les recherches de J. L. Austin pour s'apercevoir que la *fonction* de Malinowski télescope en fait trois notions : la *valeur locutoire (locutionary force)* qui comprend le sens et la référence; la *valeur illocutoire*, ou dimension actionnelle de tout énoncé; et la *valeur perlocutoire*, ou effet concret de l'énoncé (Austin 1970). Pour l'ensemble de ces notions, cf. aussi Todorov, éd., 1970.

ANALYSE D'UNE FORMULE MAGIQUE

Prenons une formule magique, telle qu'on la trouve dans les transcriptions des folkloristes [1] :

(1) *contre le charbon*
Levain ou charbon, que tu sois noir ou rouge, de quelle couleur ou espèce que tu puisses être, je te conjure dans les airs ou le plus profond de la mer, et te commande de la part du grand Dieu (+) vivant, de sortir de suite du corps de N... aussi vite que Judas (+) a trahi Notre-Seigneur Jésus-Christ au jardin des Oliviers (+) et que les douze martyrs l'ont assisté et sont montés au ciel (+). Natusex, christusex, mortusex, résurrex *(3 fois)*.

(Rives, Dauphiné)

Seul l'objectif particulier que je me suis fixé m'autorise à isoler ainsi cette formule de son contexte d'énonciation. On sait bien que la formule, en elle-même, n'a pas de puissance magique; elle ne l'acquiert que dans telles circonstances précises, prononcée par telle personne qui en a le droit ou le pouvoir. Autrement dit, la magie n'est pas un énoncé mais une énonciation; or celle-ci se compose : de l'énoncé; des interlocuteurs; des circonstances spatio-temporelles de l'allocution; ainsi que des relations qui peuvent s'établir entre ces divers éléments. En m'en tenant au seul énoncé, je mets entre parenthèses plusieurs éléments de l'acte magique; on aura besoin de s'en souvenir sans cesse.

Qu'est-ce qui nous pousse à identifier intuitivement cette formule comme faisant partie du discours magique? Le fait qu'on essaie d'agir sur une maladie (érésipèle, charbon) par l'intermédiaire d'un simple énoncé verbal. Essayons de faire varier les éléments de cette description pour éprouver les limites de la magie. Est-il indispensable que la maladie soit l'allocutaire? Si je dis : « Je conjure le levain ou charbon, qu'*il* soit... », etc., mon discours reste magique. Si je dis :

1. Pour les besoins de la présente étude, j'emprunte ces formules aux ouvrages suivants : L.-F. Sauvé, *Le Folklore des Hautes-Vosges*, Paris, Maisonneuve, 1889; Cl. & J. Seignolle, *Le Folklore du Hurepoix*, Paris, Maisonneuve, 1937; A. Van Gennep 1928 (in *Annecy...*); 1933 (*Le Folklore du Dauphiné*, II); et *id.*, *Le Folklore de la Flandre et du Hainaut français*, Paris, Maisonneuve, 1936, II. Il ne s'agit pas d'un corpus mais d'exemples ou, si l'on préfère, d'un échantillon. — L'injonction de faire un signe de croix en certains points des formules est transcrite ici par (+).

« Je conjure le boulanger de m'apporter du pain en ce moment même », mon discours reste magique. Si je dis au boulanger : « Je vous demande de me donner un croissant » *pour qu'*il me donne du pain, mon discours reste encore magique (à moins que cette entente ne se fasse en vertu d'un code secret). Si je dis en revanche (au boulanger) : « Je vous demande de me donner une miche de pain », mon discours n'a plus rien de magique, même s'il est suivi d'une action.

Pourquoi? Vouloir provoquer une action par la parole n'est visiblement pas suffisant pour assurer à cette parole un caractère magique : tout dépend de l'agent de cette action. Si l'agent est ce dont je parle (le *délocutaire* ou référent du discours), quelle que soit sa nature, mon discours est magique. Si cet agent est celui à qui je parle, mon discours n'est magique qu'à condition que cet agent ne le perçoive pas (allocutaire absent); ou qu'il ne le comprenne pas (allocutaire inanimé ou phrase voulant dire autre chose); ou qu'il soit dans l'incapacité de s'y soumettre (« Lève-toi et marche », dit à un paralytique). « Sésame ouvre-toi » est une formule magique : l'action doit être accomplie par un rocher; « Marie ouvre-moi » ne l'est pas si ladite Marie est censée percevoir mes paroles. L'identification de la magie repose donc sur la catégorie du possible (scientifique) : mettre de l'engrais sur un champ pour en améliorer le rendement ne relève pas de la magie; y poser des talismans, si. Base peut-être fragile mais indispensable.

Procéder ainsi, c'est identifier le discours magique par ce qu'il fait, par son intention; ou — puisque nous sommes dans un système symbolique — par son symbolisé. Existe-t-il des moyens qui seraient constamment mis au service de cette intention? Ou encore : le symbolisé étant ce qu'il est, quel doit être le symbolisant? C'est ce qu'on essaiera de voir à travers l'analyse de la formule citée, en nous souvenant bien toutefois que l'objet de notre examen n'est pas la matière linguistique en elle-même mais la structure symbolique que celle-ci recouvre; en ménageant, autrement dit, deux étapes dans l'analyse : étude du symbolisant (magique); passage du symbolisant au signifiant (linguistique).

La formule que nous avons sous les yeux se laisse d'abord décomposer en trois parties distinctes. L'une va du premier mot jusqu'à la mention d'un nom propre (désigné ici par N...) : elle contient toute l'information dont nous disposerons sur l'acte magique à accomplir. La seconde commence par « aussi vite » et se termine à la fin de la phrase : c'est une comparaison de l'événement présent avec un événement passé (mythique). Enfin, la troisième partie est formée par la dernière proposition : à première vue incompréhensible, elle est apparemment composée de mots latins déformés.

Je profiterai de la présence, dans le lexique français, d'une série de termes au sens apparenté qui se rapportent tous au discours magique; je leur donnerai, dans le cadre de cette étude, un sens précis (qui ne sera pas en contradiction avec leur sens commun) et je les utiliserai pour désigner les subdivisions ou les sous-espèces de la formule magique. On appellera donc *invocation* la première partie; *comparaison*, la seconde; *incantation*, la troisième.

C'est la première partie, l'invocation, qui, à ce niveau, demande à être analysée dans le détail : la comparaison répète, en plus simple, la même structure; quant à l'incantation, elle se présente comme un bloc indivisible. Dans l'invocation, en revanche, on identifie aisément plusieurs éléments, qu'on pourrait grouper de la manière suivante :
— des *rôles* : ils sont désignés par : « levain ou charbon » (« tu »), « je », « le grand Dieu vivant » et « N... »;
— des *actions*, désignées par des verbes : « conjure », « commande », d'une part; « sortir », de l'autre;
— des *expansions*, ou divers compléments, attributs, etc. : « noir ou rouge », « dans les airs ou le plus profond de la mer ».

On laissera provisoirement de côté le groupe des expansions, pour se limiter aux deux premières espèces, qui semblent occuper une position dominante.

Les *rôles*, d'abord. Ils sont, on le voit clairement, de deux sortes : les protagonistes de l'énonciation (identifiés par « je » et « tu ») et les protagonistes de l'énoncé (« levain », « Dieu », « N... »). « Levain » égale « tu », alors que « je » ne possède pas d'autre nom. Mais, même si le discours ne le fait pas, nous devons clairement séparer ces deux séries de rôles, *discursifs* et *énonciatifs*, ne serait-ce que pour pouvoir étudier leur articulation. Les rôles énonciatifs ne nous apprennent pour l'instant rien. Quels sont les rôles discursifs? Essayons de donner à chacun, provisoirement, un nom qui le cerne de plus près. « Je » est le *magicien;* « tu » ou « levain » est l'*objet* de l'action magique; « N... » est le *bénéficiaire* de cette action; « Dieu » est le *médiateur* dont on invoque l'aide.

Quant aux *actions*, deux des verbes les désignant sont quasi synonymes, « conjure » et « commande ». Ils ont aussi en commun la propriété d'être des verbes *performatifs;* autrement dit, leur énonciation réalise l'action qu'ils signifient. Ils s'opposent ensemble au verbe « sortir », qui désigne une action ordinaire, et qu'on appellera verbe *descriptif* (ou constatif).

Interrompons ici l'analyse. Si l'on veut être éclairé davantage sur la nature du discours magique, il faut quitter cette formule unique pour la comparer à d'autres : seul moyen d'étudier le système hiérarchique qu'elle illustre [1].

STRUCTURE DE LA FORMULE MAGIQUE

Pour passer de la description d'une formule unique à celle du discours magique, on empruntera les chemins battus de la comparaison et de la déduction (en fait ce travail était déjà implicite dans ma description initiale). On sera amené alors à formuler une nouvelle dichotomie, qui recoupe les distinctions précédentes : celle entre l'organisation *syntagmatique* (ou figurale) d'un discours et son organisation *symbolique*.

1. Organisation syntagmatique. En s'attachant d'abord à une lecture « horizontale » de la seule action effectuée par la formule magique, on arrive à une première conclusion : le discours magique est une sous-espèce du discours narratif, la formule magique est un micro-récit.

Cette constatation repose sur la présence d'un élément précis de la formule qu'on vient d'identifier comme un « verbe descriptif » : ce verbe (« sortir », dans notre exemple) signifie nécessairement un changement d'état (passer de la présence à l'absence); or, la transformation d'un état est une condition nécessaire à l'existence du récit.

Il ne faut pas croire qu'une telle exigence soit toujours et partout remplie et qu'elle permette de classer parmi les récits n'importe quelle suite verbale. Pour prendre un autre exemple dans le folklore, les

1. Dans une étude à plusieurs égards parallèle à celle-ci, I. Tchernov introduit une série de distinctions semblables : les rôles de l'objet, du médiateur et du sujet (qui désigne chez lui notre bénéficiaire); la division en cadre (= incantation) et noyau (invocation + comparaison). Cependant, tenté par une approche purement descriptive et aussi formelle que possible, l'auteur sous-estime précisément cette hiérarchisation interne qui caractérise chaque type de discours; il ignore les fonctions des éléments structurels identifiés; ne distingue pas entre système symbolique et système linguistique; ne s'interroge pas sur la place qu'occupe le discours magique parmi d'autres discours semblables. A partir de constatations descriptives similaires, j'essaie de tirer des conclusions sur la structure abstraite de ce type de discours. Il existe, en revanche, une incompatibilité entre les résultats de Tchernov et les miens, d'une part, et ceux dont rendent compte les études comme celles de Sebeok (1953) ou E. Maranda & P. Maranda (1971).

devinettes, on l'a vu, ne sont jamais des récits (contrairement à ce qu'on a pu prétendre), même si la question prend parfois la forme d'une phrase narrative : la devinette est une définition non conventionnelle; or, la définition retient les traits fixes (même si ce sont des actions) et non les comportements transitoires. Dans les termes de Sapir, on dira que la question de la devinette désigne un « existant » (l'adjectif ou le substantif de la grammaire), alors que la formule magique concerne un « occurrent » (le verbe).

Le récit de la formule magique a d'ailleurs un trait spécifique qui le distingue immédiatement de la plupart des autres récits : c'est qu'il désigne une action virtuelle, non réelle; une action qui n'est pas encore accomplie mais doit l'être. Il n'est cependant pas le seul à remplir cette condition; un autre exemple de « récit impératif » nous est donné par les recettes de cuisine.

C'est le verbe descriptif qui assure le caractère narratif de la formule magique; il mérite à ce titre qu'on l'examine de plus près. « Sortir » est un verbe de mouvement, désignant le passage de la présence à l'absence; son sujet est notre « objet » (levain ou charbon), agent nocif qu'il faut éloigner. Une telle description suggère déjà que deux des éléments identifiés se prêtent à variation : on peut faire sortir, ou faire venir, un objet nocif ou un objet utile. Il s'ensuit que la formule analysée n'illustre qu'une variété de magie parmi quatre qu'on pourrait inscrire ainsi dans un tableau :

		d'un objet	
		négatif	positif
Provoquer	l'absence	1	3
	la présence	2	4

On appelle traditionnellement les formules 1 et 4 (provoquer l'absence du négatif ou la présence du positif) *magie blanche;* les formules 2

253

et 3, *magie noire*. On pourrait aussi, profitant encore de l'abondance des synonymes dans ce domaine, donner un nom particulier à chacune de ces espèces : 1) faire disparaître le négatif, *exorcisme*; 2) faire apparaître le négatif, *imprécation*; 3) faire disparaître le positif, *commination*; 4) faire apparaître le positif, *conjuration*.

L'échantillon que j'ai trouvé dans les transcriptions des folkloristes ne comporte que des exemples de magie blanche (formules 1 et 4). On a déjà vu l'exemple d'exorcisme, ou magie de protection (défensive); voici un exemple de conjuration, ou magie d'acquisition (offensive) :

(2) *pour bien se marier*
Grand saint Joseph, puisque les bons mariages se font au ciel, je vous conjure, par le bonheur incomparable que vous reçûtes, lorsque vous fûtes fait le vrai légitime époux de Marie, de m'aider à trouver un parti favorable, une compagne fidèle, avec la grâce que je puisse aimer et servir Dieu à jamais.

(Hautes Vosges)

Notons à ce point que l'opposition entre exorcismes et conjurations, ou entre magie défensive et offensive, est exactement parallèle à celle que trace Propp entre deux types de contes de fées, ceux qui débutent par un méfait (élément négatif à faire disparaître) ou par un manque (élément positif à faire apparaître).

Quant aux imprécations et aux comminations, nous pouvons les produire facilement à partir des deux formules présentes : dans le premier cas, on demandera au charbon de venir sur le corps de N...; dans le second, on exigera que N... ne parvienne jamais à se marier.

Essayons maintenant une variation plus importante : plutôt que de changer la direction du verbe ou la valeur de son sujet, observons ce qui se produit si l'on supprime entièrement ce verbe. Avec lui disparaîtra son sujet (que j'ai appelé l'*objet* de la magie); la formule se limitera à une convocation du médiateur, qui, en elle-même, rend le magicien bénéficiaire. La formule suivante se rapproche de cette description :

(3) *pour s'assurer l'aide des anges*
Adonaï, Théos, Ischyros, Athanatos, Paraclytus, Alpha et Oméga, je vous conjure et je vous prie de m'être favorables et de venir promptement à mon secours.

(Hautes Vosges)

Mais une telle structure nous est en fait familière à partir d'un type de parole habituellement tenu pour distinct : celui de la prière. Nous touchons donc ici aux limites entre deux discours, la *prière* et les formules magiques examinées jusqu'à présent, que j'appellerai, par opposition, les *charmes*.

Comment cerner cette différence? Plusieurs solutions peuvent être envisagées. Une première, qu'on rejettera aussitôt, serait de déclarer prières toutes les formules qui commencent par « je (vous) prie » (et ses synonymes), et charmes, toutes celles où l'on dit « je vous conjure ». Une seconde serait de faire appel au canon contemporain de l'Église qui accepte certaines formules (les prières) et en bannit d'autres (les charmes). Van Gennep signalait déjà l'arbitraire d'un tel critère : « ... les marmottements, autrement dit des *formules* qui, si elles sont parfois reconnues par l'Église, inscrites au rituel autrefois diocésain, de nos jours romain universel et obligatoire, sont dites *prières*; et qui, si elles ne sont pas reconnues, ou ne le sont plus de nos jours, sont hétérodoxes ou magiques. Mais on doit se souvenir que *magie* et *religion* sont des termes relatifs... » (1933, p. 479). Un tel critère, en effet, nous renseigne davantage sur l'histoire de l'Église que sur la nature des discours. Mauss, de son côté, oppose prières et incantations selon qu'il y a ou non un médiateur : « Nous dirons qu'il y a probablement prière toutes les fois que nous serons en présence d'un texte qui mentionne expressément une puissance religieuse. (...) Dans les autres cas nous dirons qu'il y a incantation magique pure ou forme mixte. (...) La pure incantation est une et simple, elle ne fait appel à aucune force extérieure à elle-même » (1968, p. 410-411). Mais ce critère, bien que se référant à la structure symbolique (et non linguistique ou institutionnelle), ne me paraît pas approprié : trop souvent, des formules en tout point semblables ne diffèrent que par cette présence ou absence, qui apparaît comme un trait facultatif, et non comme une différence fondamentale. A ce prix, notre formule (1) serait une prière, la formule ci-dessous un charme :

(4) *contre le mal d'yeux*
Dragon rouge, dragon bleu, dragon blanc, dragon volant, de quelle espèce que tu sois, je te somme, je te conjure d'aller dans l'œil du plus gros crapaud que tu pourras trouver.

(Hautes Vosges)

La ressemblance entre les deux saute pourtant aux yeux.

La différence que je voudrais mettre à la base de l'opposition prières/charmes est plus essentielle. Dans le charme, l'invocation

255

d'un médiateur est une action transitive : elle se consume dans son objectif, qui est de faciliter le mouvement de disparition ou d'apparition d'un objet bénéfique ou maléfique. Dans la prière, en revanche, c'est l'invocation elle-même, la mise en communication avec le médiateur qui épuise le contenu de la formule. C'est ce que les théologiens appellent prière pure, ou mystique. Relisons ces phrases de Gabriel Marcel : « Plus ma prière se rapproche de la demande, plus elle porte sur quelque chose qui peut être assimilé à un moyen d'accroître ma puissance (un renseignement, un objet quelconque), moins elle est au sens propre une prière. (...) En somme, la prière ne peut jamais et en aucun cas être traitée comme un moyen sur lequel on s'interroge, respectivement dont on met en question l'efficacité. » Je ne fais ici, en somme, qu'expliciter une telle intuition sur le plan discursif.

Naturellement l'un des deux pôles que je décris n'est pas forcément présent à l'exclusion de l'autre. L'objet de la formule peut rester présent; il suffit de *mettre l'accent* sur le rapport avec le médiateur et on se rapprochera de la prière; d'autre part, le médiateur peut rester présent mais effacé, toute l'attention se concentrant sur l'objet : nous serons alors dans le domaine du charme (c'est ce qui explique l'illusion d'optique de Mauss). Mais comment mesurer cet « accent », cette « attention »? Après avoir défini la prière par son intransitivité, G. Marcel ajoute : « Il va de soi que ce n'est là qu'une attitude-limite, et que dans la pratique la prière tend inévitablement à être traitée comme moyen. Il ne peut y avoir de démarcation rigoureuse entre une certaine religion et une certaine sorcellerie. » Dans la prière la plus populaire du catholicisme, on jouxte les éléments des deux genres : « Notre Père qui es aux cieux... » relève de la prière; mais « Donne-nous notre pain quotidien » ou « Délivre-nous du mal » sont des phrases qui pourraient figurer dans n'importe quel charme (la première relève de la conjuration, la seconde de l'exorcisme). On peut donc conclure : toute formule dépourvue d'objet est une prière; toute formule dépourvue de médiateur, un charme; quant aux nombreuses formules où l'un et l'autre sont présents, nous aurons recours pour trancher à un autre critère, qui relève de la réalisation linguistique du système symbolique (cf. *infra*, p. 269).

Examinons maintenant les rôles narratifs. Notons d'abord — fait digne de plus d'intérêt qu'il n'en a provoqué — que ceux-ci apparaissent si et seulement si une action verbale (un « occurrent ») est déjà présente; l'adjectif (l'« existant ») n'implique pas de rôles. Il en va de même dans la langue où le système des cas, qui n'est rien d'autre qu'un réseau de rôles autour d'une action, dépend du verbe, non de l'adjectif.

Les noms donnés à ces rôles n'étaient appropriés que pour le type de magie illustré par la formule (1). Pour prendre le contre-exemple le plus évident, on ne peut parler de *bénéficiaire* que lorsqu'il s'agit de magie blanche; dans le cas contraire, on aura affaire à une *victime*. Il sera donc nécessaire, dans une théorie plus générale, d'introduire un terme neutre par rapport à l'opposition bénéfique/maléfique; ainsi celui de *destinataire*. De même, on aura besoin d'un terme générique qui englobe le *magicien* et le *prêtre*, par exemple celui d'*officiant*. Avec la disparition de l'objet, l'être invoqué ne mérite plus le nom de *médiateur*, car d'entrer en rapport avec lui devient un but en soi; il s'agit alors d'une transformation plus profonde de la structure des rôles, car Dieu participe autant de l'ancien médiateur que du rôle que j'attribuais à l'objet.

Le charme, rigoureusement défini, comporte donc trois rôles obligatoires (magicien, destinataire et objet) et un rôle facultatif, le médiateur. Nous verrons d'ailleurs que le médiateur peut prendre parfois des aspects moins nets, se confondant avec des éléments extérieurs au système des rôles.

Y a-t-il d'autres rôles facultatifs? Quelques exemples de notre échantillon pourraient le laisser croire :

(5) *contre la grêle*
Sorcier ou sorcière qui a composé cette nuée, je te conjure de la part du grand Dieu vivant et du grand Adonaï, qui est ton maître et le mien, je te conjure de ne pas t'approcher de mon territoire, de t'en aller dans les déserts. Oui, je te conjure par les trois grandeurs qui sont les personnes de la sainte Trinité, le Père, le Fils et le Saint-Esprit.

(Hautes Vosges)

(6) *contre l'hémorragie*
Herbe qui n'a été ni plantée ni semée
Que Dieu a créée,
Arrête le sang et guéris la plaie!
(Hautes Vosges)

Les cas sont à première vue différents. Dans le premier, plutôt que d'avoir affaire à un objet simple, on combat à la fois la nuée et le sorcier qui l'a composée; dans le second, on sollicite la médiation de l'herbe, mais en mentionnant bien qu'elle est produite par Dieu. La ressemblance des deux formules réside en ce que chaque fois un rôle simple (objet, médiateur) est scindé en deux, l'une des moitiés étant l'agent actif et créateur, l'autre, l'instrument pratique, le produit qui sert d'auxiliaire. Mais cette nouvelle dichotomie, entre « agent » et « instrument », ne se situe pas au même niveau que la configuration de rôles précédente puisque, précisément, *chacun* des rôles peut être analysé de la sorte. Il faut donc distinguer, dans l'analyse du discours, deux niveaux où les réseaux relationnels s'établissent : l'un plus abstrait, propre à tout récit, où l'on fera la distinction, probablement, entre « agent » et « patient », entre « adjuvant » et « opposant » (pour reprendre ici la terminologie de Greimas); l'autre plus concret, caractérisant un univers discursif par opposition à un autre : ainsi, dans le cas des charmes : magicien, objet, destinataire, médiateur. Cette distinction paraît d'autant plus nécessaire qu'elle nous permettra de rendre compte de la singularité d'une formule comme celle-ci :

(7) *contre le mal d'yeux*
Maille, feu, grief ou que soit ong la graine ou araignée, Dieu te commande de n'avoir pas plus de puissance sur cet œil que les Juifs le jour de Pâques sur le corps de N.-S. J.-C.

(Verrières-le-Buisson, Hurepoix)

Le médiateur n'est plus ici un agent, il est réduit à n'être que l'auxiliaire du magicien (qui, du coup, apparaît comme un dieu supérieur).

Examinons maintenant le troisième élément essentiel de la structure syntagmatique : le verbe performatif. Sa fonction dans les charmes est d'établir le rapport entre le magicien et l'objet de la magie (éventuellement, le médiateur); on a vu que son rôle devenait plus important dans les prières. En dehors de son contenu de verbe de parole, il désigne un rapport de pouvoir entre les deux rôles : de supériorité dans « commande », « ordonne », « conjure », ou d'infériorité dans « prie », « supplie », etc. On marquera la différence par rapport à deux autres groupes de verbes performatifs, également usités dans le discours religieux. Les promesses *(serments)* et les menaces établissent une sorte de contrat d'échange : les deux partenaires se placent, d'une certaine façon, à égalité. Les charmes, eux, sont en deçà et au-delà du contrat : la différence de pouvoir permet de se passer de l'échange. Les *bénédictions* et les *malédictions*, d'un autre côté, n'impliquent pas que celui qui les prononce ait un pouvoir quelconque, elles ne garantissent pas la réalisation d'une action particulière. Une seule formule peut contenir des éléments de plusieurs types de discours (notre exemple (2), qui est essentiellement une conjuration, comporte à la fin un serment).

Le verbe performatif garantit l'efficacité de la formule, il transforme le récit en acte magique. Mais cette même fonction peut être assumée par d'autres éléments formels. Ceux-ci peuvent ne figurer que dans le contexte d'énonciation : officiant dans certaines circonstances très précises, le magicien symbolise par là même son acte et n'a pas forcément besoin de le désigner à l'intérieur de son discours. On verra plus loin quelles transformations spécifiquement linguistiques peut subir le même verbe performatif. Notons ici que la même fonction (celle d'indiquer qu'il s'agit d'un acte magique) est couramment assumée par une autre partie de la formule magique, à savoir l'incantation. Celle-ci nous est apparue d'abord comme une partie résiduelle : c'est ce qui est resté de la formule, une fois soustraites les parties facilement identifiables, l'invocation et la comparaison; on a vu en même temps qu'elle était partiellement incompréhensible. On peut maintenant désigner précisément la fonction de cette part incompréhensible (on verra que pour le reste l'incantation redouble l'invocation ou la comparaison) : elle désigne la nature magique de l'acte, le rapport de pouvoir qui s'établit entre magicien et objet de la magie. Ce qui explique, d'ailleurs, pourquoi des incantations comme « abracadabra » sont devenues le symbole de la magie en général.

Si je laisse de côté les *expansions*, ce n'est pas parce qu'elles ont, absolument parlant, peu d'importance; bien au contraire, du point de vue ethnologique, ce seront précisément ces expansions qui distingueront la magie d'un peuple (ou d'une aire culturelle) de celle d'un autre. I. Tchernov (1965) a montré, par exemple, que les circonstants de lieu, dans les charmes d'amour russes, sont rigoureusement fixés, et organisés en deux oppositions : « campagne/mer » et « est/ouest », le premier terme servant de préférence la magie blanche, le second, la magie noire. Cependant mon cadre de référence ici n'est pas la culture de tel ou tel peuple ou tribu, mais la typologie des discours; or, à cet égard, les expansions jouent inévitablement un rôle plus limité, puisque leur présence est facultative.

2. Organisation symbolique. Je m'en suis tenu jusqu'à présent à l'analyse de la seule situation centrale, coprésente à l'énonciation de la formule. On sait cependant que la formule peut évoquer un autre plan de référence, parallèle au premier. Revenons à l'exemple (1). A trois reprises on mentionne des éléments extérieurs au contexte d'énonciation, et ce, dans chacune des trois parties qu'on a identifiées initialement : d'abord, en se référant au « grand Dieu vivant »; ensuite, en évoquant un épisode de la vie du Christ; enfin, dans l'incantation, où malgré la déformation du latin on devine encore une référence à la vie du Christ.

C'est cette mise en parallèle de deux situations distinctes (l'une relevant de la vie quotidienne et présente, l'autre du canon chrétien) que j'appelle organisation symbolique. Elle se réalise, on le voit, grâce à des moyens verbaux très variés, et qui occupent des positions syntagmatiques différentes. Cette organisation symbolique est-elle nécessaire? I. Tchernov le croit (1965, p. 168); il est d'autre part incontestable qu'il existe des formules sans aucune référence à une autre situation, ainsi (4) déjà citée. Il me semble cependant que de telles formules sont extrêmement rares; et je serais plutôt enclin à croire que l'organisation symbolique est bien obligatoire, même si dans certains cas elle est suppléée par le recours au contexte culturel.

Cette seconde série de circonstances se manifeste donc à travers le médiateur (envisagé ici d'un autre point de vue), l'incantation, dans la mesure où elle est compréhensible, et, tout particulièrement, la comparaison, dont c'est l'unique fonction [1]. Notons que dans notre échantillon de charmes français, il s'agit bien d'une comparaison explicite, et non d'un trope au sens strict (où la comparaison serait cachée derrière une synecdoque, ou métaphore, etc.). En nous en tenant également aux charmes français, nous pouvons relever l'origine chrétienne de la majorité des comparaisons, bien que d'autres éléments s'y mêlent aussi épisodiquement; on comprend pourquoi on a pu appeler les charmes « prières populaires ». Voici un autre exemple de comparaison dont l'intérêt réside en ce que celle-ci se trouve enchâssée à la place du médiateur :

(8) *contre la colique*
Je te supplie, ô colique, pour le choc terrible que les Juifs firent éprouver au corps de J.-C. lorsqu'ils dressèrent la croix et par celui qu'ils lui firent éprouver en descendant la croix dans le trou creusé dans le roc pour sauver nos âmes, de quitter le corps de N... et de lui rendre la santé. Je t'en supplie aussi, ô colique, par les souffrances endurées par le bienheureux Érasme quand les bourreaux lui arrachèrent les boyaux avec un crochet de fer. Je prie Dieu et la Vierge.
(Flandre)

---

1. J'inverse ainsi le sens d'une observation faite déjà par I. Tchernov (1965 : p. 163) : « Nous avons inclus au nombre des médiateurs non ¦seulement les personnages agissants, mais aussi les objets et les phénomènes introduits uniquement pour servir à la comparaison avec l'objet. »

Peut-on identifier la fonction de cette organisation symbolique (alors que j'ai laissé de côté celle du récit)? On essaiera de répondre à cette question en examinant une comparaison qui revient dans de nombreuses formules (c'est la plus fréquente de notre échantillon). Elle apparaît sous une forme motivée dans des charmes comme :

(9) *contre les brûlures*
Feu de Dieu, perds ta chaleur
Comme Judas perdit sa couleur
Quand il a trahi Notre-Seigneur
Au jardin des Oliviers.
(La Combe-de-Lancey, Dauphiné)

Deux sujets, le feu et Judas, ont un prédicat en commun (« perdre »), ce qui motive la comparaison bien que les compléments restent distincts (chaleur et couleur).

Toutes sortes de suppressions, d'additions et de substitutions peuvent intervenir dans la comparaison, sans pour autant lui enlever son caractère motivé. Les choses deviennent plus troubles, cependant, lorsque Jésus et Judas échangent leur rôle :

(10) *contre les brûlures*
Feu, feu, feu,
Éteins tes chaleurs
Comme Jésus ses couleurs
Au jardin des Olives.
(Plessis-Robinson, Hurepoix)

(11) *contre les entorses*
Perds tes forces, tes chaleurs et tes couleurs comme N.-S. J.-C. perdit ses forces, ses chaleurs et ses couleurs au jardin des Olives.
(Bruyères-le-Châtel, Hurepoix)

Le prédicat commun subsiste; on ne peut cependant éviter l'impression que le sens de la comparaison importe peu à celui qui l'énonce, puisque le positif et le négatif peuvent se substituer l'un à l'autre aussi facilement.

Un pas de plus, et la comparaison sera immotivée. Voici comment cela se produit :

(12) *contre les brûlures*

Calme ta douleur, comme Judas changea de couleur à l'entrée du jardin des Olives.

(Saint-Pierre-d'Allevard, Dauphiné)

(13) *contre les brûlures*
Feu retiens ta chaleur
Comme Satan a trahi Notre-Seigneur
Au jardin des Olives.

(Villemoirieu, Dauphiné)

(14) *contre le chancre*
Chancre jaune, chancre blanc, chancre noir, chancre par-dessus tous les chancres, éteins ton feu et ta lumière comme Judas a crucifié N.-S. J.-C.

(Souchamp, Hurepoix)

Comment peut-on calmer la douleur *comme* Judas a changé de couleur? Ou retenir sa chaleur *comme* Satan a trahi? Ou éteindre son feu *comme* Judas a crucifié? Il devient clair que la comparaison ne sert pas à mettre en évidence la ressemblance entre deux événements puisque, justement, il n'y a aucune ressemblance! On est alors conduit à formuler une hypothèse plus générale, à savoir que la fonction de la comparaison n'est pas de faire ressortir des ressemblances mais plutôt d'affirmer la possibilité même d'une mise en relation entre événements appartenant à des séries différentes, de permettre la mise en ordre de l'univers. Dans ce cas particulier, il s'agit d'inscrire un événement contingent et nouveau — une brûlure — dans une série finie et bien connue, limitée aux principaux événements de la vie du Christ. C'est ainsi que l'acte perturbateur, inconnu, se trouve intégré à un ordre rassurant; il s'agit d'une activité de classement. C'est cette mise en relation qui importe par-dessus tout, au point d'être capable de s'affranchir de sa motivation (la ressemblance réelle).

Que la fonction de l'organisation symbolique soit de nature ordonnatrice beaucoup plus qu'informative (nous apprendre que telle chose ressemble à telle autre), d'autres genres folkloriques nous en apportent la confirmation. Prenons par exemple les devinettes, que l'on qualifie de « sagesse populaire » et dont on se demande parfois si elles ne servent pas à transmettre le savoir des vieux aux jeunes, des compétents aux ignorants, etc. Voici deux devinettes qui ont cours dans la même culture [1] :

(15) Ces deux seigneurs ne se voient jamais.
Mais si l'un a du tourment, l'autre le console.
Qui sont-ils? — Les yeux. *(n° 108)*

1. Je les emprunte au livre de Clémentine Faïk-Nzuji, *Énigmes luba-nshinga*, Kinshasa, 1970.

(16) Ces deux seigneurs habitent une même
    Montagne.
    Mais lorsqu'il pleut
    L'eau qui coule chez l'un
    Ne va pas chez l'autre.
    Qui sont-ils? — Les yeux.

(n° 110)

Dans le premier cas, les deux yeux sont caractérisés par leur éloignement physique et leur proximité « morale »; dans le second, par leur proximité physique et leur éloignement « moral ». Laquelle des deux affirmations relève de la « sagesse populaire »? Ne serait-ce plutôt aucune : elles visent, l'une comme l'autre, une mise en relation d'ordres différents, sans se préoccuper de la connaissance des faits qu'elles auraient pour fonction de transmettre?

On ne peut pas déduire une théorie fonctionnelle du symbolisme de deux exemples. Il reste que l'organisation symbolique des formules magiques comme des devinettes tend à montrer que la fonction « constructive » prime sur la fonction « informative » [1].

Du symbolisant au signifiant

Je ne me suis préoccupé, jusqu'à présent, que de la structure de ce système symbolique qu'est le discours magique, et non de la matière linguistique qui le manifeste. La différence est essentielle : ce système inclut non seulement l'énoncé linguistique mais aussi son contexte

---

1. Ce n'est pas le lieu de préciser cette thèse ou de chercher des arguments en sa faveur, thèse affirmée depuis René Thom (« De l'icône au symbole. Esquisse d'une théorie du symbolisme », *Cahiers internationaux de symbolisme*, 22-23, 1973, p. 85-106) jusqu'a... Lessing, dont on se permettra de rappeler ici cette page : « Dans la nature tout est dans tout; tout s'entrecroise, tout est alternative et métamorphose incessante. Mais, au point de vue de cette diversité infinie, la nature est un spectacle convenable seulement pour un esprit infini. Pour que des esprits finis puissent en jouir, il fallait leur donner la faculté d'imposer à la nature des limites qui n'y sont point, d'y introduire des divisions et de gouverner leur attention selon leur bon plaisir.
Cette faculté, nous l'exerçons à tous les moments de la vie; sans elle, il n'y aurait pas pour nous de vie possible; nous serions successivement la proie de l'impression présente; nous rêverions sans cesse et sans savoir que nous rêvons.
Le propre de l'art est de nous aider à introduire cette division dans le domaine du beau, et à fixer notre attention » (*Dramaturgie de Hambourg*, Paris, 1869, p. 327).

d'énonciation. C'est ce qu'on ne peut pas oublier lorsqu'on a affaire à des formules comme :

(17) *pour combattre un sorcier*
Rostin clasta, auvara clasta custodia durane.
(Hautes Vosges)

Cela est une pure incantation, et s'il fallait s'en tenir à l'énoncé, nous ne pourrions établir aucun rôle, identifier aucune action. Cependant le contexte d'énonciation nous indique qui prononce la formule (c'est donc le magicien), au profit de qui elle est prononcée (le bénéficiaire) et contre qui (l'objet); l'action prescrite découle de la nature de l'objet (ici, combattre le sorcier).

La réalisation linguistique de la formule pose une série de problèmes : je ne pourrai traiter, à titre d'exemple, que quelques-uns d'entre eux.

1. Apostrophes et narrations. Van Gennep avait déjà remarqué que, sur le plan linguistique, les formules magiques relevaient de deux types : les formules directes, ou *objurgatoires* (illustrées par tous les exemples cités jusqu'ici), et les formules indirectes, ou *narratives*, où l'on se contente de rapporter un événement semblable, sans indiquer explicitement son rapport avec la situation présente (Van Gennep 1928, p. 5). Voici un exemple de ces dernières :

(18) *contre les brûlures*
Notre-Seigneur Jésus-Christ passant sur un pont avec un brasier de feu en laisse tomber un peu; il souffle dessus en disant : Feu, je t'arrête.
(Jons, Dauphiné)

La différence linguistique entre ces deux types de formules est claire; c'est la même que vise Benveniste par son opposition entre discours et histoire. Dans le premier cas, l'énoncé comporte des pronoms personnels (« je » et « tu ») et les temps verbaux qui leur sont corrélatifs; dans le second, on reste dans le mode impersonnel (celui de la troisième personne), sans indication aucune du rapport entre cet énoncé et son acte d'énonciation; si des pronoms personnels apparaissent, ils doivent être pris en charge par une instance d'énonciation déjà énoncée. On pourrait, se fondant sur leurs propriétés linguistiques, appeler les formules du premier type des *apostrophes*, celles du second, des *narrations*.

Si l'on met en rapport cette distinction avec ce que nous savons maintenant de la structure de la formule, il devient possible de décrire cette transformation d'un autre point de vue. Alors que dans les apostrophes l'invocation occupait la position dominante et la comparaison lui était soumise, ici, à l'inverse, la comparaison est dominante, et l'invocation, subordonnée. A cela s'ajoute que la comparaison, dans ce deuxième cas, doit obligatoirement avoir trait au médiateur (et non à l'objet). Ainsi nous pourrions transformer la formule (18) en :

(19) Feu, je t'arrête, comme t'a arrêté N.-S. J.-C. passant sur un pont avec un brasier de feu, etc.

On notera que la formule originale indique non seulement les éléments de l'énoncé (les mots à prononcer) mais aussi ceux de l'énonciation (les gestes d'accompagnement). Dans d'autres exemples, on ne décrit que ces gestes (la magie verbale enchâsse une magie non verbale) :

(20) *contre la teigne*
Paul, qui était assis sur la pierre de marbre, N.-S. passant par là lui dit : « Paul, que fais-tu là? — Je suis ici pour guérir le mal de mon chef. — Paul, lève-toi et va trouver sainte Anne, qu'elle te donne telle huile; tu t'en graisseras légèrement à jeun une fois le jour; celui qui le fera n'aura ni rogne, ni gale, ni teigne, ni rage. »

(Flandre)

A partir de ces narrations « canoniques » (où la comparaison englobe l'invocation), deux formules dérivées deviennent possibles : celle où la comparaison seule est présente; et celle où à l'intérieur de l'invocation apparaît une nouvelle comparaison. Voici un exemple de la première :

(21) *contre la maille*
Bienheureux saint Jean, passant par ici, rencontra trois Vierges dans son chemin. Il leur dit : « Que faites-vous ici? — Nous guérissons de la maille. — Guérissez, Vierges, guérissez l'œil de N... »

(Hurepoix)

On pourrait dire également qu'il s'agit ici d'une invocation indirecte du médiateur (les Vierges), ce qui nous rapproche des apostrophes, mais ne contredit pas la description précédente, puisque nous savons que, symboliquement, le médiateur appartient à la sphère de la comparaison. Et voici un exemple du deuxième cas :

(22) *contre les brûlures*
Saint Pierre et saint Jean allant se promener dans les champs trouvèrent une personne couverte de brûlures. « Brûlure, brûlure, arrête-toi, comme Jésus-Christ s'arrêta chargé de sa croix. »

(Flandre)

Nous avons affaire ici à un enchâssement au deuxième degré et on conçoit aisément que, en théorie tout au moins, les enchâssements pourraient se poursuivre indéfiniment : il suffirait que Jésus-Christ, s'arrêtant, prononce une formule qui contienne en son intérieur une nouvelle comparaison, et ainsi de suite.

Le vertige cesse, en revanche, si l'enchâssement devient auto-enchâssement. Voici un exemple :

(23) *contre le mal aux dents*
Quand Pierre et Simon
Montaient les monts
Simon s'assit ;
Notre-Seigneur lui dit :
— Que fais-tu là Simon ?
— Oh ! mon Seigneur je suis
Si malade du mal des fonds
Que je ne puis
Monter les monts.
— Lève-toi, lève-toi, Simon !
Quand tu auras dit
Trois fois cette oraison
Tu seras guéri
Du mal des fonds.

(Hautes Vosges)

La narration affirme elle-même qu'elle est à prendre comme une apostrophe. « Cette oraison » est la formule elle-même ; si on suivait son commandement à la lettre, cependant, on ne pourrait jamais s'arrêter : chaque oraison prononcée exige qu'on en dise trois ! C'est l'auto-enchâssement aussi qui rend la réécriture en apostrophe impossible : précisément, parce que cette formule se déclare déjà apostrophe. C'est donc une explicitation seconde de la nature réelle de la formule puisque les narrations sont, de toutes les façons, des apostrophes

dissimulées : leur qualité d'apostrophes leur vient du contexte d'énonciation.

2. *Formulation des actions.* J'ai identifié auparavant deux actions et,
respectivement, deux verbes les désignant : l'un performatif, l'autre
descriptif. Il est cependant possible que l'action désignée par le verbe
performatif nous soit communiquée par le *mode* du verbe descriptif :
« je t'ordonne de partir » est équivalent à « pars! ». On peut en fait
trouver toute une série de substitutions linguistiques :

L'impératif simple

(24) *contre les brûlures*
Feu de Dieu, perds ta chaleur
Comme Judas perdit sa couleur
En trahissant Notre-Seigneur Jésus-Christ
Au jardin des Oliviers.
Au nom de Jésus et de Marie
Que ce feu s'en aille.
(Les Avenières, Dauphiné)

L'impératif avec « faire »

(25) *contre les coupures, blessures, plaies*
Faites, mon Dieu que je ne souffre pas plus que la Sainte Vierge a
souffert pour enfanter N.-S. J.-C.
(Jons, Dauphiné)

L'impératif avec « devoir » (l'obligatif)

(26) *contre les chenilles*
Comme les ténèbres disparaissent et sont anéanties par la lumière
divine du soleil, de même vous, Chenilles, devez aussi disparaître
et venir à rien.
(Flandre)

Il arrive enfin que, tout en conservant le mode indicatif, on remplace
les deux verbes par un seul, qui ne désigne plus, comme notre verbe
performatif, la valeur *illocutoire*, mais la valeur *perlocutoire* de l'acte :

(27) *contre la fièvre*
Ortie, je te remets ma fièvre.
(Jons, Dauphiné)

(28) *contre les chenilles*
Insecte rongeur, je te chasse au nom de N.-S. J.-C.
(Jons, Dauphiné)

(29) *contre les brûlures*
Au nom du P. et du F. et du S.-E., N..., je t'enlève la brûlure qui te brûle.

(Savoie)

« Je te remets », « je te chasse », « je t'enlève » : ce sont des verbes qui combinent les deux fonctions, descriptive (verbes de mouvement) et performative (verbes s'identifiant avec l'action présente).

Un dernier degré dans la disparition des marques linguistiques de l'action conjuratoire est illustré par les formules narratives, où l'action souhaitée (p. ex., le départ du charbon) est simplement présentée comme déjà accomplie (même si elle se rapporte à un autre bénéficiaire). La valeur illocutoire n'est alors déductible qu'à partir du contexte d'énonciation : c'est parce que nous savons que le charbon est là, que la phrase à l'indicatif « le charbon est parti » cesse d'être indicative et prend la valeur d'un exorcisme; c'est une sorte de trope grammatical.

3. Verbalisation des rôles. Dans le passage du symbolisant au signifiant, deux opérations ont obligatoirement lieu : la distribution des rôles discursifs à des acteurs et la distribution des rôles discursifs sur les rôles énonciatifs.

Pour ce qui est de la première opération, on sait bien depuis Propp qu'un rôle peut être assumé par plusieurs acteurs (par exemple, plusieurs maladies jouent le rôle d'objet) et qu'un acteur peut assumer plusieurs rôles. Voici un exemple où le magicien est en même temps bénéficiaire :

(30) *pour retrouver son chemin*
Lune, je te commande de me désenchanter, au nom du grand diable Lucifer.

(Hautes Vosges)

Quant à la seconde opération, dans les formules dont nous disposons le locuteur coïncide toujours avec le magicien. L'allocutaire, en revanche, peut être n'importe lequel des trois autres rôles. Voici un exemple (plutôt rare) où l'on s'adresse au bénéficiaire :

(31) *contre l'eczéma*
O vous, pauvre créature, N..., êtes-vous accablé ou infesté d'eczéma
en vos bras, ou jambes, ou autre partie du corps. Soyez-en maintenant
délivré et déchargé (+) et recouvrez la santé (+).

(Flandre)

Habituellement, comme on a pu le remarquer, l'allocutaire est ou
bien le médiateur, ou bien l'objet. Je verrais, dans cette distinction
linguistique, un moyen supplémentaire pour séparer *charmes* et
prières : lorsque les deux rôles sont présents, on peut classer comme
charmes les formules où l'on s'adresse à l'objet; comme *prières*, celles
où l'on s'adresse au médiateur.

4. *Le principe de parallélisme.* L'organisation phonique et syntaxique
de la formule magique obéit, la plupart du temps, au principe de
parallélisme, qui assume, comme toutes les autres figures, une fonction de focalisateur de l'attention. La rime, le mètre régulier, les
allitérations abondent. Le même principe régit souvent la structure
lexicale de l'énoncé, en déterminant par exemple le choix de saints-
médiateurs par paronymie [1] :

(32) *contre les écrouelles*
Je vous adjure mille fois dans les mains de Dieu tout-puissant et
l'intercession de saint Marc de guérir de toutes vos incommodités
que l'on appelle Maux de saint Marc, aussi rapidement que N.-S.
J.-C., qui est béni, a guéri le bienheureux Lazare et l'a ressuscité de la
mort.

(Flandre)

D'autres fois, c'est le choix des verbes descriptifs ou performatifs
qui est régi par la consonance :

(33) *contre le mal d'yeux*
Je ne ferai rien qui ne soit à faire, s'il plaît à Dieu. Au nom de Dieu
et de la Sainte Vierge, si c'est l'ongle, que Dieu le décombre, si c'est
le dragon, que Dieu le confonde, si c'est le vent, que Dieu le commande.

(Hautes Vosges)

Malheureusement, les transcriptions existantes des formules sont
visiblement inexactes (elles sont « retouchées », traduites en bon

1. Comme l'a fait remarquer à plusieurs reprises Pierre Guiraud (cf. par exemple
Guiraud 1967, p. 106-107).

français), ce qui rend difficile une appréciation précise, à partir des matériaux déjà recueillis, du rôle que joue le parallélisme phonique et grammatical.

FORMES ACTUELLES DU DISCOURS MAGIQUE

Dans la société actuelle, il est peu fréquent qu'on ait recours à des formules magiques comparables à celles que je viens d'analyser. Peut-on y trouver une autre forme de discours, aux propriétés analogues, même si elle n'est pas qualifiée habituellement de magique?

Il en existe une, qui est bien connue et répertoriée : c'est l'euphémisme. Lorsqu'on évite d'appeler la chose par son nom mais qu'on lui applique un autre nom, plus bénéfique, on essaye d'agir sur le délocutaire (le référent) par un discours : or on a vu que c'était là la définition même du discours magique.

Le mécanisme de l'euphémisme n'est plus ignoré aujourd'hui, après les travaux de Meillet, Bonfante, Bruneau. Il comporte deux temps : celui de l'interdiction, d'abord, qui frappe le nom des choses jugées dangereuses dans une société (tabou) — et il est possible d'en rester là; celui de la substitution, ensuite et dans la plupart des cas, du nom tabou par un nom différent. Les noms de remplacement peuvent se classer, en termes rhétoriques, en métaplasmes, ou modifications du signifiant, et tropes. Ceux-ci, à leur tour, peuvent être ou bien des propriétés de l'objet visé — par exemple on appelle l'ours « le brun » ou « le mangeur de miel » (russe *medved'*) — et ce sont alors des synecdoques; ou bien d'autres objets, semblables, contigus ou contraires (métaphores, métonymies et antiphrases) — par exemple l'œil sera appelé, en irlandais, par le nom du soleil.

Si l'on compare l'euphémisme à la formule magique telle qu'on l'a observée, on relève un changement notable : la formule se trouve réduite à la seule comparaison et, ce qui est plus important, celle-ci ne porte aucune marque de son état. Plutôt que de dire :

(34) Je te conjure, mort, d'être aussi agréable que le passage dans un monde meilleur,

on dit :

(35) Il est passé dans un monde meilleur.

L'expression euphémique fonctionne sans annoncer ses couleurs. Il se produit une opération comparable à celle que nous observions

270

sur le verbe performatif : seule la connaissance du code culturel nous permet de savoir qu'il s'agit d'un euphémisme (et donc d'un discours magique).

L'euphémisme est codé au niveau de la langue : il n'existe qu'un nombre fini d'expressions en français permettant de se référer à la mort de manière polie. Mais les théoriciens du discours magique ont cherché à savoir s'il n'existait pas d'autres usages du langage, moins évidents et moins conventionnels mais tout aussi communs, qui s'apparenteraient néanmoins aux anciennes formules. Une opinion répandue, que l'on trouve par exemple chez Malinowski ou Castiglioni, consiste à voir plus particulièrement les avatars de la magie dans deux discours : celui de la publicité et celui de l'orateur politique. Mais cette hypothèse procède de la confusion initiale entre discours magique et discours suscitant l'action. L'annonce publicitaire et la harangue politique suscitent l'action; mais elles le font en s'adressant à des personnes présentes. Pour pouvoir parler de magie, il faudrait observer une action exercée sur le délocutaire ou sur un allocutaire absent : ce qui n'est le cas ni de la publicité ni du discours politique.

Je crois, comme Malinowski, qu'il existe actuellement des usages magiques de la langue; mais il faut les chercher ailleurs : dans le discours de description plutôt que dans celui de persuasion. Cet usage se distingue de l'euphémisme en ce qu'il ne fonctionne qu'à l'intérieur d'un type de discours et non à l'intérieur de la langue; on pourrait lui donner le nom d'*euphémie* (terme introduit par Bruneau dans un autre sens). Et aussitôt il faudrait lui adjoindre son contraire, la *cacophémie* (terme également introduit par Bruneau), pour désigner la magie noire, à la suite de la magie blanche. Dans chacun des cas, on essaie de modifier la nature des choses en leur donnant des noms nouveaux, bénéfiques ou maléfiques; mais cet usage n'est pas codé au niveau de la langue.

On mesurera le long chemin qui sépare le *charme* de l'*euphémisme*, et celui-ci de l'*euphémie* : c'est celui de l'implicitation, de la dissimulation de sa propre nature. Les formules magiques classiques s'annoncent explicitement comme telles; elles ne sont d'ailleurs pratiquées que par des professionnels reconnus, magiciens et sorciers. L'euphémisme est de la magie à l'usage de tous : on fait semblant de ne pas s'apercevoir de la nature magique de la formule, bien qu'on ne puisse pas l'ignorer, puisque celle-ci appartient au code commun. Enfin l'euphémie ne fonctionne que dans la mesure où l'on ignore qu'elle en est une; démasquée, elle n'a plus de valeur.

Pour cette raison même, il est difficile d'isoler des cas d'euphémie. Pour les observer, il faudrait disposer de deux descriptions contradictoires d'une même chose : l'une au moins peut alors être une tentative pour faire ressembler l'objet dont on parle à autre chose que lui-même; autrement dit, une tentative pour agir sur les choses par les mots. Ou bien, il faudrait connaître soi-même l'objet dont il est question, pour pouvoir se rendre compte que sa « description » est en fait une euphémie ou une cacophémie.

Voici un exemple de ces deux méthodes d'observation. On lit dans *le Monde* du 24.12.1971 cette déclaration du Parti socialiste à propos de la rencontre Pompidou-Nixon aux Açores :

(36) Il s'agit non pas de l'« accord monétaire le plus significatif de l'histoire du monde » mais d'un rafistolage provisoire du système monétaire international.

L'intérêt de cette phrase réside en ce qu'elle exerce déjà une critique métalinguistique : l'une des deux expressions au moins qui se réfèrent au même fait (« accord monétaire... » et « rafistolage provisoire... ») participe de l'euphémie ou de la cacophémie (et donc du discours magique) puisque, attribuant à ce fait une qualité qu'il n'a pas, on veut l'y installer.

Pour ce qui est de la seconde méthode d'observation, je dois me référer aux discussions qui ont eu lieu en matière de théorie stylistique, où je peux tenter de mesurer le potentiel magique des formules utilisées. Un bon exemple nous est fourni par les récentes discussions autour de la notion d'*écart*. Plusieurs auteurs ont affirmé que la notion d'écart était scientifiquement insatisfaisante, ou idéologiquement malsaine, etc. Cependant, ces mêmes auteurs, lorsqu'ils sont aux prises avec les faits que recouvre la notion, ne savent s'en passer, mais utilisent un autre *mot*, dont on attend visiblement un effet bénéfique. Mes exemples seront tirés des écrits d'Henri Meschonnic, de Jean-Claude Chevalier et de Julia Kristeva [1]. Ces auteurs attaquent l'écart et ses défenseurs; mais voici comment ils procèdent eux-mêmes.

1. Je cite les textes suivants : H. Meschonnic, *Pour la poétique*, Paris, 1970; *Id.*, compte rendu dans *Langue française*, 1970, 7, p. 126-127; Jean-Claude Chevalier, *Alcools d'Apollinaire, essai d'analyse des formes poétiques*, Paris, Minard, 1970; Julia Kristeva, intervention orale, dans « Linguistique et littérature », *la Nouvelle Critique*, Paris, 1968.

H. Meschonnic appelle le langage poétique, qui traditionnellement « s'écartait » du langage quotidien (ainsi chez un Jean Cohen, par exemple), la *littérarité*, et il écrit dans sa définition :

(37) S'oppose à la sous-littérature, espace littéraire non orienté ; s'oppose au parler quotidien, espace entièrement ouvert, ambigu, puisque sa systématisation est indéfiniment remise en cause.

Ou dans un autre texte plus récent (à propos de Jean-Claude Chevalier) :

(38) Il fonde le texte comme contestation de la linéarité, différence de visée et non de nature avec le langage véhiculaire.

Mais peut-on croire avoir abandonné la notion d'écart en remplaçant le mot par « s'oppose » ou « contestation » ?
De même chez J.-C. Chevalier :

(39) Le parler oral quotidien crée en se référant à plusieurs éléments externes : le ou les interlocuteurs, les circonstances ambiantes, le sujet qu'il dénote ; par là, il se développe de façon assez libre et difficilement prévisible. A l'inverse, le discours écrit se présente comme une totalité que le lecteur déchiffre généralement en suivant le fil de l'écriture, mais sur lequel il peut revenir (etc.).

Cette attitude apparaît de la manière la plus explicite dans une intervention orale de J. Kristeva au premier Colloque de Cluny :

(40) Le rejet total de la notion d'écart pourrait faire penser à l'œuvre repliée sur elle-même, sans référence aux autres textes. Mais je crois tout de même que le mot « écart » est assez dangereux, parce qu'il renvoie toujours au concept de « déviation » ; qu'on dise « écart », « déviation » ou « anomalie », cela revient au même ; il vaut mieux parler alors de « transformation » si l'on veut parler d'intertextualité.

Il est assez remarquable que J. Kristeva parle bien ici de mots et non de notions, c'est le mot qui est considéré comme dangereux (maléfique), c'est pourquoi on le remplace, sans rien changer à la notion [1], par un autre mot, bénéfique : voilà un exemple explicite

1. Qu'il s'agit bien de la même chose, le prouve la substance des études de ceux qui se réclament de l'écart et de ceux qui le condamnent. Jean Cohen (« Théorie de la figure », *Communications*, 16, 1970, p. 3-25) comme Julia Kristeva (« Poésie et négativité », dans son livre *Séméiotiké*, Paris, Seuil, 1969, p. 246-275) traitent de la même « loi de non-contradiction » qui serait en usage dans la poésie (après l'avoir été, à en croire Lévy-Bruhl, dans la mentalité primitive).

d'euphémie. Les procédés de substitution apparaissent clairement : on choisit ou bien des mots relativement neutres, dépourvus de connotations secondaires (« s'oppose », « à l'inverse »), et on est alors dans la magie de protection; ou bien on prend des mots grâce auxquels on spécule, à l'aide d'une mise en équation implicite, sur un autre sens du mot : sens scientifique avec « transformation », sens politique avec « contestation » (magie d'acquisition).

Parvenu à ce point, je dois cependant avouer que, dépourvu de ses marques extérieures, le discours magique ne se distingue du discours descriptif que dans des cas extrêmes, comme ceux que je viens de citer. Car n'est-ce pas succomber à une superstition plus grave encore que de croire que les choses portent leur nom inscrit en elles-mêmes? Tout acte de dénomination est une hypothèse; en tant que tel, il participe au désir du locuteur de rendre le monde intelligible, donc soumis. Peut-on croire qu'on dispose soi-même d'un étalon innocent, qui permette de mesurer le degré de « magicité » dans les discours des autres? Que l'objet évoqué par des termes différents soit bien le même? Sorti d'une marge relativement étroite d'euphémies incontestables, on doit reconnaître (comme le faisait Izutsu, mais après avoir parcouru un chemin différent) que tout discours descriptif — ce qui veut dire aussi, simplement, tout discours — a une dimension magique. Savoir la reconnaître, et non l'éliminer, pourrait être notre ambition.

RÉSUMÉ ; QUELQUES RÉFLEXIONS GÉNÉRALES SUR LA MAGIE

Dès les débuts de l'ethnologie, la magie est devenue l'un de ses objets favoris, et elle a aussitôt acquis un statut ambigu — dont la responsabilité incombe, non à elle-même, mais à ce qu'on pourrait appeler la mauvaise conscience constitutive de l'ethnologie. Car, d'une part, l'intérêt même qu'ont porté à la magie tous les grands ethnologues, depuis Frazer jusqu'à Lévi-Strauss, en passant par Mauss, Malinowski, Evans-Pritchard et tant d'autres, cet intérêt soutenu dessine comme en creux le caractère exceptionnel du phénomène magique, le fait qu'un tel phénomène ne peut se passer d'explications — tant il est inexplicable! Mais, d'autre part, et en même temps, comme saisis d'un remords d'avoir trouvé *les autres* si différents de nous, tous les théoriciens de la magie ont cherché à montrer que, après tout, la magie n'est pas si différente que cela des activités qui nous sont familières, et même des plus dignes de respect, puisqu'elle sera finalement assimilée à la science. C'est ainsi que Lévi-Strauss, résumant une longue tradition, peut écrire : « Au lieu d'opposer magie et science, il vaudrait mieux les mettre en parallèle, comme deux modes de connaissance, inégaux quant aux résultats théoriques et pratiques, ... mais non par le genre d'opérations mentales qu'elles supposent toutes deux, et qui diffèrent moins en nature qu'en fonction des types de phénomènes auxquelles elles s'appliquent » (1962, p. 21). Après avoir donc, d'une main, exhibé le caractère étrange de la magie, l'ethnologue, saisi de remords, annule ce geste de son autre main, en nous assurant qu'elle ressemble suffisamment à ce que nous sommes, à ce que nous apprécions. On voit là, comme en miniature, le double mouvement fondateur de toute démarche ethnologique : la reconnaissance de l'étrangeté d'autrui, puis, comme si l'on voulait éviter tout soupçon d'ethnocentrisme, la magnification de ce fait étrange, et la réduction de l'autre au même.

Plutôt que de déduire une nouvelle théorie de la magie de mes principes personnels, je voudrais suivre maintenant une voie inverse, et, partant d'un fait magique dont j'ai été témoin et même acteur, observer quelles sont les conditions nécessaires et suffisantes de son existence. Le fait est tout à fait banal. Un jour à la campagne, je tente en vain de réparer une fenêtre mal engagée; un geste ambitieux me fait coincer mon pouce dans l'embrasure. Je m'apprête à pousser quelques gémissements; ma voisine, une paysanne du coin, est là, cependant, et se propose de guérir mon mal sur-le-champ. Elle prend ma main, fait un geste autour de mon doigt et prononce à voix basse quelques mots que je ne distingue pas; puis se tourne vers moi et dit : « Ça y est, c'est parti. » Et, en effet, c'est parti : il n'y a plus de douleur.

Cet infime incident serait reconnu par tous, je pense, comme un fait de magie, plus exactement, de magie curative. J'essaierai donc maintenant de le décrire, d'énumérer ses propriétés, en étant bien sûr prêt à l'abandonner quand c'est nécessaire, pour lui substituer d'autres faits magiques, plus explicites ou plus éloquents.

Tout d'abord la magie se manifeste sous forme d'*actes* magiques, actes accomplis par le magicien et, dans mon cas, suivis d'une transformation d'état chez le destinataire de cet acte.

Cet acte comporte au minimum trois *rôles* : celui qui agit (ma voisine), ce sur quoi on agit (ma douleur), celui au profit duquel on agit (moi). J'appelle ces rôles : magicien, objet de la magie, destinataire.

Ces notions très générales permettent déjà d'énoncer une première définition des actes magiques, à savoir : ce sont des actes par lesquels le magicien agit sur l'objet de la magie *pour*, en fait, agir sur son destinataire.

Comparons en effet l'acte magique à deux actes plus simples, que l'on peut établir en quelque sorte par décomposition à partir de lui. D'une part, un acte technique pur, telle une intervention chirurgicale, se contente d'agir sur l'objet. D'autre part, un acte comme la plaidoirie judiciaire consiste à agir sur l'interlocuteur, sans prétendre agir sur ce dont on parle. Nous avons donc affaire à deux classes d'actes : dans un cas on agit sur le référent, dans l'autre sur l'allocutaire; appelons-les « référentiels » et « allocutoires ». La magie est un acte allocutoire qui se présente comme un acte référentiel.

Plusieurs objections pourraient être formulées ici, et il serait bon de les examiner dès à présent. D'abord, il peut paraître abusif de parler de « référent » dans le cas de l'objet, puisque ce terme appartient au cadre conceptuel de la linguistique, alors que la magie n'est pas forcément verbale — et elle ne l'était que très partiellement dans mon exemple, où j'ai bien vu le geste mais je n'ai pas entendu les mots qui l'accompagnaient. Si je me permets néanmoins cette assimilation, c'est que les actes magiques relèvent de la catégorie des comportements symboliques, dont le discours n'est qu'un exemple — souvent, il est vrai, le plus facile à analyser. A ce propos, c'est déjà Mauss qui a affirmé la parenté des différents canaux de transmission de la magie : « Tout geste rituel comporte une phrase, car il y a toujours un minimum de représentation, dans laquelle la nature et la fin du rite sont exprimées tout au moins dans un langage intérieur. C'est pourquoi nous disons qu'il n'y a pas de véritable rite muet, parce que le silence apparent n'empêche pas cette incantation sous-entendue qu'est la conscience du désir. De ce point de vue, le rite manuel n'est pas autre chose que la traduction de cette incantation muette; le geste est un signe et un langage » (1960, p. 50).

On pourrait objecter aussi que parfois le destinataire est l'objet de la magie; il existe, on l'a vu, des formules magiques où l'on dit par exemple « je te conjure, maladie, de quitter le corps de N... », etc. Mais formuler cette objection n'est plus décrire la magie, c'est la subir. L'énonciation présente n'est que la partie visible d'un iceberg, et les rôles qui nous intéressent ne se révèlent souvent qu'à l'examen de la partie initialement invisible. Si, en magicien, je m'adresse à la maladie plutôt qu'au malade, j'emploie un procédé rhétorique, un trope grammatical : celui sur qui j'agis est bien le malade, et ce n'est qu'en apparence que j'en isole la maladie. Le dialogue se noue, jusqu'à nouvel ordre et quoi qu'en disent les magiciens, entre humains.

Une autre objection, plus fondamentale, pourrait contester le fait que l'action réelle concerne bien toujours le destinataire. Prenons un autre cas familier de magie : le magicien agit au profit d'une jeune fille pour l'aider à conquérir le cœur d'un jeune homme. Ici, à première vue, pas d'action sur l'allocutaire, mais seulement sur l'objet de la magie. Je dirai qu'une telle action n'est proprement efficace — et donc magique — que si, malgré toutes les apparences, elle atteint l'interlocuteur réel, dans mon cas la jeune fille; à moins qu'il n'y ait un second dialogue, où c'est le jeune homme qui devient interlocuteur du magicien. Là encore, il faudrait subir la magie pour pouvoir en donner une description autre.

L'un des termes employés lors de cet examen des objections possibles demande quelques explications supplémentaires : c'est celui d'acte *symbolique*. On peut en effet entendre ce terme, appliqué à la magie, d'au moins trois manières différentes.

En s'enfermant d'abord dans l'image que la magie veut imposer d'elle — celle d'une action sur l'objet dont on parle —, on observe une relation symbolique un peu marginale pour mon propos actuel. L'acte magique se réfère presque obligatoirement à une série de faits autres que les faits présents; il compare la situation présente à une situation canonique, faisant partie d'une liste close et bien connue d'avance. Très souvent, on l'a vu, cette référence prend la forme d'une comparaison explicite : que tu sois guéri, déclare le magicien, comme Notre-Seigneur Jésus-Christ fut délivré de son mal sur la croix. La fonction de cette comparaison, et de ce symbolisme, n'est pas de nous faire mieux connaître la nature de l'acte présent (la magie *n'est pas*, en ce sens, un mode de connaissance), mais d'apprivoiser, de rendre familier le singulier et le contingent, en le rattachant à une classe de faits bien ordonnés; le symbolique a un rôle de mise en ordre de la matière perçue. A première vue, l'épisode qui m'est survenu ne correspond pas à cette description; mais essayons de nous représenter mieux les choses : en mettant ma main entre celles de ma voisine je m'engage déjà dans un contrat non formulé, selon lequel j'accorde ma confiance à la guérisseuse. Or, ce faisant, ne supposé-je pas que ma magicienne sait traiter ce cas particulier, qu'elle sait donc l'inscrire dans l'une des classes d'actes couvertes par sa compétence? Mon engagement même dans cette action implique que l'accident qui vient de m'arriver n'est plus un fait aberrant et singulier, mais correspond bien à une série établie, même si j'en ignore la nature.

Tournons-nous maintenant vers les deux autres aspects symboliques de l'acte magique. Premièrement, le rapport symbolique peut être établi entre l'acte magique prétendu — action sur le référent — et l'acte magique réel — action sur l'allocutaire; ce rapport est symbolique parce que l'un évoque l'autre, sans que ce dernier soit explicite; c'est le dédoublement (aux yeux, tout au moins, d'un observateur extérieur) qui fait le symbole.

Deuxièmement, l'acte magique est symbolique au sens où l'entendait Mauss : parce qu'il consiste en mots, ou en gestes qu'on pourrait convertir en mots. Cette forme de symbolisme est, en quelque sorte, complémentaire de la précédente : si nous admettons que l'acte magique cherche essentiellement à agir sur l'allocutaire, il devient à ce titre un acte de parole comme un autre, qui s'épuise dans sa propre existence et qui ne renvoie plus à rien d'autre que lui. L'acte magique est fait de symboles mais cela ne veut nullement dire qu'il est fictif, ou non sérieux : car le « sérieux » des actes symboliques exige précisément qu'ils se formulent en symboles. Cela permet d'écarter beaucoup de malentendus concernant l'efficacité magique : la magie curative, par exemple, n'est pas une mauvaise physiologie (parce qu'elle essaierait de guérir les maladies par des gestes et propos saugrenus), mais une bonne psychologie, parce qu'elle trouve le moyen approprié pour agir sur autrui; plutôt qu'un acte référentiel manqué, elle est un acte allocutoire réussi.

Si l'on met l'accent sur l'acte référentiel, la relation symbolique est de type substitutif; si on place en avant l'acte allocutoire, elle est de participation. La magie est à la fois *signe* et *conflit*.

Cette analyse du rapport entre symbole et magie permet de cerner de plus près la nature de celle-ci. D'abord, l'acte magique n'est pas constitué par le seul énoncé, qu'il soit ou non verbal, mais par l'énonciation dans son intégralité; il inclut non seulement les phrases prononcées ou les gestes accomplis, mais aussi les protagonistes de cet acte, les circonstances de sa production, les rapports de tous les éléments entre eux; il se réalise grâce au concours d'une série de conditions — sur lesquelles je ne m'étendrai pas — qui, sans constituer la magie, la rendent seules possible. Ensuite, ce qui est spécifique de la magie est précisément la possibilité de cette double perspective, le fait qu'elle soit à la fois signe et conflit, qu'elle cherche à agir sur autrui en prétendant agir sur l'objet de son discours.

On est maintenant en mesure de comparer la magie à d'autres activités voisines, pour tenter d'en préciser la nature.

On pourrait d'abord la comparer à une description intéressée des choses, lorsque nous évoquons un fait en vue de convaincre notre interlocuteur, d'acquérir son adhésion. Il y a, ici aussi, deux actes, l'un dirigé vers le référent, l'autre vers l'allocutaire. Mais la différence réside d'abord dans la nature de l'acte référentiel : ici de description, donc de maintien du référent; là, de transformation. De plus, la relation des deux actes n'est plus la même : dans la description persuasive, l'acte référentiel est soumis à l'acte allocutoire : l'intention d'agir sur autrui est, sinon explicitement déclarée, du moins facile à établir. Dans l'acte magique au contraire, seul l'acte référentiel se donne à voir; si j'agis directement sur l'interlocuteur, il n'y a plus de magie.

On voit maintenant combien est grande la différence entre science et magie — sans qu'elle soit forcément au détriment de cette dernière. L'acte scientifique est d'abord un acte qui se veut purement référentiel (telle est du moins l'intention de la science pure); de surcroît, le savant n'admet pas qu'il cherche, en son activité scientifique même, à transformer la réalité qu'il décrit. On ne peut assimiler la magie à la science qu'en réduisant l'énonciation au pur énoncé, qu'en gommant la nature performative de la magie.

On a fréquemment comparé la magie à la religion. Les différences ici sont d'un autre ordre : c'est en tant qu'actes allocutoires que les deux se ressemblent (encore qu'il faille distinguer ici entre le discours qu'on adresse à Dieu et celui que peuvent échanger deux membres de la même communauté religieuse); en revanche, le discours religieux n'accomplit pas d'acte référentiel : il transforme le rapport de l'homme à Dieu, non celui qui le lie aux choses (sinon cette religion est entachée de magie — ce qui ne manque pas de se produire en pratique).

On s'est souvent interrogé sur les formes que prend la magie (si elle le fait) dans nos civilisations modernes, où des guérisons merveilleuses comme celle dont j'ai été l'objet sont perçues comme des restes d'un passé définitivement révolu. Y a-t-il une magie moderne, sans fantômes ni formules, s'accomplissant dans les circonstances quotidiennes de notre vie?

On cite souvent l'exemple de la publicité. On peut voir maintenant en quoi résident les différences et les ressemblances. Le discours publicitaire agit sur son allocutaire : cela fait partie de sa définition même. Il peut, pour ce faire, chercher à modifier la nature de ce dont il est question (mais ce n'est qu'une des formes de la publicité) : comme si, pour vendre un appareil Indésit, je disais qu'il fonctionnera pendant vingt-cinq ans sans réparation. Mais jamais ce discours n'admettra qu'il transforme ce dont il parle, il revendiquera encore moins cette transformation comme définition de son être : si j'avouais l'acte référentiel de transformation, l'acte allocutoire de persuasion serait condamné à l'échec.

Tous les parents modernes de la magie — dont certaines formes de publicité ne sont qu'un exemple — se distinguent de leur ancêtre classique par ce trait spécifique : ils dissimulent la nature de leur action sur le référent au lieu de la revendiquer. La magie moderne est une magie honteuse. En embellissant l'objet dont je parle je cherche à convaincre mon partenaire : voilà qui est identique de part et d'autre. Mais dans l'un des cas je dissimule l'embellissement, dans l'autre je cache la recherche de la conviction. Magies « moderne » et classique sont donc parfaitement symétriques : chacune d'elles est un acte double qui se prétend simple; l'une n'avoue pas son acte référentiel, l'autre, son acte allocutoire.

D'autres différences découlent de celle-ci : le producteur de la magie classique est un professionnel, reconnu de tous, sa réputation assure son efficacité; le magicien moderne ne se reconnaît jamais comme tel puisque, précisément, il dissimule la nature magique de son action au lieu de la proclamer; le seul à ressembler aujourd'hui à l'ancien magicien serait l'artiste qui accroche son vieux drap au mur, l'intitule « Composition BX 311 » et le vend au prix fort de dix mille dollars; encore la transformation du référent est-elle consécutive à la persuasion de l'acheteur, au lieu de la provoquer. — Changement symétrique du côté du destinataire : un individu bien identifié dans le cas de la magie classique, et sollicitant de son propre gré l'intervention du magicien, il est aujourd'hui anonyme et multiple : c'est l'opinion publique, c'est l'insaisissable « homme moyen », et il ne sait pas qu'il est victime — ou bénéficiaire — de magie.

Cette parenté, dont il importe également de voir les aspects semblables et différents, montre bien que l'activité magique, saisie dans sa généralité, est loin d'être la bête étrange et énigmatique qu'on veut souvent nous dépeindre. La présentation de ces actes varie; mais derrière des camouflages différents, on découvre une structure commune. La prédisposition à la magie n'a pas besoin d'être cherchée très loin ni dans le temps — dans le ténébreux Moyen Age, par exemple —, ni dans l'espace (chez les sauvages des continents éloignés); elle est présente en chacun de nous, même si ses formes divergent, parce que chacun de nous essaie, en exerçant une activité symbolique — en parlant, par exemple —, d'« arranger » les choses, de la manière qui lui convient, en vue du dialogue incessant dans lequel il est engagé avec ses semblables.

La seule activité vraiment étrange serait — si elle existait — l'acte de description pure, la désignation du monde qui parvient à ne pas le transformer ni à soumettre cet acte même à quelque objectif de persuasion; acte auquel quelques peuples confinés à la partie occidentale du continent européen donnent le nom de *science*...

RÉFÉRENCES

Austin (J. L.), 1970, *Quand dire c'est faire*, Paris, Seuil.

Bonfante (G.), 1939, « Études sur le tabou dans les langues indo-européennes », in *Mélanges de linguistique offerts à Charles Bally*, Genève, Georg, p. 195-207.

Bruneau (Ch.), 1952, « Euphémie et euphémisme », in *Festgabe Emil Gamillscheg*, Tübingen, Niemeyer, p. 11-23.

Castiglioni (A.), 1951, *Incantation et magie*, Paris, Payot.

Guiraud (P.), 1967, *Structures étymologiques du lexique français*, Paris, Larousse.

Güntert (H.), 1921, *Von der Sprache der Götter und Geister*, Halle, Niemeyer.

Izutsu (T.), 1956, *Language and Magic. Studies in the Magical Function of Speech*, Tokyo, Keio University.

Lévi-Strauss (Cl.), 1962, *La Pensée sauvage*, Paris, Plon.

Malinowski (B.), 1923, « The Problem of Meaning in Primitive Languages », appendice à C. K. Ogden & I. A. Richards, *The Meaning of Meaning*, Londres, International Library of Psychology, p. 296-336.

—, 1966, *The Language of Magic and Gardening* (*Coral Gardens and their Magic*, II), 2nd ed., Londres, George Allen & Unwin.

Maranda E. Köngäs & Maranda P., 1971, *Structural Models in Folklore and Transformational Essays*, La Haye, Mouton.

Marcel (G.), 1928, *Journal métaphysique*, Paris, Gallimard.

Mauss (M.), 1960, *Sociologie et anthropologie*, Paris, PUF.

—, 1968, *Œuvres*, I : *Les Fonctions sociales du sacré*, Paris, Minuit.

Meillet (A.), 1921, « Quelques hypothèses sur des interdictions de vocabulaire dans les langues indo-européennes », in *Linguistique historique et linguistique générale*, Paris, Champion.

Sebeok (T. A.), 1953, « The Structure and Content of Cheremis Charms », *Anthropos*, 48, p. 369-388.

Tchernov (I.), 1965, « O strukture russkikh ljubovnykh zagovorov », *Trudy po znakovym sistemam*, 2, p. 159-172.

Le mot d'esprit

Comme dans les chapitres précédents, consacrés aux formules magiques et aux devinettes, j'adopterai ici une perspective rhétorique (d'analyse du discours), et non socio- ou ethno-logique (prenant en considération la place et la fonction de l'esprit dans une structure plus vaste). Mais à la différence de ce que je tentais dans ces deux études, je ne proposerai pas un cadre global, une explication d'ensemble. La raison en est que je n'ai pas l'impression de savoir exactement quelles sont les propriétés linguistiques des énoncés producteurs d'« esprit ». Je crois partager en cela le sort des nombreux théoriciens qui m'ont précédé dans cette voie et qui, dans le meilleur des cas, ont décrit des conditions *nécessaires* au surgissement de l'esprit, mais non ses conditions *suffisantes*. La plupart du temps, les théories de l'esprit saisissent en fait des structures communes à tout symbolisme linguistique : ainsi, par exemple, de la doctrine la plus populaire aujourd'hui, celle qui explique l'esprit par la *bissociation* [1]. Plutôt donc qu'un exposé systématique, je présenterai ici quelques observations concernant certains aspects particuliers du discours spirituel.

La première a trait à l'organisation même d'une étude du mot d'esprit. On pourrait partir d'une affirmation ancienne (car c'est depuis des millénaires que le mot d'esprit est l'objet d'une réflexion théorique); elle se trouve, justement, à l'intérieur d'une rhétorique : *De l'orateur* de Cicéron. S'interrogeant sur les sources possibles de l'esprit, le porte-parole de Cicéron les résume ainsi : « En somme,

---

1. Elle a été formulée par A. Koestler dans *The Act of Creation*, Londres, 1964. Dans un chapitre de *Théories du symbole* (Paris, 1977), j'ai cherché à montrer qu'il en allait de même de l'étude classique de Freud (« Rhétorique de Freud », p. 285-321). Quelques autres études récentes sur ces questions : D. Noguez, « Structure du langage humoristique », *Revue d'esthétique*, 1969, 1, p. 37-54; G. B. Milner, « Homo Ridens : Towards a Semiotic Theory of Humour and Laughter », *Semiotica*, 6, 1972, p. 1-28; R. Johnson, « The Semantic Structure of the Joke and Riddle : Theoretical Positioning », *Semiotica*, 14, 1975, p. 142-174; *id.*, « Two Realms and a Joke : Bissociation Theories of Joking », *Semiotica*, 16, 1976, p. 195-221.

tromper l'attente des auditeurs, railler les défauts de ses semblables, se moquer au besoin des siens propres, recourir à la caricature ou à l'ironie, lancer des naïvetés feintes, relever la sottise d'un adversaire, voilà les moyens d'exciter le rire [1]. » Ce qui nous frappe avant tout dans une telle énumération, c'est l'hétérogénéité des éléments qui la composent. Relever la sottise d'un adversaire, railler les défauts de ses semblables appartient à ce que Freud appelait les « tendances » de l'esprit : agression, obscénité, etc. Tromper l'attente des auditeurs n'est qu'un moyen pour conduire ces auditeurs à l'interprétation du mot d'esprit. Enfin, dire qu'on recourt à la caricature, à l'ironie, ou à la fausse naïveté, c'est décrire le travail même de production de l'esprit. Ainsi, trois niveaux au moins semblent devoir être distingués : à côté de celui de la « tendance », on retrouve les deux plans que j'isolais dans l'analyse des devinettes et des formules magiques : un travail de figuration (syntagmatique), qui attire l'attention de l'auditeur et l'entraîne à chercher une interprétation nouvelle; et le travail de symbolisation, qui consiste à induire, à partir d'un premier sens, un sens second.

Il faudrait d'abord remarquer qu'à chacun de ces niveaux on trouve des caractéristiques indispensables à la constitution de l'esprit. Contrairement à ce que pensait Freud, par exemple, qui rendait la « technique » (c'est-à-dire nos deux derniers niveaux) responsable de l'effet spirituel, il est incontestable que seules certaines « tendances » permettent sa réalisation : l'agression, par exemple, mais non l'éloge. Cicéron, encore, donnait cet exemple : « Les mots à double entente ... ne sont pas toujours amusants; souvent même ils tournent au sérieux. Le Premier Africain avait de la peine, dans un festin, à faire tenir sur sa tête sa couronne de fleurs; elle vint plusieurs fois à se rompre. " Il n'est pas étonnant, lui dit Licinius Varus, qu'elle ne t'aille point; la tête est trop grande " » (*ibid.*, 61, 250). Le double sens est bien présent ici, mais la tendance à flatter empêche la production de l'esprit.

On aurait tort de croire que tous les théoriciens de l'esprit pratiquent l'amalgame des catégories à la manière de Cicéron. La distinction entre ce que j'appelle ici figuration et symbolisation est bien présente chez plusieurs auteurs anciens, où elle se formule chaque fois de façon différente.

Ainsi chez Lessing, qui se préoccupe, il est vrai, non de l'esprit, mais de l'une de ses « parentes », l'épigramme. Voici comment il

1. Paris, 1966, livre II, 71, 299.

identifie les éléments constitutifs de celle-ci : « D'abord un objet perceptible quelconque qui éveille notre curiosité; ensuite, sur cet objet même, une nouvelle qui satisfait notre curiosité [1]. » Lessing décrit par cette formule un état fort ancien de l'« épigramme » : l'époque où celle-ci était inscrite sur un poteau : ce dernier jouait le rôle de focalisateur de l'attention, le texte servait l'interprétation. Mais ce sont des éléments fonctionnels et non substantiels qu'il cherche à identifier; on les retrouvera donc au moment où les épigrammes sont exclusivement verbales : « Celles-ci se subdivisent naturellement en deux parties : dans l'une on attire notre attention sur un reproche particulier, notre curiosité est fixée sur un objet unique; dans l'autre notre attention trouve son objet, notre curiosité sa satisfaction » (p. 11). Lessing est d'ailleurs bien conscient de ce que cette double organisation n'est pas une propriété exclusive de l'épigramme mais caractérise, dans ses diverses modalités, tous les types de discours; l'épigramme ne fait qu'exhiber la différence des deux, l'élément de focalisation et l'élément d'interprétation, de manière particulièrement claire. Ainsi, à comparer épigramme et fable : « La différence essentielle consiste en ce que les parties qui se suivent dans l'épigramme coïncident dans la fable; en conséquence, elles ne forment des parties que dans l'abstraction » (p. 26) : autrement dit, ce ne sont plus deux parties, mais deux niveaux, deux principes d'organisation.

Lessing saisit donc l'opposition d'un point de vue fonctionnel. C'est en revanche dans une perspective structurale, et dans la tradition de la rhétorique classique, que se placent les romantiques allemands, lorsqu'ils abordent le même problème. Friedrich Schlegel avait déjà formulé une distinction entre deux espèces de figures : « Toutes les figures poétiques ou rhétoriques doivent être ou synthétiques (métaphore, similitude, allégorie, image, personnification) ou analytiques (antithèses, parioses, etc.) [2]. » Et lorsqu'un autre romantique, Jean Paul, consacre un chapitre à l'esprit dans ses *Leçons préparatoires à l'esthétique*, il distingue deux espèces d'esprit : imagé (*bildlich*, correspondant aux figures synthétiques de Schlegel) et non imagé (*unbildlich*, analytique) [3].

Dans l'introduction de son livre, Freud cite une série d'auteurs, qui ont cherché à ramasser en une formule unique la définition

1. *Gesammelte Werke*, Berlin, 1968, t. VII, p. 10.
2. *Literary Notebooks 1797-1801*, Londres, 1957, n° 221.
3. *Vorschule zur Aesthetik*, trad. fr. « Le trait d'esprit », *Poétique*, 15, 1973, p. 375.

de l'esprit; on y trouve des expressions comme « sidération et lumière » (Heymans) ou « sens dans le non-sens » (Lipps). Malgré leur caractère sommaire, on devine que de telles formules visent la même duplicité dont parlaient Lessing et Jean Paul : un premier temps d'incompréhension (« sidération », « non-sens ») qui est aussi celui de la perception initiale, et qui sera suivi par un travail de réinterprétation (« lumière », « sens »). Freud lui-même hésite entre deux conceptions. Dans l'une, qui n'est cependant présente que de façon épisodique dans son livre, il voit bien deux aspects de chaque mot d'esprit : « Rappelons que le mot d'esprit présente à l'auditeur un double visage et lui impose deux conceptions différentes. Dans les mots d'esprit par non-sens, comme ceux que nous venons justement de citer, l'une des conceptions, celle qui s'en tient uniquement au texte, affirme le non-sens; l'autre, celle qui, au fil des allusions, suit sa voie à travers l'inconscient de l'auditeur, atteint le sens profond. Dans les propos de Wippchen, qui se rapprochent de l'esprit, l'un des masques du mot d'esprit est vide, comme étiolé, c'est une tête de Janus dont un seul visage serait modelé. (...) Il ne reste à ces soi-disant " mots d'esprit " que l'une des conceptions, l'une des faces : celle du non-sens [1]. » Le « non-sens » et l'« allusion » sont distingués comme appartenant à deux processus indépendants (il n'est pas vrai pour autant que l'un d'entre eux doive nécessairement se situer dans l'inconscient). Mais la distinction ainsi formulée ne figure même pas dans le tableau récapitulatif des techniques de l'esprit.

La seconde présentation de la même opposition, qui n'est pas sans rapports avec la première et qui a les faveurs de Freud, consiste à distinguer, non plus deux aspects de tout mot d'esprit, mais deux espèces de comique verbal, auxquelles Freud donne les noms d'esprit et de plaisanterie (*Witz* et *Scherz*); sa démarche s'apparente donc à celle de Jean Paul, distinguant esprit imagé et esprit non imagé. Ce qui l'amène à analyser ainsi un exemple particulier : « C'est de même par une plaisanterie que le maître Rokitansky répondit à un interlocuteur qui l'interrogeait sur la profession de ses quatre fils : " *Zwei heilen und zwei heulen* " (deux médecins et deux chanteurs). Cette réponse était exacte et par suite inattaquable mais ne suggérait rien qui ne fût exprimé par les mots mis entre parenthèses. Incontestablement la réponse ne s'est écartée des formes banales que pour le plaisir de l'unification et de l'assonance lié à ces deux mots » (p. 196). L'unification et la paronomase sont bien identifiées

---

1. *Le Mot d'esprit dans ses rapports avec l'inconscient*, Paris, 1971, p. 322.

ici comme des procédés de la figuration (alors que dans son analyse de la « technique », Freud a tendance à les assimiler à la métaphore et à l'allusion); mais on peut se demander s'il existe de pures plaisanteries, d'où tout travail d'interprétation serait absent — si la figuration n'entraîne pas automatiquement l'interprétation [1]. On peut, autrement dit, préférer la première présentation à la seconde, et voir deux aspects du mot d'esprit là où Freud tend à identifier deux espèces.

Dans ce qui suit, je m'attacherai à quelques problèmes particuliers de chacun de ces deux niveaux, figuration et symbolisation, en puisant mes exemples parmi ceux que Freud a recueillis dans son livre.

FIGURATION

Je voudrais examiner ici en détail l'une des figures les plus fréquentes qui nous conduisent, dans un mot d'esprit, à la recherche d'un sens second : la *contradiction*. La forme la plus simple, mais que l'on rencontre relativement rarement, consisterait en l'affirmation simultanée de deux opposés : *X est A et non A*, ou encore : *p et non p*. Ce serait le cas de

(1) Ce personnage a un grand avenir derrière lui.

L'avenir ne peut être qu'« à venir » : devant et non derrière.

Mais dans la plupart des cas, la contradiction n'est pas aussi évidente, car elle ne s'opère pas entre deux éléments coprésents mais entre deux énoncés dont le premier pose (ou présuppose, ou implique) une inférence *si p alors q*; le second s'en écarte de deux manières possibles : ou bien il affirme *non p mais q*, ou bien *p mais non q* (ajoutons qu'il s'agit ici d'enthymèmes et non d'inférences rigoureuses).

Prenons d'abord le cas *non p mais q* : ici l'antécédent est nié mais on continue de maintenir la vérité du conséquent. Tel est le cas d'un mot d'esprit un peu trop long pour être transcrit : les fidèles croient que leur rabbin voit de Cracovie jusqu'à Lemberg bien qu'il soit avéré que ledit rabbin s'est trompé dans sa « vision ». Le fidèle admet l'erreur de la vision (antécédent) mais oublie que c'est aussi la seule preuve de l'existence même de cette vision (conséquent).

1. Cf. *Théories du symbole*, p. 306-307.

La même description s'applique à un autre groupe de mots d'esprit, avec cependant la différence que voici : dans le cas que je viens d'évoquer, le jugement logique (logique de la conversation, bien entendu) aurait consisté à affirmer *non q* (le rabbin ne voit pas jusqu'à Lemberg); dans le nouveau groupe, *q* est effectivement vrai : on énonçait *p* pour faire entendre *q*, étant donné le caractère automatique de l'implication; dans la réponse, on nie *p*, mais on le remplace par *p'* qui implique *q* autant, sinon plus, que *p*. En voici trois exemples :

(2) Un prétendu fait, en compagnie du marieur, la première visite à sa fiancée éventuelle; en attendant la famille au salon, le marieur fait admirer au jeune homme une vitrine qui renferme une fort belle argenterie. « Voyez, lui dit-il, quelle fortune dénote cette argenterie. — Mais, dit le jeune homme sceptique, ces objets de prix n'auraient-ils pas été empruntés pour la circonstance, pour nous jeter de la poudre aux yeux? — Quelle idée! reprend le marieur avec dédain, qui prêterait à ces gens quoi que ce soit? »

(3) La bonne Galathée! on l'accuse de teindre ses cheveux en noir; mais ses cheveux étaient déjà noirs quand elle les acheta.

(4) Un Juif remarque, dans la barbe d'un de ses pairs, des débris alimentaires. « Je puis te dire ce que tu as mangé hier. — Dis toujours. — Des lentilles. — Erreur! j'en ai mangé avant-hier. »

L'implication de la phrase du jeune homme dans (2) c'est : ces gens ne sont pas riches. Le marieur nie que l'argenterie soit empruntée, mais son argument pour le prouver a bien la même implication : on ne prête qu'aux riches, ces gens-là sont donc pauvres. De même dans (3) : la chevelure de Galathée est artificielle ici comme là; ou dans (4) : les lentilles se trouvent de toute façon dans la barbe du Juif.

Examinons maintenant la seconde formule, *p mais non q*. On pourrait citer ici :

(5) Frédéric le Grand entend parler d'un prédicateur de Silésie qui a la réputation d'être en rapport avec les esprits. Il le fait mander et lui adresse cette question : « Savez-vous conjurer les esprits? — A vos ordres, Majesté, mais ils ne viennent pas. »

(6) Cette femme offre plus d'une ressemblance avec la Vénus de Milo : elle est extrêmement vieille comme elle, elle est également édentée

et présente sur la surface jaunâtre de son corps quelques taches blanches.

(5) présente la technique *p mais non q* à l'état pur : on admet l'affirmation, on nie son implication (cette négation, significativement, est introduite par un « mais »). Si (6) ne comporte pas deux répliques, la contradiction se fait entre les deux propositions, ou plus exactement entre les implications culturelles de la première (= c'est une belle femme) et la seconde. On accepte donc, une fois de plus, l'affirmation explicite en niant ses implications — qui seules la justifiaient.

Cette technique connaît également une variante, symétrique et inverse de celle représentée par les exemples (2), (3) et (4). Ici, on met à la place de l'implication courante *q* une autre, *q'*, qui lui est cependant tout à fait équivalente. Ainsi :

(7) Le prétendant objecte que la demoiselle a une jambe trop courte et qu'elle boite. Le marieur répond : « Vous avez tort. Supposez que vous épousiez une femme aux jambes droites et égales. Qu'en aurez-vous? Vous ne pouvez être sûr qu'elle ne tombera pas un jour et ne se brisera pas une jambe et ne restera pas estropiée pour le restant de sa vie; d'où douleur, agitation, honoraires médicaux! Si vous prenez cette femme, vous serez à l'abri de ce tintouin; c'est chose faite. »

On admet ici la vérité de *p* mais on refuse sa conséquence : que la demoiselle est un mauvais parti; on affirme le contraire, mais les arguments donnés à l'appui ne font que mettre en évidence l'équivalence des deux implications : la demoiselle est estropiée « pour le restant de sa vie ».

Quelle que soit la forme de la contradiction, son effet est toujours semblable : elle conduit l'auditeur à refuser le sens superficiel et à chercher un sens second (donc à postuler, dans le mot d'esprit, un travail de symbolisation).

SYMBOLISATION

Pour ce qui concerne la symbolisation, je m'attacherai encore à un seul aspect du problème, qui me paraît mal connu pour l'instant : la *hiérarchie des sens*, et son rôle dans la production de l'esprit.

En admettant que l'esprit comporte toujours un double sens, j'avancerai d'abord que ces deux sens ne se situent jamais sur le même plan, mais que l'un se présente comme un sens donné et évident, alors que l'autre, le sens nouveau, se surimpose à lui, pour le dominer une fois l'interprétation terminée. J'appellerai le premier sens exposé (ou donné), le second, sens imposé (ou nouveau).

L'idée d'une hiérarchie des sens est présente dans l'ouvrage de Freud, mais elle n'y est pas nettement affirmée. Discutant les exemples de « double sens avec allusion », Freud note en passant que « les deux significations du double sens ne nous sont pas également familières »; et à propos d'un exemple, il remarque : « Le sens banal ... s'impose tout d'abord, le sens sexuel se cache et se dissimule au point d'échapper à un lecteur sans malice » (p. 58). La portée de cette remarque est, pour Freud comme pour son lecteur, limitée : d'abord elle ne s'applique qu'à un des sous-groupes d'une des classes; et même à l'intérieur de celui-ci, elle ne s'applique pas à tous les exemples : à propos d'un autre mot d'esprit, Freud affirme que « les deux sens sont également compréhensibles, on ne saurait distinguer si c'est la signification sexuelle ou la non sexuelle qui est la plus usitée et la plus familière » (p. 57-58). D'ailleurs, de toute évidence, cette différence qualitative des deux sens est peu élaborée : peut-on, sinon, *opposer* sérieusement le « sens banal » au « sens sexuel »?

Qu'en est-il de l'exemple donné par Freud, où ce rapport d'*imposition* serait absent et où « les deux sens sont également compréhensibles »? C'est le suivant :

(8) Cette jeune fille me rappelle Dreyfus. L'armée ne croit pas à son *innocence*.

Mais les deux sens du mot « innocence » ne sont évidemment pas sur le même plan. L'innocence juridique à laquelle se réfèrent les termes voisins d'« armée » et de « Dreyfus », c'est le sens exposé (et banal); l'innocence sexuelle (la virginité) est le sens réellement visé par le mot d'esprit : c'est le sens imposé. Lorsque Freud affirme que les deux sens du mot « innocence » sont également courants, il pense au mot en dehors de tout contexte, tel qu'il se trouve défini dans le dictionnaire : il considère cette ambiguïté comme si elle n'était pas symbolique; mais l'anecdote forme pour le mot un contexte, et impose la priorité d'un de ses sens sur l'autre. La distinction dont Freud ne s'aperçoit pas est celle entre le mot pris dans le lexique et le mot pris à l'intérieur d'un syntagme (dans la terminologie de Benveniste, il confond le *sémiotique* avec le *sémantique*).

A côté de cette hiérarchie sémantique, il en existe une autre, grammaticale (morphologique et syntaxique), qu'il ne faut pas confondre avec la première, notamment dans les contaminations, où les deux sont également présentes. Ainsi *Dichteritis*, composé de *Dichter* + *Diphteritis*, est dominé à la fois grammaticalement et sémantiquement par la diphtérie. Mais tel n'est pas toujours le cas, et je me séparerai ici de J. M. Klinkenberg qui écrit, dans une étude consacrée aux contaminations : « Un des termes reste toujours prépondérant : lorsqu'un baiser solennel est donné par un personnage légèrement aviné, et que R. Queneau utilise l'expression " donner l'alcoolade ", c'est évidemment le mot *accolade* qui est le plus important, puisqu'il impose sa fonction sémantique et grammaticale [1]. » Or, ce jugement n'est vrai qu'à moitié : si c'est *accolade* qui impose sa forme et sa fonction grammaticales, c'est au contraire *alcool* qui s'impose sémantiquement, ou qui est, tout au moins, le sens « intéressant », celui d'*accolade* n'étant, au contraire, qu'un sens « banal ». On notera que la hiérarchie des deux sens peut être interprétée, en première approximation, comme étant semblable au rapport sémantique entre sujet (donné) et prédicat (nouveau).

De quel mécanisme se sert-on pour choisir un premier sens, ensuite un second? On pourrait recourir ici à une distinction entre contexte syntagmatique (ce qui est contenu dans les phrases voisines ou dans la situation énonciative) et contexte paradigmatique (le savoir partagé des deux locuteurs et, souvent, de la société à laquelle ils appartiennent). L'un de ces contextes peut suggérer le sens donné, l'autre imposant le sens nouveau. Les exemples concrets montrent le plus souvent ces contextes en interaction complexe. Reprenons le mot d'esprit concernant l'innocence de la jeune fille. Les deux contextes interviennent simultanément dans la détermination de chacun des sens; mais une accentuation différente nous permet de retrouver la distribution — qui n'est pas du tout au rien, mais du plus au moins. Le contexte syntagmatique immédiat, c'est-à-dire les mots *Dreyfus*, *armée*, déterminent le sens exposé de « non coupable », qui vient le premier à l'esprit. Un contexte syntagmatique plus distant *(jeune fille)* impose, de par son propre contexte paradigmatique, le sens « vierge » : dans notre société (ou plutôt dans le milieu où avait cours cette anecdote), la première chose dont on s'enquiert à propos d'une jeune fille, est de savoir si elle est vierge ou non.

1. *Rhétorique générale*, Paris, 1970, p. 56. Lewis Carroll, grand promoteur des contaminations, qu'il appelait « mots-valises », avait déjà remarqué l'existence d'une hiérarchie sémantique.

On retrouve l'action simultanée des deux contextes dans les calembours, où un seul signifiant présent évoque deux signifiés, le sien et celui d'un paronyme. Deux cas sont ici possibles. Dans le premier, c'est le contexte syntagmatique qui évoque le mot absent, ainsi dans l'exemple suivant :

(9) Dans un bal de la cour, Napoléon disait à une dame italienne : « *Tutti gli Italiani danzano si male!* » Elle répondit du tac au tac : « *Non tutti ma buona parte.* »

Pour que *buona parte* évoque non seulement « une bonne partie » (c'est notre connaissance de la langue qui nous le rappelle, donc un savoir partagé), mais aussi « Bonaparte », il a fallu nous dire (dans le contexte syntagmatique immédiat) que l'histoire concerne Napoléon.

La seconde variété de la même classe se trouve illustrée par l'exemple suivant :

(10) Pourquoi les Français ont-ils rejeté *Lohengrin*? demandait-on à une époque où leurs idées étaient différentes de ce qu'elles sont aujourd'hui. La réponse était : « *Elsa's (Elsass) wegen.* »

Ici, ce n'est plus le contexte syntagmatique mais le contexte paradigmatique (culturel) qui supplée le mot manquant. A une époque où tout Français est censé regretter la perte de l'Alsace, le nom de l'héroïne de *Lohengrin* évoque inévitablement (pour un Allemand) le nom de la province. Le contexte syntagmatique (« Lohengrin ») nous avait en revanche conduit au sens exposé.

La nette distinction entre sens donné et nouveau, exposé et imposé, nous permettra de décrire avec plus de précision un trait de l'esprit que l'on a souvent relevé : l'importance de l'ordre d'apparition de ses éléments (le locuteur spirituel sait ménager des *surprises*). Cicéron écrivait déjà : « L'un des plus connus [parmi les genres de l'esprit] est de faire attendre une chose et d'en dire une autre » (*op. cit.*, 63, 255); et, en termes plus généraux, Jean Paul : « Tant il est vrai que, partout, c'est la position qui donne la victoire, au guerrier comme à ses phrases » (*op. cit.*, p. 384).

Comparons les deux mots d'esprit que voici :

(11) Si le médecin demandait à un de ses jeunes clients si jamais il se masturbe, il répondrait à coup sûr : « *O na nie* » (Oh non jamais).

(12) A la première représentation d'*Antigone* à Berlin, les critiques trouvèrent que la représentation manquait du caractère d'antiquité

classique. L'esprit berlinois se saisit de cette critique en ces termes : *Antik? Oh, nee!*

Ce sont deux exemples de calembours : deux signifiants sont semblables *(Antigone — Antik? Oh, nee; Onanie — O na nie)*; l'apparition d'un seul d'entre eux suffit pour évoquer les deux signifiés (si l'on pense à (12) tel qu'il s'est pratiqué à Berlin, non tel qu'il apparaît dans le livre de Freud). Mais dans (11) le signifiant (et le signifié exposé) sont « Oh non jamais », et le nouveau signifié, imposé par le contexte syntagmatique, « masturbation »; alors que dans (12) le sens exposé, contrairement aux apparences, est le nom de la pièce — et c'est lui qui nous vient du contexte d'énonciation (intégré dans le livre au contexte syntagmatique immédiat); le sens imposé (le « prédicat psychologique ») est le manque d'antiquité, dit explicitement dans la phrase; sa compréhension relève donc de la seule connaissance de la langue. Cette situation paradoxale — le sens exposé est absent — rend difficile la description de cet exemple; et aussi le prive, en partie au moins, de son caractère spirituel : nous sommes à la limite de la simple affirmation agressive, sans double sens. Je pense que tous seraient d'accord pour trouver (11) plus spirituel que (12). On notera aussi que l'usage de synonymes (Napoléon pour Bonaparte, masturbation pour onanisme) permet de ne pas « vendre la mèche » trop tôt.

L'ordre d'apparition des sens exposé et imposé (ou, si l'on préfère : la surprise) contribue donc bien à l'esprit, mais, pas plus que la contradiction, ou le double sens, ou les tendances agressives, ne permet d'engendrer de l'esprit de façon automatique.

Les jeux de mots

> La forme originelle de la poésie est
> le jeu de mots.
>
> F. Schlegel, *Cahier*
> « *Zur Poesie* », 1802, II, 12.

I

L'existence même de l'expression « jeu de mots », dans nos langues, est significative. Le « jeu » des mots s'oppose à l'*utilisation* des mots, telle qu'elle est pratiquée dans toutes les circonstances de la vie quotidienne. Cette opposition ne concerne pas seulement le jeu et le sérieux mais aussi la parole dont la construction obéit à une règle particulière (parole artificielle) d'une part et, de l'autre, la parole qui ne sert qu'à exprimer, à désigner, à inciter, qui se consume dans sa finalité ou dans son origine (parole naturelle). La littérature, non plus, n'est pas un jeu (dans cette optique). Combien significative à cet égard est l'attitude d'un E.R. Curtius, l'un des rares historiens de la littérature qui cherche à saisir son objet dans son amplitude maximum, qui veut équilibrer la tradition « classique » par une « contre-tradition » baroque, ou maniériste, et qui néanmoins ne trouve pas pour décrire l'opposition d'autres mots que ceux-ci : « L'auteur maniéré prétend dire les choses non pas normalement, mais anormalement. Au naturel, il préfère l'artificiel, l'alambiqué; il veut surprendre, étonner, éblouir [1]. » Le jeu de mots voisine avec l'anormal : c'est la folie des mots.

Cette catégorisation n'a pas empêché Curtius de s'intéresser aux jeux de mots, ou au maniérisme. D'habitude pourtant, c'est le contraire qui se produit et on chercherait en vain dans les histoires courantes de la littérature (auxquelles nous sommes obligés de nous tenir, en l'absence d'une histoire des discours) une place réservée aux jeux de mots parmi les autres genres : la cohabitation de la tragédie, de l'épopée, du roman avec le jeu de mots semble impensable. Les rares

1. *La Littérature européenne et le Moyen Age latin*, Paris, 1956, p. 342.

auteurs qui consacrent des écrits au système des jeux de mots considèrent comme nécessaire de se justifier; ils s'excusent presque, et finissent par jeter l'anathème sur l'objet même de leurs préoccupations. Quelques exemples pourront illustrer cette attitude [1]. Dans ses *Amusements philologiques* (1842), Gabriel Peignot écrit :

« On a lieu d'être surpris que des gens de lettres aient passé, à tirer de leur cerveau de pareilles vétilles, un temps qu'ils auraient pu mieux employer. On attribuait, dit un ancien professeur (M. Colon), ces vers au Démon; à coup sûr ce n'était pas au démon de la vraie poésie, mais bien à celui de la folie; et quel est le lutin qui pourrait déchiffrer le sens de la plupart de ces pénibles futilités? » (p. 1-2).

C'est là une attitude typique : on la retrouve aussi bien avant qu'après Peignot. Ainsi Albéric Deville (?), dans une « Dissertation sur les jeux de mots », qui suit son édition de la *Bièvriana* (publiée en l'an IX) :

« La révolution, qui a produit tant de changements, n'a presque rien opéré sur le caractère français. Même frivolité, même goût pour le bel esprit. Paris, ce pays si fertile en contrastes, offre en ce genre des excès d'extravagance; tandis que tout est en combustion, le Parisien joue sur les mots, et se console avec des *calembours*.

Nous avons vu les jeux d'esprit les plus puérils se succéder tour à tour; les anagrammes ont illustré le siècle de Ronsard; les bouts-rimés ont été les favoris de la nation pendant longtemps; les charades florissaient naguère, et les calembours se soutiennent encore malgré nos orages politiques. Ce goût pitoyable a paru et s'est éclipsé à plusieurs reprises, et l'on doit croire qu'il reviendra toutes les fois que l'amour de la frivolité prendra le dessus » (p. 137-8).

A la fin de la « Notice » qui figure dans le même ouvrage, l'auteur s'exclame : « Jamais les jeux de mots n'avaient été tant ressassés; c'est une vraie folie, puisse-t-elle être courte! » (p. 87). Et tout semblablement chez A. Canel, auteur d'un des plus copieux recensements de jeux de mots (*Recherches sur les jeux d'esprit*, 1867), à propos d'un ouvrage ancien :

« Dans ce livre, composé en l'honneur de M. de Vergy, gouverneur de Franche-Comté, par des élèves du collège de Dole, on remarque des acrostiches, des anagrammes, des vers brisés, des vers figurés représentant des ailes, des autels, des œufs, des lunettes, des cercles, des angles, des triangles, etc. Ne fallait-il pas que le mal eût pénétré

---

1. On lira un recensement parallèle dans l'étude de Georges Perec, « Histoire du lipogramme », in Oulipo, *La Littérature potentielle*, Paris, 1973, p. 79-80.

jusqu'au fond des entrailles de la société pour que la jeunesse fût officiellement dressée à de pareilles œuvres? » (p. 10-11).

Le mal, le démon, la folie, l'irresponsabilité politique : telles sont les seules explications possibles aux pratiques de jeux de mots ou même au moindre intérêt qu'on pourrait leur porter (laquelle convient le mieux à la *présente* étude?). Cette attitude n'est naturellement pas sans avoir des conséquences regrettables, avant tout celle de notre ignorance concernant les jeux de mots. Car les recueils en question ne sont pas de véritables études, on se contente d'y entasser des exemples, parmi toutes sortes d'autres connaissances saugrenues ou, comme les désigne G. Peignot, « variétés en tous genres ». Les tables des matières de ces recueils abondent en rapprochements imprévisibles. Voici un bref échantillon (tiré toujours de Peignot, p. 501) :

Du Télescope et de son origine
Du Thé et de sa consommation actuelle
De la Vaccine, de la Variole, et du Mal Vénérien
Des Voyages de longs cours, et notice des découvertes dont on leur est redevable, etc.

On aurait du mal à se dresser contre cette tradition, n'était-elle si visiblement limitée à l'Occident chrétien des cinq derniers siècles. Pour s'apercevoir de son caractère contingent, il suffira de tourner les yeux vers une autre tradition, dont la littérature sanscrite est le foyer. On retourne ici au champ littéraire; mais ce rétrécissement de lieu est inévitable : il faut passer du discours en général à la littérature si l'on veut trouver une attention soutenue portée aux règles de construction. La littérature est le discours construit par excellence, d'où son affinité congénitale avec le jeu de mots. La poésie est appelée (en sanscrit) traditionnellement *kavya*, c'est-à-dire ornée. L'idée de la littérature comme discours naturel, sans règles, n'existe pas. Chaque genre littéraire (ou non littéraire, devrait-on ajouter) se distingue par ses règles spécifiques.

Dans l'un des textes les plus anciens de la littérature sanscrite, un hymne védique, on lit : « C'est dans le filtre tendu aux mille coulées que les poètes, cherchant l'inspiration, clarifient leur discours » (hymne 9.73). L'idée de la règle poétique comme d'un filtre est donc d'emblée présente. Commentant cette situation le grand sanscritiste Louis Renou écrit : « La composition, la technique poétique, ainsi comprise, devient sa fin à elle-même. L'image se mue insensiblement en objet, l'objet recule au plan de l'image; il y a un glissement incessant de l'un à l'autre registre [1] ». Et encore : « Que la réflexion sur l'œuvre se confonde avec le contenu même de cette œuvre, le fait ne saurait trop nous surprendre dans l'Inde sanscrite où nous voyons si souvent — notamment en grammaire, mais point seulement dans ce domaine — que la manière dont les choses sont dites comporte une valeur didactique presque au même degré que le fond » (*ibid.*, p. 27). La création littéraire est une activité entièrement réglée. « La description, la narration, l'expression des sentiments sont assujettis à une minutieuse sélection, pour laquelle il convient d'équilibrer habilement les ressources de la langue, le maniement des composés nominaux et des suffixes, le choix esthétique du vocabulaire, le jeu des syllabes susceptibles de former une sorte de rime (intérieure ou finale) ou une allitération. (...) La convention n'est pas seulement dans la forme; elle est aussi dans le sujet, puisque seuls sont admis certains récits de type épique, certaines scènes mythologiques, certains motifs de la vie galante, héroïque, religieuse [2] ».

Cette conception de la poésie comme une activité soumise à des règles précises a de multiples conséquences — aussi bien pour la poésie elle-même que pour la vie du poète qui la pratique. La vie du poète, un peu comme celle du champion sportif d'aujourd'hui (autre jeu), exige de nombreux sacrifices. Un historien de la littérature indienne, H. de Glasenap, écrit [3] : « Pour entendre le sanscrit et les différents dialectes prâcrits, dont la connaissance est indispensable au poète, toujours dans la forme la plus pure, il choisit ses maîtresses et ses domestiques dans des contrées diverses » (p. 151, d'après Râjasekhara). N'étant pas un individu isolé qui s'abandonne à l'inspiration aveugle mais un artisan consciencieux, maître de son métier, le poète participe à un groupe professionnel bien établi, et les occasions de la création ne dépendent nullement du hasard : les souverains disposent toujours de plusieurs poètes à la cour, et les joutes poétiques sont monnaie courante. Glasenap poursuit :

Ainsi Ballâla (fin XVIe s.) montre dans le *Bhojaprabandha*... les plus grands poètes de l'Inde qui, à la cour de Bhoja, donnent à l'envi la preuve de leur finesse d'esprit. Lorsqu'une fois le roi a dit : « Le soleil s'enfonce dans la mer à la lueur du soir », les autres continuent : *Bâna* : Les abeilles enivrées s'enfoncent dans le calice du lotus.

1. L. Renou, « Les pouvoirs de la parole dans le *Ṛgveda* », in *Études védiques et paninéennes*, t. I, 1955, p. 26.
2. Renou et Filliozat, *L'Inde classique*, t. II, Paris-Hanoï, 1953, § 1749, 1751 (le texte est de Renou).
3. *Les Littératures de l'Inde*, Paris, 1967.

Maheshvara : L'oiseau, dans le bosquet, s'enfonce au creux de l'arbre.
Kâlidâsa : Et l'amour, doucement, s'enfonce dans le cœur de la jeune fille (p. 152).

La perfection formelle des poètes atteint évidemment des degrés inconnus auparavant ou depuis lors. On manie si savamment l'ambiguïté que certaines œuvres « résument simultanément le *Râmâyana* et le *Mahâbhârata*, chaque strophe pouvant s'appliquer à l'une et à l'autre épopée; d'autres œuvres réalisent le double sens suivant que chaque vers se lit de gauche à droite ou de droite à gauche [1] ». Pour ne citer qu'un autre exemple, célèbre parmi tous, dans un roman de Dandin, le héros Mandragupta fait au matin un long récit d'où tout son labial est absent : « Ses lèvres ont été blessées de baisers au cours d'une nuit d'amour » (Glasenap, p. 181).

La même complexité, le même raffinement, la même tendance à expliciter les règles de la poésie caractérisent aussi les autres littératures orientales (ce que ne manquent pas de condamner les historiens occidentaux de cette littérature, ainsi Glasenap : « Si de telles escapades dans des jongleries verbales très admirées en Orient nous paraissent des errements dépourvus de goût, qui n'ont rien de commun avec la poésie, on ne doit pourtant pas négliger le fait que la propension à de telles afféteries est profondément enracinée dans l'esprit des pays d'Orient : on en trouve des exemples parallèles chez les poètes d'autres littératures orientales », p. 166). Je conclurai cette brève évocation du jeu de mots en Orient (on est bien obligé ici de se servir de ces catégories sommaires) par une description de la littérature persane classique, que l'on trouve dans un des meilleurs ouvrages consacrés à la poésie comme jeu (A. Liede, *Dichtung als Spiel*, t. II) :

« La littérature persane pourrait servir d'exemple d'une poésie orientée vers le jeu. C'est pourquoi il ne sera pas inutile d'indiquer quelques-uns de ces jeux, d'autant plus qu'ils sont, de façon remarquablement fréquente, en accord avec ceux des littératures européennes. Commençons par les jeux de sons ou de lettres. Dans la " réversion " on retourne un mot, soit en interchangeant partiellement des lettres de sorte qu'apparaisse un nouveau mot (anagramme), soit en inversant exactement l'ordre des lettres (palindrome). Un vers entier peut aussi être lu dans les deux sens. Le poème peut omettre

---

1. *L'Inde classique*, § 1752; ce texte à double lecture, *Râghavayâdavîya*, a été traduit et étudié par Marie-Claude Porcher (Pondichéry, Institut français d'Indologie, 1972).

totalement certaines lettres (lipogramme), il peut être écrit avec ou
sans signes diacritiques, avec ou sans ligatures. Les mots d'un poème
peuvent tous commencer par la même lettre (tautogramme). D'autres
poèmes alternent régulièrement les lettres marquées ou non par
un point. Une œuvre entière peut enfin être composée de l'ensemble
de l'alphabet sans qu'aucune lettre se répète jamais. Dans les jeux de
mots ou de vers, on répétera le même mot de plusieurs manières
dans le vers (polyptote); tous les mots apparaissent avec des dimi-
nutifs; chaque hémistiche ou chaque vers doit contenir un ou plusieurs mots identiques; on place l'un à côté de l'autre deux ou plusieurs mots qui se prononcent ou s'écrivent de manière semblable
mais dont le sens est différent (jeu de mots proprement dit); dans les
vers ou en prose les parties du discours seront disposées de telle
manière que la première séquence corresponde à la seconde sur le
plan de la rime et du mètre, mot par mot; on atteint la perfection
lorsque, ce faisant, on ne répète aucun mot. Certaines lignes d'un
poème sont à prendre de deux manières, comme un prolongement
de ce qui précède et comme un commencement de ce qui suit (vers
enchaînés); ou bien plusieurs sujets sont juxtaposés et ensuite on
énumère ce qui se rapporte à chacun d'entre eux (vers rapportés).
La poésie des Perses est également riche dans les jeux du mètre et de
la rime; elle connaît les nombreuses espèces de rime totale, de pause,
de rime interne, centrale ou accentuée; la plupart du temps, plutôt
que d'introduire un mot nouveau, on répète le même, ce qui donne
souvent l'impression d'une rime enchaînée. Pour la rime finale, on
utilise dans l'ordre toutes les lettres de l'alphabet (rime alphabétique).
Les jeux métriques permettent de lire un poème selon deux ou plusieurs formules rythmiques, et les poétiques font un éloge exagéré
de ces vers où l'on peut identifier six ou même trente mesures différentes! L'acrostiche, le mésostiche, le téléstiche, le chronostiche
sont maniés avec une virtuosité que les littératures européennes
n'atteignent jamais. L'acrostiche donne non seulement des noms
propres mais aussi des nouveaux vers; ou les initiales de soixante-
quatre vers sont introduites sous forme de chiffres dans un échiquier,
et on doit les lire en suivant le mouvement du cavalier. A partir d'un
seul vers on obtient, par l'interversion des membres de la phrase,
jusqu'à soixante-huit nouveaux vers (vers protée). Les vers sont
construits de telle façon qu'on peut combiner n'importe quelle ligne
avec n'importe quelle autre, sans dommage pour la régularité de la
rime, du mètre et du sens. Un ou deux vers seront distribués à l'intérieur d'un cercle, de sorte que chaque segment ne contienne qu'un

mot ou qu'une partie du mot, et on pourra commencer à lire à partir de n'importe quel segment. Quatre vers seront disposés de telle façon qu'on puisse les lire aussi de haut en bas, par groupes de mots divisant le vers en quatre; de même avec huit groupes (vers brisés). Les poèmes figurés persans sont parmi les plus fascinants. Ils surpassent de loin leurs correspondants européens par leur élégance (qui est déjà celle de l'écriture) et par le raffinement de la construction. On trouve des figures emblématiques, des pentagrammes, des arbres, des palmiers, des parasols et des toits en pavillon. (...) La poésie persane n'ignore pas le mélange des langues : les vers en persan et en arabe peuvent alterner, une phrase ou un vers peuvent être lus en deux ou trois langues, un poème peut même être lu du début à la fin ou de la fin vers le début selon qu'on se sert d'une langue ou d'une autre. Étant donné le penchant des Perses pour les jeux de mots, les mots polysémiques amènent le poète à lier les différents concepts de manière incompréhensible, ce qui plonge le traducteur dans la perplexité; mais dans l'original ces constructions sont hautement gracieuses. Il existe des poèmes où il suffit de modifier les signes diacritiques ou le mouvement des voyelles pour que l'éloge ou la flatterie se transforme en reproche ou en injure. La première moitié d'un vers semble contenir un reproche ou quelque chose qui n'honore pas l'objet de l'éloge, mais la seconde moitié en inverse le sens (vers brisés).

Cette courte vue d'ensemble ne fait qu'entrevoir la richesse des jeux verbaux persans. On se contentera de mentionner l'art raffiné de l'énigme qui possède sa langue artificielle avec un système ultra-complexe d'allusions, d'indications et de relations qui à la fois désignent et cachent le mot à deviner. L'emprunt littéraire, qui peut aller jusqu'au centon, est naturellement bien connu et nullement suspect. On ne sera donc pas étonné d'apprendre que, selon un poète, son poème possède cent vingt sens apparents et cent quatre-vingts cachés » (p. 59-63).

II

Laissons de côté cette évocation historique sommaire et tentons une définition du jeu de mots. Prenons, pour commencer, un exemple simple et incontestable, qui figure dans un des premiers grands recueils de jeux de mots de langue française, les *Bigarrures* d'Étienne Tabourot, dit Chevalier des Accords (1583). On appelle ce jeu les *vers rapportés* :

> Ta beauté, ta vertu, ton esprit, ton maintien
> Esblouit et défait, assoupit et renflamme
> Par ses rais, par penser, par crainte ou pour un rien
> Mes deux yeux, mon amour, mes desseins et mon âme.

La règle apparaît facilement : chaque vers ne contient que des mots assumant la même fonction syntaxique : le sujet, le verbe, le complément, l'objet. Le nombre de phrases est ici quatre; il pourrait être supérieur ou inférieur. Pour reconstituer les phrases, on doit lire, en quelque sorte, de haut en bas, et non (seulement) de gauche à droite.

Essayons de passer maintenant de *ce* jeu de mots particulier au jeu de mots en général. A partir de cet exemple, on pourrait proposer la définition suivante : le « jeu de mots » est un texte de petites dimensions dont la construction obéit à une règle explicite, concernant de préférence le signifiant. Cette définition comporte trois éléments d'inégale importance : la règle explicite, les petites dimensions, le niveau du signifiant. Ces deux dernières caractéristiques, on le voit tout de suite, restent approximatives; on s'occupera donc d'abord de la première, qui joue le rôle essentiel. C'est d'ailleurs par la *règle* que le jeu de mots participe au *jeu* (on sait que les constituants de celui-ci peuvent être, selon Piaget, l'exercice, le symbole ou la règle).

Dans quel sens peut-on dire d'un texte que sa construction obéit à une règle? On risque ici de tomber dans une généralité où le jeu de mots perdrait toute sa spécificité. D'un certain point de vue, il n'existe pas de texte dont la construction ne serait pas réglée. Eikhenbaum disait : « Pas une seule phrase de l'œuvre littéraire *ne peut* être, en soi, une " expression " directe des sentiments personnels de l'auteur, mais elle est toujours construction et jeu. » C'est un truisme aujourd'hui que d'affirmer qu'aucun élément du texte n'est gratuit mais qu'il se trouve attaché à tous les autres par de multiples liens de nécessité. Mais il serait abusif d'employer le terme de règle pour désigner cette cohérence inhérente au texte. La règle implique une différence d'abstraction entre elle-même et les instances qu'elle gouverne. Le rapport entre deux éléments du texte, aussi « régulier » soit-il, ne forme pas encore une règle.

En revanche, la règle est identifiable dès qu'il y a plus d'une instance gouvernée par elle. S'il est difficile de parler de la règle d'*un* livre, il est tout à fait aisé d'évoquer les règles du roman policier, ou du roman épistolaire, ou du roman historique; autrement dit, la règle s'applique au genre, non à l'œuvre. Ou, si elle s'applique à l'œuvre, c'est que celle-ci n'est pas prise comme *une* unité mais comme l'ensemble des unités plus petites qui la constituent. Ainsi peut-on parler de la règle à laquelle obéit la construction des strophes d'un poème, des chapitres ou des épisodes d'un roman. Si cependant le « roman » n'était fait que d'un chapitre (le poème, d'une seule strophe), on ne saurait plus formuler sa règle : il faudrait se contenter d'une description. Non que la règle n'existe pas; mais il n'y a aucun moyen de confirmer ou d'infirmer l'hypothèse que nous aurons formulée concernant sa nature, puisque cette hypothèse coïncide avec l'unique instance de la règle!

Dans le cas imaginé jusqu'ici, il incombait à l'analyste de découvrir la règle d'un groupe de textes. Cependant, celle-ci peut être explicitée dans l'acte même de production : soit qu'elle y figure en toutes lettres, soit que le texte indique, par sa construction même, quelle a été sa règle : ainsi du quatrain de Tabourot cité auparavant. Qu'elle soit donnée ou à déduire, la règle est perçue comme préexistante au poème, celui-ci est une application de la règle. Cela est essentiel à notre propos, car c'est précisément ce type de règles qui caractérise les jeux de mots.

On voit pourquoi le jeu de mots est tant lié à la répétition (les recueils de jeux d'esprit contiennent des règles que *chacun* devrait pouvoir appliquer; pensons aussi aux joutes poétiques propres à la culture « orientale » ancienne); et aussi pourquoi il peut passer inaperçu : il suffit que sa règle ne soit ni « évidente » ni explicitement désignée. Dans de pareils cas, l'auteur (un peu vexé?) reprend la parole et énonce la règle qu'il avait suivie. Ainsi de Poe, dans *Philosophie de la composition*, de Roussel, avec *Comment j'ai écrit certains de mes livres*, de Queneau qui transcrit les règles ayant présidé à la création de ses livres dans *Technique du roman*, de Georges Perec, auteur du roman lipogrammatique *la Disparition* dont les critiques ne se sont pas aperçus qu'il y manquait la lettre *e*!

Un groupe s'est consacré, ces dernières années, à ranimer et à étendre la tradition des jeux de mots : il s'agit de l'Oulipo, ou Ouvroir de Littérature potentielle, dont les travaux ont paru récemment sous forme de livre [1]. Les membres de l'Oulipo sont bien conscients du rôle primordial que joue la règle dans la perspective qui est la leur.

1. Oulipo, *La Littérature potentielle*, Paris, 1973.

François Le Lionnais écrit par exemple : « Toute œuvre littéraire se construit à partir d'une inspiration... qui est tenue à s'accommoder tant bien que mal d'une série de contraintes et de procédures » (p. 20). Et Jean Lescure, commentant cette phrase : « Ce que l'Oulipo entendait montrer, c'est que ces contraintes sont heureuses, généreuses et la littérature même » (p. 31). A partir de ce principe se définit le programme de travail du groupe, qui comporte deux aspects : l'un analytique (démontrant l'existence de contraintes dans les œuvres du passé ou répertoriant celles qui les affichent ouvertement), l'autre synthétique, c'est-à-dire « créateur », où l'on invente de nouvelles contraintes et où l'on produit des œuvres les illustrant; où, comme l'écrit Claude Berge, « l'on désire substituer aux *contraintes* classiques du type " sonnet " d'autres contraintes linguistiques : alphabétiques..., phonétiques..., syntaxiques..., numériques..., voire même sémantiques » (p. 49).

Mais peut-on appeler un roman un jeu de mots? Cela ne correspond pas à l'usage courant, et on est amené par là à la question délicate des dimensions. Deux choses sont certaines : il existe d'une part des dimensions textuelles au-delà desquelles on ne parle plus de jeu de mots; mais il est impossible, d'autre part, de fixer cette limite avec précision. Le roman de Perec, réalisant l'un des jeux de mots le plus répandu, n'est pas le premier exemple de lipogramme atteignant les dimensions d'un livre. Habituellement, toutefois, on s'en tient à la phrase, au paragraphe, à la page.

L'autre limite incertaine des jeux de mots concerne non plus leurs dimensions, mais le niveau linguistique auquel ils se réalisent. Dans leur immense majorité, les jeux de mots touchent (aussi) au signifiant. Il existe cependant des genres qu'on qualifie couramment de jeux de mots et qui ne se rapportent qu'au signifié; ainsi des devinettes ou des galimatias. Toutefois l'exigence concernant le signifiant est plus importante que celle des dimensions : on admettra parmi les jeux de mots un roman lipogrammatique, mais non le roman policier, tout aussi conventionnel pourtant, et dont les règles ont aujourd'hui un statut explicite. Le roman policier est un « genre »; ce dernier terme est non marqué par rapport au jeu de mots, tout en l'incluant en même temps.

Que le jeu de mots se définisse par la règle explicite, voilà qui en détermine à la fois les limites et l'intérêt. L'intérêt d'abord, car il permet de mettre en œuvre ou d'observer, dans des conditions en quelque sorte expérimentales, l'un des principes fondamentaux de la production verbale, plus particulièrement littéraire. Conditions privilégiées, car chaque jeu ne possède qu'une règle (aussi complexe soit-elle). Or, on a déjà vu que pour de nombreux auteurs il n'y a pas de solution de continuité entre jeux de mots et littérature; on dispose donc là d'une possibilité unique pour observer les formes littéraires à l'état naissant; c'est une parenté principielle, encore qu'il ne faille pas parler d'identité. Mais ce même privilège détermine les limites du jeu de mots : car, justement, à sa différence, le texte littéraire n'applique jamais une règle seulement (le lipogramme n'est d'ailleurs pas la seule règle de *la Disparition*), mais plusieurs à la fois; ou, si l'on préfère, c'est un texte qui subvertit sa propre règle. C'est bien le cas même chez les écrivains qui construisent leurs livres à la manière d'un jeu de mots; et Queneau, commentant un de ses livres dont il vient de produire la formule arithmétique, écrit dans « Technique du roman » : « J'ai dit plus haut que le nombre des *Derniers Jours* était quarante-neuf, bien que, tel qu'il a été publié, il ne comprenne que trente-huit chapitres. C'est que j'ai enlevé l'échafaudage et syncopé le rythme... [1] » Une littérature entièrement soumise à des règles explicites meurt : l'oblitération de la règle est non moins nécessaire que sa stricte application.

III

Comment systématiser les jeux de mots? Puisque c'est l'application d'une règle qui les caractérise plus que toute autre chose, et que la règle n'est, à son tour, rien d'autre que la systématisation d'un aspect quelconque de la production linguistique, la réponse semble aller de soi : on groupera les jeux de mots selon qu'ils ont trait à tel ou tel fait langagier, par exemple jeux sur la synonymie, jeux sur l'homonymie, jeux sur l'enchaînement des mots dans la phrase ou des phrases dans l'énoncé. Cette attitude, cependant, ne semble jamais avoir été assumée par les auteurs des nombreux traités sur la question. L'ordre habituel dans lequel on nous présente les jeux de mots est le plus faible qui soit (bien qu'il soit aussi source de jeux de mots) : c'est l'ordre alphabétique. D'autre part, la définition de chaque classe n'est pas toujours fondée, comme elle devrait l'être, sur l'explication du fait linguistique pertinent; ce qui provoque

1. *Bâtons, chiffres et lettres*, Paris, 1965, p. 33.

des recoupements et des chevauchements fâcheux. On illustrera ce type de confusion par un exemple.

Dans son « Avant-propos » aux *Jeux de mots de M. Bièvre*, Albéric Deville fait un effort méritoire pour fixer le sens des différents termes dont on se sert habituellement pour désigner les espèces du jeu de mots. Mais sa liste juxtapose des classes radicalement distinctes (ce qu'il appelle *antistrophe, lazzi, calembour, annomination, janoterie*) avec d'autres, dont la différence paraît bien secondaire. Ainsi prenons les quatre classes de : *turlupinade, quolibet, pointe* et *équivoque*.

Équivoque : « mot qui a deux sens, l'un naturel, qui paraît être celui qu'on veut faire entendre...; l'autre détourné, qui n'est entendu que de la personne qui parle... » (p. 9). Exemple : Un maquignon vendant un cheval disait : faites-le voir, je le garantis sans défaut. Le cheval était aveugle, le maquignon sincère.

Pointe : « saillie qui ne doit son éclat qu'à une opposition de pensées, où l'on passe du sens propre au sens figuré, par une allusion plus ou moins piquante » (p. 10). Exemple : « Mlle Vestris, dont les goûts divers sont très connus, se récriait sur la fécondité de sa camarade Rey, et ne concevait pas comment cette fille s'y laissait prendre si facilement. Vous en parlez bien à votre aise, reprit Mlle Arnould, une souris qui n'a qu'un trou est bientôt prise. »

Quolibet : « fondé sur une allusion triviale. Le quolibet est à la pointe ce que le jeu de mots est au bon mot » (p. 13). Exemple : Un comédien sur son lit de mort dit au prêtre avec les derniers sacrements : Remportez votre huile, je suis frit.

Turlupinade : « persiflage insipide fondé sur de mauvais jeux de mots » (p. 17). Exemple : X dit à Y : tu m'as fait la mine. Y répond à X : non, si je te l'avais faite, tu l'aurais meilleure.

Le trait commun de ces quatre exemples, on le voit aisément, est l'emploi d'un mot polysémique dont deux sens sont simultanément actualisés, l'un par la phrase qui le contient, l'autre par la phrase voisine. C'est *faites-le voir* dans le premier cas, *trou* et *souris* dans le second, *huile* dans le troisième, *fait la mine* dans le dernier. Où serait la différence? Une fois, Deville qualifie les deux sens de « naturel » et de « détourné », une autre, de « propre » et de « figuré » : c'est une pure variation terminologique. Une fois l'allusion est « piquante », une autre fois « triviale »; une fois le jeu de mots est éclatant, une autre fois il est « insipide » : ce sont des jugements de valeur qui n'ont rien à voir avec la description du fait. Au niveau de généralité où s'est placé Deville, ces quatre classes n'en font qu'une.

Il n'existe, à ma connaissance, qu'une seule tentative pour formuler une systématique des jeux de mots : c'est celle de Liede, dans le second volume de son *Dichtung als Spiel*. Ce système consiste à se fonder sur les dimensions de l'unité linguistique mise en jeu; on obtient donc les jeux de lettres, de syllabes, de rime, de vers, et de textes de plus grandes dimensions. Mais on a vu que les dimensions du jeu, bien que pertinentes, n'étaient pas ce qui le caractérise de plus près. De plus, on perd ainsi la possibilité de rapprocher des jeux qui reposent sur le même principe; par exemple une répétition peut se réaliser à chacun de ces niveaux.

Je n'essaierai pas pour ma part d'énumérer ni de classer tous les jeux de mots pratiqués jusqu'à présent. Je ne pourrai rien ajouter, si ce n'est un ordre différent, à l'énumération qui en est faite dans de nombreux traités sur la question (Canel, Liede); de plus, de nouveaux jeux de mots sont et seront créés, de sorte qu'aucune énumération ne peut être exhaustive : le principe de leur construction même le prouve, les jeux de mots forment une série ouverte. Quant au classement, il devra suivre, en grandes lignes, une description intégrale du fait langagier : puisque tout aspect de l'énoncé peut être soumis à une règle explicite, et devenir ainsi le point de départ d'un nouveau jeu de mots. Je me contenterai donc d'illustrer deux principes de la description : qu'il faut savoir identifier la règle commune à plusieurs jeux; et qu'un jeu peut mettre en évidence plus d'un aspect du langage.

Un très grand nombre de jeux de mots ont trait à une seule caractéristique de la langue : c'est la possibilité, pour un seul signifiant ou des signifiants similaires, d'évoquer des signifiés tout à fait indépendants. Albéric Deville relève ce fait à sa manière, affirmant que seule la pénurie des signifiants explique l'existence des jeux de mots : « C'est surtout à l'imperfection des langues qu'on doit attribuer la facilité de jouer sur les mots. Si nous avions moins de termes métaphoriques, et si nos expressions étaient plus variées, nous aurions moins de mots de même consonance, et par conséquent moins d'équivoques » (p. 132).

On parle dans ce cas, en matière de langage, de polysémie, d'homonymie, de paronymie; mais les jeux de mots nuancent beaucoup ces catégories. On trouvera ici toutes les figures utilisées dans le mot d'esprit, telles que *syllepse, antanaclase, paronomase, calembour, mot-valise*, etc.; de même que tous les jeux liés à la rime, tels que les rimes *léonines, fraternisées, batelées, couronnées, enchaînées, enjambées*, etc.; comme le remarque Liede, « l'organisation du discours en fonction du rythme et de la rime est certainement le jeu le plus répandu » (p. 121). Je rappellerai seulement, à titre d'illustration, quelques jeux exploitant d'autres aspects des mêmes phénomènes.

On peut lire une lettre de deux façons : en l'appelant par son nom ou en se contentant de la prononcer. On peut donc écrire des lettres et lire leurs noms, ce qui donne le fameux

G a = J'ai grand appétit

ou bien on peut écrire des mots, mais lire les lettres chacune par son nom, comme le fait parfois Leiris dans son *Glossaire* [1] :

chaîne = c'est hache haïe et nœud
néant = est né à haine, hanté
cheval = c'est achevé à aile (Pégase).

Il s'agit ici, si l'on peut dire, d'une homonymie de la lettre ou du son, différente dans ses dimensions mais non dans son principe de l'homonymie ordinaire. Le même aspect du langage est mis en jeu dans les *anagrammes*, avec cette différence que l'anagramme n'implique pas nécessairement la ressemblance phonique : c'est un procédé graphique d'interversion des lettres. L'anagramme peut être explicite (le même énoncé contient deux mots composés de lettres identiques) ou implicite (seul l'un est présent mais l'autre est évoqué par la force du contexte). On sait qu'il existe un ouvrage, un poème composé au XIXe siècle, de douze cents vers, dont chacun contient un anagramme, soumis de surcroît à des contraintes syntaxiques; c'est *Anagramméana, poème en huit chants par l'anagramme d'Archet* [= Rachet], *l'un des trente associés à l'abonnement d'un journal littéraire, quatre-vingt-quinzième édition, revue, corrigée et augmentée, à Anagrammatopolis, l'an XIV de l'ère anagrammatique.* On jugera de la qualité de cette poésie par ses premier et dernier vers :

Lecteur, il *sied* que je vous *dise*
. . . .
Moi, je vais *poser* mon *repos*.

Les « anagrammes » de Saussure, qui ont récemment attiré l'attention sur ce phénomène, n'en sont pas de vrais, dans le sens traditionnel du mot, parce qu'il ne s'agit pas d'une simple permutation des lettres dans deux mots, mais de la dissémination des lettres composant un mot à l'intérieur d'un énoncé entier; il serait préférable

1. M. Leiris, *Mots sans mémoire*, Paris, 1969.

d'employer ici un autre nom, tel *paragramme*. Une variante de l'anagramme implicite est la *contrepèterie*, l'un des rares jeux de mots à se perpétuer de nos jours, peut-être à cause de l'obscénité obligée de l'une des lectures (exemple canonique dû à Rabelais : folle à la messe). Enfin un anagramme particulièrement contraignant est le *palindrome*, énoncé dont on peut imaginer qu'il contient un miroir en son milieu.

La graphie offre la possibilité d'inclure une lettre dans plus d'un mot, autrement dit d'utiliser les deux dimensions de la page; on ne quitte pas encore le domaine de l'homonymie, entendue au sens large. Cela donne, d'abord, l'*acrostiche*, où les initiales de tous les vers forment un mot, ou un vers entier; mais ce principe peut être généralisé à toutes les lettres du vers; si cela se produit au milieu, on parle de *mésostiche*, à la fin, de *téléstiche*. Le même principe élevé à la dimension des syntagmes donne les *vers brisés*. Tous ces jeux, aussi variés puissent-ils paraître, reposent donc sur un seul et même principe, que l'on peut désigner comme « homonymie ».

Le rapprochement de mots aux sonorités semblables mais ayant des sens différents connaît des formes très nombreuses; ces jeux mettent en évidence l'absence dans la langue d'un parallélisme rigoureux entre le plan du signifiant et celui du signifié. Telle était la pratique des étymologistes anté-scientifiques, bien qu'ils n'aient pas voulu en faire un jeu. Mais Tabourot est conscient déjà de la valeur comique de ce procédé : il en cite des exemples, écrit-il, parce que « j'aime à me chatouiller pour me faire rire ». Ses exemples incluent : *parlement*, lieu où on parle et ment, *cordonniers*, qui donnent des cors aux pieds, etc. Dans le *Glossaire*, Leiris exploite le même procédé avec une intention clairement poétique :

> *abîme*, vie secrète des amibes
> *abrupt*, âpre et brut
> *absolu*, base unique : sol aboli
> *merveilleux* (il met la mer en veilleuse)

Il existe d'autre part des jeux de mots qui systématisent, simultanément ou successivement, plus d'un aspect du langage. Ainsi la *charade* est un jeu à la fois sur l'homonymie et sur la synonymie : on substitue d'abord au mot à deviner un homonyme, composé éventuellement de plusieurs mots, puis on fait une devinette pour chacun de ces nouveaux mots, en les décrivant donc selon un principe synonyme. Exemple (dû, paraît-il, à Ampère) : « Mon premier marche, mon second nage, mon tout vole. — Hanneton (âne +

thon). » Le *rébus* en est proche, sauf qu'à la place de la définition synonyme on trouve l'image : c'est le référent, en quelque sorte, qui prend le relais du signifié. Ainsi chez Tabourot : « Un os, un bouc, un duc, un monde sont pris pour dire, Au bout du monde » (on sait que le rébus est également un procédé des écritures dites idéographiques). Les *mots croisés*, à leur tour, jouent sur l'homonymie des lettres (la possibilité de faire participer la même lettre à plusieurs mots) et sur la synonymie : les mots à écrire doivent être devinés à partir de leur définition; c'est donc une combinaison du principe de l'acrostiche et de celui de la devinette. Le *calligramme* place l'ambiguïté des lettres à un autre niveau, puisque celles-ci ont, hors de leur fonction habituelle, celle de figurer, dans leur ensemble, l'objet dont il est question dans l'énoncé qu'elles forment; les contraintes portent donc aussi bien sur la graphie que sur le sens.

IV

Je conclurai par une tentative de réponse à la question que mon lecteur ne manquera pas de se poser : après tout, les jeux de mots, de tels jeux de mots, ont-ils un intérêt réel? On a vu déjà que, le voudrait-on, on ne saurait exclure l'aspect « jeu » de la production littéraire ni même de tout discours; mais on peut nuancer le jugement sur les différents jeux de mots. Leur intérêt varie, me semble-t-il, en fonction de l'importance des catégories langagières qu'ils mettent en évidence. Les jeux fondés sur l'alphabet me paraissent d'un intérêt bien mince. En revanche, ceux qui mettent en évidence la polysémie des mots, l'absence de parallélisme rigoureux entre signifiant et signifié se rapportent à l'un des traits les plus essentiels du langage, et nous apprennent beaucoup — que nous en soyons conscients ou non — sur le fonctionnement symbolique du langage.

RÉPERTOIRES DE JEUX DE MOTS

Il en existe de très nombreux, au XIXe siècle principalement, dont les auteurs sont Peignot, Lalanne, D'Israeli, etc. Le plus complet, et qui dispense de la lecture des autres, est

A. Canel, *Recherches sur les jeux d'esprit, les singularités et les bizar-reries littéraires, principalement en France*, 2 vol., Évreux, Impr. Auguste Hérissey, 1867.

Parmi les traités plus anciens, il faut surtout retenir l'ancêtre de toute la tradition :

É. Tabourot, *Les Bigarrures du Seigneur des Accords*, Genève, Slatkine Reprints, 1969 (reprise de l'édition de Bruxelles de 1866).

Parmi les livres disponibles sur le marché, le meilleur est :

J. Bens, *Guide des jeux d'esprit*, Paris, Albin Michel, 1967.

Certains jeux ont fait l'objet d'études monographiques; signalons ici un auteur curieux :

O. Delepierre, *Essai historique et bibliographique sur le rébus*, Londres, 1870.

— *Macaronéana, ou Mélanges de littérature macaronique des différents peuples de l'Europe*, Brighton-Paris, 1852.

— *Macaronéana andra overrum. Nouveaux Mélanges de littérature maca-ronique*, Londres, 1855.

— *De la littérature macaronique...*, Londres, 1855-1856.

— *La Parodie chez les Grecs, chez les Romains et chez les modernes*, Londres, 1870.

— *Tableau de la littérature du centon chez les anciens et chez les modernes*, Londres, 1874-1875.

Le répertoire systématique fondamental est celui de :

Alfred Liede, *Dichtung als Spiel. Studien zur Unsinnpoesie an den Gren-zen der Sprache*, 2 vol., Berlin, Walter de Gruyter, 1963 (le second volume contient la description des jeux, avec bibliographie détaillée; le premier est consacré à un essai sur la poésie comme jeu).

Table

COMPOSITION : FIRMIN-DIDOT AU MESNIL
IMPRESSION : REPRINT/AUBIN À LIGUGÉ (10-84)
D.L. 4ᵉ TR. 1978. Nᵒ 5000-2 (L 17195)

DANS LA MEME COLLECTION

ARISTOTE
La Poétique

MICHEL BEAUJOUR
Miroirs d'encre

LEO BERSANI
Baudelaire et Freud

CLAUDE BREMOND
Logique du récit

MICHEL CHARLES
Rhétorique de la lecture

HELENE CIXOUS
Prénoms de personne

DORRIT COHN
La Transparence intérieure

LUCIEN DALLENBACH
Le Récit spéculaire

GERARD GENETTE
Figures III
Mimologiques
Introduction à l'architexte
Palimpsestes
Nouveau Discours du récit

ROMAN JAKOBSON
Questions de poétique

ANDRE JOLLES
Formes simples

ABDELFATTAH KILITO
L'Auteur et ses doubles